Sammlung Metzler
Band 79

MIX
Papier aus verantwortungsvollen Quellen
Paper from responsible sources
FSC® C105338

Ingeborg Weber-Kellermann/Andreas C. Bimmer/
Siegfried Becker

# Einführung in die Volkskunde/ Europäische Ethnologie

Eine Wissenschaftsgeschichte

3., vollständig überarbeitete und aktualisierte Auflage

Verlag J.B. Metzler Stuttgart · Weimar

## Die Autoren

Dr. Ingeborg Weber-Kellermann (1918–1993); Professorin am Institut für Europäische Ethnologie der Philipps-Universität Marburg.

Dr. Andreas C. Bimmer, geb. 1943; Akademischer Oberrat am Institut für Europäische Ethnologie der Philipps-Universität Marburg; Arbeitsgebiete: Wissenschaftsgeschichte, Brauchforschung, französische und ungarische Ethnologie.

Dr. Siegfried Becker, geb. 1958; Privatdozent am Institut für Europäische Ethnologie der Philipps-Universität Marburg; Arbeitsgebiete: Wissenschaftsgeschichte, Sachkultur- und Erzählforschung, regionale Ethnologie (Hessen, böhmische Länder, Ungarn).


Bibliografische Information Der Deutschen Bibliothek
Die Deutsche Bibliothek verzeichnet diese Publikation in der Deutschen Nationalbibliografie; detaillierte bibliografische Daten sind im Internet über <http://dnb.ddb.de> abrufbar.


Gedruckt auf chlorfrei gebleichtem, säurefreiem und alterungsbeständigem Papier

SM 79

ISBN 978-3-476-13079-2
ISSN 0 558 3667


Dieses Werk einschließlich aller seiner Teile ist urheberrechtlich geschützt. Jede Verwertung außerhalb der engen Grenzen des Urheberrechtsgesetzes ist ohne Zustimmung des Verlages unzulässig und strafbar. Das gilt insbesondere für Vervielfältigungen, Übersetzungen, Mikroverfilmungen und die Einspeicherung und Verarbeitung in elektronischen Systemen.

© 2003 J.B. Metzlersche Verlagsbuchhandlung
und Carl Ernst Poeschel Verlag GmbH in Stuttgart
www.metzlerverlag.de
info@metzlerverlag.de
Einbandgestaltung: Willy Löffelhardt
Satz: Johanna Boy, Brennberg
Druck und Bindung: Ebner & Spiegel GmbH, Ulm
Printed in Germany
September / 2003

Verlag J.B. Metzler Stuttgart · Weimar

# Vorwort zur dritten Auflage

Seit dem Erscheinen der ersten Auflage im Jahr 1969 hat sich in der wissenschaftlichen Volkskunde vieles nachhaltig verändert. Die Autorin Ingeborg Weber-Kellermann konnte damals, in den ausgehenden sechziger Jahren, auf eine Volkskunde blicken, die nach den akademischen Gründerjahren, nach der verhängnisvollen NS-Volkskunde und nach dem zaghaften Wiederbeginn, der zunächst kein Neuanfang war, endlich zu zeitgemäßen neuen Ufern aufgebrochen war.

In dieser Zeit wurde die traditionelle Orientierung an den philologischen Disziplinen zunehmend in Frage gestellt – zugunsten einer Hinwendung zu sozialwissenschaftlichen Denkmustern. *Deutsche Volkskunde zwischen Germanistik und Sozialwissenschaften* hieß die Erstausgabe entsprechend. Dieser Titel war so provokant wie vorausschauend. In der Volkskunde war damit nach dem Krieg eine der ersten neuen Gesamtdarstellungen vorgelegt worden; alle heute gängigen ›Einführungen, Grundzüge, Grundrisse‹ usw. erschienen deutlich später. Die Resonanz reichte, wie es sich für ein mutiges Buch zwischen allen Stühlen gehört, von großer Zustimmung bis zu heftiger Kritik. Dennoch trugen die Solidität der zusammengetragenen Daten, der überzeugende und ansprechende wissenschaftliche Stil Ingeborg Weber-Kellermanns und die gerade für jüngere Leser/innen eher verheißungsvolle Perspektive – zu den neuen, unbelasteten sozialwissenschaftlichen Ufern, – dazu bei, daß aus dem eher schmalen Band ein vielbenutzter, verläßlicher Studien- und Prüfungsbegleiter wurde. Auch für so manche Einführungsvorlesung späterer Dozentinnen und Dozenten diente das Werk als Orientierung und aufbauende Struktur.

Damit ist auch schon die Intention des Buches umschrieben. »Meinen Studenten!« widmete Ingeborg Weber-Kellermann ihre Erstauflage. Es ging ihr um wissenschaftsgeschichtliche Herleitung, um Erklärungsversuche des Wann, des Warum und des Wer in der bisherigen Volkskunde, um den Versuch, Bausteine und Fragmente der Fachgeschichte in einen Zusammenhang zu fügen. Es ging ihr nicht um eigene theoretische Entwürfe, wohl erkannte sie aber, daß es nötig war, angesichts neuerer Entwicklungen Position zu beziehen.

Mit der zweiten Auflage, die 1985 nach fünfzehn Jahren erforderlich wurde, stellte sich in der universitären Volkskunde eine neue Situation dar. Der Paradigmenwechsel zu einem sozialwissenschaftlichen Fachverständnis war weitgehend akzeptiert, an den Universitäten hatte die

Volkskunde einen ungeahnten Ausbau erfahren, darüber hinaus war das Fach auch in sich so gefestigt, daß selbstbewußt die öffentliche wie die internationale Diskussion gesucht wurde, in deren Verlauf sich – wie schon so oft – die Namensfrage erneut stellte.

*Einführung in die Volkskunde/Europäische Ethnologie. Eine Wissenschaftsgeschichte* hieß der Titel dieser Neuauflage, die Ingeborg Weber-Kellermann gemeinsam mit ihrem Schüler Andreas C. Bimmer verfaßte. Inzwischen waren zahlreiche grundlegende Werke zur theoretischen Fundierung der Volkskunde in Deutschland erschienen, hatten sich etliche ›Schulen‹ und Zentren volkskundlicher Arbeit herausgebildet, so daß eine Gesamtschau, eine verbindliche Darstellung immer schwieriger wurde. Zudem waren auf allen Gebieten und zu allen nur denkbaren Fragen der wissenschaftlichen Volkskunde eine Reihe gewichtiger Studien und Publikationen erschienen. Das ganze Fach driftete in einer Weise auseinander, die es sogar ermöglichte, sich anderen, benachbarten Disziplinen näher zu fühlen, als der übrigen oder Teilen der übrigen volkskundlichen Verwandtschaft.

Das galt qualitativ wie quantitativ. Konnte man 1969 die relevanten ›volkskundlichen Köpfe‹ noch bequem und zuverlässig an zwei Händen aufzählen, so geriet man 1985 schon gehörig durcheinander, heute dürfte ein solcher Versuch schon im vorhinein zum Scheitern verurteilt sein.

Um so wichtiger erscheint es uns daher, mit einer dritten Auflage weiterhin eine Wissenschaftsgeschichte der Volkskunde in Deutschland zu präsentieren, die die wesentlichen Entwicklungszüge dieses Faches so weit nachzeichnet, wie es bis in die Gegenwart möglich ist.

Ingeborg Weber-Kellermann ist 1993 verstorben, an den Vorarbeiten zu einer weiteren Auflage hat sie nicht mehr mitwirken können, es gab auch keine Gespräche mit ihr darüber. Es wird daher ein schwieriges Unterfangen, einen so individuell geprägten Text so zu ergänzen und ggf. zu berichtigen, daß er in seinen wesentlichen Zügen immer noch im Sinne und in der Intention seiner Autorin bleibt. Wir haben uns daher entschlossen, so viel wie möglich von der Weber-Kellermannschen Darstellung zu erhalten und nur dort Eigenes einzubringen, wo inzwischen grundlegende neue Erkenntnisse, neue Literatur oder neue Ereignisse eine Veränderung nötig machen. Dennoch wurden gerade in den Kapiteln bis zur NS-Volkskunde einige Ergänzungen und Aktualisierungen eingefügt. In der Substanz dürfte der überwiegende Teil aber auch heute noch gelten, handelt es sich doch um jeweils zeitbezogenes Fachverständnis, das in seiner wissenschaftsgeschichtlichen Chronologie auch durch neuere Erkenntnisse nicht nachhaltig anders zu referieren wäre. Um es mit einem Beispiel zu erläutern: Wilhelm Heinrich Riehl wurde mit seinem Aufsatz »Die Volkskunde als Wissenschaft« bis vor kurzem uneingeschränkt als der Begründer der wissenschaftlichen Volkskunde angesehen; das wurde von den meisten volkskundlichen Generationen als richtig erachtet. Wenn nun neuere Forschungen dies in Frage stellen, so ist das eine Erkenntnis der Gegenwart, die zutreffend sein mag, die aber nicht einem früheren Fachverständnis unterstellt werden kann. Dieses ist wissenschaftsgeschichtlich ebenso existent, wie das neue richtig sein mag. Eine Rezeptionsgeschichte Riehls wäre also nicht neu zu schreiben, sondern nur fortzusetzen. Insofern können wir Weber-Kellermanns Darstellungen auch ohne Probleme übernehmen und weiterhin vertreten.

Anders sieht es mit der Entwicklung des Faches nach 1985 aus. Mit Siegfried Becker ist ein weiterer Autor hinzugetreten, er verwaltet den wissenschaftlichen Nachlaß Ingeborg Weber-Kellermanns am Marburger Institut für Europäische Ethnologie/Kulturwissenschaft.

Wir werden versuchen, den Linien zu folgen, die Weber-Kellermann noch in der ersten Auflage für die Nachkriegsvolkskunde zog und die dann mit Bimmer in der zweiten Auflage deutlich erweitert wurden. Die folgende Entwicklung ließ sich indes längst nicht mehr so gradlinig weiterziehen, zu vehement erwies sich die Fachentwicklung.

Sie bezieht sich sowohl auf Personen, Institutionen und vor allem auf die inzwischen unüberschaubare Fachliteratur. Besonders bei den Publikationen kann in einem insgesamt sehr knappen Abriß der Wissenschaftsgeschichte längst nicht mehr alles an relevanter Literatur nachgewiesen werden. Es ist uns wohl bewußt, daß mit einer Beschränkung auf die unserer Ansicht nach wesentlichen Titel eine Auswahl vollzogen wird, die in anderen Zusammenhängen bei anderen Autoren anders ausfallen würde. Wir beschränken uns in den einzelnen Kapiteln und in dem abschließenden Literaturverzeichnis auf eine weiterführende Auswahlbibliographie, die wir allerdings so zusammengestellt haben, daß der wissenschaftsgeschichtliche Aspekt im Vordergrund stehen soll.

Die Gliederung des Bandes wurde gegenüber den vorangehenden Auflagen gestrafft und ergänzt. Als Ausblick fungiert jetzt eine erste Darlegung kulturwissenschaftlicher Paradigmen in der Volkskunde. Es wird nur ein erster Versuch sein, um Wissenschaftsgeschichte im strengen Sinn kann es sich noch nicht handeln.

Das gleiche gilt eigentlich auch für die in der zweiten Auflage angelegten »Arbeitsgebiete« der Volkskunde. Wir haben diese Berichte auch in dieser Auflage beibehalten und fortgeführt, ohne einen Anspruch zu haben, daß damit ein abgeschlossener Kanon oder ein Hauptgebiet des Faches postuliert sein könnten. Schon ein kurzer Blick darauf wird aber davon überzeugen, daß sich hier auch für eine Wissenschaftsgeschichte nicht zu vernachlässigende Forschungsprobleme und hochinteressante Literatur verbergen.

Herleitende Wissenschaftsgeschichte steht im Mittelpunkt unserer Bemühungen. Das unterscheidet die vorliegende Publikation sowohl von in die Tiefe gehenden Detailstudien (etwa zu Riehl), aber auch von Einführungen in das Fach oder von rein theoretischen Grundsatzwerken oder der Darlegung einer bestimmten kulturwissenschaftlichen Schule. Verstehende Übersicht zu vermitteln, um dann gezielt weiterarbeiten zu können, darin liegt unsere Intention, wissenschaftsgeschichtliche Zusammenhänge darzustellen. Darüber hinaus soll mit diesem Band auch ein zuverlässiges Nachschlagewerk zu wichtigen Fragen der Wissenschaftsgeschichte der Volkskunde in Deutschland bereitgestellt werden.

Ingeborg Weber-Kellermann eröffnete mit den folgenden Goethe-Worten die erste Auflage, wir schließen uns am Beginn zur dritten Auflage dieser Einschätzung an.

> »[...] so läßt sich auch wohl behaupten,
> daß die Geschichte der Wissenschaft
> die Wissenschaft selbst sei.«
> (Goethe: »Zur Farbenlehre«, Vorwort)

Andreas C. Bimmer/Siegfried Becker       Marburg, im März 2003

# Inhalt

Vorwort zur dritten Auflage ................................. V

1. **Vorgeschichte der Volkskunde als wissenschaftliche Disziplin** ............................................. 1
   1.1 Vorläufer und erste Ansätze ........................... 1
   1.2 Die Begriffe ›Volk‹ und ›Volkskunde‹ in der Aufklärung ........ 9
   1.3 Die Verklärungen der Volkskunde durch die Romantiker ...... 20
   1.4 Altertumswissenschaft und Mythologische Schule ........... 39

2. **Wilhelm Heinrich Riehl – eine umstrittene Gründerfigur** ........................................... 49

3. **Wege zur Etablierung als Wissenschaft** ................. 63
   3.1 Vergleichende Sprachwissenschaft und Ethnopsychologie ..... 63
   3.2 Kollektiv und Individuum. Die philologische Erhellung der Herkunftsfrage um die Jahrhundertwende .............. 80

4. **Volkskunde in der Zwischenkriegszeit** .................. 97
   4.1 Hans Naumann und die Lehre vom ›gesunkenen Kulturgut‹ ... 98
   4.2 Sozio-psychologische Betrachtungsweise und Kulturraumforschung ........................................ 106
   4.3 Die Wiener Schule – die schwedische Schule: Gleichzeitig – Ungleichzeitiges ........................ 115

5. **Die Volkskunde in der Zeit des Nationalsozialismus** ..... 123

6. **Von der Deutschen Volkskunde zur Europäischen Ethnologie** ........................................ 137
   6.1 Arbeitswelt und Dinggebrauch – Wege zu einer neuen ›Sachlichkeit‹ ....................................... 142
   6.2 Brauch – Familie – Gender: Soziale Regularien der Alltagskultur ..................................... 150
   6.3 Empirische Methoden, Erzähl- und Kommunikationsforschung ........................................ 160
   6.4 Zur Diskussion um die ›Volkskunst‹ in der musealen Ausstellungspraxis ................................... 167

6.5 Von der Dorfforschung zur Gemeinde- und Stadtforschung .. 171
6.6 Von der ›Sprachinselforschung‹ zur Interethnik ............ 175
6.7 Volkskunde in der DDR ............................ 180
6.8 Zentrale Einrichtungen der Sammlung und Forschung ...... 187

7. **Europäische Ethnologie zwischen Sozial- und Kulturwissenschaft. Ein Ausblick** .......................... 192

8. **Allgemeine Literatur zur Europäischen Ethnologie/ Volkskunde** ........................................ 205

**Personenregister** ....................................... 211

# 1. Vorgeschichte der Volkskunde als wissenschaftliche Disziplin

Wenn heute Wissenschaftsgeschichte in erster Linie in der Geschichte einer Wissenschaft als selbständige Disziplin und als Geschichte der Institutionenbildung verstanden wird, dann wäre die Geschichtsschreibung der Volkskunde erst mit dem ausgehenden 19. Jahrhundert zu beginnen. Setzt man eine systematische und methodisch reflektierte Beschäftigung mit der Kultur von Unter- und Mittelschichten voraus, dann sind selbst die Vorläufer kaum über die Mitte des 18. Jahrhunderts hinaus zurückzudatieren. Dennoch soll weiter zurückgeblickt werden, und Ingeborg Weber-Kellermann hat schon in der ersten Auflage dieser Einführung bewußt Streiflichter auf Antike und Mittelalter einbezogen: Zum einen sind Quellen aufzuzeigen, die nicht nur in der oralen und literarischen Tradierung des 19. Jahrhunderts nachwirkten, sondern auch in der volkskundlichen Forschung, insbesondere in der historischen Erzählforschung genutzt werden. Zum anderen geht es um die Fokussierung des Blickes auf das ›Eigene‹ und auf das ›Andere‹, und zum ›Anderen‹ gehörten im Feudalsystem wie in der Industrialisierung auch die sozialen Unterschichten. Während Attitüden der Ausblendung und Herablassung noch in der idealistischen Tradition des deutschen Historismus bis weit ins 20. Jahrhundert nachwirkten, hat eine Hinwendung zum Volk und damit eine Entwicklung von Perspektiven auf die Volkskultur auch schon vor dem Beginn der modernen Welt, vor der Epoche der Aufklärung also, stattgefunden. Sie sollen wenigstens angedeutet werden.

## 1.1 Vorläufer und erste Ansätze

Beschreibt man den Inhalt volkskundlicher Forschung als Dialog zwischen dem Volksleben selbst und der Einordnung und Interpretation der aufgesammelten kulturellen Äußerungen, so wäre die Volkskunde so alt, wie es intellektuelle Beobachter dieses Volkslebens gibt. In den antiken Hochkulturen trug das Streben nach Horizont- und Wissenserweiterung, aber auch nach Ausdehnung von Macht- und Einflußbereichen zur Beobachtung und Beschreibung anderer Völker bei. Sie waren zumeist freilich durch einen ethnozentrischen Blick geprägt: In der Gegenüberstellung von Kulturvolk und Barbaren, seit den Anfängen des Christentums auch im Antagonismus von ›Gläubigen‹ und ›Heiden‹, wurde die Aufwertung der eigenen Kultur und die Herabsetzung des ›Fremden‹ vollzogen.

Die **Antike** kannte bereits eine »Laographie«, und Herodot (ca. 485-425 v. Chr.) verband erdkundliches und geschichtliches Wissen mit seinen Reiseerfahrungen zu einer Art von Völkerkunde seiner Zeit. Als unterhaltsamer Autor der Periklesepoche und Freund des Sophokles kannte er den kolonialen Einzugsbereich der Griechen und beschrieb als nördlichstes Volk die Skythen in Südrußland. Er gehörte zu den »Logographen« seiner Zeit, - d.h. also zu den Geschichts- und Geschichtenschreibern, und fügte Geschehenes und Gehörtes zu einem bunten Bild zusammen, das damals auch für Wirtschaft und Politik von informativer Bedeutung war.

Fünfhundert Jahre später beschrieb der Römer Tacitus (50-116) in seiner *Germania* (98) ein fremdes Nachbarvolk aus dem kulturpädagogischen Blickpunkt des römischen Patrioten und vermittelte der Nachwelt unschätzbare Kenntnisse frühgeschichtlichen Lebens. Wenn jedoch Wilhelm Heinrich Riehl (s. Kap. 2) Tacitus als den »Propheten der selbständigen Volkskunde« preist, so geht er damit zu weit in der Aufwertung eines Berichterstatters, der doch hauptsächlich an den kriegerischen Qualitäten der Germanen interessiert war und seinen als verweichlicht abqualifizierten Landsleuten einen Spiegel vorhalten wollte.

Die nächste Epoche dokumentierbaren erwachenden Interesses am einfachen Leben war das **Mittelalter**, und im Zeitalter der Kreuzzüge belebte sich die Aufmerksamkeit für fremde Länder und ihre Bewohner. Bald wurde auch eine Erschütterung der traditionellen Herrschaftsverhältnisse und Standesordnungen erkennbar. Neidhart von Reuenthal (1. Hälfte des 13. Jahrhunderts) bezeugt mit seinen jahreszeitlich charakterisierten Tanzliedern bayerisch-österreichischer Prägung eine neue Richtung dichterischer Zwiesprache zwischen adligem Hofmann und derben Dorfleuten. Bei Walther von der Vogelweide (um 1170 bis um 1230) findet sich dann der Gedanke an ein die Stämme verbindendes Reich.

Mit dem **Beginn der Neuzeit**, als das Band des Christentums von den Völkerindividualitäten abfiel, als sich das Interesse an der irdischen Welt regte, als in Italien das Wesen der Wissenschaft in der Wahrheitsfindung erkannt wurde, bereitete sich langsam der Boden für ethnische und nationale Wissensbereiche. Im Zeitalter des Humanismus, in der Renaissance und im Jahrhundert der Reformation knüpften sich die Fäden zur Geisteshaltung der Antike, öffneten die Entdeckungsfahrten nach Übersee den Blick für die Eigenarten ferner Völkerschaften, beflügelte der kulturelle Wettstreit mit Italien die Anteilnahme am eigenen Volk.

Ein frühes Beispiel einer die Stammesgeschichte inszenierenden Chronikliteratur lieferte der Karthäuserprior Werner Rolevinck (1425-1502) mit seinem *Lob Altsachsens* von 1474. Der Heidelberger Kanzelredner Rudolf Agricola (1443-1486) forderte die lebensnahe Erforschung von Ländern und Völkersitten. Aus realistischer Kenntnis des Volkslebens schöpfte der Straßburger Gelehrte Sebastian Brant (1458-1521) die Metaphern zu seinem großen Lehrgedicht *Das Narrenschiff* von 1494, dem der Freund Johannes Geiler von Kaisersberg (1445-1510) die Stoffe für 110 seiner volkstümlichen deutschen Predigten entnahm. Der mainfränkische Priester Johannes Boehm, genannt Bohemus (1490-1533), publizierte 1520 seine *Fundgrube*, ein Zeitbild im Sinne eines humanistischen Gegenstücks zu Tacitus' *Germania*, in der zum ersten Mal der Stand des Bauern gegenüber Klerus, Adel und Bürgertum positiv herausgearbeitet wurde. 1521 folgte *Omnium gentium mores et ritus* mit einer geographischen Aufteilung der bekannten Völker Europas, Asiens und Afrikas und dem Versuch von naiven Einzelschilderungen über Wesensart, Nahrung, Tracht, Wohnen, Volks- und Festbrauch. Kulturphilosophisch setzte er eine gottgewollte Entwicklung vom paradiesischen Urzustand über barbarisches Naturleben bis zur Zivilisation im Zeichen des Christentums voraus. Das *Weltbuch* (1534) des Sebastian Franck (1499-1542), der sich als Schüler des Bohemus bezeichnete, enthält eine Fülle von Anregungen aus dessen Werk, betont aber noch stärker die christlichen Werte. So entsteht eine ganze Reihe von »Weltbüchern« in dieser Zeit der Welt-Neuentdeckungen. Die Brantschen Metaphern nahm Thomas Murner (1475-1536) in seinen gesellschaftskritischen Dichtungen *Narrenbeschwörung* und *Schelmenzunft* (1512) wieder auf. – Eine wahre Goldader für die Kenntnis der Volkskultur in der Reformationszeit aber ist das Werk des großen Satirikers Johann Fischart (um 1546- um 1590), besonders seine *Affentheurlich Ungeheurliche Geschichtsschrift* von 1575, die er dem *Gargantua et Pantagruel* (1532/1555) des Franzosen François Rabelais (um 1494-1553) nachgedichtet hatte. Rabelais' *Gargantua* erschien im 1. Band 1532, im 4. Band 1552, ein 5. Band posthum 1562, wobei hier die Autorenschaft umstritten ist.

Straßburg, der Wirkungsort von Fischart, Brant, Kaisersberg u.a., war damals ein wirtschaftliches und kulturelles Zentrum Europas mit seinen Druckereien und seinem hochentwickelten Kunsthandwerk. Schon 1529 hatte sich dort die Reformation durchgesetzt, es galt als Refugium für Ketzer und Hugenotten, und Geiler von Kaisersberg predigte von der Kanzel gegen dogmatische Engstirnigkeit und Zinswucher; 1570 kam Fischart in die Stadt und veröffentlichte dort seine komisch polemischen Streitschriften: *Aller Praktik Großmutter* (1572), ein Spott gegen wahrsagende Kalendermacher; *Floeh Haz, Weiber Traz* (1573), ein allegorisches Zeitgedicht; *Das Glückhafft Schiff von Zürich* (1576); *Philosophisch Ehezuchtbüchlein* (1578).

Ist auch auf diese Weise die Kulturgeschichte der frühen Neuzeit reich belegt durch eine üppige Literatur, die die derbe Sinnenfreude am Volksleben in Stadt und Land widerspiegelt, so fehlt doch im allgemeinen die reflektierende Auseinandersetzung mit der popularen Geisteshaltung. Wohl sang Fischart in seinem *Glückhafft Schiff von Zürich* (1576) ein begeistertes Preislied auf die friedliche Arbeit, die die Welt zu verändern vermöge. Aber das waren Einzelfälle. Meist herrschte, entsprechend der christlichen Weltordnung, das Bild des gottgewollt armen oder tölpelhaft dummen Bauern vor, der in jeder Konfliktsituation der Unterlegene ist, ein Bild, das der Nürnberger Meistersinger Hans Sachs (1494-1576) zur Unterhaltung einer patrizischen Bildungsschicht in restaurativem Geist in seinen Fastnachtspielen zeichnete und das eine Korrektur erfahren muß durch die sozialkritische Darstellung der Selbstzeugnisse dieses unterdrückten und notleidenden Standes.

So waren noch in der Geschichtsschreibung der Neuzeit auch die Vorstellungen von bäuerlichem Widerstand lange geprägt vom großen **Bauernkrieg des Jahres 1525**, in dem sich die Bauern mit Äxten, Messern und Schwertern bewaffnet gegen die Herren erhoben, ein Bild, das ja auch ein Erschrecken der Obrigkeit über das rebellische Auftreten der Untertanen widerspiegelt, Erfahrungen einer Epoche, als der »gemein Mann« als politisches Kalkül auf den Plan der großen Geschichte trat. Allzu lange aber ging man davon aus, daß die Bauernschaft mit ihrer Niederlage in diesem Krieg in einen geschichtslosen Naturzustand zurückversank und über Jahrhunderte hinweg ihre Interessen gegenüber der Feudalherrschaft nicht mehr aktiv vertrat. Erst in kritischen Studien zum Bauernkrieg, die in der Volkskunde der DDR und in der Sozialgeschichte der BRD seit 1970 einsetzten, konnte herausgearbeitet werden, daß auch nach dem Ende des Bauernkrieges die Bauernschaft keineswegs resignierte, sondern als durchaus lebendiger politischer Korpus agierte und ihr Bestreben nach Besserung der Lebens- und Arbeitsverhältnisse in wirtschaftliche, soziale oder politische Beteiligungs- und Emanzipationstendenzen mündete. Neuere sozialgeschichtliche Untersuchungen zum bäuerlichen Widerstand im frühneuzeitlichen Rechtssystem haben die Entwicklung bäuerlicher Protestformen vom anfänglich punktuell-reaktiven zum punktuell-proaktiven Handeln nachweisen können, das sich ideologisch verselbständigte und eine gegen feudale Herrschaft gerichtete Eigendynamik entfaltete.

## Vorläufer und erste Ansätze

Als eine der auffälligsten Folgen des Bauernkrieges ist daher die eigene Wahrnehmung des Bauernstandes festzuhalten, die **Entstehung und Herausbildung eines Selbstbildes**, das nun Eigenständigkeit und selbstbewußtes politisches Handeln zu reflektieren begann. In dieses Selbstbild gingen auch literarische Vorbilder ein. Schon ein Jahrhundert vor dem Bauernkrieg waren in der Dichtung die wirtschaftliche Bedeutung und ethische Würdigung des Bauernstandes aufgenommen worden – »Ich lob dich, du edler bawr / für alle creatawr / für alle herrn auf erden / der kayser musz dir gleich werden« heißt es in Hans Rosenplüts (1400/1405-1460) *Der Bauern Lob*. Und diese Wahrnehmung und Anerkennung muß als geistesgeschichtlicher Hintergrund für die literarische Entfaltung eines Bauernbildes in der frühen Neuzeit gesehen werden. Hans Jakob Christoffel von Grimmelshausen (1622-1676) hat in seinem *Abentheuerlichen Simplicissimus Teutsch* (1669) nicht nur die Allegorie des Ständebaumes kritisch hinterfragt, im Lob des Bauern erhielt auch die Wahrnehmung des unteren Standes ihren zweifellos poetischsten Ausdruck, der eine langanhaltende Nachwirkung finden sollte. Das Lied »Du sehr verachter Baurenstand, Bist doch der beste in dem Land«, das Simplicius von seiner »Meuder selbst gelernet hatte« (womit Grimmelshausen also eine Selbstreflexion bäuerlichen Standesbewußtseins erzählerisch gestaltete), hat eine vielfache Aneignung und Umdichtung, nicht zuletzt in den bäuerlichen Hausinschriften, erfahren.

Die höheren Stände aber entfernten sich im **17. Jahrhundert** in patrizisch-barockaler Haltung immer mehr von einem einfühlsamen Verstehen des niederen Volkes hin zu einer geistigen Exklusivität, in der das Volk nur als ›Pöbel‹ Raum hatte. Den Predigten und Traktaten dieser Zeit war die populare Glaubenswelt nichts anderes als bekämpfenswerter Aberglaube; die auffällige Beschäftigung mit der »curiositas« in barocken Dissertationen zeigt zudem das Bemühen, zuvor in akademische Wissenschaft integrierte Bereiche als »superstitiones« auszustoßen. Den Fürstenhöfen mit ihrer selbstdarstellerischen Prachtentfaltung aber diente bald eine volkstümliche Motivik zur Kulisse und zum Kostüm ihrer Aufzüge und Inventionen. Volkskünstlerische Leistungen wurden bestenfalls wie Kuriositäten in die Wunderkabinette der Schlösser eingesammelt als absonderliche Zeugnisse kulturellen Tiefstands.

In Italien und Frankreich wurde mit der Herausbildung einer eigenen Gattung erzählender Unterhaltungsliteratur die Grundlage für die Märchenliteratur des 19. Jahrhunderts geschaffen. Schon die frühen italienischen Märchensammlungen von Giovan Francesco Straparola, dann besonders die in ihrer Rahmenerzählung und im Titel an Giovanni Boccaccios *Decamerone* angelehnte, posthum zwischen 1634 und 1636 in Neapel erschienene Geschichtensammlung *Il Pentamerone* von Giambattista Basile (1575-1632) enthalten frühe Belege für viele Motive der berühmtesten europäischen Märchen. Schließlich ist Charles Perrault (1628-1703) zu nennen, der als Advokat am Hofe Ludwigs XIV. 1697 in Paris seine Sammlung von Prosamärchen *Histoires ou contes du temps passé, avec des moralitéz* mit ihrem heute bekannteren Nebentitel *Contes de ma mère l'oye* veröffentlichte.

Die gesellschaftliche Ordnung war weitgehend in ständische Zwänge gefügt, wofür die bildliche Darstellung der Ständetreppe ein klares Muster abgibt. Zu den Figurationsgefügen dieser Zeit gehörte eine Fülle von Ordnungen, Kleidervorschriften und Etiketten der verschiedensten Art, die die Abgrenzung der gesellschaftlichen Gruppen voneinander markierte. Norbert Elias (1969) hat u.a. die Hierarchie der Wohnhäuser als Symbol der sozialen Hierarchie dargestellt, aber auch die Zeremonien des königlichen levé, die Etiketten des Vortritts u.v.a.m. Die älteste Schwester Friedrichs II., die Markgräfin Wilhelmine von Bayreuth (1709-1758), beschreibt in ihren *Memoiren* bis ins kleinste die »höfischen Manieren«, will sagen: die Etikette, die das Verhalten bestimmte und jedem seinen »richtigen« Platz zuwies. Es ist übrigens von großem Interesse zu beobachten, wie insbesondere das Bauerntum bis ins 20. Jahrhundert derartige Regeln, angepaßt an die soziale Zone des Dorfes, übernommen und befolgt hat. In der Zeit der voll funktionierenden, von der höfischen Gesellschaft bestimmten Standesordnung stand die Landbevölkerung, großenteils noch in Leibeigenschaft gebunden, an den unteren Stufen der Ständetreppe – entsprechend dem Kinder-Ballspielvers:

Kaiser – König – Edelmann
Bürger – Bauer – Bettelmann.

Auf wissenschaftlichem Gebiet brachte das 18. Jahrhundert eine Wendung, als der Italiener Giambattista Vico (1668-1744) durch sein Werk *Prinzipien einer neuen Wissenschaft über die allgemeine Natur der Völker* (1725) der Geschichtsbetrachtung einen völlig neuen Inhalt zu geben suchte. Er sah die Geschichte der Menschheit sich in drei Zeitaltern entwickeln:

1. dem Zeitalter der Götter (mit einer Priesterkastenherrschaft);
2. dem Zeitalter der Heroen (mit einer aristokratischen Herrschaft);
3. dem Zeitalter der Menschen mit volksfreien Republiken und humanen Monarchien.

Nach eigener Übereinkunft hatten sich die Völker ihre Sprachen geschaffen, über die sie absolute Herren seien, ebenso wie über ihre humanen

Regierungsformen. So sei es der »Volksgeist« selbst, der den Gesetzen ihre Gesinnungen liefere, und die allenthalben übereinstimmenden Ideen gaben der geistigen Entwicklung der einzelnen Völker wie der ganzen Menschheit die Triebkräfte. Geschichte ist also für Vico nicht mehr das Werk einzelner »Genien« oder staatspolitischer Führer, sondern die Formung eines naturgegebenen kollektiven Menschengeistes, der sich in den verschiedenen Völkerpersönlichkeiten Ausdruck schafft. Endlich war für ihn und seine Anhänger das ›Volk‹ aus seiner Verbannung in die Niederungen des Pöbels erlöst. Die geschichtliche Entwicklungslehre des italienischen philosophischen Revolutionärs integrierte es in den Gesamtverband der kulturtragenden und -schaffenden Bevölkerung; damit stand er im Zusammenhang politischer und staatsrechtlicher Gesellschaftsauffassungen, wie sie sich im Zeitalter des Absolutismus voll entfalteten.

## Literatur:

Basile, Giambattista: Das Märchen der Märchen. Das Pentamerone. Nach dem neapoltitanischen Text von 1634/36 neu und erstmals vollständig übersetzt sowie erläutert. Hg. von Rudolf Schenda. München 2000.

Blickle, Peter/Dieter Breuer/Wolfgang Brückner (Hg.): Literatur und Volk im 17. Jahrhundert. Probleme populärer Kultur in Deutschland (Wolfenbütteler Arbeiten zur Barockforschung, 13). Wiesbaden 1985.

Boehm, Johannes: Repertorium librorum trium Joannis Boemi de omnium gentium ritibus etc. Augsburg 1520.

Bolte, Johannes: Der Bauer im deutschen Liede. 1890.

Brant, Sebastian: Das Narrenschiff. Straßburg 1494; Textausgabe von Friedrich Zarncke. 1854, reprograph. Nachdruck 1964; (Übertragungen ins Neuhochdeutsche erschienen z.B. 1958, 1962 (Neudrucke dt. Literaturwerke. NF. 5), 1964 (Reclams Univ.-Bibl. Nr. 898/900).

Daxelmüller, Christoph: Disputationes Curiosae. Zum »volkskundlichen« Polyhistorismus an den Universitäten des 17. u. 18. Jh. Diss. Würzburg 1979.

Elias, Norbert: Die höfische Gesellschaft [1969]. 1983.

Fischart, Johannes: Sämtl. Werke. 3 Bde. Hg. von A. Hauffen. 1895ff. (Kürschners Dt. Nationalliteratur). – Einzelausgaben: Geschichtsklitterung (Gargantua). Text, Glossar. 1963/64; Das Glückhafte Schiff von Zürich. $^2$1957 (Neudrucke deutscher Literaturwerke des 16. und 17. Jahrhunderts, 182), 1967 (Reclams Univ.-Bibl. Nr. 190).

Gebauer, Hans Dieter: Grimmelshausens Bauerndarstellung. Literarische Sozialkritik und ihr Publikum (Marburger Beiträge zur Germanistik, 53). Marburg 1977.

Haller, Albrecht von: Die Alpen. 1729.

Kohler, Erika: Martin Luther und der Festbrauch. 1959.

Moser-Rath, Elfriede: »Lustige Gesellschaft« Schwank und Witz des 17. und 18. Jahrhunderts in kultur- und sozialgeschichtlichem Kontext. Stuttgart 1984.

Dies.: Kleine Schriften zur populären Literatur des Barock. Göttingen 1994.
Müller, Klaus E.: Geschichte der antiken Ethnologie. Reinbek bei Hamburg 1997.
Peuckert, Will-Erich: Sebastian Franck. 1943; Die große Wende. 1: Das apokalyptische Saeculum und Luther. 1948, reprograph. Nachdruck 1966. – vgl. auch: Festschrift für Will-Erich Peuckert 1955.
Rolevinck, Werner: De laude veteris Saxoniae, nunc Westfalia dictae. Lat. u. dt. Hg. von L. Tross. 1865.
Ders.: Das Buch zum Lobe Westfalens. Hg. von Anneliese Raub. Münster 2002.
Sachs, Hans: Sämtl. Fastnachtsspiele. 7 Bde. Hg. von E. Goetze. 1880/87, reprograph. Nachdruck 1964. – Vgl. Catholy, Eckehard: Fastnachtsspiel, (Sammlung Metzler, 56). Stuttgart 1966, zu Sachs: S. 50ff.
Schmidt, Erich: Deutsche Volkskunde im Zeitalter des Humanismus und der Reformation. Berlin 1904.
Schmidt, Erich Ludwig: Von der taciteischen zur humanistischen Germania. In: Deutsches Jahrbuch für Volkskunde 1 (1955), S. 11-40.
Sieber, Friedrich: Volk und volkstümliche Motivik im Festwerk des Barocks. 1960. – Vgl. zu diesem Thema u.a. die Arbeiten von Richard Alewyn: Das große Welttheater. Die Epoche der höfischen Feste in Dokument und Deutung (Rowohlts deutsche Enzyklopädie 92). 1959.
Spamer, Adolf: Wesen, Wege und Ziele der Volkskunde. 1928; Aberglaubensbekämpfung des Barock. Ein Handwörter-Buch dt. Aberglaubens von 1721 u. sein Verfasser. In: Miscellanea Academiae Berolinensia, Bd. 11/1, 1950, S. 133-159.
Strobach, Hermann: Bauernklagen. Berlin 1964, ²1975.
Ders. (Hg.): Der arm man 1525. Volkskundliche Studien. 1975. – Zu Bauernkrieg und bäuerlichem Widerstand in der frühen Neuzeit vgl. Press, Volker: Der Bauernkrieg als Problem der deutschen Geschichte. In: Nassauische Annalen, 86, 1975, S. 158–177. – Winterhager, Friedrich: Bauernkriegsforschung. Darmstadt 1981. – Blickle, Peter (Hg.): Aufruhr und Empörung? Studien zum bäuerlichen Widerstand im Alten Reich. München 1980. – Winfried Schulze (Hg.): Europäische Bauernrevolten der frühen Neuzeit. Frankfurt a.M. 1982.
Ders. (Hg.): Geschichte der deutschen Volksdichtung. Berlin 1981.
Trüdinger, Karl: Studien zur Geschichte der griechisch-römischen Ethnographie. 1918.
Vico, Giambattista: Die neue Wissenschaft über die gemeinschaftliche Natur der Völker. Nach der Ausg. von 1744 aus dem Ital. übers. von Erich Auerbach 1966. (Rowohlts Klassiker. Lit. u. d. Wiss. 196/197). – Vgl. dazu Burke, Peter: Vico. Philosoph, Historiker, Denker einer neuen Wissenschaft. Berlin 1987.
Wilhelmine von Bayreuth: Memoiren. Eine preußische Königstochter. Glanz und Elend am Hofe des Soldatenkönigs in den Memoiren der Markgräfin Wilhelmine von Bayreuth. Aus dem Französischen übersetzt und hg. von Annette Kolb (1910). Neu hg. von Ingeborg Weber-Kellermann (mit einem Sachregister zur Kulturgeschichte). Frankfurt a.M. 1981.

## 1.2 Die Begriffe ›Volk‹ und ›Volkskunde‹ in der Aufklärung

Die Entwicklung der Territorialstaaten mit ihren zentralistischen Verwaltungsapparaten begünstigte nicht nur das landesherrliche, sondern auch das wissenschaftliche Interesse an Land und Leuten. Es waren die großen Werke topographischer Statistik, in denen das ›Volk‹ zum Gegenstand des Forschungsinteresses wurde, verstanden sie sich doch nicht als dürres Zahlenwerk, sondern als Statusbeschreibung der Landesbevölkerung, nicht zuletzt im Sinne einer Hebung der Volksmenge, der Peuplierungspolitik. Wenn auch in der jüngeren fachgeschichtlichen Forschung die Bedeutung der Statistik relativiert werden konnte, muß sie doch erwähnt werden, finden sich darin doch frühe Formulierungen des **Begriffes** ›**Volkskunde**‹, etwa in einer aufklärerischen Statistik von 1787. Josef Mader (1754-1815), Prager Professor für Reichsgeschichte und Staatenkunde, verwendete ihn im statistisch-beschreibenden Sinne seiner Zeit, der heute wieder völlig modern anmutet: Die Menschen- und Völkerkunde (davon Volkskunde als Singular) schildere die Zahl, Eigenschaften und Handlungen der Menschen, ihr häusliches und gesellschaftliches Leben, wofür eine vergleichende Betrachtung sich als unumgänglich notwendig erweise.»Die feinere Schattierung und Temperatur in den Sitten, Gebräuchen, Grundsätzen, die gerade das Individuelle und Charakteristische ausmache, kann man nur durch viele und genaue Vergleichungen bemerken und ausdrücken« (S. 14). Und wenn vielleicht die Statistik im engeren Sinne auch nur die politische Verfassung zum Gegenstand habe, schreibt Mader weiter, so sei diese doch so dicht mit der Denkungs- und Lebensart der Bevölkerung, mit der Religion, den Gewerben, den Sitten und Gebräuchen der Einwohner verbunden, daß man diese Gegenstände nicht trennen könne, da sie nur einer aus dem anderen zu erklären und zu beurteilen seien.

Fünf Jahre früher wurde das Wort Volks-Kunde in einer Reisezeitschrift erwähnt, die typisch war für die Reisemanie der oberen Stände im 18. Jahrhundert: *Der Reisende. Ein Wochenblatt zur Ausbreitung gemeinnütziger Kenntnisse*, ab 1782 in Hamburg erschienen mit dem Ziel, den ›Menschen‹ unter allen Himmelsstrichen zu zeigen, denn die Kenntnis der ›Landsleute‹, ihrer Sitten, Denkarten, Kenntnisse, Mundarten sei vernachlässigt. Sie aber sei besonders wichtig für Dichter, zeige »natürlichste Einfalt und Sprache, Volks-Lieder, Vergnügungen und Säligkeiten, wovon Städter kaum Begriffe haben!« Im zweiten Quartal wird eine Clostergeschichte über den schwäbischen Maientag zitiert von 1778, und darin heißt es:

»Das lehrreiche Buch, aus dem wir gegenwärtig ausziehn, bezieht sich sonst bloß auf den Geistlichen Stand und die gelehrte Erziehung. Das wenige, was zur Volks-Kunde darein verwebt ist, würde also für die meisten Leser, die weder Geistliche sind noch studieren, gleichsam verloren sein, wenn der Reisende es nicht auflöse. Bei dieser Veranlassung bitten wir aber auch alle, denen Volks-Kunde wenigstens ebenso sehr am Herzen liegt, als Kenntnis der Höfe und vornehmen Stände [...], sie wollen solche Volks-Feste nicht vernachlässigen [...].«

Die Bezeichnung ›Völkerkunde‹ erscheint zuerst bei J. Chr. Gatterer: Abriß der Geographie. 1778. Abt. »Menschen- und Völkerkunde«; vgl. Helmut Möller in: Zeitschrift für Volkskunde 60 (1964), S. 220.

Noch deutlicher tritt der Bereich der Volkskunde bei dem Kieler Professor Christian Heinrich Niemann (1761-1832) ins Licht der Wissenschaftsgeschichte. 1802 hatte er eine *Skize zur Beschreibung eines Landdistrikts* veröffentlicht, die auf weiten Strecken den Wert einer Anleitung zur volkskundlichen Terrainforschung besitzt. Neben der Ortsstatistik und -geschichte, der Naturbeschreibung und Witterungskunde und den wirtschaftlichen Verhältnissen lenkte er die Aufmerksamkeit des Befragers auf die Gemeindeverfassung, auf Kirche, Schul- und Sozialwesen und Gesindefragen, auf sämtliche Einzelheiten der Landwirtschaft in ihren Haupt- und Nebengewerben und nicht zuletzt auf die »Kultur- und Sittenkunde«, worunter er aber nicht nur Sitten und Gebräuche versteht, sondern auch das subjektive Verhalten der Bevölkerung zu Kleidung und Nahrung, Arbeit und Feierabend, Armut und Reichtum, Jugend und Alter, Krankheit und Tod. In dem 1807 erschienenen *Abris* faßte er die Ergebnisse in einer »Statistischen Tafel« zusammen, auf der die volkskundliche Thematik unter der Rubrik »Nationalkunde« erschien und mit »Volkssitten- und Kulturkunde« schlechthin die soziopsychologischen Verhaltensweisen gemeint sind, wie sie sich in den überlieferten Gewohnheiten beim Bauen und Wohnen, Sich-Kleiden und Sich-Ernähren, Arbeiten und Feiern zu erkennen geben. Man fühlt sich hier erinnert an die »Mildheimische Sittentafel«, die Rudolph Zacharias Becker (1752-1822) in seinem aufklärerisch-pädagogischen Lesebuch 1799 veröffentlichte, damit sie in jedem Bauernhaus als Richtschnur des Handelns an sichtbarer Stelle aufgehängt werden sollte.

Beckers *Noth- und Hülfsbüchlein* mag hier beispielhaft erwähnt werden für die Bemühungen der Aufklärer, in ihrem weitgespannten Interessenhorizont ein breites, enzyklopädisches Wissen nicht nur zusammenzutragen, sondern auch an die Bevölkerung zu vermitteln. Die **Volksaufklärung** nutzte daher die großen populären Enzyklopädien und vor allem die Presse als Medien, und so hat auch das *Noth- und*

*Hülfsbüchlein* als Sach- und Unterrichtsbuch für den Bauernstand durch die größte Subskriptionsaktion des 18. Jahrhunderts Buchgeschichte geschrieben. Ja, es wurde die Volksaufklärungsschrift schlechthin und sein Autor zum profiliertesten Volksaufklärer im deutschen Sprachraum (vgl. Siegert 1978, 2001). Eine andere Art von Sachbüchern dieser Zeit bildete die sogenannte ›Hausväterliteratur‹. Sie war zwar wie Georg Andreas Böcklers 1666 erschienene *Nützliche Hauß- und Feld-Schule* schon zuvor verbreitet, erfuhr nun aber besondere Aufmerksamkeit. Sie enthielt alles Wissens- und Lernenswerte über den christlichen Hausstand: Erfahrung und Lehre für die Haus- und Landwirtschaft, Kinder- und Kirchenzucht, Behandlung von Krankheiten bei Mensch und Vieh, aber auch alle möglichen Verhaltensweisen im Arbeits- und Festleben.

Der Versuch der Statistiker und Geographen in der Aufklärung, die Volkskunde in ein größeres **Wissenschaftssystem der Landeskunde** im weitesten Sinne einzuordnen, war nützlich und brachte, wie Wiegelmann ausführt, sachgerechte und detaillierte Objektbeschreibungen und die »Einbettung der Kultur in die Umwelt von Natur, Wirtschaft und Gesellschaft« (1977, S. 16). Das sagt aber doch nicht genug aus über die Rolle dieser Schriften für die Kenntnis der tatsächlichen Lebensverhältnisse, besonders der damaligen Landbevölkerung. Es herrschte ja noch die Leibeigenschaft. Während in Mitteldeutschland, im Norden, Westen und Süden die Bedingungen der Grundherrschaft galten, d.h. daß die Bauern ihr Land häufig zur Erbleihe erhielten und einigermaßen frei bearbeiten konnten, stand das gesamte ostelbische Territorium unter gutsherrschaftlichen Verhältnissen mit einer kaum vorstellbaren arbeitsmäßigen und persönlichen Abhängigkeit der Bauern. Der Breslauer Geschichtsprofessor Christian Garve (1742-1798) hat die wirtschaftlichen Verhältnisse der hörigen schlesischen Bauern und deren Einwirkungen auf ihre Verhaltens- und Denkweisen eindringlich dargestellt:

»Der Charakter der Bauern wird hauptsächlich durch zwey Ursachen bestimmt. Erstlich durch ihre Beschäftigung, die eine körperlich schwere einförmige Arbeit ist und wenig Umgang mit Menschen andrer Stände veranlaßt; zweytens durch ihr bürgerliches Verhältniß, nach welchem sie in einer beständigen Abhängigkeit von einem ihnen gegenwärtigen Herrn leben, dessen Gerichtsbarkeit sie unterworfen und dem sie zu Diensten und Abgaben verpflichtet sind. [...] Kein Stand wird so unaufhörlich der Oberherrschaft gewahr, die andre über ihn haben, als der Bauernstand«,

schreibt er weiter und vergleicht die Situation der Bauern als diejenige der am meisten verachteten Klasse innerhalb der bürgerlichen Gesellschaft mit der rechtlosen Stellung des Judentums innerhalb der deutschen Staaten. Die Erfahrungen der Bauern lehrten diese, den Gutsbesitzer als einen eigennützigen, nur auf den eigenen Vorteil bedachten Herrn zu sehen, der ihren eigenen Interessen grundsätzlich entgegenarbeitet. Daraus ergebe sich, so meint Garve, ein starkes Zusammengehörigkeitsgefühl der Bauern, ein gewisser Corpsgeist, der sich von Angehörigen anderer Stände nur durch Herrschaft und Zwang beeinflussen lasse. Diese dauernde Konfrontierung mit einem vermeintlichen Gegner, wie Garve urteilt, der ihm durch die ausgeübte Macht und, durch die geforderten Abgaben und Dienste verhaßt sei, dem er sich aber andererseits auf keine Weise entziehen könne, führe ihn, da offener Widerstand zumeist unmöglich sei, zu Betrug, List und heimlichen Ranken, weshalb man häufig die Tücke als eine besondere Eigentümlichkeit des bäuerlichen Charakters bezeichne. Als kluger Beobachter bemerkt aber der Verfasser, daß der Bauer den bürgerlichen »Unterregenten« (Inspektoren, Pächter usw.), die ihm näher stehen und in einer größeren Vertraulichkeit mit ihm leben, im allgemeinen noch feindlicher und unwilliger gegenüberstehe als dem Edelmanne, dessen Recht zu befehlen er für »natürlicher und gegründeter« halte.

Zumindest in Ostelbien mag es so bei den Landleuten ausgesehen haben, die ja damals einen großen Teil der Bevölkerung stellten. Die Beschreibung von Land und Leuten in lobenswerter Sachgenauigkeit diente zudem doch auch den Eroberungskriegen, von denen das 18. Jahrhundert erfüllt war und die nach dem Dreißigjährigen Krieg von den stehenden Söldnerheeren geführt wurden. Zwanzig Jahre Dienstzeit galten als üblich, und um 1740, also zur Zeit des ›Soldatenkönigs‹, bestand z.B. ein Fünftel der Berliner Bevölkerung aus Soldaten. Von den üblen Anwerbungsmethoden, mit denen die männliche Jugend der kleinen Leute in ganz Europa geködert wurde, berichtet der Schweizer Ulrich Bräker (1735-1798) in seinen Lebenserinnerungen. Er beschreibt, wie er zwangsweise auf die Fahne vereidigt wurde, wie er dem Spießrutenlaufen der Deserteure beiwohnen mußte und wie er schließlich bei einer der Schlachten des Siebenjährigen Krieges glücklich desertieren konnte. Das hört sich freilich anders an als die Friederizianische Kriegsgeschichte, die später mit ihrem Patriotismus die Lesebücher füllte. Dabei hätte schon die Fülle von Desertierungsliedern (vgl. Steinitz: Volkslieder demokratischen Charakters. Bd. I, S. 315ff.) die Aufmerksamkeit der Volksforscher auf sich ziehen müssen.

Es scheint also, als seien die Topographien von Land und Leuten, die so reiche Informationen vermitteln, nicht unbedingt nur um der landeskundlichen Kenntnisse willen erhoben worden. Man wollte auch die Regierungsfähigkeit dieser Untertanen kennenlernen und Informationen für die Verwaltung gewinnen. Man wollte überprüfen, wie sie in das Gefüge der Machthierarchie einzuordnen seien.

Die Romantiker wendeten den aufklärerischen Impetus in eine Diskussion des Ästhetischen, transformierten die vorausblickende Tendenz aufklärerischer Apodemik in eine **Neuinterpretation der Geschichte**. Arbeiten der Aufklärer wurden erst von Wilhelm Heinrich Riehl in gewissem Sinne wieder aufgenommen (s. Kap. 2). Aber auch andere wissenschaftliche Arbeiten aus aufklärerischer Gesinnung mit höchst beachtenswerten Gesichtspunkten wurden lange übersehen. Hier ist die Veröffentlichung des Landpfarrers und Volksschullehrers F.A.K. Fink (1783-1846) zu nennen, der wohl vor allem Anregungen durch die realistischen Zustandsschilderungen des schon genannten Christian Garve erfahren hatte. Nach Finks Meinung sollten alle jene, die von Berufs wegen mit dem Volk zu tun haben, also Lehrer, Geistliche, Verwaltungsbeamte, in ihrer Ausbildung Kenntnisse von der Lebenswelt des Volkes erhalten, worunter er vornehmlich das Landvolk verstand. Er forderte, daß die Hochschulen eigene Lehrstellen für Volkskunde einrichten sollten, von denen aus man das Sommerhalbjahr dem Erwerb praktischer Erfahrungen auf dem Lande widmen solle und das Winterhalbjahr den notwendigen theoretischen Erörterungen, die einmünden sollten in eine vernünftige und anwendbare Volksbildungskunde. Das gutgemeinte Büchlein fand eine ausführliche Rezension in Cottas *Literaturblatt*, und es ist nicht ohne wissenschaftsgeschichtliche Pikanterie, daß es Achim von Arnim war, der die Schrift des Dorfpfarrers gründlich verriß.

Erst in jüngeren Studien hat die **Reiseliteratur der Aufklärungsepoche** die Aufmerksamkeit gefunden, die ihr als wichtigem Medium der Wissenserweiterung im universalistischen Programm zur Welterfahrung in der Aufklärung zukommt. Sie spiegelt v.a. die Einflüsse und die Bedeutung der Geographie, der Ethnographie und Ethnologie. Ihre Verfasser waren zumeist scharfe Beobachter, die der Volkskunde eine Menge objektiver Tatbestände liefern, so daß die Reiseberichte in die Reihe der ergiebigen volkskundlichen Quellen einzuordnen sind. Darüber hinaus aber spiegeln sie oft den Stil einer Epoche wider, was die Völker- und Stammescharakteristik anbetrifft, den pädagogisch angestachelten Wettbewerb im Hinblick auf die geschilderten nationalen Tugenden und Vorzüge. Waren schon die berühmten Reiseschilderungen dieser Zeit mit Nutzen auszuwerten, wie die Beschreibung einer Reise durch Deutschland von Friedrich Nicolai (1733-1811), Goethes Reisebilder oder diejenigen Friedrich Leopold von Stolbergs (1750-1819), so gilt das auch für die weniger bekannte Reiseliteratur.

Außer dem durch häufige Auflagen bekanntgewordenen *Demokritos* von Carl Julius Weber (1767-1832) sind hier die *Briefe* des Theologen

Wölfling zu nennen, der in der damals beliebten Darstellungsform der **Briefsammlung** die Einwohner »bey ihren alltäglichen Beschäftigungen unter allen möglichen Gesichtspunkten« (S. 9) in ihrer Lebensweise schilderte. Da er sich dabei keineswegs auf die Landbevölkerung beschränkte, sondern alle ihm begegnenden Stände miteinbezog, gewinnt das Werk den Wert einer kleinen Volkskunde des 18. Jahrhunderts, in der er vorab »nicht die Sachen, sondern die Menschen« seinem fiktiven Briefpartner beschreiben möchte (S. 14). Anders die 1783 in Zürich erschienenen *Briefe eines reisenden Franzosen über Deutschland*. Der anonyme Verfasser (Johann Kaspar Riesbeck, 1754-1786), Jurist aus Höchst in Westfalen, wirkte seit 1780 auf Goethes Empfehlung als Redakteur bei der neugegründeten *Zürcher Zeitung*, und seine amüsante und mit vielen pikanten Zutaten gewürzte Reisereportage war vor allem den politisch-gesellschaftlichen Zuständen in den territorialen Kulturzentren gewidmet. War das weitschweifige und mit ausführlichem Hofklatsch angereicherte Werk auch ein wahrer Bestseller zu seiner Zeit, so erreichte es doch nicht die ethnographischen Qualitäten der Wölflingschen Briefsammlung.

Hatte das Zeitalter des Barock sich auf eine Beschreibung und Abwertung des Kuriosen im Formierungsprozeß akademischer Disziplinen beschränkt, so entwickelte sich nun in der Aufklärung das Bestreben, die engen Grenzen sowohl im territorialen wie im geistigen Sinne zu überwinden und die Phänomene nationaler Eigenart im wechselseitigen Vergleich zu erklären und zu interpretieren. Für diese Tendenz, die sich bereits in den ethnographisch typisierenden Völkertafeln des frühen 18. Jahrhunderts andeutet, liefern dann vor allem die aufklärerischen Reisebeschreibungen mit ihrer rationalistischen Darstellung der Phänomene ein beredtes Zeugnis. In ihrem **Mittelpunkt stand der Mensch** als sozial und national-stammlich charakterisiertes Wesen. Im Vorwort zu seinem Reisebuch über England und Italien schreibt Johann Wilhelm von Archenholz (1743-1812), man müsse auf einer Reise seine Aufmerksamkeit auf alle begegnenden Lebensverhältnisse richten, »war doch der Mensch immer in seinen mannigfaltigen sowohl sittlichen als politischen Verbindungen und Verhältnissen der Hauptgegenstand meiner Beobachtungen« (S. X). Was ist das anderes als die an den Ethnologen gerichtete moderne Forderung, die kulturellen Phänomene innerhalb ihrer sozial-psychologischen und ökonomisch-politischen Gebundenheit zu interpretieren?

Mit Recht spricht Bausinger (1963) von der unbekümmerten Vermischung der Epochalstile in diesem letzten Viertel des 18. Jahrhunderts und kennzeichnet die Problematik einer Ambivalenz der Absichten am **Beispiel des Naturbegriffes**. Er richtet sich einerseits gegen die Verhärtungen und vermeintlichen Fehlentwicklungen der Zeit: Naturrecht gegen positives Recht, natürliche Religion gegen dogmatische Tradition, natürliche Kleidung gegen Fischbeinkorsetts. Aber auf der anderen Seite orientierte sich das Natürliche und Vernünftige am Bestehenden, blieb relativ stumpf gegenüber allen Wandlungen. Was ›natürlich‹ sei, wurde an den Normen und Formen der eigenen Zeit abgelesen; und die Moralischen Wochenschriften aus England dienten der »Unterhaltsamen Bauernaufklärung«, die nach wie vor den Patriarchalismus pries. Hier wird etwas erkennbar von der allgemein herrschenden patriarchalischen Denkweise, die sich auch in der Staatsführung im Bild vom Landesvater und den Landeskindern widerspiegelte.

Die oft geäußerte Meinung, daß Sturm und Drang ausschließlich im Gegensatz zu Geist, Gesinnung und Stil der Aufklärung zu stellen seien (vgl. Narr/Bausinger 1964, S. 236), läßt sich am Beispiel einer Persönlichkeit wie Christian Friedrich Daniel Schubart (1739-1791) widerlegen. Die deutsche Literatur- und Geistesgeschichte siedelt ihn im geistigen Feld des jungen Schiller an; aber ebenso ist er ein Kind der Aufklärung und hat in einem »Volkskunde« überschriebenen Artikel der Nr. 36 seiner *Vaterlandschronik* von 1788, der die Reitkünste der Engländer glossiert, in gleicher Weise Völkereigenschaften und nationale Selbstdarstellung geschildert wie seine rationalistischen Zeitgenossen.

Persönliches Geschichtserlebnis in der Begegnung mit dem Volk verband sich auch für den bayerischen Aufklärer Lorenz von Westenrieder (1748-1829) mit seiner Geschichtstheorie, wenn er 1780 schrieb, es sei »eine Sache von höchster Wichtigkeit, daß eine Nation sich selber kennenlerne«. Und wenn auch die Begriffe ›Nation‹ und ›Volk‹ in diesen aufklärerischen Schriften noch ganz unpräzise und mehrdeutig angewendet werden, so ist es gerade der soziale, auf den **Menschen als Forschungsobjekt** gerichtete Aspekt, der die Schriften und Überlegungen jener Zeit für den heutigen Leser so anziehend macht. Es war aufklärerischer Geist, in dem Goethe seine Ottilie in ihr Tagebuch schreiben ließ: »das eigentliche Studium der Menschheit ist der Mensch«.

Es ist keinesfalls länger zulässig, »die Aufklärung lediglich als zerstörerischen Einbruch einer rein oberschichtlichen, volksfremden Ideenwelt in eine noch intakte Volkskultur« (Dünninger 1957) zu beurteilen. Am Beispiel der aufklärerischen Interessen an den Volksvergnügungen hat Heidrich (1984) aufzeigen können, daß sich die aufklärerische Utopie zwar nicht mit der tradierten Festkultur wirklich arrangieren konnte, es ihr aber sehr wohl gelang, den großen Wert des Festes zu akzeptieren, ja es als das Instrument der Verbreitung und Durchsetzung aufklärerischer Vorstellungen zu nutzen. Damit muß auch der Quellenwert der aufklärerischen Schriften zur Volkskultur anerkannt werden.

Genannt seien in diesem Zusammenhang die Martin-Fellmer-Handschrift von 1764 über Siebenbürgen und die Knaffl-Handschrift von 1813 über ein steirisches Dorf (bei deren Herausgabe Geramb übrigens die wirtschaftlichen Passagen als »volkskundlich ohne Interesse« wegließ). Waren auch die Forschungsziele besonders der Statistiker zuweilen gar zu direkt auf unmittelbaren kameralistischen Nutzen gerichtet, so dürfen doch die Objektivität und Lebensbezogenheit aufklärerischer Landeskunde nicht unterschätzt werden, wie es seitens der Vertreter des Faches Volkskunde häufig geschah.

In besonderem Maße betraf die ›Aufklärung‹ aber auch den Kampf der protestantischen Seelsorger gegen den **Aberglauben**, in dem sie ärgste Volksverdummung erblickten, Hexen- und Teufelswerk. Zu Anfang des Jahrhunderts erschien die *Gestriegelte Rokkenphilosophie* von Johann Georg Schmidt, ein zwischen 1706 und 1729 veröffentlichtes Aberglaubenslexikon, in dem an die 1000 abergläubische Gebräuche aufgezählt und aus aufklärerischem Standpunkt abgewiesen wurden. ›Erfahrung‹ nimmt aber auch der Abergläubische für sich in Anspruch, und so wurde hier gelehrte Tradition ins Feld geführt: die Rockenphilosophie entpuppte sich als eine Neubearbeitung älterer Werke. Im Zeitalter blühender Naturwissenschaften entlarvte man auch den Aberglauben physikalisch und historisch. Das Sammeln abergläubischer Daten geschah also hier aus Aufklärerethos – im Gegensatz zum Sammelfleiß der Romantiker, die das Alte erhalten wollten.

Zu den ergiebigen Quellen protestantisch-pietistischen Volkslebens im 18. Jahrhundert gehört auch die *Lebensgeschichte* des Johann Heinrich Jung-Stilling (1740-1817, Stilling – von: die »Stillen«, d.h. die Pietisten). Die von Goethe bearbeitete, 1777 herausgegebene Jugendgeschichte des späteren Professors für Kameralwissenschaften birgt schöne Informationen über Handwerker- und Dorfschulmeisterleben im Siegerland. Mit der Nennung solcher Titel deutet sich der Charakter der Volkskunde als einer Sozialwissenschaft an.

Gerade die Epoche der Aufklärung hat in letzter Zeit intensivere Berücksichtigung in der fachgeschichtlichen Diskussion gefunden. Könenkamp (1988) relativierte zunächst die Überbewertung der Statistik in der Entwicklung von Perspektiven aufs ›Volk‹ und hob die kulturanthropologisch-geschichtsphilosophischen Traditionslinien stärker hervor, für die er seit Herder v.a. die Begriffe des ›National-‹ oder ›Volkscharakters‹ als prägend begreift. Hartmann (2000) betonte mit dem diskursanalytischen Ansatz Foucaults das enge Beziehungsgeflecht der am ›Volk‹ interessierten Disziplinen. Koch-Schwarzer (1998) schließlich hat in ihrer überaus sorgfältigen und belesenen Arbeit zum Werk Christian Garves, die vielen anderen als Argumentationshilfe für eine Neubewertung u.a. von Herder und Riehl diente, die große Rolle der Moralphilosophie herausgestellt und die spätaufklärerische ›Interdisziplinarität‹ von Geschichte, Geographie, Statistik, Ethnographie, Ökonomie und Moralphilosophie unter dem Dach der praktischen Philosophie verdeutlicht. Gemeinsam war ihnen das universalhistorische Interesse am Menschen. Auch dort, wo es sich äußerlich um einzelne soziokulturelle Phänomene handelte, wie bei Friedrich Christian Jonathan Fischer (1750-1797) in seiner Schrift über die Probenächte oder Karl Friedrich Kronbiegel (1756-1806) in seiner Darstellung Thüringer Trachten, stand stets der Mensch in seinen vielfach determinierten Verhaltensweisen und -normen im Mittelpunkt der Betrachtung. Und so kommt es, daß gerade das letztgenannte Werk in seiner zweiten Auflage von 1806, dreizehn Jahre nach seinem ersten Erscheinen, dank der getreuen Beobachtung durch seinen Verfasser Wandlungsprozesse des Volkslebens in seinen Objektivationen erkennbar macht, wie sie von der romantischen Volksforschung kaum jemals festgehalten und dargestellt worden sind. Die Akzente verlagerten sich dann nach und nach vom Menschen auf die Kulturgüter, auf die Überlieferungsstoffe in ihrer Qualität als Zeugen einer vergangenen und zurückgesehnten Geisteswelt.

## Literatur:

Archenholz, Johann Wilhelm von: England und Italien. Bd. 1. 1786.
Bachter, Stephan: Aufklärungshistorie und »volkskundliche« Interessen. Ein Versuch zur Ordnung der Fachgeschichte im 18. Jahrhundert. In: Augsburger Volkskundliche Nachrichten 4, H. 1 (1998), S. 41-62.
Bausinger, Hermann: Schiller und Schubart. In: Hie gut Württemberg II (1960), Nr. 4 u. 5, S. 25f. u. 33f.
Ders.: Aufklärung und Aberglaube. In: Deutsche Vierteljahrsschrift 37 (1963), S. 345-362.
Ders.: Herablassung. In: Müller, Eberhard (Hg.): »... aus der anmuthigen Gelehrsamkeit«. Tübinger Studien zum 18. Jahrhundert. Tübingen 1988, S. 25-39.
Ders./Klaus Beyrer/Gottfried Korff (Hg.): Reisekultur. Von der Pilgerfahrt zum modernen Tourismus. München 1991.
Becker, Rudolf Zacharias: Noth- und Hilfsbüchlein oder lehrreiche Freuden- und Trauergeschichte der Einwohner zu Mildheim. Teil 1. 1787, weitere Teile 1798ff. – Vgl. dazu Siegert, Reinhart: Aufklärung und Volkslektüre. In: Archiv für Geschichte des Buchwesens 19 (1978), Sp. 565-1344, und die dort angegebene weiterführende Literatur.
Ders.: Versuch über die Aufklärung des Landmannes. 1785, ND mit einem Nachwort von Reinhart Siegert. Stuttgart-Bad Cannstatt 2001.

Böning, Holger/Reinhart Siegert: Volksaufklärung. Biobibliographisches Handbuch zur Popularisierung aufklärerischen Denkens im deutschen Sprachraum von den Anfängen bis 1850. Bd. 1- 4. Stuttgart-Bad Cannstatt 1990ff.

Bräker, Ulrich: Der arme Mann in Tockenburg. In: Werke. 1964, S. 83-281.

Doering-Manteuffel, Sabine/Josef Manča/Wolfgang Wüst (Hg.): Pressewesen der Aufklärung. Periodische Schriften im Alten Reich (Colloquia Augustana, 15). Berlin 2001.

Dünninger, Josef: Volkstum und Aufklärung in Franken. In: Bayerisches Jahrbuch für Volkskunde 1957, S. 29-42.

Fink, F.A.K.: Aus dem Volksleben. Ein Beitrag zur Volks- u. Volksbildungskunde. 1822. – Vgl. dazu Mallon, O.: Arnim-Bibliographie. 1925, Nr. 125.

Fischer, Friedr. Christian Jonathan: Über die Probenächte der teutschen Bauernmädchen. 1780.

Garve, Christian: Über den Charakter der Bauern und ihr Verhältnis gegen die Gutsherren und gegen die Regierung. Drey Vorlesungen an der Schlesischen Ökonomischen Gesellschaft. 1786. – Vgl. dazu Koch-Schwarzer, Leonie: Populare Moralphilosophie und Volkskunde. Christian Garve (1742-1798) – Reflexionen zur Fachgeschichte (Schriftenreihe der Kommission für deutsche und osteuropäische Volkskunde, 77). Marburg 1998.

Geramb, Viktor von (Hg.): Die Knaffl-Handschrift, eine obersteirische Volkskunde aus dem Jahre 1813. 1928.

Goethe, Johann Wolfgang von: Die Wahlverwandtschaften (1809), Teil 2, Kap. 7. Der zitierte Satz ist eine Übersetzung aus einem im 18. Jahrhundert oft zitierten Vers des Alexander Pope aus Essay on man (1733), II/ 2: »The proper study of mankind is man«; vgl. dazu Narr/Bausinger, 1964 S. 237f.; weiterhin Moritz, Marina (Hg.): Goethe trifft den gemeinen Mann. Alltagswahrnehmungen eines Genies. Wien/Köln/Weimar 1999.

Hartmann, Andreas: Die Anfänge der Volkskunde. In: Brednich, Rolf-Wilhelm, Grundriß der Volkskunde. Berlin 2000, S. 9-30.

Heidrich, Beate: Fest und Aufklärung. Der Diskurs über die Volksvergnügungen in bayerischen Zeitschriften (1765-1815) (Münchner Beiträge zur Volkskunde, 2). München 1984.

Hoffmann, Julius: Die »Hausväterliteratur«. 1954.

Jung-Stilling, Johann Heinrich: Lebensgeschichte. Hg. von G.A. Benrath. 1976.

Könenkamp, Wolf-Dieter: Volkskunde und Statistik. Eine wissenschaftliche Korrektur. In: Zeitschrift für Volkskunde 84 (1988), S. 1-25.

Kronbiegel, Karl Friedrich: Über die Kleidertracht, Sitten und Gebräuche der altenburgischen Bauern. Altenburg 1793, ²1806.

Kutter, Uli: Volks-Kunde. Ein Beleg von 1782. In: Zeitschrift für Volkskunde 74 (1978), S. 161-166.

Lichtenberg, Heinz Otto: Unterhaltsame Bauernaufklärung. 1970.

Lutz, Gerhard: Johann Ernst Fabri und die Anfänge der Volksforschung im ausgehenden 18. Jahrhundert. In: Zeitschrift für Volkskunde 69 (1973), S. 19-42.

Ders.: Geographie und Statistik im 18. Jahrhundert. Zur Neugliederung von »Fächern« im Bereich der historischen Wissenschaften. In: Mohammed Rassem, Justin Stagl (Hg.): Statistik und Staatsbeschreibung in der Neuzeit, vornehmlich im 16.-18. Jahrhundert. Paderborn 1980, S. 249-268.

Ders.: Die Entstehung der Ethnologie und das spätere Nebeneinander der Fächer

Volkskunde und Völkerkunde in Deutschland. In: Heide Nixdorff, Thomas Hauschild (Hg.): Europäische Ethnologie. Theorie- und Methodendiskussion aus ethnologischer und volkskundlicher Sicht. Berlin 1982, S. 29-46.

Mader, Josef: Materialien zur alten und neuen Statistik von Böhmen (Prag 1787), das 2. Kap. ist überschrieben: »Verzeichnis einiger gedruckter Hilfmittel zu einer pragmatischen Landes-, Volks- und Staatskunde Böhmens«.

Möller, Helmut: Aus den Anfängen der Volkskunde als Wissenschaft. In: Zeitschrift für Volkskunde 60 (1964), S. 217-233. – Das frühe Auftreten der Volkskunde im wissenschaftlichen Schrifttum der Aufklärung ist hier zusammengestellt.

Ders.: Die kleinbürgerliche Familie im 18. Jahrhundert. Verhalten und Gruppenkultur. 1969.

Moser, Hans: Wege zur Volkskunde als Wissenschaft. In: Bayerisches Jahrbuch für Volkskunde 1959, S. 124-158, bes. S. 127f.

Ders.: Lorenz Westenrieder und die Volkskunde. In: ebd. 1953, S. 159-188.

Narr, Dieter: Studien zur Spätaufklärung im deutschen Südwesten. 1978.

Ders./Hermann Bausinger: ›Volkskunde‹ 1788. Aus den Anfängen der Volkskunde als Wissenschaft. In: Zeitschrift für Volkskunde 60 (1964), S. 233-241.

Niemann, Christian Heinrich: Skize zur Beschreibung eines Landdistrikts: eines Amts, einer größeren oder kleineren Landschaft oder Landgemeine, eines Kirchspiels. In: Schleswig-holsteinische Vaterlandskunde 1802, S. IX-LII; Abris der Statistik und der Statenkunde nebst Fragmenten zur Geschichte derselben. 1807.

Riesbeck, Johann Kaspar: Briefe eines reisenden Franzosen über Deutschland. An seinen Bruder zu Paris. 1783; Übers. von K. R., neu hg. und bearb. von Wolfgang Gerlach. 1967.

Siegert, Reinhart: Isaak Maus, der »Bauersmann in Badenheim«. Ein bäuerlicher Intellektueller der Goethezeit u. sein soziales Umfeld. In: Zeitschrift für Volkskunde 80 (1984), S. 229-264.

Sievers, Klaus-Detlev: Volkskultur und Aufklärung im Spiegel der Schleswig-Holsteinischen Provinzialberichte. Neumünster 1970.

Sintenis, Christian Friedrich: Das größere Buch für Familien. [2]1807.

Stanzel, Franz K. (Hg.): Europäischer Völkerspiegel. Imagologisch-ethnographische Studien zu den Völkertafeln des frühen 18. Jahrhunderts. Heidelberg 1999.

Stolberg, Friedrich Leopold von: Reise in Deutschland, der Schweiz, Italien und Sizilien in den Jahren 1791 und 1792. 4 Bde. 1794.

Tomkowiak, Ingrid (Hg.): Populäre Enzyklopädien. Von der Auswahl, Ordnung und Vermittlung des Wissens. Zürich 2002.

Weber, Carl Julius: Demokritos oder hinterlassene Briefe eines lachenden Philosophen. 1832/36, [2]1837/40; Auszug in Bd. 1, 1966 (Die Fundgrube 22).

Weissert, Gottfried: Das Mildheimische Liederbuch. Studien zur volkspädagog. Literatur der Aufklärung. 1967.

Westenrieder, Lorenz von: In: Baierische Beiträge zur schönen und nützlichen Literatur 2 (1780), S. 947ff.

Wiegelmann, Günter: Geschichte der Forschung. In: Ders. et al.: Volkskunde. Eine Einführung. Berlin 1977, S. 9-26.

Wölfling, Chr.: Briefe eines reisenden Franzosen über die Deutschen, ihre Verfassung, Sitten u. Gebräuche. Nebst Berichtigungen und Bemerkungen von einem Deutschen. 1796.

## 1.3 Die Verklärungen der Volkskunde durch die Romantiker

Seit Vicos geschichtsphilosophischen Ideen (s. Kap. 1.1) erregte der Gedanke an eine geschichtsbildende Volksindividualität, die Vorstellung von einem geschichtlich wirkenden ›Volksgeist‹, mehr und mehr die Gemüter. Dazu kam das Erwachen einer poetisch überhöhten Aufwertung der Kulturgüter vor allem des Landvolks. Der ›Zurück-zur-Natur‹-Prophet Jean-Jacques Rousseau (1712-1778) wurde aus sozialem Bewußtsein und Zivilisationsüberdruß nicht nur zum philosophischen Vorkämpfer der Französischen Revolution; seine Lehre von der Dominanz des Gefühls, der Gleichheit von Naturnähe und reinem wahren Leben machte ihn zugleich zum Leitstern einer romantischen Volkskunde. Er wollte der Menschenliebe der gebildeten Welt die Naturhaftigkeit und unbefangene Bildungslosigkeit der Landleute empfehlen, und von daher läßt es sich erklären, wenn die Romantiker seine demokratische Naturphilosophie zur Primitivitätsbewunderung und Bauernverherrlichung uminterpretierten.

Jedenfalls ist die Rolle Herders für die Geschichte der Volkskunde als Wissenschaft nicht zu verstehen ohne die Vicoschen Lehren vom ›Volksgeist‹ und den Rousseauschen Gefühlsüberschwang in Richtung auf die kulturschöpferischen Qualitäten des bildungsfreien Menschen. Johann Gottfried Herder (1744-1803), angeregt durch die Sammlung der Runenlieder des englischen Bischofs Thomas Percy (1729-1811), erweckte in Deutschland für sein Zeitalter den Sinn für die Volksliedbegeisterung wie das Verständnis für die **Volksliedsammlung** mit seinen *Stimmen der Völker in Liedern*. Seine Gedanken zu den Liedern der Völker als reinstem Ausdruck der Völker- und Menschheitsseele offenbaren die Vorstellungen von einem ›Allgemeingeist‹ der Menschheit und einem ›Nationalgeist‹ der Völker. Das entsprach dem »esprit general« bei Charles de Montesquieu (1689-1755) in dessen *De l'esprit des lois* (1748).

Das ›Volk‹ hatte für Herder in der Nachfolge Vicos die Qualität einer Persönlichkeit erhalten, einer überindividuellen Individualität, der durchaus schöpferische Eigenschaften zuzubilligen seien. In widerspruchsvollen Wendungen und Definitionen unterschied er zwischen dem ›Nationalgeist‹ der Völker, der kontinuierlich aus mythischen Tiefen steigend ewig, unauslöschlich und angeboren sei, und andererseits dem sich selbst erzeugenden Charakter der Völker, der wieder zurechtgebracht werden müsse und durch die angleichenden Kräfte des Weltbürgertums Gefahr laufe, mehr und mehr auszulöschen. Die Äußerungen des Nationalgeistes aber sah Herder am reinsten ausgedrückt im Komplex der Volksdichtung, wo Vico noch die Dreiheit Sprache, Mythos und Kunst als Ausdrucksformen nannte.

Der **Begriff** ›**Volksgeist**‹ erscheint übrigens nicht bei Herder, sondern erst später bei Georg Wilhelm Friedrich Hegel (1770-1831), aber mehr im Sinne einer in sich verschlungenen Summe der »einzelnen Bewußtseine«, die sich dialektisch entwickeln und sich selbst zum Werke werden. Diese auf eine soziale Dialektik hinauslaufenden Gedankengänge sind allerdings in der Geschichte der Volkskunde kaum fruchtbar geworden (vgl. z.B. Hegels Sämtl. Werke, Bd. 2: Phänomenologie des Geistes, $^5$1951, S. 553f.).

Hier kam also ein neues Element in die ›Kunde vom Volke‹: Sie erfaßte nicht mehr das Wissen über die Bevölkerung, die Beschreibung ihres Status, ihrer äußeren und inneren Lebensweise, die die aufklärerischen Schriftsteller angestrebt hatten; sondern sie sollte nun dazu dienen, die Geheimnisse des ›Volksgeistes‹ zu erkennen, dessen Vorhandensein man durch die kulturellen Äußerungen des Volkes vor allem in Lied, Märchen und Sage, Glaube und Kult erst rückzuerschließen und zu beweisen suchte.

Aus den Liedern der Völker erwuchs Herder »das große Geheimnis der über die Erde verbreiteten Volksgenialitäten«. Er feierte in der *Vorrede der Volkslieder* den größten Sänger der Griechen, Homer, zugleich als den größten Volksdichter, und statt »geformter Regeln« ergriff er »die Naturgesetze der Poesie«. Mit seiner Begeisterung für die freie, schöne, naturhafte Vollkommenheit des Liedes zerstörte er den aufgeklärten Glauben an absolute meßbare Normen. Alle unverderbte, unverkünstelte Dichtung wurde ihm zum ›Volkslied‹ – von Homer bis zu den Gesängen der Marktweiber in der Gegenwart. So findet sich in seiner Liedersammlung – der ersten in deutscher Sprache – ein Gemisch verschiedenster Kunstpoesien, die nur durch seinen dichterischen Genius zu einer Einheit verbunden werden konnten. In einer vielfach wechselnden Mischung ethnischer und sozialer Begriffsinhalte verwandte Herder ›Volk‹ als Sammelbezeichnung für den schöpferischen Überlieferungsträger und hat damit der kommenden Wissenschaft vom Volk die Richtung gewiesen, der sie ohne Reflexion gefolgt ist. Empfand er sich selbst auch noch als Weltbürger, so schwang doch schon die **Gestimmtheit zum Nationalen**, zum eigenen Volk mit hinein in seine Suche nach der wahren Volkspoesie: »Großes Reich, Reich von zehn großen Völkern, Du hast keine Volkslieder? Und edles, Tugend, Scham und Sitte so tief liebendes Volk, [...] Du hast keine Abdrücke deiner Seele den Späteren hinterlassen? Schweizer, Schwaben, Franken, Bayern, Tyroler, Westphalen, Sachsen, Wenden und Böhmen, Preußen, ihr habt allesamt nichts?«

Neben dem Ansatz zu einer gewissen Internationalität findet sich bei Herder auch schon die Aufwertung der frühgermanischen Glaubenswelt, deren Überreste nun nicht mehr – wie in Barock und Aufklärung – bemitleidenswerten Aberglauben bezeugen, sondern die ›heiligen Ursprünge‹ einer ›Nationaldenkart‹.

Sein Aufruf zur Volksliedsammlung, dem der junge Goethe mit zwölf Liedern aus dem Elsaß folgte, war übrigens auch zu seiner Zeit keine vereinzelte Erscheinung. Schon zu Anfang der siebziger Jahre hatte Gottfried August Bürger (1747-1794), der Dichter der *Leonore*, zur Sammlung deutscher Volkslieder gemahnt und Schubart zu gleicher Zeit einen Aufruf zur Sammlung der Volksdichtung ausgegeben. Forderte er auch eine Zusammenschau der stammlichen Mannigfaltigkeiten zur Nation, so darf doch darunter noch keine nationale Gesinnung im Geiste des 19. Jahrhunderts verstanden werden. Die Vorstellung von einer Sprach- und Kulturnation als eigene Größe neben dem Staat erwuchs erst auf dem Boden des romantischen Volksbegriffes (vgl. S. Suphans Ausgabe der Werke Herders, Bd. XXV, 1885, S. 5ff. u. 313ff.).

Diesen Begriffen hat übrigens Schiller in einer beachtenswerten, fast literatursoziologisch anmutenden Rezension der Bürgerschen Gedichte, erschienen 1791 in der *Allgemeinen Literatur-Zeitung* Nr. 13 und 14, widersprochen. Er spricht vom »schwankenden Wort Volk« und meint, ein »Volksdichter«, wie es Homer seinem Weltalter oder die Troubadors dem ihrigen waren, dürfte in unseren Tagen vergeblich gesucht werden:

»Unsere Welt ist die homerische nicht mehr, wo alle Glieder der Gesellschaft in Empfinden und Meinen ungefähr dieselbe Stufe einnahmen, sich also leicht in derselben Schilderung erkennen, in denselben Gefühlen begegnen konnten. Jetzt ist zwischen der Auswahl der Nation und der Masse derselben ein sehr großer Abstand sichtbar.«

Schiller bezweifelte daher, daß zu seiner Zeit ein Dichter tatsächlich Sprachrohr des Volkes sein könne, und stellte damit die ganze romantische Theorie von einem kontinuierlich sich forterbenden Volksgeist in Frage.

An dieser Stelle soll kurz angedeutet werden, auf welchem zeitgeschichtlichen Hintergrund das **romantische Interesse für die eigene Kultur des Volkes,** für seine schöpferische ›Seele‹ erwacht war und sich so mächtig regte.

Die Französische Revolution hatte auch in Deutschland einiges in Gang gebracht, die bürgerlichen Menschenrechte ins Bewußtsein gehoben, den Gedanken einer Auflösung der ständisch-feudalen

# Die Verklärung der Volkskunde durch die Romantiker 23

Gesellschaftsordnung belebt, einen gewissen Prestigeverlust des Adels eingeleitet und das Aufkommen eines Vierten Standes sichtbar gemacht. Aber eine Revolution fand, abgesehen von revolutionären Bewegungen im Südwesten, in Deutschland nicht statt. Zwar errichtete man im Badischen und in Mainz nach französischem Vorbild ›Freiheitsbäume‹, aber die Positionen der Landesfürsten und der mit ihnen verbundenen aristokratischen Oberschicht waren noch zu mächtig. Nur auf Nebenfeldern wurden emanzipatorische Bewegungen deutlich sichtbar, so z.B. auf dem Gebiet der Mode: Frauen aller Stände kleideten sich à la chemise und befreiten sich von den lästigen Fischbeinkorsetts; und die bürgerliche Herrenmode internationalisierte sich allmählich zum dunklen ernsten Wollstoffanzug mit Röhrenhose, der den in Wirtschaft und Technik tätigen Geschäftsmann oder Ingenieur kennzeichnete.

Daneben lebten etwa vier Fünftel der Bevölkerung auf dem Lande und von landwirtschaftlicher Arbeit. Die Stein-Hardenbergschen Reformen, die 1807 einsetzten, orientierten sich wohl zum Teil an der Napoleonischen Verfassung, waren aber zu sehr von Adelsinteressen gezeichnet, als daß sie eine schnelle Aufhebung der Leibeigenschaft in allen Provinzen und ein Erstarken selbständigen Bauerntums hätten herbeiführen können. Was war also das ›Volk‹ in diesem diffusen gesellschaftlichen Zusammenhang? Wessen ›Seele‹ sollte entdeckt werden? Als sich Napoleon 1799 zum französischen Kaiser krönen ließ, hatte das zunächst die breiteste Wirkung auf dem Gebiet des Militärischen: als Feldherr und Eroberer zerschlug er die Söldnerarmeen der alten Mächte und verbreitete Angst, aber auch Bewunderung bei der einfachen Bevölkerung. Er entfachte nationalen Widerstand, und die französische Besatzung wurde im allgemeinen als Knechtschaft empfunden. Die Freude am Prinzip der Freiwilligkeit im Militärischen, an Landsturm und Volksarmee und auch an demokratischen Ideen verband sich mit einem neuen nationalen Geist gegen die Fremdherrschaft.

»Aber der düstre Schatten, den Napoleons Riesengestalt auf meine frühsten Jahre geworfen, erbleicht vor dem Sonnenglanze der Erinnerung an die Freiheitskriege von 1813 und 1814. Dies eine Jahr der Erhebung entschädigte für die voran gegangenen sieben Jahre der Knechtschaft. Es wird nicht viele Momente in der Geschichte geben, wo ein ganzes Volk mit gleicher Opferwilligkeit alle seine zeitlichen Güter daran setzte, um das höchste geistige Gut, die Freiheit, zu erwerben. Daß dies große Gefühl alle Stände durchdrang, daß gar keiner zurückbleiben wollte in dem allgemeinen Wetteifer, daß Vornehme und Geringe in neidloser Vereinigung neben einander tätig waren, um das herrliche Ziel zu erreichen, das wird dem Andenken an jene Zeit immer eine ganz besondere Weihe geben.« (Gustav Parthey (1798-1872): Jugenderinnerungen. Teil I, S. 422)

Diese systemlose Verflechtung gegensätzlicher sozialer und geistiger Strömungen bestimmte das gesellschaftliche Leben jener Zeit, und damit setzten sich auf ihre Weise die Persönlichkeiten auseinander, deren Werke für die Wissenschaftsgeschichte der Volkskunde bedeutsam wurden.

Die Hinwendung zum Nationalen im überhöhten Bild des eigenen Volkes, wie es im (vor allem westfälischen) Bauerntum verwirklicht sei, vollzog sich in der Gestalt eines Mannes, der geistig zwischen Aufklärung und Romantik stand und die Wissenschaftsgeschichte der Volkskunde stark beeinflußt hat: **Justus Möser** (1720-1794). Geschult an Montesquieu (1689-1755), bewegten den Osnabrücker Landesadvokaten zugleich Ziele praktischer Verwaltungskunde und staatlich-sozialer Rechtspflege im vaterländischen Sinne. Der Bau der Gesellschaft, deren Modell er im Bauernstaat des Mittelalters und im Gleichgewicht der Stände und Kräfte vorgezeichnet sah, schien sich ihm aufzulösen, und so richtete sich sein Protest ebenso gegen den Individualismus der Aufklärung, die Franzosenfreundlichkeit des preußischen Hofes und der gebildeten Schichten wie gegen die gleichmacherischen Gedanken der Französischen Revolution. Die Zersetzung der Bauernkultur, worin er das Grundübel seiner Zeit zu entdecken glaubte, wollte er bekämpfen mit den Mitteln einer empirisch fundierten Sozialpolitik. Sein berühmt gewordenes und in zahllosen Neuauflagen erschienenes Werk ›Patriotische Phantasien‹ (1774-1778) spiegelt ein breites Spektrum getreuester Beobachtungen, die einmünden in eine Verherrlichung altbäuerlicher Lebensweise. Die genaue Kenntnis seiner westfälischen Landsleute in allen Schichten und Ständen, besonders den ländlichen, gibt dem Möserschen Werk den Reiz intimer hausväterlicher Vernünftigkeit und gesunden Menschenverstandes. Aber die Freude an oft sachgerechter Darstellung des Volkslebens darf nicht darüber hinwegtäuschen, daß Mösers Volksforschung doch nur einer Volkspflege zum Hintergrund dienen sollte, die sich in Reformvorschlägen für die Erhaltung einer Lebenswelt der Bildungslosen niederschlug, vor allem der Bauern. Und das idealisierende Bild, das Möser von seinen Bauern gezeichnet hat, wurde für die nächsten Generationen weithin zum Leitbild der volkskundlichen Wissenschaft — als gäbe es ›den Bauern‹ als immerwährenden Topos.

Seine zahlreichen im *Osnabrücker Intelligenzblatt* seit 1766 erschienenen Aufsätze hat seine Tochter Frau von Voigts 1774/1778 unter dem Titel *Patriotische Phantasien* herausgegeben. Das literarische Vorbild dieser Form waren die in England üblichen Wochenschriften, die im Plauderton über aktuelle Ereignisse und Probleme berichteten. Die Nachahmung dieses Stiles in Deutschland verhalf zwischen 1740 und 1800 zahlreichen derartigen Wochenschriften zum Erscheinen, worüber die 1968 erschienene Arbeit von Wolfgang Martens ausführlich informiert.

Das Lob der Vernunft meint auch Goethes Urteil über Möser, mit dem er – gemeinsam mit Herder – 1773 die Flugschrift »Von deutscher Art und Kunst« verfaßt hatte. 1823 schrieb er: »Gern erwähn‹ ich dieses trefflichen Mannes, der, obgleich ich ihn niemals persönlich gekannt, [...] sehr großen Einfluß auf meine Bildung gehabt hat. Er war der tüchtige Menschenverstand selbst, wert, ein Zeitgenosse von Lessing zu sein, dem Repräsentanten des kritischen Geistes« (Jubiläumsausgabe, Bd. 37, S. 251ff.); auch in *Dichtung und Wahrheit* (Teil 3,13. Buch) äußert er sich über Möser.

Daß neben den vielgelobten Qualitäten eines aufklärerischen Rechtswissenschaftlers auch ein antiaufklärerisches konservatives Möserbild zu zeichnen wäre, hat Bausinger (1972) nachdrücklich und überzeugend dargestellt.

Mit seiner **Verherrlichung des Mittelalters** aber hatte Möser auch bereits der romantischen Volksforschung und Volkstumsbegeisterung den Weg gewiesen. Die Hinwendung zum eigenen Volk und das Erwachen eines historischen Bewußtseins brachten eine Begeisterung für die Traditionsgüter der Vergangenheit mit sich, einen Enthusiasmus für das Aufsammeln der Volksüberlieferungen auf zahlreichen Gebieten, der dieser Zeit mit Recht ihre große Rolle in der Geschichte der Volkskunde zuweist.

Im Bereich des Volksliedes, der deutschen Volkskunde ältestes und liebstes Kind, hatte zunächst der Berliner Verleger Friedrich Nicolai (1733-1811) für Aufregung gesorgt, als er 1777 und 1778 mit einiger Arroganz seinen *Feynen kleynen Almanach voll schönerr echterr üblicher Volkslieder, lustiger Reyen und klaglicher Mordgeschichten* mit über 60 Liedern mit Melodien erscheinen ließ. Daß es sich dabei nicht um eine grundsätzliche Ablehnung des Themas Volkslied handelte, bewies er dadurch, daß er Büsching und von der Hagen sein gesamtes umfangreiches Volksliedmaterial für ihre 1807 erschienene Sammlung überließ.

Die **wissenschaftliche Erforschung des Volksliedes** hatte schon früher eingesetzt. So versuchte Friedrich David Gräter (1768-1830) in seiner Zeitschrift *Bragur* (1791ff.) einen kritischen Überblick über das Gesamtgebiet des Volksliedes zu geben. Zu wirklicher Popularität aber gelangte nach Herders kosmopolitischer Veröffentlichung das Thema 1805-1808 durch die erste breit angelegte Sammlung deutscher Volkslieder unter dem romantischen Titel *Des Knaben Wunderhorn*, und damit brach die große Zeit der deutschen Volksliedsammlung und -forschung an. Die beiden Anreger und Herausgeber Ludwig Achim von Arnim (1781-1831) und Clemens Brentano (1778-1842) hatten mancherlei Ziele im Auge: den Gebildeten und Verbildeten die Volksdichtung näher zu bringen; das zerstreute deutsche Volk durch das Bewußtwerden dieses Gemeinschaftsbesitzes zu einen. Dabei gingen sie mit den aus dem Volksmund und durch die Mitarbeit des Heidelberger Freundeskreises zusammengetragenen Liedern nicht eben ängstlich um, sondern änderten und dichteten so lange an ihnen herum, bis sie jenen ›Volksliedton‹ gewannen, der allein sie den Sammlern als ›echtes Volkslied‹ erscheinen ließ (zum *Volkslied* vgl. Suppan, Wolfgang: Volkslied. Seine Sammlung und Erforschung (Sammlung Metzler, 52) 1966, und die dort angeführte Literatur; Röhrich, Lutz/Brednich, Rolf W.: Deutsche Volkslieder. Texte u. Melodien. 2 Bde., 1967).

Neben der verständnisvollen Besprechung Goethes ernteten sie auch philologisches Mißfallen, und Johann Heinrich Voss (1751-1826), der vor allem die selbstgedichteten Zugaben monierte, nannte das *Wunderhorn* einen »zusammengeschaufelten Wust, voll mutwilliger Verfälschungen, sogar mit untergeschobenem Machwerk, [...] ein heilloser Mischmasch von allerlei buzigen, truzigen, schmuzigen und nichtsnuzigen Gassenhauern ...« (Stuttgarter »Morgenblatt« Nr. 283 u. 284 v. 25. u. 26. 11.1808).

Goethes Rezension brachte die *Jenaische Allgemeine Literatur-Zeitung* v. 21. u. 22. 1. 1806; vgl. Goethe, Jubiläumsausgabe, Bd. 36, S. 247-263. Er entschuldigt die Restaurationsbemühungen der Verfasser mit dem Bemerken: »Wer weiß nicht, was ein Lied auszustehen hat, wenn es durch den Mund des Volkes, und nicht nur des ungebildeten, eine Weile durchgeht?« (S. 262)

Aber solche wissenschaftlichen Bedenken taten der allgemeinen Wirkung des Werkes keinen Abbruch. Zur Herbstmesse 1805 war der erste, Goethe zugeeignete Band erschienen; die Sammlung wurde zum Hausbuch der Nation und bestimmte bis weit über Uhland hinaus, ja mit nachgedruckten und neu zusammengestellten populären Liedausgaben teilweise bis in unsere Tage Volksliedstil und Volksliedbegriff.

Åke Hultkrantz feierte in seinen *General Ethnological Concepts* (1960) sogar Arnim und Brentano als Schöpfer des Begriffes ›Volkskunde‹: In der Quellenangabe für die Ballade »Schlacht bei Murten« (Originalausgabe, S. 58) heißt es: »Von Veit Weber, aus Diebold Schillings Beschreibung der Burgundischen Kriege. Abgedruckt von Koch in der neuen Literatur- und Volkskunde 1. Bd., S. 93. « Doch handelt es sich hier um ein falsches Zitat der berühmten Herausgeber, denn die Zeitschrift hieß *Literatur- und Völkerkunde*; vgl. Helmut Möller in: Zeitschrift für Volkskunde 60 (1964), S. 220.

Neben dem Volkslied waren es die ›**Feste und Sitten des Landvolkes**‹, die die Heidelberger Romantiker entdeckten und schilderten (das Eierlesen zu Neckarelz, »Das Holzapfelfest zu Dossenheim« bei Brentano, aber auch Goethes »Jahrmarktsfest zu Plundersweiler« u.a.). Der Zeitgeist begünstigte die Wiederentdeckung deutscher Überlieferungen, und so nahm den größten Platz weiterhin die Sammlung der Volksüberlieferungen ein. Die Volksbüchersammlung Brentanos regte Joseph Görres (1776-1848) zur Herausgabe der *Teutschen Volksbücher* (1807) an, die in 49 recht ungleichartigen Beiträgen die Historien von Genoveva, Griseldis, Magelone, Faust, aber auch Rübezahl und manches andere vereinte. Sein Ziel ging auf Wiederfindung (und Popularisierung) ganz im Sinne Herders, nicht auf wissenschaftliche Erkenntnis; und so deutete er die Volksbücher um zu Zeugnissen ursprünglichen Volksgeistes, die doch tatsächlich nichts anderes sind als volksläufig gewordene Lesestoffe höfischer und patrizisch-bürgerlicher Kreise vergangener Jahrhunderte. Immerhin gebührt Görres das Verdienst, die Volkskunde auf diesen Bereich der Volksliteratur aufmerksam gemacht zu haben.

Politisch gehörte der revolutionäre Geschichtsprofessor Görres (und Herausgeber des *Rheinischen Merkur*) zu den Verherrlichern des »Volksgeistes« mit politisch-pädagogischem Ziel. Die Zeit der Freiheitskriege brach an und mit ihr das Kulminieren nationaler Gesinnung, verkörpert in der Persönlichkeit des ›Turnvaters‹ **Friedrich Ludwig Jahn** (1778-1852), der 1806 aus seiner Göttinger Antrittsvorlesung auf die Jenaer Schlachtfelder stürmte. Das Manuskript seines Volkstumsbuches, das ihm bei dieser Gelegenheit verlorenging, rekonstruierte er, und es erlebte zwischen seinem ersten Erscheinen 1810 bis zum Jahr 1944 mindestens 16 Neuausgaben. Die Faszination, die dieses Buch so lange ausübte, verdankt es kaum seinen wissenschaftlichen Qualitäten. Es ist ein politisches Buch, in dem das ›Volkstum‹ zum Zweck politisch-nationaler Erziehung beschworen wird. In einer Ankündigung seines Werkes im literarischen Anzeiger von 1809 erklärte Jahn den Begriff als sorgfältig gewähltes Kunstwort. »Die bei der gelehrten Lesewelt hierdurch angängig gemachte Sache ist immer gewesen. [...] Lange schon fand man in jedem Volk ein unnennbares Etwas, man gewahrte, daß selbst aus der Umwälzung, Wut und Not jenes Ungenannte nachwirkend und nachhaltig hervortrat«; die »geschichtlichen Wahrzeichen zu völkerweltlichen Merkmalen geordnet«, schrieb er weiter, »würden eine eigene Wissenschaft, die Volkstumskunde, ausmachen«. Solche vagen, aber von glühendem Patriotismus getragenen Aussprüche durchziehen Jahns Buch vom deutschen Volkstum, das nur aus ideologiegeschichtlichen Gründen von Bedeutung ist und vielleicht deshalb, weil hier zum erstenmal neben ›Volkstum‹ der Begriff ›Volkskunst‹ erscheint, allerdings mit ganz anderen

Sinngebungen; auch andere Gebiete werden unter den später gängigen Namen abgehandelt wie Volkslied und Volkstanz, Volksfest und Volksglauben, Volksnamen und Volkstracht. Jahn läßt es an Veranschaulichung nicht fehlen. Aber der Tenor seines Buches ist die Verkündung nationaler Einheit und Größe, volkhaft gebundenen Nationalwillens, kurzum: einer Volkstumsideologie, die er in den genannten Phänomenen zeichenhaft zu erkennen glaubte. Die im ganzen fünf Auflagen und Auswahl-Ausgaben seiner Schriften zwischen 1935 und 1944 haben erschreckend gezeigt, welche Möglichkeiten für nationalistische Deklamationen der deutschtümelnde Turnvater noch nach mehr als hundert Jahren bot (vgl. Golo Mann: *Deutsche Geschichte des 19. und 20. Jahrhunderts.* Frankfurt a.M. 1974, S. 89f.).

Auch **Johann Gottlieb Fichte** (1762-1814), allerdings in der Subtilität seines philosophischen idealistischen Denkgebäudes mit Jahn nicht zu vergleichen, verschmolz in seinen gegen die napoleonische Besatzung flammenden *Reden an die deutsche Nation* (1807/08) Volk und Nation zu einer Einheit, in deren Kultur dem Weltgeist Ausdruck verliehen sei. Aber in der liebevollen Überbewertung des eigenen Volkes als des einzig wahren, echten und ursprünglichen bestärkte auch er jenes nationalistische Element, das Freiheitsbewegung und Romantik verband.

Neben ihm steht der rügensche Bauernsohn **Ernst Moritz Arndt** (1769-1860), dessen im Volksliedton gedichtete Freiheitslieder (»Der Gott, der Eisen wachsen ließ«, »Es blasen die Trompeten«) schnell in den Bereich des vaterländischen Volksgesanges eingingen. Die 1815 gegründete, freiheitlich gesinnte ›Deutsche Burschenschaft‹ widmete ihm ihr »Kommersbuch«, wodurch das Volkslied auch in den Gemeinschaftsgesang der Gebildeten breiten Einlaß fand. – Eine andere, vom Geist der Französischen Revolution getragene Schrift Arndts jedoch hat für die Volkskunde größere Bedeutung, wenn sie von dieser auch kaum beachtet worden ist: seine Geschichte der Leibeigenschaft in Pommern. In der gerechten Empörung des freiheitlich gesinnten Humanisten über die »Gräulichkeit« des Bauernlegens nach der sogenannten Bauernbefreiung schilderte er die Schicksale seiner bedrängten Landsleute und zeichnete damit gleichzeitig ein getreues Bild ihrer ländlichen Lebensführung.

So mischen sich im geistigen Spektrum dieser Zeit anscheinend höchst gegensätzliche Elemente zu einem epochalen Stil von außerordentlicher Geschlossenheit. Freiheitlicher Humanismus, demokratische Liberalität, progressive Weltgeöffnetheit standen nahtlos neben rückgewendeter Ursprünglichkeitssehnsucht, aufwertendem Bewahrenwollen des notwendig Vergehenden, Verherrlichung mittelalterlich-»altdeutschen« (Möller)

Ständewesens und deutschen Bauerntums, ja in Einzelfällen bis hin zu äußerster nationalistischer Hybris. Das Besondere der romantischen Epoche aber war das ausschließliche und tief gefühlsmäßige Engagement für die Sache, das ihre Vertreter erfüllte. Der volle Einsatz ihrer oft genialen Persönlichkeiten verhalf ihren Aussagen zu einer langanhaltenden und intensiven Wirkung, die anderen Wissenschaftler- und Künstlergenerationen versagt blieb.

Im Vormärz, als die Völkerschaften der jungen souveränen Staaten mit ihren ›Nationaltrachten‹ in Huldigungs- und Landesbrautzügen inszeniert wurden, entstanden die ersten großen **Trachtenwerke**. Eduard Duller legte 1847 seine große Beschreibung des deutschen Volkes vor, in der eine Wahrnehmung des Ästhetischen im Kleid des Volkes deutlich wird, ein Ansatz, der die Hinwendung zum »Volk« vorantrieb. Darin gingen auch philosophische Entwürfe des Ästhetik-Diskurses ein, wie sie etwa Theodor Mundt in seiner 1845 zuerst erschienenen *Aesthetik* sah als eine »Gewährleistung in sich für die That der Geschichte, für die That des politischen Gesetzgebers, für die That des in seiner Einheit und Freiheit sich erhebenden Staatslebens [...] indem sie den Bildungs- und Formtrieb des menschlichen Geistes an einem Objekt der Freiheit siegreich aufzeigt. Wird dieser freie Bildungstrieb der Völker, der durch die Kunst gewissermaßen seine Erziehung erhalten kann, die politischen Verhältnisse, den Staat, ergreifen, so wird das politische Schöpfungswerk von dem Kunstwerk die Idee der freien Organisation zu entlehnen haben«. Mundt, der die Nähe zu Schillers Auffassung des ästhetischen Staates nicht verschwieg, suchte in der ursprünglichen Kraft einer Volksgemeinschaft die fundamentale Bedeutung für das Gedeihen echter Kunst wie auch für das Gedeihen des Staates. Das ästhetisierende politische Engagement des Werkes, das in der zeitgenössischen Rezeption zwischen der Skylla der Verachtung durch die Parteigänger der vorrevolutionären ›Bewegung‹ und der Charybdis der Verurteilung durch die Vertreter der Reaktion schwebte, setzte ganz im Sinne des romantischen Topos des ›Volksgeistes‹ auf die »gesunde und durchdringende Anschauung des Volkes«, vor der »keine Schlechtigkeit bestehen kann«, auf »des Volkes nie zu berückenden Wahrheitsinstinct«, worin er deutlich eine Tradition des Volksbegriffes berührte, wie sie durch Görres geprägt worden war.

Die Auffassung des Politischen, die schon bei Schiller eng mit der Konzeption eines glücklichen Zustands der Menschengemeinschaft – des einig' Volks von Brüdern – verbunden war, kehrte auch bei Duller wieder in der idealisierenden Beschreibung des Volksfestes anläßlich der Enthüllung des Ludwigs-Monumentes zu Darmstadt 1844, sei es doch

»das genügendste vom Volk selbst abgelegte Zeugniß für das innige Verhältniß zwischen Fürst und Volk; so ward es von beiden, von Fürst und Volk, gleichfreudig erkannt im Großherzogthum Hessen, dem als Staatsbürger anzugehören, ich mir zur Ehre rechne; und als solcher wünsche ich nichts sehnlicher, als, daß dieß segensreiche Verhältniß wechselseitiger Liebe und Treue, auf Wahrheit und Recht begründet, immerdar sich erhalten und immer mehr erstarken möge; der Fürst ist stark, der es durch's Volk ist, das Volk ist glücklich, das einem Fürsten, der dem Recht, dem Gesetz, dem Geist huldigt, den seinigen nennt; [...] und so hält man's hier bei uns im biedern Hessen, das freu' ich mich sagen zu können, als ein freier unabhängiger Mann, der nichts zu hoffen und nichts zu fürchten hat«.

Dieses Bewußtsein um die Utopie der Glückseligkeit, das in Dullers Wunsch nach Beständigkeit und Dauer Ausdruck erhielt, konnte in der Perspektive auf die Volkskultur kompensiert werden: Das ästhetische Empfinden, das Duller in seine Beschreibung hineinlegte, zeigt diese Hoffnung, in der Volkstracht ein ansprechendes und zugleich anschauliches Beispiel des Gemeinsinns und der Beständigkeit gefunden zu haben.

Am Beispiel des Werks von Adam Heinrich Müller (1779-1829) hat Zimmermann daher zu Recht eine neue Lesart der Romantik als einer ästhetisch-aufklärerischen Perspektive vorgeschlagen, die sich in der Wahrnehmung der Alltagskultur als ästhetische Aufklärung der Aufklärung verstehen läßt. Ausgehend von Kants *Kritik der Urteilskraft*, Schillers politischer Ästhetik und Schlegels frühromantischen Begriffen von Ironie und Poesie diskutiert er romantische Vorstellungen und Begriffe von Natürlichkeit und Eigentümlichkeit, Gemeinschaft und Organismus, Nation und Volk, Geschlecht, Familie und Sitte, Stand und Stamm, Öffentlichkeit, Tradition und Arbeit als Beiträge zu einer kritisch-ästhetischen Handlungs- und Kommunikationstheorie neu.

Zu imponierender Harmonie mit langer Nachwirkung verbanden sich all diese Elemente in den Gestalten der **Brüder Grimm** (Jacob 1785-1863, Wilhelm 1786-1859), und es ist der romantischen Heidelberger Dichterschule als großes Verdienst anzurechnen, daß sie die Brüder als Helfer und Mitarbeiter zunächst für das *Wunderhorn* gewinnen konnte.

Achim von Arnim hat ihre Rolle für die Volksliedsammlung in folgenden Versen dichterisch angesprochen, die auch für ihre Arbeitsweise auf dem Gebiet des deutschen Märchens gelten:

> »Ihr achtet, was ein freies Herz gedichtet,
> was uranfänglich, doch der Welt verbunden,
> was keinem eigen, was sich selbst erfunden,
> was unerkannt, doch immer geht verloren,
> was oft erstirbt und schöner wird geboren.«

Damit ist mancherlei ausgesagt über das romantische Wissenschaftsverständnis und auch über die Freiheit des Sammlers und Dichters bei der Behandlung seiner Gegenstände.

Die Bemerkungen der Brüder zum Ursprung der Märchen und zur Herkunft der Volkspoesie, die aus der stillen Kraft des Ganzen leise emporgetrieben sei – »über die Art (aber), wie das zugegangen, liegt der Schleier des Geheimnisses gedeckt, an den man glauben soll« –, gehören zu den oft zitierten und kennzeichnenden Aussprüchen romantischer Wissenschaftsbetrachtung.

»Gemeinsam allen Märchen sind die Überreste eines in die ältesten Zeiten hinaufreichenden Glaubens, der sich in bildlicher Auffassung übersinnlicher Dinge ausspricht. Das Mythische gleicht kleinen Stückchen eines zersprungenen Edelsteins, die auf dem von Gras und Blumen überwachsenen Boden zerstreut liegen und nur von dem schärfer blickenden Auge entdeckt werden. Die Bedeutung davon ist längst verloren, aber sie wird noch empfunden« (KHM, Bd. 3, 1856, Anmerkungen).

Hier liegen die Anfänge jener mythologischen Denk- und Forschungswege, die das ganze 19. Jahrhundert in den verschiedensten Richtungen durchzogen (s. Kap. 1.4).

Die Brüder Grimm, in ihrer Marburger Studienzeit 1802-1804 Schüler des Rechtshistorikers Carl Friedrich von Savigny (1779-1861), der seinerseits von seinem Lehrer Hegel her sehr wohl den Begriff der ›Volksgeistigkeiten‹ kannte, sie aber dann mehr irrational als Ursprung der Nationen interpretierte, sahen im Volksgeist die schöpferischen und poetischen Qualitäten des Volkes selbst beschlossen. Aber seine Hervorbringungen bedurften der ordnenden Hand, und wie die *Wunderhorn*-Herausgeber die Kunst als das ordnende Element der freischaffenden Natur beigesellt und die ihnen zugeflossenen Lieder vielfach umgekünstelt hatten, so verfuhren auch die Brüder mit dem von ihnen und ihren Freunden aufgesammelten Märchenschatz, – jedoch mit dem Unterschied, daß sie nichts hinzudichteten, sondern nur aus verschiedenen Varianten eine neue, ihren Absichten gemäße Form kombinierten. Mit den von Wilhelm umgeschriebenen Märchen wurde ein Märchentyp und Märchenstil geschaffen, der für Literatur und Pädagogik der kommenden Generationen *den* Märchenton feierte. Band 1 der **Kinder- und Hausmärchen (KHM)** erschien mit 85 Märchen 1812, Bd. 2 mit 70 Märchen 1815. Die KHM erlebten schon zu Lebzeiten der Brüder Grimm 17 Auflagen und gehören nach der Bibel zu den meistgelesenen, meistübersetzten und meistillustrierten Büchern der Weltliteratur.

Der Umdichtungsvorgang, der die *Kinder- und Hausmärchen* so nachdrücklich prägte, verlieh ihnen den Stil der romantischen Dichtung und beheimatete sie im 19. Jahrhundert. Das betraf nicht nur ihr künstlerisches Gesicht, sondern auch ihre sozialgeschichtliche Einbettung. Das bürgerliche Jahrhundert, in dessen biedermeierlicher Familienwelt nun auch das Kind zu seinem eigenen Recht kam, bot den fruchtbaren Boden. Hier wurden die Märchenfiguren lebendig, lieferten den Stoff für Theater- und Singspiele und gar zu Opern, brachten der Zuckerbäckerindustrie Gelegenheit für ›echte‹ Hänsel-und-Gretel-Pfefferkuchenhäuschen. Der Siegeszug der Kinder- und Hausmärchen konnte nur erfolgen, weil die Kinderstuben des Bürgerhauses den willigen und begeisterten Konsumentenkreis lieferten. Die Märchen seien für Kinder und Alte geschrieben, so wollten es die Brüder, nur für die Verbildeten nicht, die derartiges verachten. So wurden die Märchen für die biedermeierliche Familie zum Volks- und Hausbuch, und ihr Erfolg hängt aufs engste mit der Sozialgeschichte der Familie im 19. Jahrhundert zusammen.

Nun hatte zwar Ludwig Bechstein (1801-1860), dessen *Deutsches Märchenbuch* 1845 erstmalig erschien und schon sieben Jahre später 63000 verkaufte Exemplare aufweisen konnte, ähnliche oder sogar noch größere Verlagserfolge wie die Grimms, bei denen freilich die künstlerische Qualität der Märchenumdichtungen überwiegt. Doch es sind vor allem die Grimmschen Märchen gewesen, die auf den ›Märchenstil‹ in den Sammlungen des 19. und frühen 20. Jahrhunderts wirkten und auch auf das mündliche Erzählen Einfluß hatten, also eine Re-Oralisierung von Märchenliteratur anstießen.

Die Bemühungen der Romantiker um die **Kulturfähigkeit der unteren Schichten**, die sie im ›Volk‹ erkannten, werden hier evident, die Sehnsucht nach dem Ursprünglich-Vollkommenen. Dieser sozialen Diachronie stand die bürgerliche grenzüberschreitende Synchronie gegenüber, die in einem Umarmungsideal Bürgertum und ›Volk‹ vereinigte: alle Menschen werden Brüder!

**Sammlungsgeschichte und Rezeption** der *Kinder- und Hausmärchen* sind intensiv aufgearbeitet worden. Eine Erklärung ihrer Wirkung durch die Sozialgeschichte der Familie, in deren bürgerlicher Ausprägung sich die Kinderstube zum Ort des Vorlesens und Erzählens von Märchen entwickelte, wurde bereits gegeben. Aber neben der Zielgruppe Bürgerkinder in ihrer Kinderstube hatten die Brüder Grimm auch deutsche Volkstümlichkeit und nationale Denkart bei ihrer Sammelarbeit im Sinn. Daß sie hier in ideologischem Überschwang für das ›Urdeutsche‹ (vgl. besonders die Anmerkungen im 3. Bd. der KHM von 1823) die Wirklichkeit beiseite ließen, ist inzwischen erwiesen.

Sowohl auf direktem Wege durch Zitieren und Kompilieren älterer Quellen als auch auf indirektem Wege durch vielfältige Rezeptionsvorgänge, durch angelesene, weitererzählte und dabei umgeformte Stoffe hatte die – während Renaissance und Barock in Europa weit verbreitete – Gattung erzählender Literatur nachhaltigen Einfluß auf die Entstehung der KHM.

Vor allem die Nachwirkung der in italienischen und französischen Werken berühmt gewordenen **Feenmärchen (Contes de fées)** des 17. und 18. Jahrhunderts läßt sich deutlich erkennen: die Märchensammlungen von Straparola und Basile, dann vor allem auch Perrault fanden in den KHM Niederschlag. Perraults »Contes de ma mère l'oye« enthielt bereits zahlreiche der später in Grimms Märchen herausragenden Stoffe, darunter »Le petit Chaperon rouge« (Rotkäppchen, KHM 26), »La belle au bois dormant« (Dornröschen, KHM 50), »Les fées« (Frau Holle, KHM 24), »Le Petit Poucet« (Hänsel und Gretel, KHM 15) und »Cendrillon ou la petite pantoufle de verre« (Aschenputtel, KHM 21). Viele Neuauflagen und Übersetzungen hatten zu einer weiten Verbreitung dieser erzählenden Literatur in Europa beigetragen; in den deutschen Staaten fand ihre Rezeption aufgrund der Ablehnung von Wundererzählungen durch die Literaturästhetik der Aufklärung allerdings erst spät statt und mündete am Ende des 18. Jahrhunderts in eine Wiederentdeckung der Volksliteratur: Die protestantischen und katholischen Predigt- und die Prodigiensammlungen der Reformationszeit mit ihren Exempeln und unterhaltsamen Märlein, die Verserzählungen von Hans Sachs und die Volksbücher des 16. Jahrhunderts (Till Eulenspiegel, Crescentia, Genoveva, Griseldis), Schwankkompilationen und das *Rollwagenbüchlein* Jörg Wickrams wurden ebenso aufgegriffen wie die bedeutenden Romanerzählungen des Barock, darunter vor allem Grimmelshausens Schriften mit dem *Simplicissimus*, aus dem dann der »Bärenhäuter« auch Eingang in die KHM finden sollte (KHM 101). Seit 1790 hatten die Übersetzungen französischer Märchensammlungen der »Blauen Bibliothek«, in der Romantik dann die Kunstmärchen von Novalis, E.T.A. Hoffmann und Ludwig Tieck, schließlich die novellistisch ausgeschmückten *Volksmärchen der Deutschen* von Johann Karl August Musäus einen literarischen, dichterisch ausgestalteten Märchenstil geprägt.

Gegen diese literarischen ›**Kunstmärchen**‹ setzten nun die Brüder Grimm ihre vermeintlich aus mündlicher Überlieferung altüberkommenen **Volksmärchen**. Nun lassen freilich schon die Texte selbst ahnen, daß auch für die KHM die älteren Erzählungen von Basile und Perrault, Grimmelshausen und Hans Sachs als Vorlagen dienten – die Brüder Grimm hatten ja nicht nur durch die Mitarbeit am *Wunderhorn* intensive Einblicke in die Praxis des Exzerpierens und Kompilierens erhalten, sie fanden auch in der umfangreichen Privatbibliothek Brentanos Literatur, die ihnen ergänzend zu den Beständen der Kasseler Bibliothek manchen Fund einbrachte. Aber selbst ihre Aufzeichnungen mündlicher Texte, die sie in ihrer Kasseler Zeit zunächst bei etwa gleichaltrigen Angehörigen des städtischen Bürgertums sammelten, weisen auf einen literarhistorischen Hintergrund hin: Von der Apothekerstochter Gretchen Wild und von der Amtmannsfamilie Hassenpflug erhielten sie Märchenerzählungen; hier waren es die Gattin Johannes Hassenpflugs, Maria Magdalena, die einer Hugenottenfamilie aus der Dauphiné entstammte, und vor allem ihre überaus gebildete und belesene Tochter Marie, die zahlreiche Märchen französischen Einflusses beitrugen.

Rölleke hat in akribischer Quellenarbeit diese Bedeutung der Tradierung von französischen Feenmärchen und insbesondere der Perraultschen Erzählungen durch hugenottische Vermittlung nachweisen können, und selbst die klassische Märchenfrau der Grimms, Catharina Dorothea Viehmann aus Niederzwehren bei Kassel, die mit der Porträtzeichnung des »Malerbruders« Ludwig Emil Grimm (1790-1863) auf dem Frontispiz des zweiten Bandes der Ausgabe von 1819 verewigt und gern als »ächt hessische Bäuerin« bezeichnet wurde, war eine geborene Pierson und somit aus hugenottischer Familie. Sie beherrschte die französische Sprache und dürfte die Erzählkultur der Migrantenfamilien bewußt gepflegt haben.

Damit ist der »urdeutsche Mythos«, dem die KHM angeblich entstammen, hinfällig geworden, und sie erscheinen als das, was sie doch eigentlich sind: weniger lebendige Volksüberlieferung als vielmehr kinderfreundlicher Lesestoff der Bürgerfamilie des 19. Jahrhunderts – und das nicht nur im deutschen, sondern auch im internationalen Sinne.

Die Brüder Grimm sind auch als Persönlichkeiten typisch für die Epoche, in der sie lebten: für **Nationalgefühl und Freiheitsdrang**, für Kontinuitätssehnsucht und die Anbindung an die historische Vergangenheit des eigenen Volkes, für die romantische Entdeckung von dessen ›Seele‹ und Schöpferkraft auf der einen Seite – und für eine neue, ständeüberbrückende demokratische Gesinnung als Konsequenz aus dem Gedankengut der Französischen Revolution auf der anderen. Jacob hatte als Assistent seines Lehrers Savigny in Paris gearbeitet, dann als Verwaltungsbeamter in Kassel, wo er 1806 nach Einmarsch der Franzosen freiwillig und freimütig als Bibliothekar auch an der Privatbibliothek des König Jérôme tätig war. Nach Wiederherstellung des Kurfürstentums Hessen trat er als Fachbeamter in den auswärtigen Dienst, der ihn schließlich zum Wiener Kongreß für längere Zeit in die österreichische Hauptstadt führte. Als beide Brüder 1819 die Ehrendoktorwürde von Marburg erhalten hatten, verbreitete sich ihr eigener, selbständiger wissenschaftlicher Weg. 1830 wurden sie als Professoren nach Göttingen berufen. Sieben Jahre später zogen sie die Konsequenz aus ihrem politischen Protest gegen den König von Hannover, der das parlamentarische Grundgesetz, verkündet unter dem Eindruck der Pariser Revolution, immer wieder umgestoßen hatte. Sie gehörten zu den sieben Göttinger Professoren, die ein Protestschreiben an den König unterzeichneten und deshalb zur Strafe ihrer akademischen Ämter enthoben und aus dem Land verwiesen wurden. Der König hatte solch ein couragiertes Handeln nicht erwartet, denn von ihm stammt der unverschämte Ausspruch, Professoren, Schauspieler und Huren könne man immer haben! So gewinnt die Protestaktion der Göttinger Sieben über ihre aktuelle Relevanz hinaus die Qualität einer Demonstration des bürgerlichen Mittelstandes als neuem Träger politisch aktiven Bewußtseins.

Die Grimms kehrten nach Kassel zurück; dort erreichte sie 1840 die Berufung an die Preußische Akademie der Wissenschaften zu Berlin, wo sie bis zu ihrem Tode wirkten. Es erscheint allzu einfach, im Nachhinein den Göttinger Akt der Zivilcourage als politisch naiv und unmündig zu verwerfen und dem demokratischen Charakter dieser Tat monarchistische Bekenntnisse aus Briefstellen entgegenzusetzen. Das ist ein unhistorisches Verfahren, das am Zeitgeist der Epoche und dem In-sie-Eingebundensein der Brüder vorbeigeht. Anders steht es mit der berechtigten Kritik an den Methoden und der Wirkungsgeschichte der Grimms, insbesondere gegenüber der Vielzahl ihrer Epigonen über 150 Jahre hinweg, die den Zeitgeist der Romantik keineswegs mehr für sich in Anspruch nehmen können, sondern in voller Ideologisierung des ›Volkstümlichen‹ handelten oder gedankenlos in ausgetretenen Grimmschen Spuren liefen und eine unselige politische Prädisposition des Faches vorbereiteten. Davon wird in den nächsten Kapiteln die Rede sein.

1816-1818 hatten die Brüder ihren *Kinder- und Hausmärchen* zwei Sagenbände folgen lassen, die sie jedoch nicht als Hausbücher verstanden wissen wollten und die eine weniger gute Aufnahme fanden und die z.B. August Wilhelm Schlegel (1767-1845) scharf kritisierte wegen ihrer Suche nach »Spuren und Trümmern der Vorzeit«. Vielleicht wurde dadurch die Abwendung Jacobs von der intensiven Sammeltätigkeit beschleunigt und seine Zuwendung zur Philologie. Das bedeutete nichts Geringeres als die **Begründung der germanistischen Sprachwissenschaft**. Mit ihren großen Thesauren der Rechtsaltertümer und deutschen Mythologie wollten die Grimms in philologischer Exaktheit ein Gesamtbild der Kultur des deutschen Altertums bieten, und so verbanden sie Kulturgeschichte, Volkskunde, Altertumskunde und Germanistik zu einem schier unlösbaren Geflecht.

Jacob Grimm verdankt also die Volkskunde den Beginn systematischer, philologisch getreuer Sammelarbeit mit z.T. soziologisch anmutenden Tendenzen. Im Anschluß an das *Wunderhorn* entwarf er 1811 eine *Aufforderung an die gesamten Freunde deutscher Poesie und Geschichte*, in der er den Plan einer großangelegten Sammelaktion entrollte. Beachtenswert ist hier die Forderung nach buchstabengetreuer Sammlung von Rede und Sage, Sitte und Brauch »mit allem dem sogenannten Unsinn« und unter Einbeziehung von Mundart und Redeweise des einfachen Mannes. Mit diesen strengen Forderungen setzte er sich wohl in Gegensatz zu den weit freizügigeren Heidelberger Freunden, lieferte aber der Volkskunde die ersten soliden Grundpfeiler präziser **Methodik in der Materialaufnahme**. Auch seine organisatorischen Vorschläge für ein nach Provinzen aufgeteiltes Sammelnetz waren so klug durchdacht, daß sie der große Organisator der Volkskunde John Meier hundert Jahre später für seine Landesstellen nicht besser ersinnen konnte (s. Kap. 3.2). 1815 gründete Jacob Grimm von Wien aus eine Gesellschaft zur Sammlung von Volksüberlieferungen und versandte dazu ein ausführliches gedrucktes Zirkular (*Kleinere Schriften*, Bd. 7, 1884, S. 593-595), mit Hilfe dessen er in einer Art von Korrespondentenmethode eine Fülle von Volksüberlieferungen an seine Kasseler Arbeitsstelle ziehen wollte. Dieser Rundbrief sowohl wie ein weiterer auf Westfalen beschränkter Plan von 1822 sprach nicht nur von Volkspoesie und mündlicher Volksüberlieferung, sondern auch von Tracht und Hausrat, Dorf und Siedlung, Viehzucht und Ackerbau und offenbarte mit seinen Hinweisen auf Gewohnheiten und Verhaltensnormen, daß der gute Stil aufklärerischer Landeskunden noch nicht gänzlich vergessen war. Dieser erste große Ansatz zu einer wissenschaftlichen Bewältigung volkskundlicher Stoffülle wäre bedeutsamer für die Geschichte der Volkskunde als Wissenschaft gewesen als die oft zitierten Zeugnisse romantischer Volkstumsbegeisterung, die lange Zeit eine stärkere Wirkung ausübten.

## Literatur:

Arndt, Ernst Moritz: Versuch einer Geschichte der Leibeigenschaft in Pommern und Rügen. 1803.

Arnim, Achim von/Clemens Brentano: Des Knaben Wunderhorn. Alte deutsche Lieder. Hg. von H.G. Thalheim. 3 Bde. 1966. – Vgl. Schewe, Harry: Vorauswort zu einer historisch-kritischen und anhand der Originalquellen kommentierten Wunderhorn-Ausgabe. In: Deutsches Jahrbuch für Volkskunde 2 (1956), S. 51-72.

Bausinger, Hermann: Konservative Aufklärung – Justus Möser vom Blickpunkt der Gegenwart. In: Zeitschrift für Volkskunde 68 (1972), S. 161-178.

Bechstein, Ludwig: Das deutsche Märchenbuch. 1845.
Benz, Richard: Geschichte und Aesthetik des deutschen Volksbuchs. 1924.
Brückner, Wolfgang: Kultur und Volk. Begriffe, Probleme, Ideengeschichte (Veröffentlichungen zur Volkskunde und Kulturgeschichte, 77). Würzburg 2000.
Bürger, Gottfried August: Werke. Hg. von E. Grisebach. $^5$1894, S. 246-251.
Büsching-von der Hagen: Sammlung deutscher Volkslieder. 1807.
Deneke, Ludwig: Jacob Grimm und sein Bruder Wilhelm. 1971.
Duller, Eduard: Das deutsche Volk in seinen Mundarten, Sitten, Gebräuchen, Festen und Trachten. Leipzig 1847, Nachdruck Leipzig 1994.
Dyhrenfurth-Graebsch, Irene: Geschichte des deutschen Jugendbuches. 1951.
Ginschel, Gunhild: Der junge Jacob Grimm 1805-1819. 1967.
Görres, Joseph: Die teutschen Volksbücher. Nähere Würdigung der schönen Historien-, Wetter- u. Arzneybüchlein, welche theils innerer Werth, theils Zufall, Jahrhunderte hindurch bis auf unsere Zeit erhalten hat. Mit e. Zueignung an Clemens Brentano. 1807. – Neuausgabe mit e. Nachw. von Lutz Mackensen, 1925. – Vgl. Raab, Heribert: Joseph Görres (1776-1848). Leben und Werk im Urteil seiner Zeit, 1776-1876 (Gesammelte Schriften, Ergänzungsband 1). Paderborn u.a. 1985.
Grimm, Brüder: Kinder- und Hausmärchen (KHM), 3 Bde. 1812/15/23. Kinder- und Hausmärchen. Ausgabe letzter Hand (1857) mit den Originalanmerkungen der Brüder Grimm (1856). Mit einem Anhang sämtlicher, nicht in allen Auflagen veröffentlichten Märchen und Herkunftsnachweisen hg. von Heinz Rölleke. 3 Bde. Stuttgart 1980. – Kinder- und Hausmärchen. Nach der Großen Ausgabe von 1857, textkritisch revidiert, kommentiert und durch Register erschlossen. Hg. von Hans-Jörg Uther. 4 Bde. München 1996. – Kinder- und Haus-Märchen, Neudruck der 2. Aufl. Berlin 1819, textkritisch revidiert und mit einer Biographie der Grimmschen Märchen versehen von Heinz Rölleke. München 1982, $^5$1990. – Vgl. Bolte, Johannes/Georg Polívka: Anmerkungen zu den Kinder- und Hausmärchen der Brüder Grimm. 5 Bde. Leipzig 1913–1932, Nachdruck Hildesheim 1963.
Dies.: Volkslieder. Aus der Handschriftensammlung der Universitätsbibliothek Marburg. Hg. von Peter Assion, Ludwig Denecke, Charlotte Oberfeld, Lutz Röhrich und Heinz Rölleke. 3 Bde. Marburg 1985/87/89.
Dies.: Deutsche Sagen, 2 Bde. 1816/18; Neuausg. in 1 Bd. nach der 3. Aufl. von 1891. 1956. – Deutsche Grammatik. 1819-1837. – Rechtsaltertümer. 1828. – Deutsche Mythologie. 1835. – Deutsches Wörterbuch, seit 1852. – Von allen Werken liegen Neuausgaben vor, zur Deutschen Mythologie, Graz 1968, mit einem Vorwort von Leopold Kretzenbacher; Kleinere Schriften. Neudruck Bd. 1-8,1965/66.
Herder, Johann Gottfried: Volkslieder, 2 Bde. 1778/79; erst seit 1807 unter dem Titel: Stimmen der Völker in Liedern. – Suphans Gesamtausgabe der Werke Herders erschien 1877/1901 u. wurde reprographisch neugedruckt 1967/68. Bd. 5 dieser Ausgabe enthält »Von deutscher Art und Kunst«, Bd. 25 »Volkslieder«. – Vgl. Zaremba, Michael: Johann Gottfried Herder. Prediger der Humanität. Eine Biografie. Wien/Köln/Weimar 2002.
Herder/Goethe/Frisi/Maser: Von deutscher Art und Kunst. Einige fliegende Blätter. Hg. von Hans Dietrich Irmscher (Reclams Univ.-Bibl. Nr. 7497/98). Stuttgart 1968. – Vgl. Moser, Hugo: Volk, Volksgeist, Volkskultur. Die Auffassungen Johann

Gottfried Herders in heutiger Sicht. In: Zeitschrift für Volkskunde 53 (1956/57), S. 127-140, und die dort angegebene Literatur.

Jahn, Friedrich Ludwig: Deutsches Volkstum. 1810; Werke zum Deutschen Volkstum. 1833. — Neuausgaben des »Deutschen Volkstum« u.a. 1896 (Meyers Volksbücher. H. 1132/35), 1926 (f. d. Mittelstufe hg. von H. Gerstenberg), 1935 Reclams Univ.-Bibl. Nr. 2638/40, 1944 (Frontausgabe), Neudruck 1980. – Es ist für die richtige Einschätzung dieser Begriffswelt nicht uninteressant, daß in der NS-Zeit an der Berliner Universität ein Lehrstuhl für »Volkstumskunde« errichtet wurde –, neben dem durch Adolf Spamer vertretenen Lehrstuhl für Volkskunde. Der Lehrstuhlinhaber Frhr. von Loesch definierte bezeichnenderweise den Unterschied folgendermaßen: »Die unpolitische Volkskunde pflegt und sammelt althergebrachte geistige und materielle Güter; die Volkstumskunde oder auch politische Volkskunde genannt bezieht sich dagegen in erster Linie auf die Fragen des Gemeinschaftslebens der Völker.«

Jaeschke, Walter (Hg.): Der Streit um die Grundlagen der Ästhetik (1795-1805). Hamburg 1999.

Klenke, Dietmar: Der singende »deutsche Mann«. Gesangvereine und deutsches Nationalbewußtsein von Napoleon bis Hitler. Münster/New York/München/Berlin 1998.

Kommersbuch. – Es gibt mehrere, am verbreitetsten ist das Lahrer »Allgemeines deutsches Kommersbuch«. Hg. von Friedrich Silcher u. Ludwig Erk, zuerst 1843.

Lüthi, Max: Märchen (Sammlung Metzler, 16). Stuttgart $^8$1990, und die dort angeführte Literatur.

Ders.: Das Volksmärchen als Dichtung. Ästhetik und Anthropologie. Göttingen $^2$1990.

Martens, Wolfgang: Die Botschaft der Tugend. Die Aufklärung im Spiegel der deutschen Moralischen Wochenschriften. Stuttgart 1968.

Möller, Helmut: Altdeutsch. Ideologie, Stereotyp, Verhalten. In: Hessische Blätter für Volkskunde 57 (1966), S. 9-30.

Möser, Justus: Sämtl. Werke. Histor.-Krit. Ausgabe. Hg. von d. Akademie d. Wiss. in Göttingen. Abt. 2, Bd. 3-10: Patriotische Phantasien. 6 Bde. Bearb. von Ludwig Schirmayer u. Werner Kohlschmidt. 1943, 1946, 1954, 1956,1958,1968. Anwalt des Vaterlandes. 1978. – Vgl. Meinecke, Friedrich: Über Justus Mösers Geschichtsauffassung. In: Sitzungsberichte der Preußischen Akademie der Wissenschaften, Philol.-histor. Klasse. 1932, S. 2-14.

Mundt, Theodor: Aesthetik. Die Idee der Schönheit und des Kunstwerks im Lichte unserer Zeit. Berlin 1845; ND. Hg. von Walther Killy (Texte des 19. Jahrhunderts). Göttingen 1966.

Parthey, Gustav: Jugenderinnerungen. 1907.

Percy, Thomas: Five Pieces of Runic Poetry. 1763 – Reliques of ancient English poetry. 3 Bde. 1765; nach der 1. Aufl. von 1765 mit den Varianten der späteren Originalausg. Hg. von M.M.A. Schröer. 2 Bde. 1889/93.

Rölleke, Heinz: Die älteste Märchensammlung der Brüder Grimm. Synopse der handschriftlichen Urfassung von 1810 und der Erstdrucke von 1812. 1975.

Ders.: Die »stockhessischen« Märchen der »Alten Marie«. Das Ende eines Mythos um die frühesten KHM-Aufzeichnungen. In: Hessen – Märchenland der Brüder Grimm. 1984, S. 104-116.

Ders.: Die Märchen der Brüder Grimm. Eine Einführung. München/Zürich 1985.
Röhrich, Lutz: Sage (Sammlung Metzler 55). Stuttgart 1966.
Ders./Erika Lindig (Hg.): Volksdichtung zwischen Mündlichkeit und Schriftlichkeit (ScriptOralia 9). Tübingen 1989.
Rousseau, Jean Jacques: Der Gesellschaftsvertrag. Contrat social. 1762; in der verbess. Übersetzung von H. Denhardt hg. u. eingel. von H. Weinstock (Reclams Univ.-Bibl. Nr. 1769/70). Stuttgart 1966.
Schmitz, Heinz-Gerd: Die Glücklichen und die Unglücklichen. Politische Eudämonologie, ästhetischer Staat und erhabene Kunst im Werk Friedrich Schillers. Würzburg 1992.
Tismar, Jens/Mathias Mayer: Kunstmärchen (Sammlung Metzler 155). Stuttgart [4]2003.
Uhland, Ludwig: Alte hoch- und niederdt. Lieder. 1844/45; [2]1866, dazu als Bd. 3 der aus Uhlands Nachlaß hg. »Schriften zur Geschichte der Dichtung und Sage«, 1866: Abhandlung über das dt. Volkslied.
Weber-Kellermann, Ingeborg: Die deutsche Familie [1974]. Frankfurt a.M. [8]1984.
Dies.: Hessen als Märchenland der Brüder Grimm. In: Charlotte Oberfeld und Andreas C. Bimmer (Hg.): Hessen – Märchenland der Brüder Grimm. Kassel 1984, S. 93-103.
Zimmermann, Harm-Peer: Ästhetische Aufklärung. Zur Revision der Romantik in volkskundlicher Absicht. Würzburg 2001.

Zu Leben u. Werk der Brüder Grimm:
Brüder Grimm Gedenken, mit 25 Beiträgen (Hessische Blätter für Volkskunde 54). Gießen 1963.
Jacob Grimm. Zur 100. Wiederkehr s. Todestages. In: Deutsches Jahrbuch für Volkskunde 9 (1963).
Erzählen-Sammeln-Deuten. Den Grimms zum Zweihundertsten (Hessische Blätter für Volks- und Kulturforschung 18). Marburg 1983.
Bernhard Lauer (Hg.): Von Hessen nach Deutschland. Wissenschaft und Politik im Leben und Werk der Brüder Grimm. Kassel 1988.
Jahrbuch der Brüder-Grimm-Gesellschaft. Kassel 1990ff.
Steig, Reinhold: Jacob Grimms Plan zu einem Altdeutschen Sammler. In: Zeitschrift des Vereins für Volkskunde 12 (1902), S. 129-138.

## 1.4 Altertumswissenschaft und Mythologische Schule

Wie sehr solche Fragestellungen, aus philologischem Verantwortungsbewußtsein geboren, auch auf eine synchrone Statuserforschung hinzudeuten schienen, so erwuchsen sie doch im Grunde aus völlig anderer Denkart. Es war gerade die Hinwendung zur Geschichtlichkeit der Erscheinungen – wenn auch im romantisch-ideologischen Sinne –, die die wissenschaftlichen Vorstellungen der Brüder Grimm kennzeichnete. Für sie ist »Natur« nicht mehr »das Geschichtslose, sondern bezeichnet die Nähe zum Ursprung, die in alter Zeit größer gewesen, die aber doch keineswegs ganz unmöglich geworden ist. Das Geschichtliche des Naturbegriffes zeigt sich in seiner von Anfang an gegebenen Verbindung zum Begriff des Volkes; Naturpoesie und Nationalpoesie sind auswechselbare Begriffe« (Bausinger 1964, S, 61). Dieses geschichtliche Denken aber verlangte nun ein schrittweises Sich-Zurück-Tasten in fernes Altertum, um in die Nähe der ursprünglichen Überlieferungsquellen zu gelangen. »Das älteste Denkmal zeigt uns noch nicht das Ursprüngliche, wir nähern uns ihm nur gradweise, indem wir immer weiter zurückgehen« (Jacob Grimm: *Kleinere Schriften*, Bd. 4,1884, S. 551).

Von diesen Grimmschen Zielsetzungen aus entwickelte sich eine neue Wissenschaftskategorie, die ›**vaterländische Altertumskunde**‹, die sich in Deutschland im Entstehen zahlreicher Geschichts- und Altertumsvereine Ausdruck verlieh, – ja, derartige Bestrebungen wurden fast zur Mode und ergriffen einen großen Teil der gebildeten und bildungsbeflissenen Bevölkerung. Der geschichtliche Rückverfolg der Phänomene wurde somit zur Volksgeschichte selbst (im Gegensatz zur Fürsten- und Herrschaftsgeschichte) und traf sich mit den Empfindungen, die die romantische Volkstumsbegeisterung angefeuert hatte, ebenso wie mit der oft bewährten demokratischen Gesinnung der Brüder Grimm.

Das typische Bild eines solchen Altertumssammlers und -freundes zeichnete aus zeitlicher Nähe Karl Immermann (1796-1840) in einem ironischen Kapitel seines westfälischen Bauernromans *Der Oberhof* (1839):

»Die Bauern rückten vor dem neuen Ankömmlinge höflich zusammen. Er wurde zum Sitzen genötigt und bewerkstelligte diese seine Niederlassung mit bedachtsamer Vorsichtigkeit, um nicht, was er bei sich trug, zu zerbrechen. In der Tat war ein solches Verhalten auch notwendig, denn der Mann war bepackt wie ein Lastwagen, und die Umrisse seiner Gestalt glichen einem Konglomerate zusammengeschnürter Ballen. Nicht allein, daß die Rocktaschen, mit manchem Runden, Viereckten, Länglichten befrachtet, in sonderbarer Bauschung weit vom Leibe abstanden, auch Brust- und Seitenbehälter, zu gleichen Zwecken verwendet, bildeten mannigfach geformte Wülste und Erhöhungen, die um so schärfer hervortraten, als der Sammler, um nichts von seinen Schätzen zu verlieren, den Rock, ungeachtet der herrschenden Sommerwärme, fest zugeknöpft trug. Selbst das Innere der Kappe hatte zur Aufbewahrung kleinerer Gegenstände dienen müssen und erhielt von diesem Inhalte ein kürbisartiges Ansehen. Er schlürfte den ihm vorgesetzten guten Wein mit sichtbarem Behagen, das ältliche von Wandern und Hitze aufgedunsene und gerötete Antlitz gewann allmählich seine ihm natürliche Farbe und Form

# Altertumswissenschaft und Mythologische Schule 41

wieder. ›Gute Geschäfte gemacht, Herr Schmilz?‹ fragte der Hofschulze lächelnd. ›Dem Anscheine nach sollte man es glauben.‹
›Es geht noch«, versetzte der Sammler. ›In der lieben Erde steckt ein rechter Segen. Nicht allein Korn und Gewächse bringt sie immerdar hervor und wird nicht müde; auch Altertümer erntet ein aufmerksamer Forscher ihr fortwährend ab, soviel auch danach schon gescharrt und gegraben worden ist. Ich habe denn einmal wieder so meine Gängelchen durch das Land gehalten, kam diesesmal bis an die Grenze vom Siegenschen.‹ [...]
›Was bringen Sie denn mit?‹ fragte der Hofschulze. Der Sammler klopfte sacht und freundlich auf alle Erhöhungen und Wülste seiner verschiedenen Taschen und sagte: ›Ei, nun, Liebes und Gutes, allerhand Siebensachen. Eine Streitaxt, ein paar Donnerkeile, Kattenringe, prächtig mit grünem Rost überzogen, Aschenkrüglein, Tränenflaschen, drei Götzen und ein paar kostbare Lampen. [...] Was aber die allerwichtigste Entdeckung dieser Reise ist: ich habe nun wahr und wahrhaftig den Ort gefunden, wo Hermann den Varus schlug. [...] Das ist also der Platz, wo Germanikus sechs Jahre nach der Teutoburger Schlacht die Überreste der römischen Legionen bestatten ließ, als er seine letzten Züge wider Hermann machte, und folglich habe ich dort das richtige Schlachtfeld entdeckte. ›An die tausend und mehrere Jahre pflegen sich Knochen nicht zu erhalten‹, sagte der Schulze und bewegte zweifelmütig das Haupt. ›Sie haben sich versteinert in den Mineralien dort‹, sprach der Sammler zorneifrig. ›Ich muß Euch nur den Glauben in die Hand geben, da ist einer, den ich mitgebracht habe‹. Er zog einen großen Knochen aus dem Busen und hielt denselben seinem Widerpart unter die Augen. ›He, was ist das?‹ fragte er triumphierend. Die Bauern starrten den Knochen verdutzt an. Der Hofschulze antwortete, nachdem er ihn prüfend betrachtet hatte: ›Ein Kuhknochen, Herr Schmilz. Sie sind auf einen Schindanger gestoßen und nicht auf das Teutoburger Schlachtfeld.« Grimmig steckte der Sammler das bescholtene Altertum wieder an seinen Platz und stieß einige heftige Reden aus, denen der alte Bauer in derber Weise zu begegnen wußte.«

Hier wird manches deutlich von der krampfhaften Suche nach dem gewünschten germanischen Urgrund alter Geschichte und Kultur, die nun das volkskundlich-historische Wissenschaftsdenken des 19. Jahrhunderts begleiten sollte. Die Faszination einer solchen Suche nach der germanisch-heidnischen, resthaft im europäischen Überlieferungsgut enthaltenen ›reinen echten Form‹ hat ganze Generationen von Volkstumsforschern und Volkstumspflegern beflügelt und erfüllt. Diese Tendenz reizte schon vor mehr als 100 Jahren den Germanisten Moriz Haupt (1808-1874) zu der sarkastischen Bemerkung, es werde bald kein roter Hahn und kein stinkender Bock mehr in der Welt sein, der nicht Gefahr laufe, für einen germanischen Gott erklärt zu werden. Dennoch hat die simple Eindeutigkeit mythologisierender Interpretationen seitdem immer wieder ihre Anhängerschaft gefunden. So wurde noch 1968 den Gästen des Imster Schemenlaufs in Tirol ein

Merkblatt überreicht, in dem es wörtlich heißt: »Das Schemenlaufen ist ein uralter Volksbrauch, der seinen Ursprung in vorchristlicher Zeit hat [...]. Nach germanischem Glauben wird die Fruchtbarkeit durch böse Geister beeinträchtigt [...]« usw. usw.

Man darf Moser folgen, wenn er 1954 endlich aussprach, daß es wohl nie »reine Formen nach der Auffassung der wissenschaftlichen Theoretiker gegeben (hat) und auch keine nur aus einer Ursächlichkeit heraus zu erklärende, auf einen Gedanken hin zu interpretierende Erscheinungen, etwa nur auf Fruchtbarkeitszauber oder Dämonenabwehr hin oder nur auf Totenkult oder als Initiationsritus und was dergleichen beliebte Monokausalerklärungen sind« (S. 225). Der freudige Eifer, mit dem aber gerade die heidnisch-mythologische Sinndeutung verfolgt wurde, rief nun nicht nur im 19. Jahrhundert eine Unzahl von Grimm-Epigonen ins Feld, – sie hat dann schließlich auch im 20. Jahrhundert einer Ideologisierung und Politisierung der Volkskunde das Material geliefert und leichtes Spiel gemacht (s. Kap. 4.3 und 5).

Die Konstruktion eines mythischen Urgrundes der nationalen Vergangenheit wurde am eindrucksvollsten in den zahllosen **Sammlungen von Volkssagen** durchexerziert – Konstrukte einer dem postulierten Uraltertum des deutschen Volkes nachhängenden Einheitsideologie, die den antiken Mythen die Rekonstruktion eines germanisch-heidnischen Mythensystems gegenüberzustellen suchte. Das drastische Ansteigen der Sammlungen nach 1834 hat Schenda in den Zusammenhang der politischen Entwicklung gestellt, den Antrieb zur Produktion von Sageneditionen mit den Unruhen in den deutschen Kleinstaaten nach dem Hambacher Fest in Verbindung gebracht: Die pränationale Ideologie schuf sich mit der Gestaltung von Sagenstoffen jenes Traumland nationaler Einheit, das sich in der Realität denkbar widerstrebend und mit der Gründung des Zollvereins nur zögerlich abzuzeichnen begann.

So viel über die ideologische Vorprägung und gewissermaßen Inkubation der Volkskunde durch die germanen- und mythologiefreundliche Geisteshaltung jener Zeit. Emmerich (1968) hat solche Zusammenhänge überzeugend dargestellt. Hier soll nun aber auch eine andere Qualität jener Wissenschaftsepoche zur Sprache kommen: das erwachende museale Interesse am Gegenständlichen. Mit Recht betont Jacobeit, daß sich mit der Freude am Altertum erste Bemühungen um die populare Sachkultur verbanden und eine veränderte Einstellung zum musealen Bereich, wie sie der Gründung des ›Germanischen Nationalmuseums‹ zu Nürnberg 1852 durch Hans von und zu Aufsess (1801-1872) zugrunde lag. Die Zeit der Kunst- und Wunderkammern der Renaissance und des Barock, die mit ihren Kunstschätzen, aber auch Kuriositäten vor allem der fürstlichen Selbstrepräsentation gedient hatten, angetan, Bewunderung und gaffendes Staunen hervorzurufen, war vorbei. Nun galt es, den Gedanken des Nationalen zu repräsentieren, die Vergangenheit des eigenen Volkes glanzvoll ins Bewußtsein zu bringen, nicht nur im Sinne musealen Besitzes, sondern als Erneuerung abgelebter nationaler Geschichte, deren Hochblüte man im ›altdeutschen‹ Leben des Mittelalters zu erkennen glaubte. Das stolze patrizische Image dieser Zeit, das dem Nürnberger Museum von Anfang an die Schwerpunkte Mittelalter und Dürerzeit gab, hat dann dem ganzen bürgerlichen 19. Jahrhundert als Leitbild gedient. Aber die Grimmschen Gedanken verwirklichten sich entschiedener in der historisierenden **Altertumsbegeisterung**, die im Zusammenschluß der Vereine zum ›Gesammtverein der deutschen Geschichts- und Altertumsvereine‹ 1852 kulminierte. Zu seinen Begründern gehörten neben Aufsess und dem Berliner Germanisten Karl Müllenhoff (1818-1884) auch Gelehrte, die für die Entwicklung der regionalen Volkskunde von großer Bedeutung geworden sind. Der Mecklenburger Georg Christian Friedrich Lisch (1801-1883) versuchte, die volkskulturellen Erscheinungen der Gegenwart für die Erhellung der Vergangenheit zu nutzen und zu deuten, als er 1867 mit dem Freund Karl Bartsch (1832-1888), Professor für Germanistik in Rostock und später Herausgeber der *Germania*, einen Aufruf zur Sammlung volkstümlicher Überlieferungen in Mecklenburg herausgab, der nach dem Vorbild der Brüder Grimm fast den Gesamtbereich der Volkskultur umfaßte. In Rostock arbeitete auch Richard Wossidlo (1859-1939), ein wahres Genie der Sammeltechnik, der der mecklenburgischen Volkskundeforschung zu ihrem hohen Stand verholfen hat (vgl. Deutsches Jahrbuch für Volkskunde 5 (1959), S. 3ff. und 153-163).

Für die Geschichte der Sachkulturforschung ist weiterhin Georg Landau (1807-1865) zu nennen, kurhessischer Archivar in Kassel, der sich als Schüler der Brüder Grimm betrachtete und vom Gesamtverein mit dem Plan für eine Art von Topographie Deutschlands beauftragt wurde. 1855 legte er der Hauptversammlung seinen Plan vor, nach dem in »Gaubeschreibungen« das gesamte wirtschaftliche und sittliche Leben des Volkes behandelt werden sollte als »lebendige Quelle«, aus der man »Erkenntnis über die frühesten Zustände unseres Volkes schöpfen« könne. Dieses allzu umfassende Projekt hat er dann später selbst reduziert, vor allem auf Feldbearbeitung und Häuserbau, so daß Georg Landau heute als ein Begründer volkskundlicher Hausforschung gelten darf. Doch stellt ihn sein Forschungsansatz in die Reihe nachromantischer Wissenschaftler, die aus Vergleichen und den Zeugnissen der Gegenwart eine bis in fernste Zeiten zurückreichende Volksgeschichte zusammenzusetzen bemüht waren.

Auf die von den Grimms ausgelöste Welle landschaftlicher Sammeltätigkeit und der Veröffentlichung ihrer Ergebnisse in den verschiedensten neugegründeten Organen kann hier nur hingewiesen werden. Da ist Anton Birlinger (1834-1891), der seit 1873 die Zeitschrift *Alemannia* herausgab und ein Sammelwerk über Schwaben veröffentlichte. Ludwig Bechstein berichtete vor allem über Thüringen, und Karl Simrock (1802-1876) widmete sich ganz im Geiste der Grimms den Resten der Mythologie, wie es der Indogermanist Adalbert Kuhn (1812-1881) und F.L. Wilhelm Schwartz (1821-1899) bereits in ihren Publikationen exemplifiziert hatten (vgl. Bausinger ²1999, S. 41ff.).

Immer unbedenklicher verknüpften die nachromantischen Geschichts- und Altertumsforscher die Fakten der Gegenwart mit Vorstellungen der germanischen Mythologie. Das Heer der Grimm-Epigonen wuchs. In der Grimm-Nachfolge soll jedoch nun von einem Mann die Rede sein, der auf einem höheren Niveau arbeitete und sowohl wegen seiner Sammelmethoden als auch wegen seiner übernationalen europäischen Gesichtspunkte und seines großen selbstlosen Engagements eine besondere Rolle in der Wissenschaftsgeschichte der Volkskunde einnimmt: **Wilhelm Mannhardt** (1831-1880). »An einem streng wissenschaftlichen Aufbau der Mythologie« zu arbeiten und »die psychischen Petrefakten der Vergangenheit wieder lebendig zu machen«, hatte sich der Grimmschüler zur Lebensaufgabe gestellt, der mit seinem Werk der mythologischen Forschungsrichtung bis weit in unsere Tage Geltung verlieh.

Mannhardt, der nach seinen eigenen Worten durch die Lektüre der *Deutschen Mythologie* von Jacob Grimm in frühen Jugendjahren die Richtung seines Lebens entschieden sah, fand die Basis für seine Bemühungen im ›Gesammtverein der deutschen Geschichts- und Altertumsvereine‹, wo er 1858 in einem Vortrag zum ersten Mal seine Ziele im Hinblick auf ein *Urkundenbuch der Volksüberlieferungen* vorstellte. Bekannt geworden ist sein großer volkskundlicher Fragebogen, seine »Bitte«, die er in vielen Tausenden von Exemplaren 1865 durch ganz Deutschland und die angrenzenden Länder verschickte (vgl. Weber-Kellermann 1965, S. 28ff. und 41ff.) und die ihm das Material für seine bedeutenden vergleichenden mythologischen Werke einbrachte. In der Forscherpersönlichkeit Mannhardts vereinten sich die offensichtlich unvereinbaren Elemente wissenschaftlicher Arbeit und wissenschaftlichen Denkens zu dem für das Selbstverständnis der Mythologen so typischen Geflecht: solider statistischer Sammeleifer innerhalb des gegenwärtigen Volkslebens und dessen nahtlose Anbindung an fernstes heidnisches Altertum. So sollte sich »das Bild eines großen zusammenhängenden, in fast allen seinen Zwischengliedern erhaltenen Anschauungskreises entrollen« (»Wald- und Feldkulte« 2, S. XXXV). Die Mißerfolge der bisherigen Forschung glaubte er in der Lückenhaftigkeit der Überlieferung zu erkennen, und es ist aussagekräftig, Bild- und Wortwahl des Mythologen nach über hundert Jahren auf sich wirken zu lassen.

»Es war nötig, die Hebel weit tiefer einzusetzen, um die bemoosten Steine von den Grabkammern der Vorzeit zu lösen. Nur wenn es gelang, alle Überlieferungen in allen ihren Formen und Varianten zu sammeln, die ethnographische Grenze ihrer Verbreitung genau festzustellen und zugleich überall die der Zeit nach frühestens erhaltenen Zeugnisse für dieselben aufzufinden, durfte man hoffen, zu festen und sicheren Ergebnissen über den Ursprung, die älteste Bedeutung, die ursprüngliche Gestalt, die allmählichen Veränderungen und Verzweigungen jedes einzelnen Gebrauches und jeder einzelnen Sage und Mythe zu gelangen und festzustellen, welcher Zeit und welchem Volke ihre Entstehung angehörte. – Damit wäre dann die Mythologie als eine positive exakte Wissenschaft begründet« (vgl. Weber-Kellermann 1965, S. 15).

In der Einleitung zu seinem gedruckten Fragebogen kehrt dann jenes Bild wieder, das schon die Brüder Grimm benutzt hatten, um die Bedeutung der noch vorhandenen Relikte und »survivals« für ihre mythologischen Forschungsziele zu kennzeichnen. Mannhardt hatte als Ansatz für sein Frageunternehmen die Erntesitten gewählt, »welche ihrem Ursprung nach teilweise in die allerälteste Zeit hinaufreichen, stückweise wie zersprungene Splitter eines großen Mosaikbildes sich bis auf unsere Tage hie und da erhalten haben«. Und diese Splitter sollten nun zur Rekonstruktion für das Gemälde einer vermeintlich einst geschlossenen Brauch- und Glaubenswelt dienen; aus den zertrennten Bruchstücken wollte er »soviel als möglich das zusammenhängende Gewebe der Tradition, wie sie früher bestand, zusammensetzen, jedes einzelne Glied von unorganischen Zusätzen reinigen und an der richtigen Stelle einfügen« (Correspondenzbl. 13, S. 85).

Das nun paßte ganz in die schon von den Romantikern gepflegte Suche nach der ›Urform‹ von Lied, Sage, Märchen, Brauch, – nach jener vermeintlichen archaischen, noch unzerstörten Urgestalt, die, in fernen Zeiten vorhanden geglaubt, aus vielen Reliktsplittern und religionsgeschichtlichen Vergleichen rückerschlossen werden könne. Nur diesem Ziel sollte die Fragebogenaktion Mannhardts dienen, nicht einem zeitlichen Zustandsbild der Verbreitung und Häufigkeit bestimmter Brauch- und Glaubensformen, wie es etwa zwei Generationen später der *Atlas für deutsche Volkskunde* erstrebte. Hier mißdeutete und überinterpretierte Richard Beitl die Mannhardtschen Bemühungen: Wilhelm Mannhardt und der Atlas der deutschen Volkskunde. In: Zeitschrift für Volkskunde 4 (1933), S. 70-84.

Als Schüler Jacob Grimms hatte Mannhardt seine Forschungen begonnen und die »Deutsche Mythologie« als nationale Tat gefeiert, als das Werk eines »Genius, der zugleich auch kindlich und naiv den Geist des Altertums nachzufühlen verstand«, der den Nationen den Weg in das goldene Land ihrer eigenen Kindheit zu weisen vermochte (»Wald- und Feldkulte« 2, S. IX). War auch sein Plan einer »Monumenta mythica Germaniae« zuerst vornehmlich auf den Ausbau des Grimmschen mythologischen Wissenschaftsgebäudes gerichtet, so blieb er doch dabei nicht stehen. Aufgeschlossen dem evolutionistischen Geist seiner Zeit, durchbrach er die Grimmsche Vorstellung, daß die Welt der Mythen als unverrückbar festes System seit dem Altertum bis in die Gegenwart hineinrage; er führte vielmehr das Prinzip der Entwicklung in dem Sinne ein, daß eine dauernde Veränderung und Überlagerung der alten Stoffe in der ganzen Breite des indogermanischen Überlieferungsraumes anzunehmen sei. So weitete sich ihm die alte Basis der *deutschen Mythologie* zur ›arischen Urmythologie‹, die es aus den Reliktbeständen zu rekonstruieren gelte. Die patriotische Gefärbtheit romantischer Wissenschaftsideale verblich zugunsten indoeuropäischer, ja menschheitlicher Grundgedanken, wie sie dann von der neuerwachenden Völkerpsychologie vertreten wurden (s. Kap. 3.1). In diesem Sinne ist auch die fast unveränderte Aufnahme der Mannhardtschen Theorie in das große Werk James Frazers (1854-1941) zu verstehen, und die Kritik an Mannhardts Werk richtete sich später wohl kaum gegen seine Forschungsergebnisse im einzelnen, sondern gegen den gesamten mythologischen Denkansatz. Die *Folklivsforskning* von Sigurd Erixon (1888-1968), dessen skandinavischer Schule die entscheidenden Arbeiten zur Mannhardtrevision entstammen, bildet mit ihren drei Kulturdimensionen Raum, Zeit und soziale Gruppierung den äußersten Gegenpol zu der mythologischen Schule (s. Kap. 4.3).

Wilhelm Mannhardt darf als der markanteste Repräsentant einer Forschungsrichtung verstanden werden, die mit philologischer Akribie und Altertumsbegeisterung die Überlieferungsstoffe untersuchte, – die Stoffe als Mittel zur Rekonstruktion einer vermeintlichen ›Urform‹ und damit auch die Suche nach der ›Urform‹ der Stoffe selbst, – fernab von ihrem menschlichen Bezug und ihrer sozialen Funktion.

### Literatur:

Bausinger, Hermann: Natur und Geschichte bei Wilhelm Grimm. In: Zeitschrift für Volkskunde 60 (1964), S. 54-69.

Bechstein, Ludwig: Mythe, Sage, Märe und Fabel im Leben und Bewußtsein des deutschen Volkes. 3 Theile. München 1854/55.

Birlinger, Anton: Volkstümliches aus Schwaben. 2 Bde. Freiburg 1861/62.
Deneke, Bernward: Sage und Geschichte im 19. Jahrhundert. In: Jahrbuch für Volkskunde 11 (1988), S. 67-82.
Emmerich, Wolfgang: Germanistische Volkstumsideologie. Tübingen 1968. – Vgl. Deutsche Kunst und Kultur im Germanischen Nationalmuseum. Nürnberg 1952. – Deneke, Bernward/Rainer Kahsnitz (Hg.): Das kunst- und kulturgeschichtliche Museum im 19. Jahrhundert. München 1977. – Das Germanische Nationalmuseum Nürnberg 1852-1977. Beiträge zu seiner Geschichte. Berlin 1978.
Eskeröd, Albert: Årets äring. Ethnologiska studier i skördens och julens tro och sed. Stockholm 1947.
Frazer, James George: The golden bough. A study of comparative religion. London 1891.
Germania. Vierteljahrsschrift für deutsche Altertumskunde. Hg. von Franz Pfeiffer. Jg. 1: 1856. Schon im 1. Jg. waren mit Beiträgen vertreten: Ludwig Uhland, Jacob Grimm, Eduard Zarncke, Karl Bartsch, Karl Gödeke u.a. Später war Karl Bartsch, nach ihm Otto Behaghel Herausgeber.
Jacobeit, Wolfgang: Bäuerliche Arbeit und Wirtschaft. Ein Beitrag zur Wissenschaftsgeschichte der dt. Volkskunde. Berlin 1965, S. 22ff., bes. Kap. I.
Immermann, Karl: Der Oberhof. 1839, S. 14ff.
Kuhn, Albert; Schwartz, F.L. Wilhelm: Norddeutsche Sagen, Märchen und Gebräuche. München 1848.
Landau, Georg: Sitte und Brauch in Hessen vor 100 Jahren. Hg. von Bernhard Martin. Kassel 1959. – Zu Landau vgl. Höck, Alfred: Georg Landau 1807-1865. In: Hessische Blätter für Volkskunde 56 (1965), S. 193-195. – Höck, Alfred: Notizen zur hessischen Landes- und Volkskunde im 19. Jahrhundert. In: Hessen – Land und Leute. Ausgewählte Beiträge zur Landes- und Volkskunde. Marburg 1996, S. 9-28. – Seeliger, Matthias: Hessische Sagensammler im Gefolge der Brüder Grimm. In: Rolf Wilhelm Brednich (Hg.): Die Brüder Grimm in Göttingen 1829-1837. Göttingen 1986, S. 27-31.
Lisch/Bartsch: Aufruf zur Sammlung volkstümlicher Überlieferungen. In: Landwirtschaftliche Annalen 6 (1867), S. 110f.
Mannhardt, Wilhelm: Über das ›Urkundenbuch der Volksüberlieferungen‹ in: Correspondenzblatt des Gesamtvereins der dt. Geschichts- u. Altertumsvereine 7 (1858), S. 6-7 u. 13 (1863), S. 81-88, 91-93. – Nach den kleinen Schriften: »Roggenwolf und Roggenhund. Beitrag zu e. German. Sittenkunde«. Danzig 1866, und »Die Korndämonen«. Berlin 1868 (unveränd. Aufl. Langen 2000), erschien in gründlicher Verarbeitung des gesammelten Materials und unter Heranziehung vergleichender religionswissenschaftlicher Studien sein großes Werk: Wald- und Feldkulte. Teil 1: Der Baumkultus der Germanen und ihrer Nachbarstämme, 1875; Teil 2: Antike Wald- und Feldkulte aus nordeuropäischer Überlieferung, 1877; reprograph. Neudruck beider Teile 1966. – Vgl. Beitl, Richard: Wilhelm Mannhardt und der Atlas der dt. Volkskunde. In: Zeitschrift für Volkskunde 4 (1933), S. 70-84.
Moser, Hans: Gedanken zur heutigen Volkskunde. Ihre Situation, ihre Problematik, ihre Aufgaben. In: Bayerisches Jahrbuch für Volkskunde 1954, S. 208-234.
Schenda, Rudolf: Volkserzählung und nationale Identität: Deutsche Sagen im Vormärz (1830-48). In: Fabula. Zeitschrift für Erzählforschung 25 (1984), S. 296-303.

Ders.: Mären von Deutschen Sagen. Bemerkungen zur Produktion von »Volkserzählungen« zwischen 1850 und 1870. In: Geschichte und Gesellschaft 9 (1983), S. 26-48.

Seidenspinner, Wolfgang: Mythen von historischen Sagen. Materialien und Notizen zum Problemfeld zwischen Sage, Archäologie und Geschichte. In: Jahrbuch für Volkskunde 11 (1988), S. 83-104.

Ders.: Sage und Geschichte. Zur Problematik Grimmscher Konzeptionen und was wir daraus lernen können. In: Fabula. Zeitschrift für Erzählforschung 33 (1992), S. 14-38.

Simrock, Karl: Handbuch der deutschen Mythologie mit Einschluß des Nordischen. Bonn 1853-1855.

Sydow, Carl Wilhelm von: The Mannhardtian Theories about the last sheaf and the fertility demons from a modern critical point of view. In: Selected Papers on folklore. Kopenhagen 1948, S. 89-105.

Weber-Kellermann, Ingeborg: Erntebrauch in der ländlichen Arbeitswelt des 19. Jahrhunderts. Auf Grund des Mannhardtmaterials von 1865. Marburg 1965.

## 2. Wilhelm Heinrich Riehl – eine umstrittene Gründerfigur

Die Zeugnisse des Volkslebens, ja das Volksleben selbst nahm sich zu gleicher Zeit Wilhelm Heinrich Riehl (1823-1897) zum Forschungsgegenstand, der häufig als der Begründer einer volkskundlichen Wissenschaft betrachtet wird. Das Ineinanderspielen von Epochenstilen und Zeitgeistigkeiten, wie es die Geistesgeschichte des 19. Jahrhunderts in so reichem Maß kennzeichnet, spiegelt sich vielfältig in der Persönlichkeit dieses Mannes. Geboren in Biebrich im Nassauischen, Student der Theologie in Marburg, Tübingen, Gießen und Bonn, gelangte er nach »literarischen Lehr- und Wanderjahren« (Geramb 1954, S. 135ff.) als Professor für Kulturgeschichte an die Münchener Universität, der er als brillanter Hochschullehrer bis zu seinem Lebensende angehörte. Hier verkündete er 1858 in einem berühmt gewordenen Vortrag das **Programm einer neuen Wissenschaft**, der Volkskunde, die er als »bewegenden Mittelpunkt« einer Fülle von wissenschaftlichen Bestrebungen verstanden wissen wollte, als »geistige Heimat« einer ganzen Reihe von Nachbardisziplinen. Der nachwirkende Wert dieses Vortrags liegt, wenn er zu seiner Zeit auch ohne nennenswerte Resonanz blieb, in dem klaren Hinweis auf den im Grunde einheitlichen Charakter des Faches. »Die Volkskunde selber aber ist gar nicht als Wissenschaft denkbar, solange sie nicht den Mittelpunkt ihrer zerstreuten Untersuchungen in der Idee der Nation gefunden hat«, und als ihr Forschungsziel pries er die »Selbsterkenntnis des Volkstums«. Wie er nun auch ›Volk‹ und ›Nation‹ im einzelnen verstanden haben mag, – das Ziel seiner Bemühungen war jedenfalls ein soziales oder vielmehr ein sozial-psychologisches, die »psychologische Charakteristik einer deutschen Volksgruppe«, wie er im Vorwort zu seinem Buch über *Die Pfälzer* schrieb. Solche Gedanken wären den Romantikern sehr fremd gewesen und offenbaren eine große Gegenwarts- und Lebensnähe, wie sie das Gesamtwerk Riehls bedeutend auszeichnet.

Auch seine **Sammelmethode** war neu. Er hatte das Buch von den Pfälzern im buchstäblichen Sinne erwandert und stellte sein mit statistischem, geschichtlichem und ethnographischem Material vielseitig koloriertes Volksporträt ergänzend zu den drei Bänden seiner *Naturgeschichte des Volkes*. Wir verdanken Riehl einen Band über *Die deutsche Arbeit* (1861, zuletzt 1924), und es entstand der Eindruck, als hätte endlich auch die Volkskunde den Weg in die Gegenwart gefunden. Es schien, als hätten Tatsachensinn und Wirklichkeitsbezug über romantische Ursprungssehnsucht gesiegt, – als hätte die Volksforschung endlich wieder den Anschluß erreicht an die nüchternen und nützlichen Topographien der Aufklärer. So zumindest konnten die Riehlschen Postulate verstanden werden, und so hat er sie wohl auch in mancher Hinsicht verstanden wissen wollen: Die Wissenschaft vom Volk sollte aus gesammelten Einzelerkenntnissen heraus der Idee des Staates dienen; statt Volkswirtschaft solle man Volkswissenschaft betreiben. Es genüge nicht, den Staat im Sinne einer kaufmännischen Buchführung zu verwalten, sondern man müsse ihm die »Naturgeschichte des Volkes« zugrunde legen und der volkswirtschaftlichen Statistik eine geistige Statistik von Arbeit und Sitte beiordnen. Hier fühlt man sich nun an die Bevölkerungswissenschaft der Aufklärer erinnert, und auch sein methodischer Arbeitsansatz, **die vier großen »S«** -**Stamm, Sprache, Sitte, Siedlung** – schien zunächst noch ganz von der Suche nach Einsicht in sozialkulturelle Zusammenhänge geleitet zu sein (*Die nationale Arbeit*, Kap. I). Er betrachtete die **Volkskunde als eine** im tiefsten Sinne **politische Wissenschaft**, den Vorhof der Staatswissenschaften, und schrieb in seinen *Studien im Homanischen Atlas*: »Die Landes- und Volkskunde ist die wichtigste Hilfsdisziplin der Staatswissenschaft«. Wenn man jedoch an dieser Stelle weiterliest, so begreift man, daß das Ziel Riehlscher Volksforschung nicht aufklärerisch-sachliche Beschreibung und psycho-philosophische Stammescharaktererhellung blieb, sondern daß die Akzente eine tendenziöse Versetzung erfahren hatten: »in ihrer populären Fassung ist sie aber auch zugleich der mächtigste und ausdauerndste Hebel politischer Agitation. Verwandte man diesen Hebel im 18. Jahrhundert zum Niederreißen, so zeige das 19., wie herrlich man ihn auch zum Aufbauen gebrauchen kann«.

Von daher gesehen wird der ideologische Gehalt des Riehlschen Werkes deutlich sichtbar. Mit seiner *bürgerlichen Gesellschaft* wollte er die deutsche Gesellschaft seiner Gegenwart reorganisieren. Aus den Stämmen und Ständen, den ›natürlichen‹ und den ›organisch gewachsenen‹ Bauelementen des Volkes heraus müsse es sich erneuern. Dabei gab er der Aristokratie und dem Bauerntum als den »Mächten des Beharrens« den Vorzug und begann das erste Buch seiner *Bürgerlichen Gesellschaft* mit den Worten, die seither die volkskundliche Literatur wie Evangeliensätze durchzogen haben: »Es ruht eine unüberwindliche konservative Macht in der deutschen Nation, ein fester, trotz allem Wechsel beharrender Kern – und das sind unsere Bauern«; der Bauer sei »die Zukunft der Nation«, der »das Volksleben fort und fort erfrischt«. ja, sogar die Leibeigenschaft, deren zögernde Abschaffung doch viele seiner Zeitgenossen so leidenschaftlich bewegte, war ihm nichts anderes als natürliches Zeichen bäuerlich beharrenden Wesens, der Seßhaftigkeit und Anhänglichkeit an den Herrn. Und wenn er sich auch in seiner Studie *Der Bauer und die Revolution* (1850/51) um eine sozialpsychologische Analyse der 48er Ereignisse bemühte, so blieben seine Folgerungen doch ideologisch dem Wunsch nach einem reaktionären Resultat verhaftet und verherrlichten den Bauern als den beharrenden Stand, der letztlich allein den Thron gestützt habe. Sein fiktives und restauratives Leitbild des »echten deutschen Bauern« als feststehendem »historischem Typ eines deutschen Menschenschlages« (Franz 1959, S. 191) verdunkelte ihm die sozialpolitische Realität zu einer Traumvorstellung konservativer Sehnsucht, zur Vergoldung des alten »bedürfnislosen patriarchalischen Abhängigkeitsverhältnisses«, dem er die verderbliche neue Zeit mit ihrem anwachsenden ländlichen und städtischen Proletariat bedrohlich gegenüberstellte. Von den beiden Ständen Aristokratie und Bauerntum also erhoffte sich Riehl eine Regeneration der deutschen Gesellschaft; die »Mächte der Beharrung« sollten die »Mächte der Bewegung« integrieren und in die rechten Bahnen zurückleiten: nämlich das Bürgertum und die neue vierte Klasse, Arbeiter und Proletariat, deren Aufkommen den konservativen Kulturpädagogen mit tiefem Mißtrauen erfüllte.

Von der wissenschaftlichen Riehlkritik her ist wohl sein ahistorisches Weltbild moniert worden, aber selten wurde dem die tatsächliche zeitgeschichtliche Situation gegenübergestellt, die den Volkskundler Riehl so wenig berührte. Wie sah damals das ›Volk‹ aus, das doch angeblich seinen Untersuchungsgegenstand bildete?

Die politisch-sozialen Bewegungen in der ersten Hälfte des 19. Jahrhunderts veränderten immer deutlicher das gesellschaftliche Leben, so daß der Wunsch des preußischen Königs Friedrich Wilhelm III. nach statischen Verhältnissen sich nicht verwirklichte. 1803 hatte er im Hinblick auf die unteren Schichten ausgesprochen, daß diese »schätzbare Volksklasse, die zeitlebens mit Handarbeit von früh bis spät beschäftigt, die Feldbauer, Handwerker, Fabrikarbeiter, Tagelöhner, gemeiner Soldat oder Unteroffizier sein und bleiben soll!« (zit. nach K.H. Günther u.a.: *Geschichte der Erziehung,*[8]1967, S. 235). Zwar erzwang Metternich 1815 auch für Preußen einen »Status quo«, aber nur mit Polizeigewalt konnte er seine Forderungen durchsetzen, gegen die sich immer größere Gruppen von sogenannten ›Demagogen‹ mit Demonstrationen wandten. Der Kampf um die versprochene Verfassung, also die politische Mitbestimmung der Stände, spielte ja schon im Zusammenhang mit den Göttinger sieben Professoren eine Rolle.

Mit der Französischen Julirevolution 1830 wurde in Paris Karl X. gestürzt, als er die Presse- und Wahlfreiheit verbieten wollte, und an seine Stelle der ›Bürgerkönig‹ Louis Philippe von Orléans gesetzt, der liberalere Gesetze erließ und die Revolutionsfahne, die Trikolore, zur Staatsflagge erhob. Doch entwickelte er sich zum König der *bourgeois*, also der Besitzbürger, und förderte damit eine böse Klassentrennung zwischen den Bürgern und ihrem gefürchteten Feind, dem Proletariat.

Unter dem Eindruck der Pariser Juli-Revolution begannen sich auch in Deutschland revolutionäre Bewegungen, vor allem um ständische Verfassungen, machtvoll zu regen. Besonders die demokratisch-progressiven studentischen Burschenschaftler, die schon 1817 auf dem Wartburgfest in einem symbolischen Akt die Herrschaftszeichen einer überlebten feudalen Gesellschaft in die Flammen geworfen hatten, proklamierten 1832 auf dem Hambacher Fest die Verbrüderung der Völker gegen die (un-)Heilige Allianz der Fürsten. In seinem Buch *Die Pfälzer* (1857) vermag Riehl nur mit billigem Spott vom Hambacher Fest zu berichten. Immerhin erwähnt er die schwarz-rot-goldene Kokarde auf dem breitkrämpigen grauen Hambacher Hut (S. 315).

Es war die Zeit, als Georg Büchner (1813-1837) in seinem *Hessischen Landboten* 1834 »Friede den Hütten und Kampf den Palästen« predigte. Die Gründung des Deutschen Zollvereins 1833 unter der Führung Preußens erweckte leise Hoffnungen auf ein einiges Reich mit sozialen Freiheiten, die sich 1840 mit der Thronbesteigung Friedrich Wilhelms IV. verstärkten.

Die Französische Februar-Revolution von 1848, eine Arbeiterrevolution mit politisch-sozialen Zielen, wirkte über die Grenzen hinaus wie ein Fanal. In Deutschland wurde der revolutionäre Gedanke zum Ideengut eines kämpferisch-demokratischen Bürgertums mit den Forderungen nach Pressefreiheit, Verfassungstreue und der Abdankung mißliebiger Herrscher wie des korrupten bayerischen Königs. In der Frankfurter Paulskirche gründete der Deutsche Bund die ›Nationalversammlung‹, ein großer historischer Augenblick. Aber die weiterreichende Sehnsucht nach einer endgültigen Überwindung des Ständestaates und einer republikanisch-parlamentarischen Verfassung führte zu blutigen Unruhen, insbesondere in Baden, Frankfurt a. M. und Berlin. Die Märzrevolution in Berlin mit ihrem tragischen Ausgang hat Carl Schurz (1829-1906) als aktiver Demokrat, als Augenzeuge in seinen Lebenserinnerungen geschildert. Er floh nach mißglückter Revolution nach den USA, wo er sich der Republikanischen Partei anschloß und wesentlich zur Wahl Abraham Lincolns (1860) beitrug.

»Am Nachmittage des verhängnisvollen 18. März versammelte sich eine ungeheure Volksmasse auf dem freien Platz vor dem königlichen Schloß, um die glückliche Verkündigung zu hören. Der König erschien auf dem Balkon und wurde mit begeisterten Zurufen begrüßt. Er versuchte zur Menge zu sprechen, konnte aber nicht gehört werden. Doch da man allgemein glaubte, daß alle Forderungen des Volks bewilligt seien, so war man bereit zu einem Jubelfest. Da erhob sich ein Ruf, die Entfernung der Truppen fordernd, die um das Schloß her aufgestellt waren und den König von seinem Volk zu trennen schienen. Offenbar erwarteten die Versammelten, daß auch dieses Verlangen gewährt werden würde, denn mit großer Anstrengung wurde ein Durchgang für die Truppen durch die dichtgedrängte Menge eröffnet. Da erscholl ein Trommelwirbel, der jedoch zuerst für ein Signal zum Abzug der Truppen gehalten wurde. Aber, statt abzuziehen, drangen nun Linien von Kavallerie und Infanterie auf die Menge ein, offenbar zu dem Zweck, den Platz vor dem Schlosse zu säubern. Dann krachten zwei Schüsse von der Infanterie her, und nun wechselte die Szene plötzlich und furchtbar wie mit Zauberschlag.

Mit dem wilden Schrei: ›Verrat! Verrat!‹ stob die Volksmasse, die noch einen Augenblick vorher dem König zugejubelt hatte, auseinander, sich in die nächsten Straßen stürzend, und allenthalben erscholl der zornige Ruf: ›Zu den Waffen! Zu den Waffen!‹. Bald waren in allen Richtungen die Straßen mit Barrikaden versperrt. Die Pflastersteine schienen wie von selbst aus dem Boden zu springen und sich zu Brustwehren aufzubauen, auf denen dann schwarz-rot-goldene Fahnen flatterten – und hinter ihnen Bürger aus allen Klassen, Studenten, Kaufleute, Künstler, Arbeiter, Doktoren, Advokaten hastig bewaffnet mit dem, was eben zur Hand war – Kugelbüchsen, Jagdflinten, Pistolen, Spießen, Säbeln, Äxten, Hämmern usw. Es war ein Aufstand ohne Vorbereitung, ohne Plan, ohne System, jeder schien nur dem allgemeinen Instinkt zu folgen. Dann wurden die Truppen zum Angriff befohlen. Wenn sie nach heißem Kampf eine Barrikade genommen hatten, so starrte ihnen eine andere entgegen – und wieder eine und noch eine. Und hinter den Barrikaden waren die Frauen geschäftig, die Verwundeten beizustehen und die Kämpfenden mit Speise und Trank zu stärken, während kleine Knaben eifrig dabei waren, Kugeln zu gießen oder Gewehre zu laden. Die ganze schreckliche Nacht hindurch donnerten die Kanonen und knatterte das Gewehrfeuer in den Straßen der Stadt.

Der König schien zuerst entschlossen zu sein, den Aufstand um jeden Preis niederzuschlagen. Aber als die Straßenschlacht nicht enden wollte, kam ihm ihre furchtbare Bedeutung peinlich zum Bewußtsein. Mit jedem einlaufenden Bericht stieg seine qualvolle Aufregung. In einem Augenblick gab er Befehl, den Kampf abzubrechen, im nächsten ihn fortzusetzen. Endlich kurz nach Mitternacht schrieb er mit eigener Hand eine Proklamation ›An meine lieben Berliner‹. Er sagte darin, daß das Abfeuern der beiden Schüsse, das die Aufregung hervorgerufen habe, ein bloßer Zufall gewesen sei, daß aber ›eine Rotte von Bösewichtern, meist aus Fremden bestehend‹ durch trügerische Entstellung dieses Vorfalles gute Bürger getäuscht und zu diesem entsetzlichen Kampf verführt hätte. Dann versprach er, die Truppen zurückzuziehen, sobald die Aufständischen die Barrikaden fortgeräumt haben würden, und schloß mit diesen Sätzen: Hört die väterliche Stimme Eures Königs, Bewohner Meines treuen und schönen Berlins, und vergeßt das Geschehene, wie Ich es vergessen will und werde in Meinem Herzen, um der großen Zukunft willen, die unter dem Friedenssegen Gottes für Preußen, und durch Preußen für Deutschland anbrechen wird. Eure liebreiche Königin und wahrhaft treue Mutter und Freundin, die sehr leidend darniederliegt, vereint ihre innigen tränenreichen Bitten mit den Meinen. Friedrich Wilhelm.‹ Aber die Proklamation verfehlte ihren Zweck. Sie war von Kanonendonner und Musketenfeuer begleitet, und die kämpfenden Bürger nahmen es übel, vom Könige eine ›Rotte von Bösewichtern oder deren leichtgläubige Opfer‹ genannt zu werden.

Endlich am Nachmittage von Sonntag den 19. März, als General Möllendorf von den Aufständischen gefangen genommen worden, wurde der Rückzug der Truppen angeordnet. Es wurde Friede gemacht mit dem Verständnis, daß die Armee Berlin verlassen, und daß Preußen Preßfreiheit und eine Konstitution haben solle auf breiter demokratischer Grundlage. Nachdem das Militär aus Berlin abmarschiert war, geschah etwas, das an wuchtigem dramatischem Interesse wohl niemals in der Geschichte der Revolution übertroffen worden ist. Stille, feierliche Züge von Männern, Frauen und Kindern bewegten sich dem königlichen Schlosse zu. Die Männer trugen auf ihren Schultern Bahren mit den Leichen der in der Straßenschlacht getöteten Volkskämpfer – die verzerrten Züge und die klaffenden Wunden der Gefallenen unbedeckt, aber mit Lorbeer, Immortellen und Blumen umkränzt. So marschierten diese Züge langsam und schweigend in den inneren Schloßhof, wo man die Bahren in Reihen stellte -eine grausige Leichenparade – und dazwischen die Männer, teils noch mit zerrissenen Kleidern und pulvergeschwärzten und blutbefleckten Gesichtern, und in den Händen die Waffen, mit denen sie auf den Barrikaden gekämpft; und bei ihnen Weiber und Kinder, die ihre Toten beweinten. Auf den dumpfen Ruf der Menge erschien Friedrich Wilhelm IV. in einer oberen Galerie, blaß und verstört, an seiner Seite die weinende Königin. ›Hut ab!‹ hieß es, und der König entblößte sein Haupt vor den Leichen da unten.« (Carl Schurz -Lebenserinnerungen. Berlin 1906, S. 123ff.)

Von solch großen und tragischen Augenblicken der Volksgeschichte blieb der Volkskundler Wilhelm Heinrich Riehl unberührt. Im Gegenteil: Die 48er Ereignisse hatten ihn nach seiner eigenen Aussage »bewußt konservativ gemacht«, und auch die folgende politische Entwicklung nahm starken Einfluß auf seine wissenschaftlichen Konzeptionen. In seinem Werk *Land und Leute* (1854) stellte er eine »Dreiteilung in der Volkskunde Deutschlands« fest und schlug eine Neuordnung und Zusammenfassung der zersplitterten deutschen Staatenwelt »auf der Grundlage der alten Stammesunterschiede« vor. Die Bestätigung seiner volkskundlichen Erkenntnisse sah er in der Möglichkeit, sie politisch anzuwenden, und dem Projekt einer staatlichen Dreiteilung in Mitteleuropa auf stammlicher Grundlage durfte er dann auch seinen Ruf nach München verdanken, »war doch König Max II. ein Verfechter des Triasgedankens, freilich nicht aus ethnographischen, sondern aus dynastischen Gründen« (Voigt 1958, S. 292).

**Ideologie als sozial konservierende Tendenz** kennzeichnet also das Gesamtwerk Riehls. Ihr dienten die verschiedensten wissenschaftlichen

Prinzipien und Methoden. Lernte man ihn einmal als Anhänger aufklärerischer statistischer Landesaufnahme zur Grundlage vernünftiger Staatsverwaltung kennen, so war er andererseits auch wieder den Maximen der romantischen Rechtsschule verhaftet mit ihrer Überbewertung historischer Traditionen. Schienen Begriffe wie ›Naturgeschichte des Volkes‹ an das evolutionäre Gedankengut der neu sich entfaltenden Naturwissenschaften anzuknüpfen, so wollten sie doch im Grunde nichts anderes aussagen als die Möglichkeit beharrender Kontinuität auch im natürlichen und sozialen Bereich.

Das frappierendste Beispiel für die Zusammenfügung solch heterogener Gedankenrichtungen zu einer nur in der Persönlichkeit des Verfassers begründeten Einheit ist sein berühmtes Buch über *Die Familie* (1855). Hier stellt er überzeugend und in seiner Zeit einmalig die Bedeutung der Primärgruppe Familie für das Volksleben heraus »als Urgrund aller organischen Gebilde in der Volkspersönlichkeit«. Seine präzisen Beobachtungen und amüsanten Exkurse, sein flüssig-eleganter Darstellungsstil und die eindrückliche Bewußtheit seiner Meinungsbildung, nicht zuletzt aber die Fülle seines im journalistischen Plauderton vorgetragenen kulturgeschichtlichen und volkspsychologischen Wissens haben gerade diesem Buch eine außerordentlich große Leserschaft gesichert, so daß es nicht weniger als sechzehn Auflagen erlebte. Und es war wohl besonders der ethische Gehalt des Werkes, der es »zu seiner Zeit im deutschen Haus ebenso beliebt (machte) wie Ludwig Richters Bilder aus dem deutschen Familienleben« (Geramb 1954, S. 256).

Das wissenschaftlich erstaunliche Phänomen nun ist hier die Tatsache, daß Riehl das Vorhandensein natürlicher Wandlungsprozesse in der Historie der Familienstrukturen nicht wahr haben möchte oder aber als verderbliche Entartung bekämpft. Er gliedert sein Werk in zwei Teile: »Mann und Weib« und »Haus und Familie« und beginnt sogleich mit einer scharfen Polemik gegen demokratische Entwicklungsmöglichkeiten, denen er »die soziale Ungleichheit als Naturgesetz« gegenüberstellt. Er leitet sie her von der natürlichen und seit der Bibel gottgewollten Ungleichheit von Mann und Weib, die ihrerseits die soziale und diese wiederum die politische verursache, so daß die Situation daher ewig, naturbedingt und auf alle Zeiten gerechtfertigt sei. Schon von daher mußte er die Bestrebungen einer Frauenemanzipation leidenschaftlich bekämpfen (wenn auch seine drei Töchter unverheiratet blieben und in selbstgewählten Berufen ihren befriedigenden Lebensinhalt fanden). Aber neben der gottgewollten Ungleichheit der Geschlechter war es noch eine andere Sozialerscheinung, der er ethischen Hochwert und unwandelbare Dauer anzudichten wünschte: das »ganze Haus«. Er schrieb:

»Mit der ›ganzen Familie‹ hängt nun das ›ganze Haus‹ zusammen. Die moderne Zeit kennt leider fast nur noch die ›Familie‹, nicht mehr das ›Haus‹, den freundlichen gemütlichen Begriff des ganzen Hauses, welches nicht bloß die natürlichen Familienglieder, sondern auch alle jene freiwilligen Genossen und Mitarbeiter der Familie in sich schließt, die man vor Alters mit dem Wort ›Ingesinde‹ umfaßte. In dem ›ganzen Hause‹ wird der Segen der Familie auch auf ganze Gruppen sonst familienloser Leute erstreckt, sie werden hineingezogen, wie durch Adoption, in das sittliche Verhältnis der Autorität und Pietät. Das ist für die sociale Festigung eines ganzen Volkes von der tiefsten Bedeutung«. (zitiert nach 10. Aufl. 1889, S. 156).

Was Riehl hier pries, war nichts anderes als der alte ›oikos‹, das ›Haus‹ der Lutherbibel, die Haushaltsfamilie, wie sie sich bis etwa zur Französischen Revolution und den Auswirkungen der sogenannten Industriellen Revolution Geltung bewahrte, während sie im 19. Jahrhundert dann nur noch in Resten überlebte, – am längsten wohl im ländlichen Bereich. Daher auch hier wieder Riehls **Verherrlichung des Bauerntums**. Wehmütig beobachtete er die Auflösungserscheinungen dieses scheinbaren Idealzustandes, der ihm das »eigentliche Wesen« der Familie verkörperte, ihren Natur- und Urzustand. Ihn wollte er, angereichert um die freundlichen Gemütswerte der Biedermeierzeit, in das 19. Jahrhundert heraufbeschwören, ohne seine Geschichtlichkeit als Realität anzuerkennen. Die neue Geltung des weltlichen bürgerlichen Rechts, die neue Organisation der Arbeit und die wachsende Bedeutung der Arbeitenden, die neuen Kräfte des Bürgertums: das alles führte notwendig zu Wandlungen der Familienstruktur, zu neuer Rollenverteilung und schließlich zur vorherrschenden Form der bürgerlichen Kleinfamilie, normativ als Leitbild mit allen sozialen und kulturellen Konsequenzen, – kurzum zu Geschichtlichkeit und Wandel auch im familiären Bereich, wie sie Riehl unter keinen Umständen als Gegebenheiten zu akzeptieren bereit war.

Liegt Riehls Bedeutung auch vor allem in seiner schriftstellerischen Begabung, in der er profunde Kenntnisse der Kulturgeschichte und Wirtschaftswissenschaft, Gesellschaftslehre, Musik- und Kunstwissenschaft mit gut lesbarer Darstellungsgabe vereinte, so blieb seine wissenschaftliche Wirkung zunächst doch beschränkt. Es mag zutreffen, daß eben gerade »seine einzigartige Persönlichkeit [ ..]. ihm keine Schüler erwachsen« ließ und daß »die Verknüpfung seiner Forschung mit zeitpolitischer Einstellung, wie der Bekämpfung des Liberalismus und der bewußten Ausschaltung des aufstrebenden vierten Standes, des Proletariats« die Auswirkung seiner Gedanken hinderte (Spamer 1928, S. 27); aber es kam noch ein weiteres Moment hinzu, das seine Lehren nicht lehrbar werden ließ. Sein Ziel, aus der Volkskunde eine politische

Wissenschaft zu machen, bedeutete für ihn die Rechtfertigung und Bewahrung der alten ständischen Ordnungen. Dazu diente ihm eine gewollte Einheit von unvereinbaren Prinzipien und Methoden. Die »Naturgesetze des Völkerlebens« mit den statistischen Mitteln früher empirischer Sozialforschung zu erkennen, war nicht vereinbar mit der vorgefaßten Annahme unwandelbarer Statik bestimmter idealisierter Zustände dieses Völkerlebens. Die romantische Sehnsucht nach der »richtigen« und »reinen Urform« übertrug er vom stofflichen auf den sozialen Bereich. Mit seinem ständischen Traditionalismus zerstörte er wieder die wertvolle, von ihm postulierte Einheit des Faches und machte die Volkskunde zur »Bauernkunde im bürgerlichen Geist« (Bausinger 1986, S. 139). Sein großartiger Ansatz, die zerstreuten und oft banalen Einzelgegenstände volkskundlicher Forschung unter der »wissenschaftlichen und poetischen Weihe« im Hinblick auf den »Organismus einer ganzen Volkspersönlichkeit« zu betrachten (Volkskunde als Wissenschaft, S. 215), verlor an Überzeugungskraft durch die Negierung und Abwertung des vierten Standes.

1859 erschien die *Kritik der politischen Ökonomie* von Karl Marx (1818-1883), 1867 *Das Kapital*. Riehl nahm für sein Werk offenbar keine Kenntnis von diesen wissenschaftlichen Erörterungen, wenngleich er sich etwa in einer sehr umfänglichen Rezension mit Friedrich Engels, *Die Lage der arbeitenden Klasse in England*, in scharfen Formulierungen auseinandersetzt (abgedruckt in Jantke/Hilger: *Die Eigentumslosen* 1965). Aber auch die ethnologische Gesellschafts- und Familienliteratur interessierte ihn wenig, die seine Zeitgenossen dafür umso lebhafter bewegte (Engels, Morgan (1818-1881) u.a.). Die Faszination, die der Entwicklungsgedanke auf seine Mitwelt ausübte, lag dem engagierten Konservativen fern, der das Heil der Gesellschaft im Erkennen und Bewahren der positiven Kräfte des Alten suchte, und so kann es nicht wundernehmen, wenn viele seiner Gedanken der völkischen Bewegung des 20. Jahrhunderts zum willkommenen Motto dienten, die eine wahre Riehlrenaissance heraufbeschwor (s. Kap 5).

Zu seiner Zeit blieb sein Werk in Fachkreisen ohne weitreichendes Echo. Wilhelm Grimm starb ein Jahr nach Riehls Proklamation der Volkskunde als Wissenschaft, Jacob überlebte sie um fünf Jahre, ohne daß jedoch irgendeine Berührung zwischen den Gelehrten stattgefunden hätte. Nur der Name verband wissenschaftliche Bestrebungen, die nun in der zweiten Hälfte des 19. Jahrhunderts von Forschern der verschiedensten Fachrichtungen vertreten wurden.

## Die Riehl-Diskussionen in der Volkskunde nach 1945

Auch nach dem Zweiten Weltkrieg und mit dem Neubeginn der Volkskunde wurden Werk, Wirkungsgeschichte und Person Wilhelm Heinrich Riehls immer wieder diskutiert. Kaum eine wissenschaftsgeschichtliche oder theoretische Auseinandersetzung blieb ohne den Rückgriff auf Riehl, auf die Volkskunde des 19. Jahrhunderts und ihre Nachwirkungen. Über Riehl wurde intensiver und freier gestritten als z.b. über die Volkskunde der nationalsozialistischen Zeit; – dies gilt bis zum heutigen Tag. Ähnlich wie in den Riehl-Rezeptionen der zwanziger Jahre sind nach 1945 auch mehrere Phasen festzustellen mit zunehmend kontroversen Positionen.

Zunächst einmal war es naheliegend, sich nach der NS-Volkskunde und ihrem Zusammenbruch mit der Fachgeschichte im Sinne einer Vergangenheitsbewältigung zu befassen, um zu zeigen, wie es zu einer so starken **Indienstnahme der Volkskunde** hat kommen können und welche anderen wissenschaftlichen Wege nach 1945 beschritten werden müßten (s. Kap. 6 u. 7). Zu diesen Bemühungen sind an erster Stelle die Wissenschaftsgeschichtsarbeiten zu nennen (Lutz 1958, Jacobeit 1965, Weber-Kellermann 1969); den beiden Letztgenannten ging es besonders um eine kritische Einschätzung Riehls. Sowohl bei Jacobeit als auch im vorliegenden Band wird neben der grundsätzlichen Würdigung der volkskundlichen Arbeiten im Hinblick auf Themenstellung, Beobachtungsgabe etc. vor allem aber Riehls ideologische, d.h. konservativ-restaurative Intention kritisiert, die sein Werk durchgängig bestimmt. Andere Auseinandersetzungen mit Riehl, z.B. mit seiner Rezeption im Nationalsozialismus, haben diese konservative Position mit all ihren Auswirkungen – wie Reduzierung der Volkskunde auf Bauernkunde, Überhöhung des Familien-Gedankens, Betonung des Nationalen – zum Angelpunkt einer totalen Riehl-Kritik und -Ablehnung gemacht. Die entsprechend deutliche und plastische Sprache Riehls eignete sich allerdings auch besonders eindrucksvoll, mit einem – hundert Jahre alten – Riehl-Zitat als Gegenposition den eigenen Standort einzuleiten. Der oft zitierte Satz aus dem Vortrag, daß bei rechter Ausbildung die Volkskunde »Systematik in die Anarchie der Polizeiwissenschaft bringen könne«, mag hierfür ein Beispiel sein; allerdings auch ein Beispiel für zeitgebundene Verwendung von Texten und ihrer Zitierfähigkeit.

Diese **Riehl-Kritik** zog sich bis weit über die Falkensteiner Tagung von 1970 und die daran anschließende Namens-Debatte des Faches hinaus. Gleichzeitig wurden mit legitimierendem Rückgriff auf Riehl aber auch neue Richtungen und Arbeitsgebiete des Faches begründet. Für Wiegelmann »skizzierte er damals bereits die meisten jener theoretischen

Konzepte, die bis heute im Fach verfolgt werden«. Dies ist sicherlich eine Überschätzung, aber die ›Arbeit‹ als volkskundliche Kategorie oder die »Handwerksgeheimnisse« als Vorläufer empirischer Verfahren oder *Die Familie* als Beispiel einer ersten volkskundlichen Beschreibung sozialer Gruppen stellen bis heute neue Wege der Volkskunde dar, – allerdings nicht vom Inhalt, sondern von der Themenwahl her.

Nachdrucke oder Neuauflagen volkskundlicher Texte hat es nach 1945 nicht gegeben – abgesehen von einzelnen Passagen in Quelleneditionen und der *Bürgerlichen Gesellschaft*, die 1976 als Taschenbuch gedruckt wurde. Eine neuerliche Diskussion um Riehls Bedeutung für die Volkskunde wurde von Hans Moser 1978 im *Jahrbuch für Volkskunde* der Görres-Gesellschaft eröffnet. Moser wollte mit einer »wissenschaftsgeschichtlichen Korrektur« Riehl als den Begründer der wissenschaftlichen Volkskunde in Frage stellen und daraus Folgerungen über seine Rolle in der bayerischen Volkskunde, seine wissenschaftliche Arbeitsweise sowie seine Ausstrahlung und Schülerschaft ziehen. Er überprüfte die bisher weitgehend anerkannten Arbeiten vor allem unter Hinzuziehen zeitgenössischer Quellen – etwa zur Entstehung und Arbeitsteilung bei der *Bavaria* –, oder er befand, daß Riehl für die Abfassung der *Pfälzer* kaum mehr als einige Wochen ›Ferienaufenthalte‹ investiert habe. Er kommt zu dem Schluß, daß Riehl in der bayerischen Volkskunde keinen nennenswerten Nachhall gefunden habe, daß seine Arbeitsweise eher journalistisch als wissenschaftlich zu beurteilen sei, daß sich keine direkte Schülerschaft gebildet habe, noch Kollegen seine Ideen und Werke fortgesetzt hätten.

Die Frage seiner Begründung der Volkskunde als Wissenschaft, die schon von Jacobeit (1965) und Weber-Kellermann (1969) vorsichtig hinterfragt wurde, verneint Moser ganz entschieden. Er bewertet den ›Vortrag‹ als eine singuläre Aktion und Forderung, der Riehl selber keinerlei weiterführende Arbeiten folgen ließ, ja, nach dem Vortrag arbeitete er volkskundlich nur noch an der *Bavaria* mit und wandte sich dann ganz anderen Themen zu. Für Moser sind die Riehl-Renaissancen der späteren Anhänger einfach eine Überschätzung seiner Bedeutung für die theoretische Volkskunde. Diese Thesen Mosers haben in den folgenden Jahren eine lebhafte Diskussion hervorgerufen mit Beiträgen von u.a. Helge Gerndt (1979), Günter Wiegelmann (1979) und Konrad Köstlin (1984), ebenfalls im *Jahrbuch für Volkskunde*.

Da Günter Wiegelmann wohl derzeit als der engagierteste Verteidiger Riehls anzusehen ist, sollen hier die zentralen Punkte seiner Entgegnung dargestellt werden. Wiegelmann hält Moser vor, nicht Riehls eigentliche Leistung erkannt zu haben, die er in der staatswissenschaftlichen, der frühen Statistik des 18. Jahrhunderts verpflichteten Richtung der

Volkskunde sieht. Sie sei durch Riehl erheblich vorangetrieben worden. Wenn seine Vorgänger nur »Beschreibungen und die noch auf kleine regionale Teilgebiete beschränkt« verfaßt hätten, interpretiere Riehl die kulturellen Erscheinungen stets auch als Ergebnisse historischen Geschehens und nicht nur durch das Zusammenwirken von Natur, Wirtschaft und Sozialstruktur bestimmt. Darüber hinaus betrachte Riehl konsequent Deutschland als Ganzes und nicht in den einzelnen Gebieten. In den *Pfälzern* hat Riehl »eine auf zentrale Züge und Hintergründe der Kultur führende Synopse« erstellt, die für Wiegelmann bis heute einmalig ist. Riehls Hauptanliegen sei es gewesen, ›nicht die genaue ins einzelne gehende Schilderung von Fakten (zu geben), sondern Analysen: Kombination, Vergleichung und Folgerung, das Erkennen des Volkslebens‹ (Riehl) sei die eigentliche Aufgabe. Die Suche nach den übergeordneten Gesetzmäßigkeiten als wesentliches Forschungsziel steht also für Wiegelmann im Zentrum seiner Riehl-Bewertung. Hiermit glaubt er die Argumente der Riehl-Kritiker zu entkräften. Mit der Betonung der staatswissenschaftlich-statistischen Ausrichtung Riehls hebt Wiegelmann in der Tat eine wichtige Komponente hervor, die bisher eher von Nachbarwissenschaften als vom Fach selber gewürdigt wurde. Man müßte dann allerdings auch einen Schritt weiter gehen und mit Riehl den Begründer einer **sozialwissenschaftlich-interdisziplinär ausgerichteten Volkskunde** anerkennen, eine Position, die viele Riehl-Anhänger – gerade in den deutschen Richtungskämpfen der Volkskunde der sechziger und siebziger Jahre – wohl nicht gern akzeptieren wollten.

Konrad Köstlin (1984) schließlich beendet diese Riehl-Debatte, indem er sich mit Riehls ›Publikum‹ auseinandersetzt und darlegt, daß Riehl vor allem »für die Bücherschränke des gebildeten Bürgertums« zur bevorzugten Literatur wurde und nicht so sehr für die aufkommende Volkskunde. Auch Abhandlungen zu Riehl in den um 1900 erscheinenden volkskundlichen Fachzeitschriften wie den *Hessischen Blättern für Volkskunde* wertet Köstlin in erster Linie als Äußerungen einer Lehrerschaft, die sich mehr der heimatlich-landschaftlichen als der wissenschaftlichen Volkskunde verpflichtet fühlte.

In der Folgezeit spielte sich die Debatte über die Bedeutung Riehls in der Volkskunde vornehmlich in den ›Einführungen‹ und Handbüchern ab. In R.W. Brednichs *Grundriß der Volkskunde* ($^3$2001, ebd. bei Kai Detlev Sievers, S. 34-36) erfolgten ebenso Darstellung und Auseinandersetzung mit Riehl wie in Wolfgang Kaschubas *Einführung in die Europäische Ethnologie* ($^2$2003, bes. S. 42ff.) und auch in den modernen, eher flüchtigen Internet-Homepages – etwa der des Berliner Institutes – wird Riehl zur Erklärung der Fachgeschichte bemüht

(Jörg Skriebeleit: Wilhelm Heinrich Riehl und die Folgen. Eine kleine Fachgeschichte. – www2.hu-berlin.de/ethno/seiten/index.htm (1.2.2002)). So sehr in den Riehl-Diskussionen auch die Bedeutung dieses Gründervaters hinterfragt oder gar seine Wissenschaftlichkeit bejaht und negiert wurde, in der Darlegung der Fachgeschichte wird ihm auch weiterhin ein fester Stammplatz eingeräumt.

Das gilt auch für die im Fach erst spät einsetzende Aufarbeitung der Volkskunde in der Zeit des Nationalsozialismus (s. Kap. 5). Für diesen Zusammenhang interessiert vornehmlich die Frage, in wie weit Riehls Schriften, die im ›Dritten Reich‹ große Popularität erlangten, als **Wegbereiter für den Nationalsozialismus** angesehen werden konnten. Jedenfalls ist W.H. Riehl in der bisher umfangreichsten Studie zur NS-Volkskunde, der von W. Jacobeit u.a. verfaßten *Völkischen Wissenschaft* (vgl. S. 133) immer noch ein vielbelegter Name.

Diese Problematik spiegelt sich auch im Titel des Buches von Andrea Zinnecker (1996) wider, *Romantik, Rock und Kamisol. Volkskunde auf dem Weg ins Dritte Reich – die Riehl-Rezeption*. Die Autorin richtet ihr Hauptaugenmerk aber auf die Analyse der verschiedenen Phasen der Rezeption der Werke Riehls vornehmlich durch die Volkskunde. Sie trägt ein beeindruckendes, fast vollständig erscheinendes Material zusammen, so daß man durchaus von einem Standardwerk sprechen kann. Sachlich-faktisch dürfte sich in Zukunft kaum Neues ergeben können, die Bewertung der Rolle Riehls in der Volkskunde und ihren Nachfolgewissenschaften wird aber immer wieder neu diskutiert werden.

## Literatur:

Bausinger, Hermann: Volkskultur in der technischen Welt. Stuttgart 1961; Neuauflage Frankfurt a.M. 1986.
Brunner, Otto: Das »ganze Haus« und die alteuropäische »Ökonomik«. In: Familie u. Gesellschaft. Tübingen 1966, S. 23-56.
Deißner, Vera: Die Volkskunde und ihre Methoden. Perspektiven auf die Geschichte einer »tastend-schreitenden Wissenschaft« bis 1945. Mainz 1977 (zu Riehl S. 75-88).
Engels, Friedrich: Der Ursprung der Familie, des Privateigentums und des Staates. 1884; Neudrucke 1913, 1946, 1948 u.ö., zuletzt 1962 in Bd. 21 der Marx/Engels-Ausgabe.
Franz, Günther: Die agrarische Bewegung im Jahre 1848. In: Zeitschrift für Agrargeschichte und Agrarsoziologie 7 (1959), S. 176ff.
Geramb, Viktor von: Wilhelm Heinrich Riehl. Leben und Werk. Salzburg 1954.
Gerndt, Helge: Abschied von Riehl – in allen Ehren. In: Jahrbuch für Volkskunde 2 (1979), S. 77-88.

Koch-Schwarzer, Leonie: Populare Moralphilosophie und Volkskunde. Christian Garve (1742-1798) – Reflexionen zur Fachgeschichte. Marburg 1998; bes. S. 371ff.

Köstlin, Konrad: Anmerkungen zu Riehl. In: Jahrbuch für Volkskunde 7 (1984), S.81-94.

Leip, Evelyn: Der Einfluss eines konservativen Familienideals. Rezeptionsgeschichte einiger Thesen Wilhelm Heinrich Riehls. Hamburg 1994.

Morgan, Lewis: Ancient Society or Researches in the Lines of Human Progress from Savagery through Barbarism to Civilization. London 1877; dt. Übers. 1891.

Moser, Hans: Wilhelm Heinrich Riehl und die Volkskunde. Eine wissenschaftsgeschichtliche Korrektur. In: Jahrbuch für Volkskunde 1 (1978), S. 9-66.

Riehl, Wilhelm Heinrich: Die Volkskunde als Wissenschaft. In: Culturstudien aus drei Jahrhunderten. Stuttgart 1859, S. 205-229, 1910; wiedergedruckt Berlin 1935 (zusammen mit einem Vortrag von Adolf Spamer: Die Volkskunde als Gegenwartswissenschaft, 1932).

Ders.: Die Pfälzer. Ein rheinisches. Volksbild. Stuttgart 1857, ³1907, zuletzt Neustadt, Weinstraße 1973.

Ders.: Die Naturgeschichte des Volkes als Grundlage einer deutschen Socialpolitik. 1869, zuletzt 1923/30; ist eine Zusammenfassung folgender vier Bücher:
- Land und Leute. Stuttgart/Tübingen 1854; 12. Aufl. Stuttgart 1925
- Die bürgerliche Gesellschaft. Stuttgart 1851; 11. Aufl. Stuttgart 1930.
- Die Familie. Stuttgart/Augsburg 1855; 13. Aufl. Stuttgart 1925.
- Wanderbuch. Stuttgart 1869; 5. Aufl. Stuttgart 1925.

Ders.: Besprechung von Friedrich Engels: Die Lage der arbeitenden Klasse in England. Zuerst in: Allgemeine Preußische Zeitung, 31.10, 1. und 7. 11. 1845. Wiedergegeben nach Jürgen Kuczynski: Geschichte der Lage der Arbeiter im Kapitalismus 1, Bd. 8, Berlin 1960, S. 170-185. Erneut gedruckt in: Carl Jantke/Dietrich Hilger: Die Eigentumslosen. Freiburg/München 1965, S. 406-425.

Schmidt, B.J.C.: Katalog der Riehlschen Zeitungsaufsätze bis 1853. In: Nassauische Annalen, Jahrbuch des Vereins für nassauische Altertumskunde 42 (1913/14), Nr. 710.

Sievers, Kai Detlev: Fragestellungen der Volkskunde im 19. Jh. In: Brednich, R.W. (Hg): Grundriß der Volkskunde. Berlin 2001, S. 31-51.

Voigt, Günther: Zur weltanschaulichen Entwicklung Wilhelm Heinrich Riehls. In: Deutsches Jahrbuch für Volkskunde 4 (1958), S. 288, 300.

Spamer, Adolf: Wesen, Wege und Ziele der Volkskunde. Leipzig 1928.

Weber-Kellermann, Ingeborg: Kontinuität und Familienstruktur? Zum Problem von Geschichtlichkeit u. Dauer bei Primärgruppen. In: Kontinuität, Geschichtlichkeit u. Dauer. Festschrift f. Hans Moser. Berlin 1969, und die dort angeführte Literatur.

Dies.: Die deutsche Familie. Versuch einer Sozialgeschichte. Frankfurt a.M. 1974, ¹¹1992.

Wiegelmann, Günter: Riehls Stellung in der Wissenschaftsgeschichte der Volkskunde. In: Jahrbuch für Volkskunde 2 (1979), S. 89-100.

Zinnecker, Andrea: Romantik, Rock und Kamisol. Volkskunde auf dem Weg ins Dritte Reich – die Riehl-Rezeption. Münster 1996.

# 3. Wege zur Etablierung als Wissenschaft

Was Wilhelm Heinrich Riehl mit dem Entwurf einer ›Volkskunde als Wissenschaft‹ angedacht hatte, sollte sich dann in den beiden letzten Jahrzehnten des 19. Jahrhunderts abzeichnen: Mit der Gründung volkskundlicher Vereine begann sich das Fach als wissenschaftliche Disziplin zu etablieren. Darin gingen vielfältige Strömungen, Auffassungen und programmatische Konzepte ein – wenn auch wohl keine Wissenschaft als wirklich homogen, kohärent und wiedererkennbar zu verstehen ist, so sind doch gerade die Zugänge zur Volkskunde in der Frühphase der Institutionenbildung außerordentlich vielschichtig. Diese Vielfalt der disziplinären Anleihen vermittelte dem Fach auch ein großes Potential methodisch-theoretischer Ressourcen zu seinen Forschungsfeldern.

## 3.1 Vergleichende Sprachwissenschaft und Ethnopsychologie

Mit dem Scheitern der '48er Revolution erhoben sich immer deutlicher die neuen Klassenschranken zwischen den Bürgern und der unterbürgerlichen Schicht der Proletarier. 1844 waren durch die Weberaufstände von ca. 2000 Leinewebern in Peterswaldau/Schlesien furchtbare soziale Zustände aufgedeckt worden, die Gerhart Hauptmann (1862-1946) in seinem Drama »Die Weber« 1892 geschildert hat. In seinem Text spielt auch die 24strophige Anklage »Das Blutgericht« (Steinitz: Bd. I, S. 230ff.) eine Rolle, ein großartiges frühes Protestlied:

Strophe 4:
»Ihr Schurken all, ihr Satansbrut, Ihr höllischen Dämone/
Ihr freßt der Armen Hab und Gut, Und Fluch wird euch zum Lohne!«

Solche Schöpfungen ›aus dem Volk‹ fanden jedoch keinen Eingang in die zahlreichen Volksliedsammlungen des 19. Jahrhunderts – sei es aus Angst vor dem Polizeiverbot, unter dem solche Texte standen, sei es aus bürgerlichem Desinteresse. Denn nun war das Proletariat nach bürgerlich-biedermeierlichem Verständnis nicht nur als eine ungebildete, sondern auch noch als eine gewalttätige Klasse gebrandmarkt, vor der man sich schützen mußte.

Politisch waren die Schichten der Bevölkerung durch strenge Klassenschranken voneinander getrennt: Seit 1849 existierte das Dreiklassenwahlrecht. Es beinhaltete eine Einteilung der Wähler in drei Klassen nach der Höhe ihrer Steuerzahlungen:

- Die reichen Leute in Klasse I umfaßten etwa 5 Prozent der Bevölkerung;
- der Mittelstand mit Klasse II erfaßte etwa 13 Prozent der Bevölkerung;
- die große Mehrzahl der Besitzlosen, Klasse III, etwa 82 Prozent.

Jede dieser drei ungleichen Gruppen wählte eine gleiche Anzahl von Wahlmännern – eine *kaum glaubhafte* Ungerechtigkeit, und auch im Ausland bezeichnete man dieses deutsche Dreiklassenwahlrecht als »Hort der Reaktion«. Es war ungleich, indirekt und öffentlich – und galt bis 1918! –, während das heutige allgemein ist, direkt und geheim. Hinzu kommt, daß die Frauen bis 1918 überhaupt kein Wahlrecht hatten. Wo befand sich nun in dieser Hierarchie das ›Volk‹, Gegenstand der neuen Wissenschaft Volkskunde?

Das **Studium der Gesellschaft**, ihre Reintegration in eine nach der Französischen Revolution vollkommen veränderte Welt hatte sich eine neue aufsteigende Wissenschaft zur Aufgabe gemacht, deren Zentrum zunächst in Frankreich lag: die Soziologie. Ihre frühen Stadien sind mit Namen wie Claude Henri de Rouvroy, Comte de Saint-Simon (1760-1825) und Auguste Comte (1789-1857) verbunden, die aufklärerische Denkschemata mit den Realitäten des erwachenden Industriezeitalters zu verbinden suchten. Die Entwicklung der Gesellschaftsphilosophie von der Aufklärung zum Positivismus, ihre naturwissenschaftliche Bindung zum Darwinismus verflocht sich mit Ansätzen zur dialektischen Geschichtsauffassung, mit einer Art von Fortschrittsperiodizität der Menschheitsgeschichte nach dem Naturgesetz der Selbstvervollkommnung (1859 veröffentlichte Charles Darwin (1809-1882) sein Hauptwerk *On the origin of species by means of natural selection, or preservation of favoured races in the struggle of life*).

Aber solche Gedanken, geschweige denn die aufkommende marxistische Literatur, blieben zunächst der Volks- und Völkerkunde in Deutschland in allen ihren Richtungen völlig fern. Näher standen ihr andere, mächtig nach vorne drängende Wissenschaften wie die **Völkerpsychologie** und **vergleichende Sprachforschung**, repräsentiert durch Franz Bopp (1791-1867). Als Begründer der vergleichenden Grammatik der indogermanischen Sprachen hatte dieser schon in Verbindung mit den Brüdern Grimm eine neue Epoche der Sprachwissenschaft eingeleitet und mit der vergleichenden Betrachtung der

Flexionsformen das Untersuchungsgebiet bis auf die sogenannten Primitivensprachen ausgeweitet.

Von hier aus erfolgte eine nachdrückliche Beeinflussung der **Ursprungs- und Verbreitungstheorien in der Märchenforschung,** besonders als der Sanskritist Theodor Benfey (1809-1881) die Leitgedanken der vergleichenden Sprachforschung auf die Märchenforschung übertrug und damit die alte Grimmsche mythologische Erbtheorie überwand, die ein halbes Jahrhundert lang die Wissenschaft beherrscht hatte. 1859 konnte Benfey seine Pantschatantra-Übersetzung publizieren, eine große Sammlung indischer Volkserzählungen; damit führte er in die Märchenforschung die indische Ursprungstheorie ein, die besagt, daß fast alle europäischen Märchen dem indisch-buddhistischen Kulturkreis entstammen und von dort durch Wanderung über die Erde verbreitet worden seien; etwa seit dem 10. Jahrhundert könne man dann von daher auch eine literarische und mündliche Verbreitung über Europa annehmen.

Waren solche Theorien auch inhaltlich kaum aufrechtzuerhalten, so brachten sie doch methodisch große Erfolge. Komparative internationale Forschung, Parallelensammlung und Motivvergleich fanden ihre Zusammenfassung in der sogenannten Wanderungstheorie, die ihren Einfluß auf die Märchenforschung als ›Finnische Methode‹ lange bewahrt hat. »Ihre eindrücklichste Auswirkung hat sie in der Ausbildung der historisch-geographischen Methode der Finnen und in der Übernahme und Entwicklung durch Forscher vieler anderer Länder erfahren« (Lüthi 1979, S. 74).

Die Theorie der Volkskunde als Wissenschaft diskutierten zu gleicher Zeit von ethno- und sprachpsychologischen Gesichtspunkten her zwei Gelehrte, die sich methodisch ebenfalls an die vergleichende Sprachforschung anschlossen: Moritz Lazarus (1824-1903) und Heymann Steinthal (1823-1899). Im ersten Band der *Zeitschrift für vergleichende Sprachforschung* (1852) und dann nochmals im ersten Band der von ihnen herausgegebenen *Zeitschrift für Völkerpsychologie und Sprachwissenschaft* von 1860 verkündeten die Gelehrten das »Programm« einer neuen völkerpsychologischen Wissenschaft. Diesen Begriff hatte Steinthal von Humboldt übernommen, dessen Werke er edierte und von dem er den Gedanken der »Geisteseigenschaften« der Völker im Gesamtbild ihrer Charaktereologie herleitete. Wichtig und neu in diesem Programm, der »Lehre von den Elementen und Gesetzen des geistigen Völkerlebens«, ist die Aufstellung eines wissenschaftlichen Bezugssystems, innerhalb dessen die Geisteseigenschaften der Völker zu bestimmen seien, ihr Ethnos. Aus Sprache, Mythologie, Religion, Kultus, Sitte, Recht und Schriftdenkmälern sei die Komplexität dessen, was man »Völkerpsychologie« nennen könne, zusammengesetzt. »Die ganze Sprache«, heißt es in dem genannten Programm, »der ganze Schatz von Vorstellungen und Begriffen ist das allen gemeinsame Eigentum der Nation, wie sehr auch die Individuen in dem Maße und Grade der Erwerbung und Anwendung voneinander abweichen mögen. – Aber, ›Volksgeist‹ bestimmt nicht nur, sondern wird auch von den einzelnen fortwährend getragen und geschaffen.« Aufgabe der Völkerpsychologie sei es nun, das wechselseitige Verhältnis der Gesamtheit zum Einzelnen festzustellen.

Im Vergleich zu den unklaren ›Volksgeist‹-Vorstellungen der Romantiker gab sich hier allerdings ein völlig neues Bild vom Volk zu erkennen: Ein Volk bestimme sich in seinem Charakter nicht so sehr durch gewisse objektive Verhältnisse wie Abstammung, Sprache usw. als vielmehr durch die gleichen subjektiven Ansichten seiner Mitglieder, also durch gleiches Bewußtsein Vieler mit der Bewußtheit dieser Gleichheit. Rasse und Stamm seien naturwissenschaftlich objektiv zu bestimmen, ›Volk‹ dagegen subjektiv vom Selbstverständnis seiner Mitglieder her. Sie aber seien nur in ihrer sozialen Gebundenheit zu erfassen und der ›Volksgeist‹, das »allen einzelnen Gemeinsame der inneren Tätigkeit«, als gemeinschaftliches Erzeugnis der menschlichen Gesellschaft.

Drei Ansatzpunkte nannten Lazarus und Steinthal für die **Erkenntnis der Völkerpsychologie**: den psychologischen, den anthropologischen und den geschichtlichen, und diesen Ansatzpunkten entsprachen die von ihnen geforderten Arbeitsmethoden:

1. eine philologisch-historische Sichtung und Bearbeitung des Beobachtungsmaterials und
2. eine Erweiterung der vergleichenden Methode über die europäischen Kulturvölker hinaus auf die außereuropäischen Völkerschaften.

Damit erschien zum ersten Mal die Forderung nach Diachronie und Synchronie in fruchtbarer Kombination, – aber nicht mehr mit dem Ziel, eine ›Urform‹ der kulturellen Güter zu finden oder einen heilen, echten, wahren ›Urgrund‹ des Volkslebens zu rekonstruieren. Im Vordergrund stand vielmehr die Erkenntnis einer Geschichtlichkeit der Erscheinungen – nicht nach rückwärts, sondern nach vorwärts –, eines durchaus dynamischen Prozesses, der in einem ständigen dialektischen Austausch wechselseitiger Mechanismen zu dem führe, was man unter ›Volk‹ und seiner ›Psyche‹ verstehen könne. Es mag kein Zufall sein, daß es zwei jüdische Gelehrte waren, die diese entschiedene Überwindung der statisch-biologischen und uralt-teutschen Vorstellung vom Volkstum in die theoretische Diskussion einbrachten. Eine solche Anerkennung ihres klugen und leider viel zu wenig beachteten Programmes sollte man vor die notwendige Kritik an ihrer Evolutionsgläubigkeit setzen, die sie – Kinder ihrer Zeit – an die gesetzmäßige Bewegung und Entwicklung der ›inneren Tätigkeiten‹ knüpften.

Die Hinwendung zu einer mehr psychologischen Betrachtungsweise, die sich hier bereits abzeichnete, nahm nun in den folgenden Jahrzehnten einen beherrschenden Raum ein, vor allem durch die Lehren des aus Bremen stammenden Arztes und späteren Ethnopsychologen **Adolf Bastian** (1826-1905). Sein Denken entwickelte sich auf der Basis seiner naturwissenschaftlichen Ausbildung und im konsequenten Verfolg des Entwicklungsprinzips, nach dem der gegenwärtigen Kompliziertheit der Erscheinungen viele Stufen bis hin zu einer primitiven Einheit menschlicher Grundvorstellungen vorausgegangen sein müßten. Die Konzeption von einer dialektisch sich an ihrer Umwelt entfaltenden Menschheitsgeschichte wurde damit wieder aufgegeben zugunsten einer naturwissenschaftlich orientierten Bemühung um das Auffinden verbindlicher Gesetze für das Menschenleben, die bestimmender für dessen geistige Entwicklung seien als z.B. nationale Eigenarten.

Auf dem Hintergrund seiner zahlreichen Forschungsreisen zu den Naturvölkern und seinem damit verbundenen ausgedehnten empirischen Wissen errichtete Bastian ein weithin sichtbares Denkgebäude, das volkskundliche wie völkerkundliche Theorienbildung nachdrücklich beeinflußte. In seiner *Wissenschaft vom Menschen* (1881) bemühte er sich um die Feststellung einer »allgemeingültigen mathematischen Zahl psychologischer Urelemente«, die er nach dem Vorbild der Biologie vornehmlich bei den unkompliziertesten primitivsten Formen, also bei den Naturvölkern zu finden hoffte. Aus der für ihn »unverbrüchlich feststehenden physischen Einheit des Menschengeschlechtes« folgerte er das Vorhandensein einer ebenfalls ursprünglichen psychischen Einheit, was er zuerst als »Völkergedanken« und später als »Elementargedanken« bezeichnete. Auf dem Berliner deutschen Geographentag 1881 führte er aus: »Aus allen Kontinenten tritt uns unter gleichartigen Bedingungen ein gleichartiger Menschengedanke entgegen mit eiserner Notwendigkeit.« Und im Vergleich mit homologen Pflanzenstrukturen glaubte Bastian, überall gleichartige Grundvorstellungen entdecken zu können, die von der Ethnologie in ihren primären Elementargedanken zu analysieren seien und zwar auf dem Wege der Erforschung der »in den gesellschaftlichen Denkschöpfungen manifestierten Wachstumsgesetze des Menschengeistes«. Drei große **Aufgaben** wollte er dem Ethnologen stellen:

1. die Ermittlung der elementaren Grundgesetze des Wachstumsprozesses der Völker (was der Zellentheorie der Pflanzenphysiologie entspräche);

2. Bestimmung der lokalen Einflüsse aus dem Milieu (was er als »geographische Provinz« verstand);
3. die Beobachtung des gegenseitigen Austausches und der wechselseitigen Geistesbeeinflussung.

Hier ist anzumerken, daß auch aus der Botanik Anregungen und Hinwendungen zur Volkskunde kamen; in Wien lieferte der Redakteur und Publizist Ernst Moritz Kronfeld, Schüler und Biograph des österreichischen Botanikers Anton Kerner von Marilaun (1831-1898), mit populären Darstellungen zur Ethnobotanik und Kulturgeschichte zahlreiche volkskundliche Beiträge. Darin läßt sich die Übertragung eines naturwissenschaftlichen Anspruches der Welterklärung auf Kultur und Gesellschaft, aber auch eine Wahrnehmung des scheinbar Unbedeutenden, eine Ergründung des Großen im Kleinen (*maximus in minimis*) erkennen, wie es Kronfeld etwa mit dem Zitat eines Geibel-Verses zum Ausdruck brachte: »Jede blühende Pflanze, die mit Düften sich füllt, trägt in sich das ganze Weltgeheimnis verhüllt«. Sein Bruder, der Wiener Arzt Adolf Kronfeld, veröffentlichte 1908/09 zusammen mit Oskar von Hovorka die *Vergleichende Volksmedizin,* die Relevanz der Komparatistik im methodischen Diskurs der Jahrhundertwende aufzeigend (s. Kap. 3.2).

Auf die Frage, wie es zu erklären sei, daß man bei den verschiedensten, auch räumlich voneinander weit entfernten Völkern ähnliche Anschauungen, Glaubensvorstellungen, Märchenmotive u.a. finde, antwortete Bastian mit der These von ihrer psychischen Gleichartigkeit und wandte sich damit gegen die Anhänger der **Migrationstheorie** mit ihrer Annahme von »monströsen Völkerbeziehungen«. Das rief eine ganze Gruppe von Gegnern aus der Leipziger Geographenschule auf den Plan, vor allem Friedrich Ratzel (1844-1904), der Gleichheit der Erscheinungen durch Wanderung oder Entlehnung von einem Punkte aus annahm.

Eine vermittelnde Stellung seitens der Leipziger Migrationstheoretiker bezog der Völkerpsychologe Wilhelm Wundt (1832-1920), der eine gleichartige »Grundgestimmtheit« gelten lassen wollte, z.B. beim mythologischen Märchen. Bei Begegnungen und Übernahmen von Kulturen werde auf die Dauer nur *das* festgehalten, was der eigenen Bewußtseinsstufe entspräche. Jedes Volk bringe das Milieu, in dem sich z.B. die in einem Märchen erzählten Begebenheiten abspielen, mit seinen eigenen Lebensverhältnissen in Einklang, was Wundt als »psychische Einwurzelung« bezeichnete. Das sage also noch gar nichts aus *für* Autochthonität oder *gegen* Wanderung. Erst wenn man gewissermaßen diese umweltlichen Angleichungen substrahiert habe, könne man darangehen, die Richtigkeit der Theorie von den Elementargedanken an den dann übriggebliebenen Motiven zu überprüfen.

Bastian hatte von seinem naturwissenschaftlich geschulten und am Darwinismus entflammten Denken her versucht, ein wenig Ordnung in das Chaos der Erscheinungen zu bringen, und es erging ihm in diesen Jugendjahren der ethnologischen Wissenschaft

»wie allen Anfängern, die Ordnung schaffen wollen, sei es aufgrund der durchgearbeiteten Literatur, sei es aufgrund ihrer eigenen Erhebungen und Erfahrungen, besonders wenn sie diese mit anderen vergleichen und in Beziehung setzen wollen. Das naheliegendste scheint, Zuflucht bei der Aufstellung einer Stufenfolge zu suchen, zumal die komplizierten Formen einfachere voraussetzen, im Materiellen sowohl als im Sozialen und Gedanklichen, und damit eine zeitliche Perspektive eröffnet wird.« (Thurnwald 1948, S. 7).

Bastians Ziel, den psychischen Wachstumsprozeß der Menschheit zu erklären, und zwar durch die Zurückführung auf eine Reihe von Elementargedanken, war nur an sehr einfachen kulturellen und sozialen Formen zu verfolgen. Bei differenzierteren Phänomenen wurde sofort die Fragwürdigkeit der Voraussetzung einer völligen Identität der äußeren und inneren Bedingungen deutlich sichtbar. Darauf ist es vielleicht zurückzuführen, daß seine Ideen vor allem auf dem Gebiet sogenannter primitiver Glaubensvorstellungen eindrückliche Nachfolge fanden.

Geister- und Dämonenabwehr, Glücks- und Fruchtbarkeitsbeschwörung, Jenseitsvorstellungen, Böser Blick und Schadenzauber waren die bevorzugten Forschungsgegenstände einer neu sich entfaltenden **Religionswissenschaft** von den primitiven Glaubensvorstellungen, die der englische Anthropologe Edward Tylor (1832-1917) in der Theorie des Animismus zusammenfaßte. Bedeutet dieser Begriff zunächst nichts anderes als die Annahme einer Beseeltheit materieller Objekte und Naturerscheinungen, so führte Tylor die Ursprünge der Religion überhaupt auf diese Beseeltheit zurück. Als erste Stufe seien Seele und Geist, belebende Prinzipien des Wesens Mensch, vorzustellen; dem folge als nächster Schritt der Glaube, daß sich die Seelen nach dem Tode in selbständige Geister verwandeln, die dann von Dingen, Örtlichkeiten oder auch von anderen Lebewesen Besitz ergreifen können; als weitere Entwicklungsstufen nennt er die Beseelung von Naturerscheinungen, die Beseelung des Kosmos, woraus dann die Götterwelt hervorgegangen sei, und habe in deren Gesellschaft einer den Vorrang erhalten, so stünde man an der Schwelle des Monotheismus. Dieses evolutionistische Stufensystem hat bis weit ins 20. Jahrhundert Anerkennung und Nachfolge gefunden.

Für die Volkskunde wurde ein anderer Ethnopsychologe von noch entscheidenderer Bedeutung, so daß für lange Zeit beherrschend neben die mythologische Interpretationsweise die psychologische trat und zwar vornehmlich in den Formulierungen und Denkschemen von **Lucien Lévy-Bruhl** (1857-1939). Mit dem Ziel einer Mentalitätstheorie der Primitiven (›primitiv‹ hier im Sinne von unentwickelt, naiv, naturhaft, undiszipliniert, im Stande geistiger Unschuld befindlich) zog Lévy-Bruhl eine überschärfte Trennungslinie zwischen dem logischen Denken des Kulturmenschen und dem komplexen der Naturvölker, das er in drei Kategorien teilte:

1. Prälogisches Denken, was bedeutet, daß statt der tatsächlichen, nicht gewußten oder nicht verstandenen Kausalität eine ›mystische‹ gesucht werde; damit werde die Tatsache der zahllosen Vorzeichen für Glück und Unglück erklärt, ihre strenge Beachtung und magische Beeinflussung.
2. Das Gesetz der mystischen Partizipation, also der Gedanke, daß der Mensch an allem, was mit ihm in Zusammenhang steht: Familie, Gesinde, Haustiere, Besitz, – substantiell beteiligt und daher auch an allen diesen Stellen im positiven wie im negativen Sinne magisch angreifbar sei. – Gerade dieser Lehrsatz, der für die psychologische Erklärung volkstümlicher Praktiken des Fern- und Schadenzaubers weitreichend anzuwenden ist, hat tiefen Eingang in die volkskundliche Literatur gefunden.
3. Das Kollektivbewußtsein, das den Menschen in einen nie unterbrochenen Zusammenhang mit Lebenden und Toten stellt und insbesondere die reichentwickelten Glaubensvorstellungen um die toten Ahnen und die ungeborenen Nachfahren bestimmt.

Aus diesen **drei Mentalitätskategorien** konstruierte Lévy-Bruhl ein subjektives und vielfach in sich verknüpftes Weltbild und Weltverständnis des Primitiven.

Sind in seinem System einer Assoziationspsychologie auch zweifelsohne scharfsichtig eine ganze Reihe von Phänomenen volkstümlicher Denkweise erklärt und miteinander verflochten, so reichte es doch keineswegs aus, um eine derartige Allgemeingültigkeit für die Interpretation volkstümlicher Brauch- und Glaubensvorstellungen zu erringen, wie es tatsächlich geschah, – ja, z.T. konnten sich diese Deutungsweisen bis in die Gegenwart Gültigkeit bewahren, zumal sie große Beachtung seitens der Tiefenpsychologie gefunden haben, besonders in der Archetypenlehre und in der Lehre vom »kollektiven Unbewußten« (C.G. Jung). Von seiten der Völkerkundler erhob sich scharfer Widerspruch gegen diese Lehren, besonders durch Konrad

Theodor Preuß (1869-1938) und Richard Thurnwald (1869-1954), die die Beachtung der ethnischen, sozialen, ökonomischen und historischen Gegebenheiten mit Recht vermißten. Das trifft tatsächlich den Kernpunkt der notwendigen Kritik an der Primitivenpsychologie, werden doch hier mit Begriffen wie ›prälogisch‹ und ›logisch‹ Grenzlinien durch die menschliche Psyche gezogen, die in dieser Schärfe kaum zu realisieren sein dürften. Wie es neben der historischen Zeit und dem geographischen Raum auch einen sozialen Raum und eine soziale Zeit gibt (Lévi-Strauss 1967, S. 313), die keine anderen Eigenschaften haben als die sie enthaltenden sozialen Phänomene, so gibt es auch eine soziale Logik, deren Erscheinungen durchaus variabel sein können. Lévy-Bruhl setzte das logische Denken der Gebildeten als Maßstab, an dem die prälogischen Gedanken der Primitiven zu messen seien. Tatsächlich aber hat jede Gruppe, jede Ethnie ihre eigene spezifische Logik, ihr Weltbild, ihre Glaubensvorstellungen, deren Erkenntnis das Ziel der ethnologischen Wissenschaft ist.

Das Gebiet der Völkerpsychologie wurde im 20. Jahrhundert von Willy Hellpach (1877-1955) zu einem eigenen Fachbereich ausgebaut mit den Elementen der »Naturtatsachen«, der »Geistigen Gestaltungen« und der »Willensschöpfungen«. Zu den Zusammenhängen von Rezeption und Wirkung im Nationalsozialismus vgl. Kap. 5 und die darin angegebene Literatur (Jacobeit/Bockhorn/Lixfeld: *Völkische Wissenschaft*, 1994).

Auf volkskundlichem Gelände fanden die Bastianschen Lehren die lebhafteste Nachwirkung in seinem Anhänger und Verehrer Richard Andree (1835-1912). Auch er wandte sich vornehmlich den Phänomenen des Volksglaubens zu und zwar den Orakeln zur Bestimmung von Glücks- und Unglückstagen, den Bauopfern und den Vorstellungen von einer Wesens- und Seelenverwandtschaft zwischen Mensch und Tier wie Vampir- und Werwolfglauben. Seine Voraussetzung einer grundsätzlichen Wesensgleichheit der Menschen enthob ihn der Pflicht zu theoretischen Überlegungen und kulturmorphologischen Studien. Ihm genügte der Vergleich und die Parallelsetzung ähnlich scheinender Phänomene, ohne sich durch das Vorhandensein ihrer sozialen Bezugssysteme beirren zu lassen. Diese Methode, die man eigentlich nicht ›völkervergleichend‹, sondern höchstens ›motivvergleichend‹ nennen kann, hat zweifellos etwas höchst Verführerisches, schlägt sie doch scheinbar Brücken über Länder und Meere und beschert dem Forscher das Sammlerglück, immer neue Belege zu ein und derselben Glaubensvorstellung zu finden. Ihre Wirkung auf die volkskundliche Forschung war und ist enorm; das gesamte *Handwörterbuch des deutschen Aberglaubens* (1927ff.) beruht auf diesem Prinzip und versteht sich selbst als eine Kompilation der »zerstreuten Materialien über die einzelnen abergläubischen Überlieferungen« (Vorwort). Eine irgendwie geartete soziale Einbettung der Gegenstände ist nirgendwo versucht oder auch nur angestrebt.

Damit aber trat der Mensch und seine Lebenswelt immer weiter in den Hintergrund, und die Überlieferungsgüter schienen als ›Ding an sich‹ zu existieren. Doch war es nötig, um die Vergleiche auf breiter Basis durchzuführen, über ein großes Material zu verfügen, und so brachte gerade die sogenannte **völkervergleichende Methode** eine neue Hochflut der Sammlungen hervor, die sich besonders in die neu entstehenden Völker- und Volkskundemuseen ergoß.

In Berlin hatte Rudolf Virchow (1821-1902) zusammen mit seinem Schüler Adolf Bastian 1869 die ›Berliner Gesellschaft für Anthropologie, Ethnologie und Urgeschichte‹ gegründet und ein Jahr später die Deutsche Gesellschaft gleichen Namens. 1874 lernte Virchow in Stockholm die Sammlungen von Artur Hazelius (1833-1901) in seinem ›Nordiska Museet‹ (gegründet 1873) kennen, der sein Museumsdorf Skansen vorbereitete, das er dann 1891 eröffnen konnte – seinerseits angeregt durch die Wiener Weltausstellung von 1873 mit neun Original-Bauernhäusern aus Österreich-Ungarn, Elsass und Rußland. Während Hazelius allerdings noch mehr oder weniger in romantischen Museumsvorstellungen lebte und in Vergangenheitsbegeisterung für Skandinavien die Vor- und Frühgeschichte zum zentralen Inhalt seiner Museumsgründung emporhob, so waren die Aspekte des Mediziners Virchow und seines Kreises von naturwissenschaftlichem Geist bestimmt. 1886 eröffnete er das später von Bastian geleitete Berliner Völkerkundemuseum, dem 1889 ein Volkskundemuseum folgte, das bis 1903 den Namen ›Museum für deutsche Volkstrachten und Erzeugnisse des Hausgewerbes‹ trug. Treibende Kraft war dabei der Pommer Ulrich Jahn (1861-1900), der bereits auf Rügen Probesammlungen durchgeführt hatte und einen erfolgreichen Aufruf erließ mit dem Ziel einer umfassenden Exposition aus allen Gebieten der deutschen Volkskultur. In evolutionistischem Geist sollten dabei Entwicklungsreihen der Sachgüter von urtümlichen Formen bis hin zur Gegenwart gezeigt werden. In diesem Sinne wurde die Sammlung für deutsche Volkskunde 1904 der prähistorischen Abteilung des Völkerkundemuseums angegliedert unter der Leitung von Karl Brunner (1863-1938), der – ähnlich wie Otto Lauffer (1874-1949) in Hamburg – die seit Ratzel und Wilhelm Pessler (1880-1962) im Anschluß an die Sprachgeographie entwickelte »Sachgeographie« wesentlich förderte. Mit der immensen und einmaligen Sammlung von Votivopfern und -tafeln, zumeist aus Bayern und Österreich, die Marie Andree-Eysn

(1847-1929), die Frau von Richard Andree, dem Berliner Museum in den Jahren zwischen 1908 bis 1927 beisteuerte, gewann wiederum das Gebiet des Volksglaubens an Bedeutung und damit der Gedanke des Völkervergleichs.

So mischten sich hier bei der Aufstellung in den großen Berliner Völkerkunde- und Volkskunde-Museen eine Fülle von Gesichtspunkten, je nach der Persönlichkeit des Sammlers oder Spenders. Die Gegenstände standen verständlicherweise im Vordergrund; ihre Aufsammlung sozusagen ›in letzter Minute‹ brachte reiche Ernte (die allerdings durch die Einwirkungen des Zweiten Weltkrieges wieder weitgehend reduziert worden ist). Aber ihr theoretischer Hintergrund blieb positivistisch, verharrte in der Suche nach äußerlichen Entwicklungs- oder Vergleichsreihen. Das große Verdienst der Forscher dieser Periode ist es, die Aufmerksamkeit auf den kulturellen Kollektivbesitz der Völker im weiten Sinne und des deutschen Volkes im besonderen gelenkt zu haben. Die Kategorien der Arbeit, des sozialen und wirtschaftlichen Zusammenlebens jedoch blieben ihren Interpretationen fern.

In Österreich-Ungarn versammelte das Projekt einer großangelegten Ethnographie und Landeskunde der Monarchie ein breites Spektrum natur- und kulturwissenschaftlicher Disziplinen. Unter dem Protektorat von Kronprinz Rudolf und daher als »Kronprinzenwerk« geläufig, sollten mit diesem nach 1885 verwirklichten Editionsunternehmen die Nationalitäten des Habsburgerstaates gleichberechtigte Darstellung finden.

Das Konzept dieses ethnographischen Monumentalwerkes muß im Kontext miteinander konkurrierender Staatsentwürfe des deutschen Dualismus nach der Proklamation des Zweiten Reiches 1871 gesehen werden. Das 1806 geteilte Erbe des Heiligen Römischen Reiches forderte in der Epoche nationalstaatlicher Konsolidierung in Europa zu einer Auseinandersetzung mit der Legitimation der beiden Mittelmächte und ihrer kulturellen und ethnischen Identität heraus, und die seit dem Ausgleich mit Ungarn 1867 schwelenden, am Ende der liberalen Ära offen zu Tage tretenden Nationalitätenkonflikte im Habsburgerstaat gaben den Bestrebungen deutschhegemonialer und deutschnationaler Politik Nahrung, die in einer Rückkehr zur zentralistischen Verfassung der Reaktionszeit einerseits, im Anschluß der deutschen Kronländer an das Deutsche Reich andererseits Auswege aus einem als untragbar empfundenen Machtverlust deutscher Interessenpolitik in der Donaumonarchie sahen. Ludwig Dehio, der gelehrte Historiograph der europäischen Staatenwelt, hat in seinem großen Werk *Gleichgewicht oder Hegemonie* (1948) die Problematik jenes großösterreichischen Staatenkonzeptes Schwarzenbergs zutreffend geschildert, das »wohl auf mancherlei Art dem Selbstgefühle des deutschen Elementes (hätte) schmeicheln können, aber doch eben nicht trotz seines Umfanges für die Verwirklichung der nationalen Ideale Raum (bot).« Er sah in dem vom Zarenreich geförderten deutschen Dualismus den Kontext, in dem sich eine nationale Mission in dem zuvor noch von a-nationalem fridericianischem Machtegoismus getragenen preußischen Staat hatte entfalten und mit dem preußischen Expansionstrieb hatte verbinden können. In diesem Spannungsfeld der europäischen Staatsentwürfe zwischen **Gleichgewicht und Hegemonie** läßt sich auch das »Kronprinzenwerk« verorten.

Das ethnographische Kaleidoskop, mit dem das Kronprinzenwerk angelegt war, das Vielvölkerreich mit seiner Metropole Wien als dem politischen und geistigen Zentrum als einen »großen Stapelplatz der Cultur für Gegenwart und Zukunft« (Kronprinz Rudolf im Vorwort zum Band *Wien*), als Völkergemeinschaft zu imaginieren, sollte eine Lücke füllen, die im fransziko-josephinischen Zeitalter mit dem kulturpolitischen Versagen der Staatsführung entstanden war. Kronprinz Rudolf hat dieses Desiderat eines kulturpolitischen Konzeptes gespürt, und vielleicht ist die Konzeption des Kronprinzenwerkes, an der er nicht unerheblichen Anteil hatte, auch und gerade als bewußter Entwurf einer großen ethnographischen Inszenierung des Gleichgewichts zu verstehen, als eine Repräsentation des multi-nationalen Staates, in dem auch die kleinen, die oft vergessenen Völker Bedeutung in der Konstruktion eines großösterreichischen Bewußtseins erlangen sollten. Rudolf kannte die Romane des Schriftstellers Karl Emil Franzos über das harte Leben galizischer Bauern und Juden und interessierte sich für die sozialen Zustände in Galizien (zu den Kontroversen zwischen Franzos und Kaindl vgl. Eberhart 2001); ethnographische und literarische Beschreibung dürften also nicht unerheblichen Einfluß auf das Projekt ausgeübt haben, das trotz seiner ethnozentrischen Perspektiven und gerade in den idealisierenden Bildern der »Volkstypen« und bunten Trachten, der Märkte und Hochzeiten ein gleichberechtigtes Neben- und Miteinander der Völker im großen Kontext des Vielvölkerstaates beschwor.

Im wilhelminischen Deutschland forcierte dagegen die *politische* Konstruktion des monoethnischen Prinzips von Nation und Staat eine *wissenschaftliche* Konstruktion der ethnozentrischen Perspektive auf das Volk. Die ältere völkerpsychologische Forschung um Steinthal und Lazarus, die in sozialwissenschaftlicher Orientierung das wechselseitige Verhältnis des Einzelnen zur Gesellschaft und deren Bestimmung durch das Selbstverständnis ihrer Mitglieder als Untersuchungsfeld erschlossen und sich entschieden gegen die Auffassungen einer mystisch substantiellen ›Volksseele‹ gewandt hatte (Steinthal: An den Leser, in: Zeitschrift des Vereins für Volkskunde 1, 1891), wurde abgelöst (s. Kap. 3.2). Symptomatisch für die Strategien ethnozentrischer Abgrenzung, für die Ausblendung einer sich formierenden, methodisch-theoretisch innovativen jüdischen Volkskunde (vgl. Daxelmüller 1987) waren Person und Werk des Marburger Bibliothekars und Volksliedsammlers Otto Böckel (1859-1923).

Nach dem Studium der neueren Sprachen und 1882 mit einer romanistischen Arbeit promoviert, veröffentlichte er 1885 seine *Deutschen Volkslieder aus Oberhessen*. Hugo Hepding, der Gießener Altphilologe und Volkskundler, hat in seinem Nachruf auf Böckel die Gelehrsamkeit und Belesenheit gerühmt, die zunächst noch ein Streben nach umfassender, ja kulturvergleichender Methodologie belegte. Doch als Böckel 1886 das von Wilhelm Crecelius bearbeitete *Handbüchlein für Freunde des deutschen Volksliedes* August F.C. Vilmars für die dritte Auflage vorbereitete, richtete er im Vorwort bereits einen Mahnruf an die Leser, auch in Deutschland, dem »Vaterland der Folkloristik«, die volkskundliche Sammlung und Forschung wieder neu zu beleben. Er widmete es »dem deutschen Bauernstand, dessen Gefährdung durch die moderne Zivilisation er in den schwärzesten Farben sah« (Hepding, in: Hessische Blätter für Volkskunde 1923).

In der agrarromantischen Hinwendung zum Landleben wurden die Perspektiven gebündelt, der Blick eingeengt von der vergleichend-ethnographischen Perspektive auf den nationalen Kontext und die Bauernkultur. In den Klagen über die Gefährdung des Bauernstandes, über den »Zug vom Lande« nahm Böckel auf, was dann in der **Heimatschutzbewegung** zum Programm werden sollte und auch die frühen volkskundlichen Arbeitsfelder prägte. Das Volkslied war ihm Ausdruck und Inbegriff der Volkssitte, und er verstand es als Heilmittel gegen den Verfall der Volkskultur, gegen das »neuzeitliche Wesen«, das er nun auch politisch zu bekämpfen begann.

Das Neuartige, die Mobilität und Rationalität der industriellen Moderne wurde mit dem Fremden gleichgesetzt und mit der jüdischen Kultur identifiziert: Schon 1885 hatte er Artikel in der *Antisemitischen Korrespondenz* veröffentlicht, und auf dem Antisemiten-Kongreß in Kassel 1886 gehörte er bereits zu den prominenten Vertretern des **politischen Antisemitismus**. Mit der Übernahme des Marburger Reformvereins trat er eine antisemitische Bauernbewegung in Oberhessen los – die »Böckelbewegung«, mit der er zwischen 1887 und 1894 die antisemitische Propaganda im Deutschen Reich maßgeblich prägte. In seinen zahlreichen Hetzschriften polemisierte er heftig gegen die jüdischen Händler als Verderber des ›deutschen Bauern‹;

eine Rede *Die Juden, die Könige unserer Zeit,* die er im Oktober 1886 in der öffentlichen Versammlung des Deutschen Antisemitenbundes in Berlin hielt, zeigt bereits deutlich den fanatischen und eifernden, gegen den Hofprediger Adolf Stoecker mit seiner gemäßigt antisemitischen Einstellung gerichteten Rassismus der politischen Agitation.

1887 wurde Böckel als einziger Abgeordneter der Antisemiten in den Reichstag gewählt. Er zog nach Berlin, wo er später in Michendorf in der Mark ansässig wurde. Seine politische Propaganda verbreitete er in dem von ihm gegründeten *Reichsherold*; nach 1894 wirtschaftlich am Rande des Ruins und auch im eigenen Lager politisch isoliert, zog er sich mehr und mehr in den »märkischen Waldwinkel« zurück. Er blieb zwar noch bis 1903 Mitglied des Reichstages, flüchtete sich aber in die wissenschaftliche Arbeit, schrieb über den deutschen Wald im deutschen Lied und trank »am Jungbrunnen des Volksliedes wieder Lebenskraft«. In dieser Zeit entstanden nun seine volkskundlichen Schriften. 1906 legte er die *Psychologie der Volksdichtung,* 1908 als völlige Neubearbeitung des Vilmarschen Liederbuches sein *Handbuch des deutschen Volksliedes* vor. Er beschränkte sich darin »entsprechend dem Titel dieses Buches [...] auf das deutsche Volkslied«, huldigte der ›deutschen Treue‹ und den ›reichen Schätzen an Gemüt, Schönheit und Wohlklang‹, die »das deutsche Volk in seinen Liedern birgt«. Deutsche Liedweise verstand er ganz im Sinne völkischer Ideologie als Gemeingut der keltisch-germanischen Stämme Nord- und Mitteleuropas.

Wenn auch Böckel im Prozeß der Institutionalisierung des Faches keine Rolle spielte und auch im methodisch-theoretischen Diskurs eher eine Randfigur blieb, standen seine von »Schwermut und Heimatsehnsucht« gekennzeichneten, »bei aller Wissenschaftlichkeit doch mehr nach Waldesluft als nach der Studierlampe riechenden« Werke (wie es Hepding im Nachruf 1923 leicht despektierlich formulierte) thematisch im Zentrum der Volkskunde, die eine enorme Materialfülle in ihren vor allem folkloristisch definierten Sammlungen anzuhäufen begann. Die Bilder waren austauschbar: aus Hessen und der Mark Brandenburg wurden sie gezeichnet, wuchsen zusammen zu jenem Kolossalgemälde der deutschen Volksseele, in dem das landschaftliche Element nur noch exemplarisch verwendet wurde und im großen Ideologem einer ethnisch definierten Volksgemeinschaft aufging.

## Literatur:

Andree, Richard: Ethnographische Parallelen und Vergleiche. Stuttgart 1878; neue Folge 1889.

Bastian, Adolf: Der Völkerglaube im Aufbau einer Wissenschaft vom Menschen. 1881.
Ders.: Ethnische Elementargedanken in der Lehre vom Menschen. 2 Bde. 1896. – Vgl. Fiedermutz-Laun, Annemarie: Der kulturhistorische Gedanke bei Adolf Bastian. Systematisierung und Darstellung der Theorie und Methode mit dem Versuch einer Bewertung des kulturhistorischen Gehaltes auf dieser Grundlage (Studien zur Kulturkunde 27). Wiesbaden 1970.
Benfey, Theodor: Geschichte der Sprachwissenschaft und orientalischen Philologie in Deutschland. 1869.
Ders.: Pantschatantra. Fünf Bücher indischer Fabeln, Märchen u. Erzählungen. 2 Bde. 1859.
Ders.: Kleinere Schriften zur Märchenforschung. 1894.
Biörnstad, Arne u.a.: Skansen under hundra år. Höganäs 1991.
Böckel, Otto: Handbuch des deutschen Volksliedes. Marburg 1908. – Zu Böckel vgl. Köhle-Hezinger, Christel/Adelhart Zippelius: »Da ist der Michel aufgewacht und hat sie auf den Schub gebracht«. Zu zwei Zeugnissen antisemitischer »Volkskunst«. In: Zeitschrift für Volkskunde, 84, 1988, S. 58-84. – Mack, Rüdiger: Otto Böckel und die antisemitische Bauernbewegung in Hessen 1887-1894. In: Neunhundert Jahre Geschichte der Juden in Hessen. Beiträge zum politischen, wirtschaftlichen und kulturellen Leben. Wiesbaden 1983, S. 377-410. – Peal, David: Anti-Semitism and Rural Transformation in Kurhessen: The Rise and Fall of the Böckel Movement. Diss. New York 1985. – Massing, Paul W.: Vorgeschichte des politischen Antisemitismus. Frankfurt a.M. 1959, Neuausg. 1986. – Pötzsch, Hansjörg: Antisemitismus in der Region. Antisemitische Erscheinungsformen in Sachsen, Hessen, Hessen-Nassau und Braunschweig 1870-1914. Wiesbaden 2000. – Schön, Eberhard: Die Entstehung des Nationalsozialismus in Hessen (Mannheimer Sozialwissenschaftliche Studien, 7). Meisenheim am Glan 1972.
Daxelmüller, Christoph: Die deutschsprachige Volkskunde und die Juden. Zur Geschichte und den Folgen einer kulturellen Ausklammerung. In: Zeitschrift für Volkskunde 83 (1987), S. 1-20.
Ders.: Vergessene Geschichte. Die »Gesellschaft für jüdische Volkskunde« in Hamburg. In: Lehmann, Albrecht/Andreas Kuntz (Hg.): Sichtweisen der Volkskunde (Lebensformen 3). Berlin-Hamburg 1988, S. 11-31.
Dünninger, Josef: Brauchtum. In: Deutsche Philologie im Aufriß, Bd. III. Berlin ³1967, Sp. 2583ff.
Eberhart, Helmut: »Die Volkskunde nährt durchaus keinen Gegensatz gegen andere Völker, sie ist vielmehr im besten Sinn kosmopolitisch. Zur Rezeption der Werke Raimund Friedrich Kaindls. In: Becker, Siegfried/Andreas C. Bimmer/Karl Braun/Jutta Buchner-Fuhs/Sabine Gieske/Christel Köhle-Hezinger (Hg.): Volkskundliche Tableaus. Eine Festschrift für Martin Scharfe. Münster u.a. 2001, S. 357-374.
Jung, Carl Gustav: Psychologische Typen. Zürich 1921, Nachdruck Solothurn 1995; Symbolik des Geistes. Zürich 1948, Nachdruck Freiburg 1972.
Ders./Karl Kerenyi: Einführung in das Wesen der Mythologie. Amsterdam 1941, Hildesheim ³1984. – Vgl. Burckhardt-Seebass, Christine (Hg.): Urbilder und Geschichte. C.G. Jungs Archetypenlehre und die Kulturwissenschaften. Basel/Frankfurt a.M. 1989 (Basler Hefte zur Europäischen Ethnologie 1).

Handwörterbuch des deutschen Aberglaubens. 10 Bde. Hg. von Eduard Hoffmann-Krayer/Hanns Bächthold-Stäubli. Berlin 1927-1942; unveränd. Neuauflage, mit einem Vorwort von Christoph Daxelmüller. Berlin 1986.

Hellpach, Willy: Einführung in die Völkerpsychologie. Stuttgart 1937, ³1954.

Hovorka, Oskar von, und Adolf Kronfeld: Vergleichende Volksmedizin. 2 Bde. Stuttgart 1908/09.

Huckenbeck, Herbert: Das Problem des »National«-Charakters. Preisschrift der Philosophischen Fakultät an der Universität Marburg, 1962 (nicht gedruckt).

Johler, Reinhard: Zur Geschichte des Monumentalwerkes »Die österreichisch-ungarische Monarchie in Wort und Bild«, dargestellt am Beispiel des 1898 erschienenen Bandes »Galizien«. In: Galizien. Ethnographische Erkundung bei den Bojken und Huzulen in den Karpaten. Kittsee 1998, S. 43-55.

Kiss, Csaba/Endre Kiss/Justin Stagl (Hg.): Nation und Nationalismus in wissenschaftlichen Standardwerken Österreich-Ungarns ca. 1867-1918 (Ethnologica Austriaca, 2). Wien/Köln/Weimar 1997.

Köhler, Oswin: Völkerwissenschaft und Völkerverständigung. Zur 100. Wiederkehr des Geburtstages von Richard Thurnwald. In: Sociologus 19 (1969), S. 97-100.

Köstlin, Konrad: Das ethnographische Paradigma und die Jahrhundertwenden. In: Ethnologia Europaea 24 (1994), S. 5-20.

Kronfeld, Ernst Moritz: Anton Kerner von Marilaun. Leben und Arbeit eines deutschen Naturforschers. Leipzig 1908. – Vgl. Mägdefrau, Karl: Geschichte der Botanik. 2. Aufl. Stuttgart u.a. 1992, S. 274f. – Tschofen, Bernhard: Alpenblumen. Notizen zu Kultur und Geschichte einer modernen Liebe. In: Bimmer, Andreas C. (Hg.): Grünzeug. Pflanzen im ethnographischen Blick. Marburg 1998 (Hessische Blätter für Volks- und Kulturforschung 34), S. 35-68. – Becker, Siegfried: Kornblumen. Zur politischen und kulturellen Symbolik in den Nationalitätenkonflikten Österreich-Ungarns. In: ebd., S. 69-114.

Lévi-Strauss, Claude: Der Strukturbegriff in der Ethnologie. In: Strukturale Anthropologie. Frankfurt a.M. 1967.

Lévy-Bruhl, Lucien: Les fonctions mentales dans les sociétés inférieures. Paris 1910 (dt.: Das Denken der Naturvölker. Wien 1921).

Ders.: La mentalité primitive. Paris 1922.

Lüthi, Max: Märchen (Sammlung Metzler, 16). Stuttgart ⁹1996, und die dort angegebene Literatur, vor allem: Aarne, Antti: Leitfaden der vergleichenden Märchenforschung (FFC 13). Helsinki 1913. – Krohn, Kaarle: Die folkloristische Arbeitsmethode. Oslo 1926. – Thompson, Stith: The Folktale. New York 1951. – ders.: Motif-Index of Folk-Literature. 6 Bde. Kopenhagen 1955-1958.

75 Jahre Museum für Volkskunde [in Berlin] 1889-1964. Berlin 1964.

Peuckert, Will Erich/Erich Fuchs: Die schlesischen Weber. Darmstadt 1971.

Pessler, Wilhelm: Volkstumsgeographie als Allgemeingut, eine Aufgabe des Niedersächsischen Volkstumsmuseums. Hannover 1938.

Ratzel, Friedrich: Sein und Werden der organischen Welt. Leipzig 1868; Anthropogeographie oder Grundzüge der Anwendung der Erdkunde auf die Geschichte. 2 Bde., Stuttgart 1882, 1891. – Vgl. Müller, Gerhard H.: Friedrich Ratzel – fondateur d'une ›biogéographie générale‹. In: Actes du 110e Congrès National des Sociétés Savantes 1, 1985, S. 65-72. – ders.: Das Konzept der ›Allgemeinen Biogeographie‹

von Friedrich Ratzel (1844-1904). Eine Übersicht. In: Geographische Zeitschrift 74 (1986), S. 3-14. – ders.: Friedrich Ratzel (1844-1904). In: Groß, Reiner, und Gerald Wiemers (Hg.): Sächsische Lebensbilder, 4. Stuttgart 2000. – Buttmann, Günther: Friedrich Ratzel. Leben und Werk eines deutschen Geographen 1844-1904. Stuttgart 1977.

Rupp-Eisenreich, Britta/Justin Stagl (Hg.): Kulturwissenschaft im Vielvölkerstaat. Zur Geschichte der Ethnologie und verwandter Gebiete in Österreich, ca. 1780-1918. Wien/Köln/Weimar 1995.

Schilling, Kurt: Geschichte der sozialen Ideen: Individuum, Gemeinschaft, Gesellschaft. Stuttgart 1966, S. 397ff. – vgl. Hofmann, Werner: Ideengeschichte der sozialen Bewegung (Sammlung Göschen. Bd. 1205/1205a). Berlin 1962, 6. erweit. Aufl. 1979.

Sievers, Kai Detlev: Artur Hazelius und Rudolf Virchow. Der Einfluß schwedischer Museumskonzeptionen auf Deutschland. In: Bohn, Robert/Michael Engelbrecht (Hg.): Weltgeltung und Regionalität. Nordeuropa um 1900. Frankfurt a.M. u.a. 1992, S. 163-176.

Stagl, Justin: The Kronprinzenwerk – Representing the Multi-National State. In: Balla, Bálint, und Anton Sterbling (Hg.): Ethnicity, Nation, Culture. Central and East European Perspectives (Beiträge zur Osteuropaforschung, 2). Hamburg 1998, S. 17-30.

Stocking, George W. Jr. (Hg.): Volksgeist as Method and Ethic. Essays on Boasian Ethnography and the German Anthropological Tradition (History of Anthropology 8). Wisconsin 1996.

Thurnwald, Richard: Aufbau und Sinn der Völkerwissenschaft. Berlin 1948.

Ders.: Die menschliche Gesellschaft in ihren ethno-soziologischen Grundlagen. 5 Bde. Berlin 1931-1934.

Tylor, Edward B.: Primitive Culture. London 1871 (dt. 1873).

Wiegelmann, Günter: Probleme einer kulturräumlichen Gliederung im volkskundlichen Bereich. In: Rheinische Vierteljahrsblätter 30 (1965), S. 95-117 (und die dort angegebene Literatur).

Wildhaber, Robert: Der derzeitige Stand der Freilichtmuseen in Europa u. in USA. In: Bayerisches Jahrbuch für Volkskunde 1959, S. 1-13.

Wörner, Martin: Vergnügen und Belehrung. Volkskultur auf den Weltausstellungen 1851-1900. Münster u.a. 1999.

Wundt, Wilhelm: Elemente der Völkerpsychologie. Grundlinien einer psycholog. Entwicklungsgeschichte der Menschheit. Leipzig 1912.

Zippelius, Adelhart: Freilichtmuseen in Deutschland. Bildatlas spezial. Hamburg 1982.

## 3.2 Kollektiv und Individuum. Die philologische Erhellung der Herkunftsfrage um die Jahrhundertwende

Organisatorisch begann sich nun die Volkskunde zu verselbständigen. Das zeigte sich zunächst in der Gründung eigener Vereine, wobei der Schlesier Karl Weinhold (1823-1901) mit dem ›Berliner Verein für Volkskunde‹ 1890 den Anfang machte. 1894 folgten die ›Schlesische Gesellschaft für Volkskunde‹, der ›Verein für bayerische Volkskunde und Mundartenforschung‹, 1896 die ›Schweizerische Gesellschaft für Volkskunde‹, 1897 der ›Verein für sächsische Volkskunde‹ und die ›Vereinigung für hessische Volkskunde‹, seit 1901 dann ›Hessische Vereinigung für Volkskunde‹, 1902 die ›Gesellschaft für niederdeutsche Volkskunde‹, 1904 der ›Badische Verein für Volkskunde‹ und der ›Verein für rheinische und westfälische Volkskunde‹. Im Jahre 1904 konstituierte sich aus diesen Vereinen, aus volkskundlichen Museen und einer Reihe von Einzelforschern der ›Verband der Vereine für Volkskunde‹. Die meisten dieser Vereine gaben **Zeitschriften** heraus, in denen sie ihre Arbeitsprogramme vorstellten:

*Zeitschrift für österreichische Volkskunde*, Wien 1895ff. (seit 1919: *Wiener Zeitschrift für Volkskunde*, seit 1947: *Österreichische Zeitschrift für Volkskunde*);
*Schweizerisches Archiv für Volkskunde*, Basel 1897ff.;
*Hessische Blätter für Volkskunde*, Gießen 1902ff. (seit 1975/76: *Hessische Blätter für Volks- und Kulturforschung*);
*Zeitschrift des Vereins für rheinische und westfälische Volkskunde*, Elberfeld 1904ff. (seit 1934: *Westdeutsche Zeitschrift für Volkskunde*, seit 1954: *Rheinisch-Westfälische Zeitschrift für Volkskunde*);
*Volkskunst und Volkskunde*, München 1903ff. (seit 1912: *Bayerischer Heimatschutz*; seit 1950: *Bayerisches Jahrbuch für Volkskunde*).

Weinhold konnte 1891 in Berlin unter dem Titel *Zeitschrift des Vereins für Volkskunde* ein zentrales Organ begründen, in das er die *Zeitschrift für Völkerpsychologie und Sprachwissenschaft* überleitete. In deren letztem Jahrgang hatte er seinen Beitrag zur Neubesinnung der Volkskunde veröffentlicht, die er als eine »nationale und historische Wissenschaft« verstanden wissen wollte, und der er im Gegensatz zu einer rein folkloristischen Inhaltsgebung eine umfassende Erforschung sämtlicher volklicher Lebensäußerungen als Aufgabe stellte. Weinhold war in seiner schlesischen Heimat, während seiner Lehrtätigkeit in Graz und dann in Berlin von seinen germanistischen Ausgangspunkten und als

Grimmschüler zu einer sehr komplexen Auffassung von Volkskunde gelangt, die sich in der reichen Themenfächerung der Zeitschrift niederschlug. Sie wurde auf Jahre hinaus ein Zentrum der Sammlung und Forschung, das durch Mitarbeiter wie Reinhold Köhler (1830-1892), Johannes Bolte (1858-1937), Wilhelm Schwartz (1821-1899), Adolf Hauffen (1863-1930), Paul Sartori (1857-1936), Robert Mielke (1863-1935), Richard Wossidlo (1859-1939) und viele andere einen führenden Platz auf dem Gebiet der volkskundlichen Stoffdarbietung und Theorienbildung erreichte.

Mit der Umbenennung der Zeitschrift und der Übernahme der Redaktion durch Weinhold war auch eine neue Konzeption verbunden. Im Mittelpunkt stand die **Aufsammlung großer Stoffmengen** und ihre Interpretation im Bereich der Mythologie und der Motivforschung. Spätestens jetzt hatte sich eine von der germanistischen Sprachwissenschaft her definierte und dominierte Fachauffassung in der jungen, sich gerade etablierenden Disziplin Volkskunde durchgesetzt, die deutlich auf das mythologische Wissenschaftsdenken der Brüder Grimm rekurrierte: Weinhold stellte die Suche nach der ältesten, urgermanischen Gestalt eines Stoffes als Erkenntnisziel der Volkskunde heraus und vertrat damit die Kontinuitätsprämisse der Volksüberlieferung, mit der er »die allgemein menschliche Formel aus der nationalen« zu gewinnen trachtete (Weinhold: Zur Einleitung, S. 1-10). Könenkamp (1991) hat auf die damit gescheiterten und vergessenen Konzepte in der Geschichte der Volkskunde hingewiesen: Dies waren folgenlose Versuche, Zugänge zu einem Gegenstand zu finden, der erst durch die germanistisch-philologische Vereinnahmung auf seine nationalen Komponenten festgelegt wurde und zur »Erfüllung des deutschen Einheitstraumes« beitragen sollte. Nicht der ethnographische Vergleich, die anthropologische Deutung der Vielfalt, die kulturgeographische Beschreibung konnten diesen Gegenstand für sich reklamieren; in der Disziplingenese setzte sich die germanistische Methodologie einer Beschränkung auf das Eigene durch. Somit muß die Einschätzung Warnekens (1999) relativiert werden, das Programm der Zeitschrift sei nicht auf ethnozentrische Beschränkung angelegt gewesen: Der nationale Tenor artikulierte sich ja nicht primär in einer Ausklammerung der jüdischen Volkskunde oder gar in antisemitischen Intentionen, sondern im Primat des Nationalen gegenüber dem landschaftlichen Element; es ging also in der Gründungsphase des Faches auch um die politischen Implikationen von Staatsgedanke und Landesbewußtsein (das nicht unbedingt partikularistisch angelegt sein mußte). Mit den Topoi des Nationalen aber wurden auch die mythologischen Prämissen der Romantik tradiert. Erst die Jahrhundertwende brachte einen entscheidenden Fortschritt in der Grundsatzdiskussion, befördert durch die Entwicklung der historischen Wissenschaften.

Karl Lamprecht (1856-1915) hatte im Gegensatz zu der herrschenden Individual- und Herrschaftsgeschichtsschreibung, deren bedeutendster Vertreter Leopold von Ranke war, eine **universalistische Geschichtsauffassung** konzipiert, ohne sich allerdings durchsetzen zu können. In seinem Bestreben, eine ideale Weltgeschichte auf einer vergleichenden Geschichte der Nationen aufzubauen, gelangte er zu einem Geschichtsverständnis der menschlichen Gemeinschaften als den eigentlichen Motoren der historischen Entwicklung, während er die Bildungs- und Führungsschicht nur als deren Sprachrohr identifizierte. (In diesem Zusammenhang ist sein Werk über *Deutsches Wirtschaftsleben im Mittelalter*, 4 Bde., 1885/86, von besonderer Bedeutung.) Als Evolutionist verband er damit die Vorstellung von aufeinander folgenden Kulturzeitaltern als stufenweise Entwicklung der Völkerschicksale. Die Kontroversen innerhalb der Geschichtswissenschaften, ob Historiographie im Rankeschen Sinne oder gesetzmäßige Entwicklungen der in der Historie wirkenden Ideen, nahm von hier ihren Ausgang.

Bedeutender für unser Fach in seinem kulturgeschichtlichen Charakter wäre jedoch der Kultur- und Wirtschaftshistoriker Eberhard Gothein (l853-1923) gewesen, Schüler von Wilhelm Dilthey (1833-1911), geistesgeschichtlich in der Nachfolge von Jacob Burckhardt (1818-1897). Entschieden setzte sich Gothein mit dem konservativen Historiker Dietrich Schäfer (1845-1929) auseinander, der die Teilung der Geschichtswissenschaft auf folgende Weise vornahm: der Kulturgeschichte »das Kehrichtfaß und die Rumpelkammer, uns (den wahren Historikern) die Haupt- und Staatsaktionen«. Gothein forderte dem gegenüber die Eigenständigkeit der Kulturgeschichte: »Auch im Staatsleben sieht sie nur einen Teil menschlicher Gesittung, [...] der in Beziehung zu allen andern, wie alle andern in Beziehung zu ihm zu betrachten ist.« Nur so sei die Bedeutung der einzelnen Völker nach dem Gewinn abzuschätzen, den sie für die Gesamtentwicklung der Menschheit in Religion, Wissenschaft, Kunst, Recht und Wirtschaft erarbeitet haben. – Wie gut hätte es der Volkskunde getan, Anschluß bei einer so verstandenen Kulturgeschichte zu suchen wie auch vor allem bei der Wirtschaftsgeschichte. Hier ist der bedeutende Statistiker und Nationalökonom August Meitzen (1822-1910) zu nennen mit seinen grundlegenden Werken über die Landwirtschaft.

Im Für und Wider der Meinungen gelangte ein Faktor in die wissenschaftliche Diskussion, der für die volkskundliche Theoriebildung von großer Bedeutung werden sollte: die Problematisierung der Rolle von **Kollektivindividualität und Einzelpersönlichkeit** in Geschichte und kulturellem Leben.

In Wien begründete **Sigmund Freud** (1856-1939) die Psychoanalyse und widmete auch den Reflexionen über Kultur besondere Aufmerksamkeit (vgl. Scharfe 2002). In Frankreich hatte der Schriftsteller Maurice Barrès (1862-1923) mit seiner ersten, von Fichte inspirierten und 1888 bis 1891 erschienenen Romantrilogie *Le culte du Moi* einen Ich-Kult angestoßen, der die literarischen Strömungen seiner Zeit nachhaltig beeinflußte. Barrès, der sich dann mit den romantischen Bildern der »déracinés« der Erde und den Toten zuwandte, entsprach mit diesem Frühwerk vielleicht am ehesten dem Aufruf Poes, ein Buch über »mein entblößtes Herz« zu schreiben. Er begründete damit neben Drumont und Daudet, den Theoretikern der ›Rasse‹ und der ›Nation‹, eine inegalitaristische und hereditaristische Tradition in der Psychoanalyse (vgl. Roudinesco 1986), die in Deutschland in den sozialpolitischen, elitär-antiintellektualistischen Utopien Alfred Schulers und Ludwig Klages' ihre Entsprechung fanden. Wenn auch Peter Gay in seiner großen Studie über das »nackte Herz«, über die seelische Befindlichkeit als Gegenstand bürgerlicher Selbsterfahrung im 19. Jahrhundert, diese zentralen Aufrisse des Ich-Kultes in den Romanen Barrès' nicht zur Kenntnis genommen hat, müssen sie hier erwähnt werden, denn die kollektive Obsession des Rückzuges ins Ich, die »Wallfahrt ins Innere des Menschen« bedurfte einer medialen Vermittlung, die sich in breitem belletristischen und wissenschaftlichen Feld nachvollziehen läßt. Eine Wahrnehmung des Binnenkörpers, die Wendung der Aufmerksamkeit auf das Innere, das Jean Starobinski fast als Synonym zum Körpergefühl versteht, hatte Freud mit der »Wendung des Triebes gegen die eigene Person« im Narzißmus und Masochismus angesprochen; Starobinski aber will nicht unbedingt eine Grenzlinie gezogen wissen zum ästhetischen Element der Könästhesie als Triebbefriedigung, die in der modernen Welt, in der die natürlichen Objekte durch die Technik beherrscht werden, als Kompensation auftauche für den Willen zum Fühlen – und Sich-Fühlen, als ein Gleichgewicht für das psychische Überleben. Auf der Suche nach dem Selbst spielte diese Entdeckung des eigenen Inneren, des physischen Leibes, eine große Rolle: der Rückzug ins Ich war wie die Entdeckung der Natur Ausdruck einer »Flucht aus der Geschichte«, jener Suche nach kulturellen Strategien der Dauer, die im fin de siècle eine Neuentdeckung von Tradition begründete und auch das Fach Volkskunde aus der Taufe hob.

Eingeleitet von Otto Flügel in seiner vergleichenden Studie zur kulturprägenden Beziehung des Ich zum Wir, die zuerst in der *Zeitschrift für Völkerpsychologie und Sprachwissenschaft* und 1885 in einer selbständigen Schrift erschienen war, konnte nun unter Berufung auf Herbart, Ratzel und Wundt das Ich als tätiges Prinzip hervorgehoben werden; moralische Bildung aber sei abhängig von dem Verhältnis des Ich zum Wir – das Verhältnis des Einzelnen zur Gesellschaft erst mache das »Sittliche« aus. Damit war auch für den Theoriediskurs im Vorfeld einer Etablierung der Volkskunde als Wissenschaft die Reflexion von Individuum und Kollektiv, von Einbindung versus Entscheidung, Genossenschaft versus Avantgarde, Liberalismus versus Kommunitarismus bereitgestellt.

Freilich zeigte sich, daß auch in der Thematisierung des Gemeinsinns die elitären Vorstellungen im Gewand des Nationalismus als hegemoniale und imperialistische Attitüde wiederzukehren vermochten. Es ist vielleicht bezeichnend für diese Vereinnahmung, daß schon Friedrich Steger, der 1878 die deutsche Ausgabe von Samuel Smiles' großer Studie *Der Charakter* besorgte, im Vorwort nachdrücklich auf die Bedeutung der Millionen Einzelmenschen, der »kleinsten und unbedeutendsten Bürger« für das Volk, für das »große Ganze« zu sprechen kam und »die größere geistige und moralische Kraft der Deutschen« gegenüber den romanischen Völkern herausstellte, die zwar Smiles selbst auch angesprochen hatte und die Anlaß für die deutschsprachige Ausgabe gewesen sein dürfte, die aber nun dazu diente, den deutschen Nationalcharakter zu beschwören. Es ist später vor allem Ernst Cassirer (1874-1945) gewesen, der in deutlicher Distanz zu den nationalistischen Gefühlen, zu diesem Pathos der Deutschen am Vorabend des Ersten Weltkrieges eine Kulturphilosophie zu entwerfen begann, die von der kosmopolitischen Lesart der deutschen Kultur in »Freiheit und Form« geprägt war und auf die universalistischen Ursprünge des jungen Fichte rekurrierte. Diese Distanz zum Nationalismus war für Cassirer Grundlage seiner kategorischen Trennung natur- und kulturwissenschaftlicher Theoriebildung; bezugnehmend auf metaphysische Theorien vom Ursprung der Sprache, der Religion, der Gesellschaft, auf den Versuch einer Erklärung durch das Wirken überpersonaler Kräfte, des ›Volksgeistes‹ oder der ›Kulturseele‹ betonte er nachdrücklich, eine kritische Kulturphilosophie könne sich darin nicht gefangengeben, den Weg hierzu eröffne sich ihr, wenn sie sich klarmache, daß ›Ich‹ und ›Du‹ nicht fertige Gegebenheiten seien, die durch die Wirkung, die sie aufeinander ausübten, die Formen der Kultur erschafften. Es zeige sich vielmehr, daß in diesen Formen und kraft ihrer die beiden Sphären, die Welt des ›Ich‹, wie die des ›Du‹, sich erst konstituierten.

In der Volkskunde der Jahrhundertwende fand, wiederum ausgehend vom Volkslied, der Diskurs um die Bedeutung von Individual- und

Kollektivdichtung statt. Auf dem Gebiet seiner Erforschung hatten ja bis weit in die zweite Hälfte des 19. Jahrhunderts die Gedankengänge der Romantik nachgewirkt, für die eine anonyme ›Volksseele‹ als Urheberin der Volkspoesie galt. Durch die großen landschaftlichen Liedersammlungen eines Hoffmann von Fallersleben (1798-1874) und Ernst Richter (1808-1879), eines Ludwig Erk (1807-1883) und Franz Magnus Böhme (1827-1898) wurde das Untersuchungsmaterial außerordentlich erweitert und damit die Definition dessen, was nun ein ›echtes‹ Volkslied sei, außerordentlich erschwert. Immer wieder tauchten im Volksgesang Dichtungen bekannter Verfasser auf, die nicht in das Konzept von der schöpferischen Volksseele passen wollten, und so half man sich lange mit der Trennung von **Volkslied und volkstümlichem Lied** nach dem Vorbild Friedrich Karl von Erlachs (1769-1852). Auch Ludwig Uhland (1787-1862) verharrte mit seiner historischen Volksliedsammlung noch weitgehend in romantischen Volksliedbestimmungen, wenn er der Erkenntnis bestimmter Beziehungen zur Individualdichtung auch nicht gänzlich auswich. Wenig Beachtung fand die Bestimmung des Volksliedes, die Ernst Meier (1813-1866) schon 1855 vorgelegt hatte, und in der er auf die Abkunft eines jeden Liedes von »einer einzelnen poetisch begabten Person« hinwies.

Es verging fast ein halbes Jahrhundert, bis die Frage nach der Herkunft der gesungenen Volksüberlieferung nun von philologischer Seite her ernsthafte Erörterung fand. Der Bremer Bürgermeistersohn John Meier (1864-1953), Schüler von Eduard Sievers (1850-1932) und Hermann Paul (1846-1921), geriet durch einen Zufallsfund an die Volksliedforschung: Bei berufssprachlichen Untersuchungen entdeckte er in der Ratsschulbibliothek zu Zwickau zwei Ausgaben der *Bergreihen* von 1531 und 1533, durch die er dem Phänomen der Volksliedveränderung auf die Spur kam. Er beobachtete die enge Abhängigkeit von Individualdichtung und Kollektivdichtung und trug 1897 auf dem Philologentag in Dresden zum ersten Mal seine Thesen vor, die zur sogenannten **Rezeptionstheorie** führten, wobei jedoch John Meier stets den schöpferischen Anteil des Volkes beim Umgestaltungsprozeß vom Individuallied zum Gemeinschaftslied betonte. Mit philologischer Akribie erbrachte er den Beweis seiner Theorie durch die systematische Ermittlung der Herkunft von 336 bekannten Volksliedern aus der Individualdichtung vergangener Zeiten. Diese wissenschaftliche Leistung ist um so bewunderungswürdiger, als er sie mit der psychologischen Erkenntnis verband, daß »das Volk nichts von individuellen Anrechten weiß oder empfindet« und bei dem Umsingungsprozeß dieser Kunstpoesie gegenüber »eine unbedingt autoritäre und herrschende Stellung einnimmt« (Meier 1906). Durch die Identifikation einer großen Reihe von Volksliedern als ihrer Herkunft nach modischen Kunstliedern hatte John Meier nun endgültig den romantischen Schleier von der Geburtsstätte der Volkspoesie weggezogen. Seine erregenden Entdeckungen eröffneten eine lebhafte Methoden- und Grundsatzdiskussion.

Seit 1899 hatte er den germanistischen Lehrstuhl in Basel inne, wo ihm der Basler Kaufmannssohn Eduard Hoffmann-Krayer (1864-1936) begegnete, seinerseits Schüler von Otto Behaghel (1854-1936) und Promovent mit einer Arbeit über den Vokalismus der Basler Mundart. Als Redaktor am *Wörterbuch der schweizerdeutschen Sprache (Schweizerisches Idiotikon)* und späterer Professor für Phonetik, Schweizer Mundarten und Volkskunde standen bei ihm von Anfang an sprachliche Probleme im Vordergrund, die er mit philologischer Nüchternheit und Akribie bewältigte. Ihm verdankt die Wissenschaft eine außerordentliche Belebung der regionalen Wörterbucharbeit in volkskundlicher Richtung, im Sinne von »Wörter und Sachen«, die dann der Grazer Indogermanist Rudolf Meringer (1859-1931) entschieden in die Sprachforschung einbrachte. Meringer suchte die Erklärung für Laut- und Wortveränderungen in den Veränderungen der Gegenstände, die sie benannten. 1909 erschien der l. Band einer Zeitschrift *Wörter und Sachen* mit dem Untertitel »Kulturhistorische Zeitschrift für Sprach- und Sachforschung«. Ihr Thema war der Weg von den Wörtern zu den Sachen, und zu den Autoren zählten die Kunsthistoriker Josef Strzygowski (1862-1938), der Slawist Janko und der Volkskundler R. Bünker. Die Arbeiten dieser Richtung fanden zunächst breite Rezeption und Wirkung, z.B. auch auf den Deutschen Sprachatlas in Marburg (gegründet 1879).

Damit war ein methodischer Ansatz der Sprachwissenschaft entwickelt, der ganz bewußt die Realien einbezog und damit die Sprache in einen kulturhistorischen Zusammenhang stellte; »mit vielen anderen sind wir überzeugt«, schrieb er in einem programmatischen Vorwort zum ersten Band der Zeitschrift, »daß Sprachwissenschaft nur Teil der Kulturwissenschaft ist, daß die Sprachgeschichte zur Worterklärung der Sachgeschichte bedarf, so wie die Sachgeschichte wenigstens für die ältesten Zeiten, der Sprachgeschichte nicht entraten kann. Wir glauben, daß in der Vereinigung von Sprachwissenschaft und Sachwissenschaft die Zukunft der Kulturgeschichte liegt.« In der Sprachwissenschaft, bald zugunsten des linguistischen Zeichenmodells Ferdinand de Saussures und seiner Weiterentwicklung in der Semasiologie und Onomasiologie aufgegeben, sind in den letzten Jahren wieder neue Zugänge zu diesem Konzept gesucht und Perspektiven aufgezeigt worden, und vor allem Ruth Schmidt-Wiegand hat in mehreren Beiträgen die Relevanz der komplementären Wort- und Sachforschung insbesondere für Rechtssprachgeschichte und -geographie betont.

Auf Hoffmann-Krayers Anregung hin eröffnete das Basler Museum für Völkerkunde eine europäische Abteilung mit eigener Gerätesammlung (seit 1953 ›Schweizerisches Museum für Volkskunde‹); er gab den Anstoß zur Begründung einer eigenen internationalen volkskundlichen Bibliographie. Zunächst von Robert Wildhaber (1902-1982) in Basel aufgebaut, wird sie heute in Tartu (Estland) redaktionell betreut.

Mit seiner offenen Geisteshaltung begegnete Hoffmann-Krayer auch der Methodenproblematik des Faches. Seine Antrittsvorlesung in Basel hielt er unter dem Riehl-Titel »Die Volkskunde als Wissenschaft« (1902) und versuchte eine neue Definition des Forschungsgegenstands ›Volk‹ im Gegensatz zu den alten ›Volksgeist‹-Theorien. Mutig suchte er Antworten auf Fragen, die seit den ersten Entdeckungen John Meiers auf dem Gebiet des Volksliedes die Gemüter bewegten: Wie verhalten sich Individuum und Gemeinschaft beim Prozeß der Volksüberlieferung? Beschäftigt sich die Volkskunde in erster Linie mit den Gegenständen, den Überlieferungsgütern? Oder nicht vielmehr mit dem Volk, das diese Güter benutzt und tradiert? Was aber ist ›das Volk‹? – Die Volkskunde, meinte er, habe sich nicht mit dem Gesamtkomplex, sondern nur mit einer bestimmten Schicht zu befassen, mit dem »vulgus in populo« und den ihm zugehörigen »primitiven Anschauungen und Überlieferungen«. Er versuchte eine interdisziplinäre Abgrenzung des Faches unter Einbeziehung historischer und ethnopsychologischer Denkkategorien und forderte, ganz im Sinne John Meiers, endlich die geschichtlichen Relevanzen für die einzelnen Volksüberlieferungen ins rechte Licht zu rücken. Das betrachtete er als eine der vernehmlichsten volkskundlichen Forschungsaufgaben und wandte sich scharf gegen die Annahme eines sogenannten waltenden ›Naturgesetzes‹ als Begründung für das Phänomen kultureller Gleichartigkeit bei verschiedenen Völkern oder Stämmen. Das Volk, so führte er aus, richte sich in seinen Lebensäußerungen stets nach den äußeren Umständen, in die es hineingestellt sei. Auftretende Kollektivanschauungen beruhten auf der Anpassung schwächerer Individualitäten an stärkere und fänden also ihre Erklärung in der Tatsache eines Assimilationsprozesses von Individuum an Individuum. Der ›vulgus‹ befände sich demnach in einer »generell-stagnierenden« geistig-seelischen Verfassung, die Oberschicht dagegen in einer »individuell-zivilisatorischen«, und die Volkskunde beschäftigte sich mit der »primitiven Unterschicht« der Kulturvölker, die eine gewisse Dynamik nur durch die Agenden der Individualkräfte erhalte, an die sie sich assimiliere.

Diese nüchternen, präzisen und mit einer gewissen Kühle vorgetragenen Theorien konnten nicht unwidersprochen bleiben, und es entspann sich nun eine der interessantesten wissenschaftlichen Kontroversen in der Geschichte der Volkskunde. Ähnlich wie in Basel Hoffmann-Krayer, hatte in Gießen der Darmstädter Pfarrerssohn Adolf Strack (1860-1906), Professor für klassische und germanische Philologie und Volkskunde, die Anregungen des von Basel nach Gießen berufenen Germanisten Otto Behaghel aufgegriffen und die Volkskunde in Hessen organisiert. Mit der Begründung der *Hessischen Blätter für Volkskunde* schuf er eine wissenschaftliche Zeitschrift von gleichem überregionalem, bis in die Gegenwart andauerndem hohen Rang wie Hoffmann-Krayers *Schweizerisches Archiv für Volkskunde*.

Gleich im ersten Band seiner neuen Zeitschrift veröffentlichte Strack eine ausführliche Rezension der Hoffmann-Krayerschen Antrittsvorlesung, nachdem er vorher im selben Heft, wissenschaftlichem Brauch folgend, sein Programm vorgestellt hatte. Er wandte sich vor allem gegen die tatsächlich unglückliche Formulierung vom »vulgus in populo« als einer sozialen **Zweischichtentheorie**; die Volkskunde habe sich aber nicht nur mit einer Schicht im Volke, sondern vielmehr mit dem ganzen Volk zu befassen, mit dem Ungebildeten sowohl wie mit dem Gebildeten, wenn auch nur mit dem kollektivgebundenen Teil seines Wesens. Mit einer Fülle konkreter empirischer Beobachtungen führte er die abstrakte Hoffmann-Krayersche Zweischichten-Theorie ad absurdum, ohne jedoch dem scharfsinnigen Schweizer im Hinblick auf die Rolle der Individualkräfte überzeugenden Widerpart bieten zu können. Volksleben blieb für ihn reines Naturleben ohne Individualität, unbewußt und naiv, »im Gegensatz zu dem späteren bewußten Denken und Produzieren der immer entschiedener hervortretenden Individualitäten«. Unklar vermischten sich ihm die romantischen Vorstellungen eines Jacob Grimm über das unverbildet Einfache als Ausdruck des göttlichen Atmens einer anonymen Volksseele mit den Forderungen einer um Verhaltensgesetze ringenden Naturwissenschaft.

Schon im nächsten Band der *Hessischen Blätter* antwortete Hoffmann-Krayer und zerpflückte die Stracksche Rezension. Er erläuterte noch einmal seine These von der führenden **Rolle des Individuums in der Volksüberlieferung** und widersprach entschieden der Ansicht, daß die Erscheinungen des Volkslebens »einem Naturgesetz folgend«, wie Früchte an einem Baum aus der »Volksseele« hervorgegangen seien. Aus individueller Wurzel entstanden, habe sie vielmehr die große Masse aufgenommen, und seine Polemik gipfelt dann in dem sloganartigen Ausspruch: »Die Volksseele produziert nicht, sie reproduziert.«

Mit einer solch einseitig übersteigerten Kennzeichnung des Überlieferungsvorganges hatte Hoffmann-Krayer nun allerdings seine eigenen differenzierten Ansätze zu einer sozio-psychologischen Analyse des Volkslebens ein wenig marktschreierisch degradiert. Daß Strack empfindlich reagierte und noch im gleichen Jahrgang seiner Zeitschrift den Zerstörer des schönen Bildes von der schöpferischen Volksseele in seine Schranken zu weisen versuchte, spricht für den Mut des engagierten Forschers. Er bestand auf einer »naturgesetzlichen« Art der Entstehung von Gemeinschaftserzeugnissen, wobei eben oft keinerlei Initiative Einzelner zu erkennen sei. Die überspitzte Ausdrucksweise des Basler Gelehrten trieb den Gießener Kollegen zu einer Art von Ehrenrettung für sein Fach. »Die Volkskunde«, erklärte, »hat zu ihrem Gegenstand nicht das vulgus – dieses Wort, dem der Bildungshochmut seinen Stempel aufgedrückt hat, sollte m.E. schon aus Pietät von dem *Volks*forscher nicht angewandt werden, – sondern das *Volk*, ... insofern es uns als natürlich gewordene Gemeinschaft geistig schaffend und Lebensformen erzeugend entgegentritt.« Diesen unverbindlichen Ausführungen folgte dann eine neuerliche Reduzierung des Volksbegriffes auf das Bauerntum: »In seiner reinsten Ausprägung tritt uns dieses Volkstum heute noch bei dem Bauernstand entgegen. Daher die große Bedeutung, die gerade ihm in der Volkskunde zukommt [...]. Er ist der Repräsentant des Volkes im obigen Sinne.« Damit vollzog Strack einen bedauerlichen Rückschritt gegenüber seiner früher geäußerten, viel weiträumigeren Umgrenzung des wissenschaftlichen Gegenstandes. Wieder einmal war er – wie vor ihm Justus Möser und Wilhelm Heinrich Riehl – bei der Volkskunde als ›Bauernkunde‹ angelangt.

Die Grundsatzerörterungen des Gießener Germanisten Albrecht Dieterich (1855-1908), die dieser auf der ersten Generalversammlung der ›Hessischen Vereinigung für Volkskunde‹ 1902 in Frankfurt vorgetragen hatte, brachten kaum neue Einsichten, aber eine gewisse beruhigende Vermittlung. Als Schwiegersohn des Altphilologen und Religionshistorikers Hermann Usener (1834-1905) dürfte auf ihn auch die Vermittlung eines Beitrages Useners über »Vergleichende Sitten- und Rechtsgeschichte« in den ersten Band der *Hessischen Blätter* zurückgehen. Die »Andacht zum Unbedeutenden«, die von Schlegel in einer scharfen Kritik an den »Ammenmärchen« der Brüder Grimm als Spott gedacht und von dem Kunstgelehrten Boisserée in einem Brief an Goethe kolportiert worden war, wurde schon bald als Ehrenname aufgefaßt; Usener nahm sie am Ende des Jahrhunderts mit der »Vertiefung ins Detail« wieder auf. Sie bedurfte freilich einer methodischen Absicherung durch **vergleichende Forschung**: die Andacht zum Unbedeutenden wurde durch den Zugriff des Vergleichs aufgewogen, das Detail in den Kontext eingeordnet und dem Blick aufs Nahe ein weiter Horizont erschlossen. Die Vertiefung ins Detail als Instrumentarium setzte die komparatistische Übersicht voraus, Nähe und Ferne, Heimat und Weltläufigkeit galt es zu vereinbaren, und diese Perspektive des ethnographischen und folkloristischen Vergleichs war auf eine Öffnung des Blickes und nicht auf nationale Abgrenzung gerichtet.

Dieterich wies in seinem programmatischen Artikel »Über Wesen und Ziele der Volkskunde« auf die breiten Kontaktzonen zwischen den verschiedenen Nachbardisziplinen wie Germanistik, Geschichte und Volkskunde hin und versuchte, den fragwürdigen Begriff des »vulgus in populo« durch den des ›Volkstümlichen‹ zu ersetzen, den er hauptsächlich psychologisch verstanden wissen wollte. ›Volk‹ definierte er als die Schicht der Ungebildeten, »welche nicht durch eine bestimmte Bildung geistig geformt und umgeformt wird«; dort ruhe die »Mutter Erde«, der Mutterboden der Kultur. Mit dieser Fiktion einer subkulturellen Primitivgruppe unterhalb der Bildungsschicht war nun allerdings jede Möglichkeit einer realen Einschätzung sozialer Gruppenbildungen und ihres vielfach historisch überschichteten Kulturbesitzes verloren. Die Erforschung vom Denken und Glauben, von der Sitte und Sage des Menschen ohne Kultur und unter der Kultur sah Dieterich als eine Aufgabe der Philologie, und der Gedanke an eine eigene volkskundliche Wissenschaft war ihm fremd. »Vor Leuten, die nur Volkskunde betreiben, mag uns der Himmel bewahren.«

Damit versickerten die vielversprechenden, von John Meier und Hoffmann-Krayer angeschlagenen Quellen. Nach Adolf Stracks frühem Tod hatte 1907 Eugen Mogk (1854-1939), der Leipziger Germanist, die Leitung des ›Verbandes der Vereine für Volkskunde‹ übernommen und in einem programmatischen Aufsatz die **Volkskunde als eigenständige Wissenschaft** zu rechtfertigen versucht. Die Volkskunde befaßte sich nach Mogk mit allen jenen Erscheinungen, in denen sich eine assoziative Denkweise im Gegensatz zur logischen äußert –, also mit allen Gebilden, die »durch psychische Assoziation entstanden und durch diese fortgepflanzt bzw. verändert worden sind«. Seine Absicht, die Gegenstände der Volkskunde damit von denjenigen der Literaturwissenschaft, Kunstgeschichte usw. abzutrennen, konnte er mit dem unzulänglichen Kriterium des assoziativen Denkens nicht erfüllen. Seine Postulate bedeuteten nichts anderes als eine Rückkehr zur Primitivenforschung des 19. Jahrhunderts, ohne daß die dynamische Bewegung volklicher Gruppen im Wechselspiel epochaler Stile, sozialer Ideen und Leitbilder in Betracht gezogen oder überhaupt nur gesehen wurde. Vergessen schienen die klugen und auch in ihren Überspitzungen noch fruchtbaren Denkansätze Hoffmann-Krayers, bis dieser sie nach einem Vierteljahrhundert selbst wieder ans Licht hob (s. Kap. 4.1).

Dagegen wurde die volkskundliche Sammelarbeit in dieser Epoche neu organisiert und intensiviert, auf dem Gebiet des Volkslieds besonders durch John Meier. 1911 übernahm er den Vorsitz des Verbandes, dem er durch eine Reihe großer wissenschaftlicher Aufgaben bleibende Bedeutung verlieh (Internationale Volkskundliche Bibliographie, Sammlung der Segens- und Beschwörungsformeln, Handwörterbuch des Aberglaubens, Zusammenarbeit mit dem Folkloristischen Forscherbund FFC in Helsinki, Sammlung deutscher Flurnamen u.a.m). Vor allem aber hob er die deutsche Volksliedforschung auf ein Niveau, das im internationalen Rahmen wohl nur von den Ungarn durch Béla Bartok (1881-1945) und Zoltán Kodály (1882-1967) überholt worden ist.

Belebt wurde diese Wissenschaftsrichtung durch die Aktivität der Wandervogel- und Jugendbewegung, die die **Volksliedpflege** groß auf ihre Fahne geschrieben hatte. 1908 erschien die erste Auflage des von Hans Breuer (1883-1918) herausgegebenen *Zupfgeigenhansl*, einem Liederbuch, das wie vor ihm das *Wunderhorn* und das *Kommersbuch* dem Volkslied von neuem Geltung und Ansehen bis in die Schichten der Gebildeten vermittelte. Auf solchem Boden konnte auch die Volksliedsammlung ganz anders gedeihen. 1914 begründete John Meier das ›Deutsche Volksliedarchiv‹ in Freiburg i. Br., indem er den Auftrag des Verbandes nach intensiver Arbeit einer Volksliedkommission selbst in die Hand nahm und erfüllte. Durch wohlorganisierte Terrainforschung, Enquêten mit Hilfe der neugegründeten volkskundlichen Landesstellen, Archiv- und Literaturexzerpierung, Aufnahme handschriftlicher Liederbücher und -hefte und einer großen Flugblattsammlung gelang es ihm, mehr als 200000 Texte, zum großen Teil mit Melodien, zu bergen. Vielfältige Katalogsysteme ordnen das Material, von dem die Balladen seit 1935 in fortlaufenden Kommentarbänden publiziert werden.

Damit war die Arbeit der Volkskunde als Wissenschaft wieder einmal auf die zweifellos notwendige **Sammlung des Faktenmaterials** und die ordnende Durchdringung dieser Stoffülle zurückgefallen. Die Frage nach der Aussagekraft der Stoffe, ihrer Funktion im sozialen Bereich, den Mechanismen ihrer Tradierung schien so gut wie vergessen.

Die Beziehung zwischen dem Gegenstand und seinen Trägern trat so gut wie überhaupt nicht in das wissenschaftliche Bewußtsein – die sozialen Kämpfe des 19. Jahrhunderts, Arbeit und Leiden der untersten Schichten blieben den Volkskundlern dieser Zeit weitgehend fremd. Weiterhin befaßte man sich vor allem mit dem ländlichen Leben, und es war schon viel, wenn in einem so weit verbreiteten Brauchband wie dem von Reinsberg-Düringsfeld (1898) auch Stadtfeste erwähnt und beschrieben wurden. Die städtischen Unterschichten, die Arbeiter oder gar die Dienstboten, blieben unbeachtet, obgleich andere Fachgebiete wie z.b. die Volkswirtschaft hier die zweckdienlichsten Vorarbeiten leisteten (z.b. Stillich). Aber bei dem vorherrschenden Selbstverständnis des Faches als ›Bauernvolkskunde‹ scheint das Desinteresse am städtischen Leben noch verständlicher als die völlige Nichtbeachtung der Realitäten des ländlichen Lebens. Die sozialen Wandlungsprozesse seit den Reformen zu Beginn des 19. Jahrhunderts wurden bestenfalls in dem Sinne notiert, daß in den letzten hundert Jahren »der gegenwärtige freie Bauernstand nicht nur in seiner bäuerlichen Wirtschaft, sondern auch in seinen bäuerlichen Sitten und Bräuchen« zur Blüte gelangt sei (E.H. Meyer 1900, S. 8). Die Volkskundler bemerkten nur eine Richtung sozialer Bewegungen: hin zum Urbild gesunden Bauerntums, heiler Dorfwelt, wie sie Wilhelm Heinrich Riehl und Ludwig Richter priesen. Es wiederholte sich also in der Agrarromantik dieser Epoche eine ideologische Tendenz der Romantik des frühen 19. Jahrhunderts: die Flucht aus den sozialen Bewegungen und Unruhen der Gegenwart in eine vorgeblich heile Vergangenheit, bzw. auf die Bühne eines heiteren Bauerntheaters, in dem sich ein treues Bauernvolk vor freundlicher Dorfkulisse in ›echten‹ Trachten darstellte.

Dabei hätte ein Blick über die Fachgrenzen genügt, um die Augen für die tatsächlichen Verhältnisse zu öffnen, um die andauernde Landflucht und ihre Gründe zu erkennen, um die Diffusion der Landbevölkerung in zahlreiche Schichten und die Zunahme der verelendeten besitzlosen Landarbeitergruppe, besonders in Ostelbien, und ihre Fluktuation zu bemerken. Der Soziologe Max Weber (1864-1920) hatte in einer großartigen Erhebung mit dem Verein für Sozialpolitik die Verhältnisse der Landarbeiter erfaßt und die Ergebnisse seit 1892 veröffentlicht. Die Volkskunde nahm weder Notiz von diesen Daten noch von Informationen durch andere sozialhistorische und volkswirtschaftliche Literatur.

Vielmehr formte und formulierte sie ein idealisiertes Bild der Volkskultur, wie es besonders deutlich wird in den *Beiträgen zur deutschen Volkskunde* des Pfarrers Ludwig Friedrich Werner Boette (1862-1932). Boette begann mit dem Schreiben seiner Bücher »aus einer vergessenen Ecke«, als er Abschied vom Pfarramt genommen hatte. Die Flucht aus der für ihn beklemmenden Enge der »kleinen Welt« seiner Pfarrdörfer kann als Befreiungsversuch gedeutet werden, doch scheinen die Gründe tiefer zu liegen: Der Abschied ist auch Konsequenz aus wachsenden Zweifeln gewesen; er entzog sich dem Widerspruch, der sich ihm zwischen theologischem Verkündigungsauftrag und gesellschaftlicher Realität auftat. In seinen pastoraltheologischen Schriften hatte er als aufmerksamer Beobachter die Gleichgültigkeit und Bequemlichkeit seiner Bauern gegenüber dem Abendmahl angeprangert, in seinen volkskundlichen Schriften lobte er bäuerliche Gläubigkeit und bäuerliche Kultur – **zweierlei Wahrnehmung** also, mit der Boette beispielhaft die Spaltung des Bewußtseins als Problem der bürgerlichen Kultur der Jahrhundertwende zeigt: dem gewollten Fortschritt der großen Welt in der Hochphase der Industrialisierung die kleine Welt bäuerlicher Tradition und dörflicher Gemeinschaft »als Spiegelbild vorzuhalten«.

Die Frontispize der Bücher wurden auf seinen besonderen Wunsch hin von Otto Ubbelohde (1867-1922) gezeichnet, dem Illustrator der Marburger Ausgabe der KHM und gefeierten Künstler der Heimatschutzbewegung. Ubbelohde, der landschaftliche Stimmungsbilder mit sicherem Gespür und gestalterischem Geschick künstlerisch umzusetzen wußte, hatte es schon in den Märchenillustrationen verstanden, jenen Freiraum für die Phantasie auch in den Bildern zu erhalten, der für das gesprochene Wort des Märchens und der Sage so bedeutsam ist. Er trug maßgeblich bei zu einer Konstruktion des Heimatbildes im wilhelminischen Deutschland, das mit der historistischen Inszenierung des Mittelalters im Märchenhaft-Romantischen seine Entsprechung erfuhr und in Ubbelohdes Werk zu höchster Vollendung fand, als die Abbildung der Realität durch die Perfektionierung der Photographie gerade möglich geworden war. Als dann die deutschen Soldaten 1914 ins Feld rückten, haben beide, der Pfarrer Boette wie der Künstler Ubbelohde, den Schutz der Heimat pathetisch überhöht, der eine in Kriegsandachten – »O Herr, tu uns beraten und zeig uns deine Huld!/ Wir sind in Kampf geraten und haben keine Schuld./ Es kommt daher der Feinde Rott, sie treiben mit uns ihren Spott./ O Herr im Himmel droben, hilf deinem treuen Volk!« –, der andere in mythologischen Darstellungen des germanischen Kriegsgottes auf seinem Schlachtroß. Die Heimat, die es zu schützen galt, war zuvor schon festgeschrieben worden in der »Welt für sich«, über die Boette wider besseres Wissen so gern berichtete, jene Grundzüge der lebendigen Volksseele beschreibend, die »auf den deutschen Bauern im Norden wie im Süden des Vaterlandes« gleichermaßen paßten. Es waren Inszenierungen eines »Volkstums« als statischer Kultur, Konstruktionen des Nationalen, die in der Dichte ihrer Beschreibung doch nur ein Ideal, die Projektionen von Heimat zeigten.

## Literatur:

Assmann, Aleida: Zeit und Tradition. Kulturelle Strategien der Dauer (Beiträge zur Geschichtskultur, 15). Köln/Weimar/Wien 1999.

Bagus, Anita: Volkskultur in der bildungsbürgerlichen Welt. Ein Beitrag zum Institutionalisierungsprozeß wissenschaftlicher Volkskunde im wilhelminischen Kaiserreich am Beispiel der Hessischen Vereinigung für Volkskunde. Diss. Marburg 2001.

Bausinger, Hermann: Eduard Hoffmann-Krayer. Leistung und Wirkung. In: Zeitschrift für deutsche Philologie 85 (1966), S. 431-447.

Bergmann, Klaus: Agrarromantik und Großstadtfeindlichkeit. Meisenheim am Glan 1970.

Beitl, Klaus, und Wolfgang Brückner (Hg.): Volkskunde als akademische Disziplin. Studien zur Institutionenausbildung. Wien 1983.

Boette, Ludwig Friedrich Werner: Aus einer vergessenen Ecke. Beiträge zur deutschen Volkskunde. Langensalza 1909, ⁵1925.

Ders.: Volksdichtung in Hessen nach Märchen, Sage und Lied. Aus dem Nachlaß hg. von Charlotte Oberfeld, Siegfried Becker und Andreas C. Bimmer. Frankfurt a.M. 1993. – Vgl. Scharfe, Martin: Hessisches Abendmahl. Exkurs zu Wissenschaft und Vergewisserung in volkskundlichem und folkloristischem Tableau. In: Hessische Blätter für Volks- und Kulturforschung 26 (1990), S. 9-46.

Breuer, Hans (Hg.): Zupfgeigenhansl. Leipzig 1911.

Ders.: Deutsche Volkslieder mit ihren Melodien. Hg. vom Deutschen Volksliedarchiv Freiburg. 1/1935, 2/1939, 3/1954, 4/1959, 5/1965 usw.

Bringéus, Nils-Arvid: Der Vergleich in der ethnologischen Forschung. In: Volkskultur in der Moderne. Europäische Ethnologie zur Jahrtausendwende. Festschrift für Konrad Köstlin zum 60. Geburtstag. Wien 2000, S. 71-90.

Cassirer, Ernst: Freiheit und Form. Studien zur deutschen Geistesgeschichte. 1916, Berlin ²1921.

Ders.: Dingwahrnehmung und Ausdruckswahrnehmung. In: Zur Logik der Kulturwissenschaften. Fünf Studien. Darmstadt 1961, ⁶1994, S. 34-55. – Vgl. Paetzold, Heinz: Ernst Cassirer – Von Marburg nach New York. Eine philosophische Biographie. Darmstadt 1995.

Dieterich, Albrecht: Über Wesen und Ziele der Volkskunde. In: Hessische Blätter für Volkskunde 1 (1902), S. 169-194.

Ders.: Mutter Erde. In: Archiv für Religionswissenschaft 8 (1905), S. 1-50.

Erk, Ludwig: Deutscher Liederhort. Auswahl der vorzüglicheren dt. Volkslieder aus der Vorzeit u. Gegenwart mit ihren eigenthüml. Melodien. 1856; 2. Aufl. u. Neuausgabe von Franz Magnus Böhme. 3 Bde. 1893/94. – Vgl. Schade, Ernst: Ludwig Erks kritische Liedersammlung und sein »Volkslied«-Begriff. Diss. Marburg 1971.

Erlach, Friedrich Karl von: Die Volkslieder der Deutschen. Eine vollständige Sammlung der vorzüglichsten deutschen Volkslieder von der Mitte des 15. bis in die erste Hälfte des 19. Jahrhunderts. 5 Bde. Mannheim 1834-1836.

Flügel, Otto: Das Ich und die sittlichen Ideen im Leben der Völker. In: Zeitschrift für Völkerpsychologie und Sprachwissenschaft, 11, 1874, und 12, 1875; dann in: Deutsche Blätter für erziehenden Unterricht, 12, 1885; als selbständ. Schrift. Langensalza ⁵1912. – Zum Kontext vgl. Gay, Peter: The Bourgeois Experience. Victoria to Freud. London 1995, dt. Übers.: Die Macht des Herzens. Das 19. Jahrhundert und die Erforschung des Ich. München 1997. – Roudinesco, Elisabeth: La bataille de cent ans. Histoire de la psychanalyse en France. Paris 1986; dt. Übers.: Wien – Paris. Die Geschichte der Psychoanalyse in Frankreich. Weinheim/Berlin 1994.

– Reichel, Norbert: Der Traum vom höheren Leben. Nietzsches Übermensch und die Conditio humana europäischer Intellektueller von 1890 bis 1945. Darmstadt 1994.
– Starobinski, Jean: Brève histoire de la conscience du corps. In: Ellrodt, Robert (Hg.): Genèse de la conscience moderne. Paris 1983, S. 215-229, dt. Übers. in: Starobinski, Jean: Kleine Geschichte des Körpergefühls (Konstanzer Bibliothek, 7). Konstanz 1987, S. 13-29.
Gothein, Eberhard: Die Aufgaben der Kulturgeschichte. Leipzig 1889.
Heiske, Wilhelm: Das deutsche Volksliedarchiv 1914-1964. Ein Bericht. In: Zeitschrift für Volkskunde 60 (1964), S. 242-251.
Hoffmann von Fallersleben, August Heinrich und Ernst Richter: Schlesische Volkslieder. Leipzig 1842.
Hoffmann-Krayer, Eduard: Kleine Schriften zur Volkskunde; darin auch: Die Volkskunde als Wissenschaft (Schriften der Schweizerischen Gesellschaft für Volkskunde 30). Basel 1946.
Ders.: Naturgesetz im Volksleben? In: Hessische Blätter für Volkskunde 2 (1903), S. 57-64.
Ders.: Über Museen für vergleichende Volkskunde. In: Jahrbuch für historische Volkskunde 2 (1926), S. 76-87. – Zu Hoffmann-Krayer und seiner »Volkskunde als Wissenschaft« vgl. Lenzin, Danièle: »Folklore vivat, crescat, floreat!« Über die Anfänge der wissenschaftlichen Volkskunde in der Schweiz um 1900 (Zürcher Beiträge zur Alltagskultur, 3). Zürich 1996.
Könenkamp, Wolf: Gescheitert und vergessen: Folgenloses aus der Geschichte der Volkskunde. In: Sievers, Kai Detlev (Hg.): Beiträge zur Wissenschaftsgeschichte der Volkskunde im 19. und 20. Jahrhundert. Neumünster 1991 (Studien zur Volkskunde und Kulturgeschichte Schleswig-Holsteins, 26). S. 171-192.
Marx, Karl: Die ethnologischen Exzerpthefte. Hg. von L. Krader. Frankfurt a.M. 1976.
Meier, Ernst: Schwäbische Volkslieder mit ausgewählten Melodien. Berlin 1855, Vorwort.
Meier, John: Bergreihen. Ein Liederbuch des XVI. Jahrhunderts. Neuaufl. Tübingen 1959. Kunstlieder im Volksmunde. Materialien u. Untersuchungen. Halle/S. 1906, Neuausg. Hildesheim 1976.
Ders.: Der Verband deutscher Vereine für Volkskunde, sein Werden u. Wirken 1904-1944. In: 50 Jahre Verband der Vereine für Volkskunde 1904-1954. 1954.
– Vgl. Seemann, Erich: John Meier. Sein Leben, Forschen u. Wirken. Freiburg i.Br. 1954.
Meitzen, August: Der Boden und die Landwirtschaftlichen Verhältnisse des Preußischen Staates. 8 Bde. Berlin 1868-1908.
Meringer, Rudolf: Wörter und Sachen. In: Indogermanische Forschungen 16, (1904), S. 101-196.
Ders.: Wörter und Sachen. In: Germanisch-Romanische Monatshefte 1 (1909), S. 593-598.
Ders.: Zur Aufgabe und zum Namen unserer Zeitschrift. In: Wörter und Sachen 3 (1912), S. 22-56. 1909 erschien der 1. Bd. der Zeitschrift Wörter und Sachen, charakterisiert als eine »kulturhistorische Zeitschrift für Sprach- und Sachforschung«.
– Vgl. Schmidt-Wiegand, Ruth: Neue Ansätze im Bereich »Wörter und Sachen«.

In: Günter Wiegelmann (Hg.): Geschichte der Alltagskultur. Aufgaben und neue Ansätze. Münster 1980, S. 87-102. – Beitl, Klaus, und Isac Chiva (Hg.): Wörter und Sachen. Österreichische und deutsche Beiträge zur Ethnographie und Dialektologie Frankreichs. Ein französisch-deutsch-österreichisches Projekt (Österreichische Akademie der Wissenschaften, philosoph.-histor. Kl., 586). Wien 1992.

Meyer, Elard Hugo: Badisches Volksleben im 19. Jahrhundert. Straßburg 1900.

Mogk, Eugen: Wesen und Aufgaben der Volkskunde. In: Mitteilungen des Verbandes der deutschen Vereine für Volkskunde 6 (1907).

Puschner, Uwe, Walter Schmitz, Justus H. Ulbricht: Handbuch zur »Völkischen Bewegung« 1871-1918. München 1996.

Reinsberg-Düringsfeld, Otto Frhr. v.: Das festliche Jahr. In Sitten, Gebräuchen, Aberglauben und Festen der Germanischen Völker. Leipzig 1898.

Scharfe, Martin: Menschenwerk. Erkundungen über Kultur. Wien/Köln/Weimar 2002.

Stillich, Oskar: Die Lage der weiblichen Dienstboten in Berlin. Berlin/Bern 1902.

Strack, Adolf: Volkskunde. In: Hessische Blätter für Volkskunde 1 (1902), S. 149-156.

Ders.: Rezension zu Hoffmann-Krayer »Die Volkskunde als Wissenschaft«, ebd., S. 160-166.

Ders.: Der Einzelne und das Volk, ebd. 2 (1903), S. 64-76. – Vgl. Helm, Karl: Adolf Strack. In: ebd. 5 (1906), S. I-VII.

Suppan, Wolfgang: Volkslied (Sammlung Metzler, 52). Stuttgart 1966.

Uhland, Ludwig: Alte hoch- u. niederdeutsche Volkslieder. Stuttgart 1844/45, ²1866.

Usener, Hermann: Vergleichende Sitten- und Rechtsgeschichte. In: Hessische Blätter für Volkskunde 1 (1902), S. 27-60. – Vgl. Kleinere Schriften. 4 Bde., Leipzig/Berlin 1912-1914. – Vgl. Kany, Roland: Mnemosyne als Programm. Geschichte, Erinnerung und die Andacht zum Unbedeutenden im Werk von Usener, Warburg und Benjamin. Tübingen 1987. – Scharfe, Martin: Bagatellen. Zu einer Pathognomik der Kultur. In: Zeitschrift für Volkskunde 91 (1995), S. 1-26.

Warneken, Bernd Jürgen: »Völkisch nicht beschränkte Volkskunde«. Eine Erinnerung an die Gründungsphase des Faches vor 100 Jahren. In: Zeitschrift für Volkskunde 95 (1999), S. 169-196.

Weber, Max: Die Verhältnisse der Landarbeiter in Deutschland. 1892ff.

Weinhold, Karl: Was soll die Volkskunde leisten? In: Zeitschrift für Völkerpsychologie und Sprachwissenschaft 20 (1890), S. 1-5.

Wildhaber, Robert: Die internationale volkskundliche Bibliographie. In: Volkskunde 66 (1965), S. 94-102.

Wörterbücher der deutschen Mundarten, vgl.: Zeitschrift für Mundartforschung 32 (1965), S. 99f.; zum Brandenburg-Berlinischen, Mittelelbischen, Obersächsischen, Thüringischen u. Siebenbürgisch-Sächsischen Wörterbuch vgl.: Deutsches Jahrbuch für Volkskunde 4 (1958), S. 179ff. u. S. 438ff.

## 4. Volkskunde in der Zwischenkriegszeit

In der Weimarer Republik wurde Volkskunde an deutschen Universitäten als akademisches Prüfungsfach anerkannt; erste Habilitationen erfolgten, und im Lehrangebot fanden volkskundliche Veranstaltungen zunehmend Berücksichtigung. Schon zu Beginn der zwanziger Jahre trugen die Kontroversen um die populären Schriften Hans Naumanns zu einer intensiven Methoden- und Theoriediskussion bei, sie forderten zur Positionierung heraus und förderten damit eine wissenschaftliche Profilbildung des Faches. Weit entfernt von einem einheitlichen Themen- und Methodenkanon haben die vielfältigen Anleihen aus den Herkunfts- und Nachbardisziplinen zu disparaten Tendenzen, Richtungen, Konzeptionen beigetragen. Neben ersten Ansätzen einer sozialwissenschaftlichen Wahrnehmung kultureller Prozesse geriet der Blick auf die Volkskultur in der Krise der Transzendenz nach den Erfahrungen des verlorenen Weltkrieges, mit den gravierenden Prozessen des sozialen und kulturellen Wandels auch zur Kompensation, ja führten die Fortbildung und Verfestigung von Konstruktionen des ›Volkstums‹ als statischem Begriff im Sinne völkischer Ideologie bereits hin zur ›völkischen Wissenschaft‹ des Nationalsozialismus.

Auf den organisatorischen Anfängen der auslandsdeutschen Kulturarbeit vor 1914 expandierte zudem eine »Pflege des Grenz- und Auslandsdeutschtums«, die nach der Niederschlagung eines aggressiven Nationalismus des Kaiserreiches nun in der **Idealisierung dieses Volkstumsgedankens** die kulturpflegerische Komponente der Arbeit in den Verbänden und Institutionen hervorkehrte und eine »Schicksalsgemeinschaft aller Deutschen« propagierte. Dem Selbstverständnis der Verbände nach wurde das »Auslandsdeutschtum als Kulturfrage« behandelt, wie es Prälat Georg Schreiber in einem programmatischen Werk entwickelte; mit der Selbstbeschränkung ihres Wirkungsfeldes auf den kulturellen Aspekt hoben sie die Expansionsabsichten der Vorkriegszeit gleichsam auf eine gemilderte, vergeistigte Ebene eines Bekenntnisses zum ›deutschen Volkstum‹ als eigenständiger Wesenheit, als Postulat eines deutschen Nationalgefühls, das den paradoxen Widerspruch zwischen nationalem Prinzip und imperialistischen Bestrebungen in idealistischer Weise zu lösen suchte – diesem vermeintlich ›überpolitischen‹ Auftrag mußte nur ihre abstrahierende Drappierung genommen werden, um sie für die nationalsozialistische Lebensraumpolitik verwendbar zu machen.

## 4.1 Hans Naumann und die Lehre vom ›gesunkenen Kulturgut‹

Die sozialen Veränderungen und Lebensverhältnisse während des Ersten Weltkriegs hatten scheinbar den Volkskundlern im allgemeinen kein Forschungsthema geboten. Einer der wenigen, der in diesen Jahren, vornehmlich in München, beobachtete und sammelte, war Adolf Spamer (1883-1953). Der Spürsinn, mit dem er Hunderte von hetzerischen Kriegspostkarten, Flugblättern, Bilderbogen, Liederheftchen, hurrapatriotischen Klappbildern, bedruckten Taschentüchern bis hin zum schwarz-weiß-roten Toilettenpapier zusammengetragen und mit Notizen und Zeitungsausschnitten versehen hat, verraten seine Sensibilität auch für die psychischen Gefahren des Krieges. In seiner Frankfurter Dozentenzeit hat er Vorlesungen über eine »Volkskunde des Weltkriegs« gehalten und darin ausgeführt: »Unmittelbar mit dem Ausbruch des Weltkriegs stieg eine Springflut auf, die alle untergründigen geistigen Volksgüter in Vers, Prosa und bildnerischen Gestaltungen auf die Oberfläche des öffentlichen Lebens emporschleuderte. Volksglaube und Volksfühlen, Volksgesang und Volkserzählung, Volkssatire und -witz gaben sich in unmittelbarer, unverhüllter Eigenform, bis dann bald eine von Skrupeln unbeschwerte Industrie die neue Konjunktur zu ihren geschäftlichen Zwecken ausnutzte.« Ein geschlossenes Werk ist aus all diesen Vorarbeiten leider nie entstanden.

Erst nach dem Ersten Weltkrieg flammte die **Grundsatzdiskussion um Gegenstand und Ziel der Volkskunde** von neuem auf. Der Bonner Germanist Hans Naumann (1886-1951) brachte mit seinen beiden kurz aufeinanderfolgenden schmalen Bänden, besonders mit *Grundzüge der deutschen Volkskunde* (1922), dem Fach eine (allerdings zweifelhafte) Popularität ein und erreichte vor allem die Lehrerschaft.

Naumanns flott und lesbar geschriebene Darstellungen dienten dem Ziel, die Volkskunde auch vom Gegenstand ihrer Realien her **zu einer reinen Geisteswissenschaft** zu erheben und so die Brücke zwischen Völkerkunde einerseits und Geistes- und Kulturgeschichte andererseits zu schlagen. Dazu bediente er sich einer Methode, die vielen seiner Leser und Epigonen so einfach erschien, daß sie ihnen gewissermaßen den Schlüssel für das Verständnis der Volkskultur bedeutete: er unternahm es, das Volksgut in seiner Masse zu teilen in solche Güter, die ganz oder vorwiegend auf psychischem Mechanismus beruhen, und solche, die erst später mechanistisch geworden sind. Da nun jedes Kulturvolk aus einer geistig aktiven, formbildenden Oberschicht und der großen, mehr oder weniger inaktiven, unindividualisierten Gemeinschaft bestehe, müsse man ›**primitives Gemeinschaftsgut**‹ und ›**gesunkenes Kulturgut**‹

unterscheiden, – das eine urtümlich gewachsen und psychisch bedingt, das andere historisch geworden und bewußt geschaffen oder umgeformt. Als historischer Hintergrund dieser Erscheinungen seien **drei Epochen der Geisteshaltung** anzunehmen, die an die Evolutionsschemen sowohl eines Vico wie eines Comte erinnern:

- eine absolut primitive, wie man sie in unseren Breiten nur noch bei den wandernden Zigeunern anträfe;
- eine agrarische, die das Bauerntum verkörpere;
- und eine heroische Orientierung, die sich in einer aristokratischen Oberschicht abdifferenziere. Daraus gehe hervor, daß die bäuerliche Gesellschaft notwendig das Hauptobjekt der deutschen Volkskunde bilden müsse.

Es ist ein Verdienst Naumanns, der ›romantischen Volkskunde‹ **ihren Mangel an ›historischen Standpunkten‹** nachgewiesen zu haben. Thema seiner Untersuchungen wurden die engen Beziehungen zwischen den epochalen Stilen der Hochkultur und den Erscheinungen der Volkskultur, wie sie John Meier bereits für das Volkslied herausgearbeitet hatte. »Volksgut wird in der Oberschicht gemacht«, heißt es in der Einleitung seiner *Grundzüge*, und diesem Lehrsatz entsprechend entwickelte Naumann das Rezept seiner historischen Reproduktionstheorie. Während er den Bereich der Sprache andernorts abgehandelt hat, konzentrierte er sich hier gänzlich auf die volkskundlichen Untersuchungsgegenstände und begann bezeichnenderweise mit der sogenannten **materiellen Volkskultur**, an der er seine Gedanken am sichtbarsten exemplifizieren konnte.

Naumann eröffnete die zehn Kapitel seines Buches mit »I. Tracht und Hausrat« und definierte die Volkstracht als »die modische Tracht der gebildeten Oberschicht in der Auffassung der ungebildeten ländlichen Unterschicht«, eine Unterscheidung, die erst seit der Renaissance mit ihren zwei Bildungsklassen überhaupt möglich sei. Für die Volkstracht als »Wiederholung und spätes Echo früherer Modetracht« vermag er überzeugende Beispiele anzuführen, und es dürfte in erster Linie dieses konkret durchgeführte Kapitel gewesen sein, das dem Naumannschen Buch zu seinem großen Erfolg verhalf. Weiterhin stehen die Realien in »II. Bauernhaus und Dorfkirche« und »III. Siedlung und Agrarwesen« im Vordergrund, während er dann zu der sogenannten geistigen Volkskultur übergeht und sich erst einmal deren vorwiegend primitiven Grundlagen zuwendet: »IV. Primitiver Gemeinschaftsgeist« in Sitte und Brauch, Denkweise und Glauben, wo jener berüchtigte Satz zu lesen steht, daß der »primitive Mensch« ein »sozial gebundenes Herdentier« sei. In Kap. V werden »die primitiven Gemeinschaftsfeste«

im Lebenslauf und agrarischen Jahreslauf behandelt. Dann kommen aufschlußreiche Kapitel aus dem Gebiet der oralen Volksüberlieferung: »VI. Volksschauspiel und Gemeinschaftsspiel«, »VII. Volksbuch und Puppenspiel«, in denen der Gedanke vom »gesunkenen Kulturgut« historisch zwingend verfolgt werden kann. In »VIII. Volkslied und Gemeinschaftslied« baute Naumann weitgehend auf John Meiers Untersuchungen auf und illustrierte seinen historischen Standpunkt. Als »primitives Gemeinschaftsgut« betrachtet er lediglich die Gattung der Schnadahüpferln und Verwandtes. Über »IX. Rätsel und Sprichwort« gelangte er dann zum Schlußkapitel »X. Sage und Märchen«, in dem er die primitiven Züge mehr in den Märchen- und Sagenmotiven zu erkennen meinte, während er die Märchen selbst zu den Kunstformen rechnete. In der Sage dagegen durchwirke sich Phantastik und Realismus, Traum und Wirklichkeit, Eingebildetes und Erlebtes in kindlich-primitiver Undifferenziertheit. In seinen Interpretationen finden sich die Begriffe einer Primitivenpsychologie wieder, wie sie seit Lévy-Bruhl die volks- und völkerkundliche Literatur durchzogen.

Das zügig geschriebene Büchlein, das als wissenschaftlichen Apparat nur ein allgemein gehaltenes Literaturverzeichnis besitzt und sich an weiteste Kreise wandte, schien energisch aufzuräumen mit nachromantischen und mythologischen Deutungsprinzipien. Die historische Wahrheit der Kulturabhängigkeiten mußte jedermann einleuchten; die Aussage, daß jede Änderung der Oberschicht eine Änderung des Volksgutes nach sich ziehe, schien angetan, revolutionierend zu wirken. Aber in den volkskundlichen Fachkreisen erhoben sich zurecht aus verschiedenen Gründen energische Gegenstimmen gegen die Naumannschen Theorien, die vor allem die schlagwortartig bezeichnete Richtung des Kulturmechanismus lediglich nach unten entschieden kritisierten.

Naumanns Antithese von ›Hoch‹ und ›Nieder‹ war ohne die vorangegangenen Arbeiten von John Meier und Eduard Hoffmann-Krayer nicht denkbar. Aber gerade Hoffmann-Krayer setzte sich nun nach drei Jahrzehnten vorurteilsos gelebter volkskundlicher Erfahrungen von der krassen Zweischichtenteilung Naumanns ab. Statt ›Oberschicht‹ und ›Unterschicht‹ möchte er Gruppen stark, bzw. schwach differenzierter Individuen genannt wissen und definierte jede Gruppenbildung, ja, jedes Volkstum **letzthin als Ergebnis von Assimilationsprozessen**, was er an Erscheinungen von Tracht und Mode nachwies. Die **Wechselwirkung von Individuum und Masse** sah er in drei Stadien konkretisiert:

– bei der Erfindung von kulturellen Gütern durch ein Individuum,
– bei der Übertragung von vorhandenem Volksgut durch ein Individuum

– und bei der Veränderung von vorhandenem Volksgut durch ein Individuum.

Er betont also ausdrücklich die individuellen Agentien im Volksgut und führt aus, daß bei solcher Betrachtungsweise eine Unterscheidung zwischen »primitivem Gemeinschaftsgut« und »gesunkenem Kulturgut« letztlich unwichtig erscheine. »In zahlreichen Fällen ist das Eindringen einer persönlich individuellen Schöpfung in breitere Volksschichten nachgewiesen«, schreibt er am Schluß seines Aufsatzes:

»Diese Aufnahme kann in verschiedenen Graden geschehen: entweder in völlig gleicher Gestalt wie die Originalschöpfung oder, was häufiger ist, in modifizierter Gestalt. Diese Modifikation kann in einer Anpassung an den Geschmack der Unterschicht bestehen oder in einer Mischung mit anderem, bereits vorhandenem Volksgut. Jede Modifikation aber ist das Ergebnis eines individuellen Agens. Hier ist die Assimilation der individuenarmen Massen an die prominenten Individuen besonders deutlich. Aber nicht nur beim Herabsinken höheren Kulturgutes in die niederen Schichten spielt sich dieser Prozeß ab, sondern auch innerhalb der sogenannten Oberschicht und innerhalb der sogenannten Unterschicht. Hier begreiflicherweise darum nicht so deutlich, weil die Individuen weniger bekannt sind [...] Wenn nun alle Kulturerscheinungen auf fortwährend fluktuierenden Wechselwirkungen zwischen Individuum und Masse bestehen, wo bleibt dann aber das eigentliche ›Volksgut‹ als ruhender Pol in der Erscheinungen Flucht? Hier möchte ich die Antwort erteilen, die John Meier schon längst als Definition des Volksliedes gegeben hat: Volksgut ist alles, was ›volksläufig‹ geworden, d.h. in breite Schichten eingedrungen und von ihnen angeeignet worden ist, ob sie dieses Gut nun bewußt oder unbewußt übernommen haben. Das Wesentliche ist, daß dieses Gut im Volke lebt und in ihm Betätigung findet« (S. 235).

Damit hatte Hoffmann-Krayer zum zweiten Mal entscheidend in die volkskundlichen Grundsatzerörterungen eingegriffen. Zu Beginn des Jahrhunderts konnte er mit seinem Lehrsatz von der reproduzierenden Volksseele den romantischen Schleier zerreißen, der über der Vorstellung von der Schöpferkraft des anonymen Volksgeistes lag, und gleichzeitig die Zwänge naturwissenschaftlich-mechanistischen Denkens in Frage stellen. Drei Jahrzehnte später wies er Hans Naumann in die Schranken, der jenen Lehrsatz gar zu einfach anwandte, indem er den Kulturmechanismus lediglich in der Bewegung von oben nach unten verstand. Dem setzte Hoffmann-Krayer die These von der **Dynamik der Kulturprozesse** entgegen und von der Differenziertheit der kulturtragenden und -ausübenden Schichten. Mit der Heraushebung der Rolle, die die Individualkräfte für den Tradierungsvorgang spielen, klangen Überlegungen an, die später für die Erkenntnis der Innovationen und der dabei tätigen Initiativpersonen von Bedeutung werden sollten (s. Kap. 6).

Aber es war nicht nur jene simplifizierende Kulturrichtung, die den Widerspruch gegen Naumanns *Grundzüge der deutschen Volkskunde* anfachte. Hoffmann-Krayer hatte bereits den Mangel an sozialen Gesichtspunkten angemerkt, wenn er auch diese Seite nicht allzu entschieden betonte. Tatsächlich liegt hier die eigentliche Fatalität der Naumannschen *Grundzüge*: seine Identifikation der »Träger individuumsloser Kulturen« mit dem Herdentier, seine Vergleiche mit dem Tierleben bei Ameisen, Bienen und Affen – und zwar keineswegs etwa im Sinne empirischer Verhaltensforschung – sind von nicht zu überbietender Arroganz. Der in der Volkskunde gern geübten Bauernverherrlichung setzte er Darstellungen gegenüber, die nicht etwa zu einer maßvollen Reduzierung wirklichkeitsfremder Emphasen angetan waren, sondern vielmehr nun in das Gegenteil umschlugen, ja Überheblichkeit und Verachtung ausdrückten und damit Komponenten eines inegalitaristischen Kulturverständnisses transformierten, das der Entwicklung der wissenschaftlichen Volkskunde keineswegs dienen konnte.

So schrieb er in seinem IV. Kapitel »Primitiver Gemeinschaftsgeist«: »Aber überwältigend geht einem etwa im europäischen Osten, z.B. unter litauischen Bauern, der Begriff der primitiven Gemeinschaft auf. Fahren die Bauern eines litauischen Dorfes nach dem nächsten Flecken zum Markt, so ziehen sie wie die Ameisen ihre Straße einer hinter dem ändern her. Und wie diese sind auch jene äußerlich für den Fremden nicht zu unterscheiden. Zu gleicher Bartform, gleicher Haartracht, gleicher Kleidung gesellt sich auch ein gleicher Gesichtstyp und eine ähnliche Gestalt wie eine gleiche Körperhaltung. Die kleinen Schlitten im Winter, die kleinen Wagen im Sommer, auf denen die litauischen Bauern sitzen, sind gleich. Vor sich haben sie alle die gleichen Pferdchen unter dem gleichen Geschirr, und hinter sich haben sie alle scheinbar die gleiche Frau, sitzend auf einem Bund Heu, den Kopf verhüllt, den Oberkörper in kurzem Schafspelz, den Unterkörper im leuchtend bunten Rock aus selbstgewebter Leinwand. Mehl, Eier und Käse bringen sie alle in gleicher Weise, in gleichen Körben und Gefäßen zum Verkauf, um Salz und Gewürz in gleicher Weise dafür einzuhandeln. In Rudeln stehen sie auf dem Markt herum, von *einer* Bewegung werden sie alle ergriffen, von den gleichen Absichten und Gedanken sind sie alle beseelt. Lacht einer, so lachen sie alle mit; schimpft einer, so tun sie alle das gleiche [ ...] sie denken in Rudeln, und sie handeln in Rudeln.«

Abgesehen davon, daß der Böswillige beispielsweise ähnlich geartete Beobachtungen auf einem Ball ostelbischer Adelsfamilien oder in einem Offizierskasino hätte anstellen können, haben solche Aspekte aus der Perspektive eines Marsbewohners mit Volkskunde nun tatsächlich nichts mehr zu tun. Sie führten vielmehr hin zur »Anerkennung der Bildungsaristokratie [...], in deren Händen Führerschaft und Kulturentwicklung beschlossen liegen« (»Primitive Gemeinschaftskultur«, S. 17).

Man muß Steinitz recht geben, der von der **Vorbereitung der späteren Herrenmenschenideologie** sprach, »deren Gefahr um so größer war, als es sich bei Naumann um einen gedanken- und kenntnisreichen Universitätslehrer handelte, dessen Theorie und dessen Bücher die volkskundliche Ausbildung der deutschen Lehrerschaft bestimmen«. So bleiben Naumanns *Grundzüge* bei aller Brillanz und bei aller Anerkennung der pädagogischen Tendenz seiner Kontrastformulierungen stark umstritten. Das von ihm auf zwei Fragen hin systematisierte Herkunftsproblem der Kulturgüter, nämlich auf die ›Grundfragen‹ nach primitivem Gemeinschafts- oder gesunkenem Kulturgut, konnte nur zu einem Schematismus von Scheininterpretationen führen, die den Strukturcharakter von Kultur- und Sozialform gänzlich übersahen. Die nachhaltigste und für die Volkskunde fruchtbarste Kritik an Naumanns »inhaltsschwerem Büchlein« stammt von Adolf Spamer, der sich 1924 mit einem grundlegenden Aufsatz zum ersten Mal zu den Prinzipien des Faches äußerte.

Spamer setzt ein mit einer großangelegten geistesgeschichtlichen Ouvertüre, aus der heraus er die Naumannsche Theorie mit ihren beiden Leitmotiven entwickelt. Daß es sich dabei um nichts eigentlich Neues handele, sondern um Lévy-Bruhlsche und Bastiansche Gedankengänge einerseits und um eine Verabsolutierung Hoffmann-Krayerscher Problemstellungen andererseits, kann er überzeugend nachweisen. Naumann nun erhebe zur Hauptaufgabe und zum Hauptarbeitsziel der modernen Volkskunde die Scheidung der einzelnen Erscheinungen nach ihrem Anteil am primitiven Gemeinschaftsgut und gesunkenen Kulturgut. Dagegen stehe eine solche Zerlegung der Stoffe in ihre Einzelelemente doch tatsächlich nicht im Zielfeld volkskundlicher Forschung. Vielleicht könnten damit bestimmte Etappen wissenschaftlicher Vorarbeit durchschritten werden wie die Erhellung geschichtlicher Zusammenhänge u.ä.m. Wären aber noch »die Versickerungen höfischen oder bürgerlich-gesellschaftlichen Modeguts in Wort und Brauch, Realien und Ideologien breiter Volksschichten« verhältnismäßig unschwer festzustellen, so sei die Ausfiltration des sogenannten »primitiven Gemeinschaftsgeistes« schon ein sehr viel schwierigeres Problem. Und besonders bedenklich erscheint es Spamer, wenn Naumann als Hauptvertreter einer primitiven, individuumslosen Gemeinschaft nun gerade das heutige Bauerntum ansehe. Dürfe man schon bezweifeln, ob man überhaupt »von *dem* Wesen des deutschen Bauern schlechthin sprechen kann«, so sei es ganz sicher nicht angängig, die verhältnismäßig geringe Differenziertheit des bäuerlichen Lebenstyps als ›Primitivität‹ zu bezeichnen. Es offenbare sich hier nicht weniger als in anderen Sozialgruppen ein Übereinander vieler geistiger und sozialer Schichtungen, von zahlreichen vertikalen und diagonalen Bildungen durchkreuzt, ein Nachschwingen von abgeebbten Hochkulturwellen. Und ob man nun der positiven Sicht eines Georg

Koch zustimmen wolle oder mehr eine gewisse Rückständigkeit als bäuerlich charakteristisch erkenne: »primitiv ist gerade die bäuerliche Gesamtkultur sicher nicht. In dieser Einstellung scheint Naumann, trotz seiner biologischen Terminologie und trotzdem er immer wieder in erfreulicher Klarheit die romantische Betrachtungsweise der Volkskunde bekämpft, selbst der romantischen Sphäre verfallen, in der sich allzugern der Begriff der Primitivität verhüllt« (S. 93). – Der Theologe Georg Koch (1872-1957), Bibliothekar, Pfarrer und dann Professor an der Gießener Universität, stellte die Verbindung zwischen **Volkskunde und Dorfkirchenbewegung** her. Dazu liegen neue Studien im Fach vor: Vera Deißner (1997) hat sich mit den Einflüssen der konservativen Bildungskritik in der ersten Phase der Paradigmatisierung der Volkskunde beschäftigt, und Angela Treiber (2001) untersucht die Einwirkung protestantischer Deutungsmuster der Dorfkirchenarbeit in den volkskundlichen Positionen der zwanziger Jahre.

Die »Gesetze der Geistigkeit einer gemeinkulturellen Tiefstufe«, sagt Spamer, »lassen sich viel sicherer [...] an der Auswahl und Umbildung der erweislich aus einer kleinen, modegebenden Oberschicht empfangenen Geistesgüter feststellen. Naumann verlegt allzusehr den Akzent auf den Begriff der Rezeption, während die von ihm übernommene Formel Hoffmann-Krayers wohlweislich von dem *Reproduktionsvermögen* des Volkes spricht, also eine eigenschöpferische Tätigkeit der Unterschicht gegenüber den überkommenen Vorlagen betont« (ebd., S. 91). In der Untersuchung dieser Kombinations- und Umstilisierungsprozesse sieht Spamer die wichtigste Aufgabe der Volkskunde, der gegenüber die ganze Herkunftsfrage lediglich sichtende Vorarbeit sei.

»Ein bäuerliches Hinterglasbild oder ein von einem volkstümlichen Briefmaler gefertigtes Heiligenbildchen ist eben etwas durchaus anderes geworden als eine Kupferstich- oder Ölbildvorlage, ein zersungenes Volkslied, ein zersprochener Abzählreim, ein zersagtes Märchen, eine zerschriebene Zauberformel, ein zerspieltes Puppenspiel, eine zertragene Tracht etwas Neues gegenüber ihren Urfassungen und Vorlagen. Hier stehen die Formen einer Einzelgeistigkeit denen einer Vielgeistigkeit gegenüber, wenn man sich überhaupt dieser im Grunde irreführenden Begriffe bedienen will. Denn auch die Einzelgeistigkeit ist [...] nur Repräsentant ihrer (exklusiveren) Bildungs- und Kulturschicht, und die Vielgeistigkeit ist eine fiktive Summe von mannigstfach abgestuften Gruppengeistigkeiten« (ebd., S. 91/92).

Hier war, wenn auch in heute überholter Wortwahl, wichtiges gesagt. Würde man die Begriffe des »Zersingens, Zersagens« auch lieber durch »umsingen, umsagen« ersetzt sehen, so hat doch die Spamersche Umschreibung des volkskundlichen Untersuchungsbereiches Naumann deutlich an seinen Platz verwiesen.

Dem Kunsthistoriker Wilhelm Fraenger (1890-1964), Herausgeber des *Jahrbuchs für historische Volkskunde*, gelang zu gleicher Zeit in einer höchst konkreten Naumannwiderlegung der überzeugende Nachweis schöpferischer Fähigkeiten im Volk auch dort, wo der vorurteilsvolle Kunstkenner nur ungeschickte Kopie zu sehen meint. Sicher analysierend zeigte er am Beispiel russischer Volksbilderbogen und ihrer deutschen Vorlagen, daß durch das Prinzip der Neugestaltung in einer anderen sozialen Zone eine künstlerische Regeneration, eine veränderte aussagekräftige Inhaltsgebung möglich wird, die die Lehre vom gesunkenen Kulturgut und der bloß rezeptiven Rolle der Unterschicht ad absurdum führt.

Wenn man sich an zeitgebundenen Begriffen im Spamerschen Text wie ›Wesenstypik‹ und ›Gruppengeistigkeit‹ nicht stoßen will, so läßt sich hier neben der Kritik an Naumanns elitärem Kulturmodell ein **neues wissenschaftliches Selbstverständnis der Volkskunde** entdecken: die Sammeltätigkeit und die Erhellung der Herkunftsfragen waren ins Vorfeld der Forschung gerückt, die Interpretation des Materials abgelöst von den subjektiven Deutungsidealen und Ideologien der Forscher. Statt dessen stand am Ziel die Erkenntnis von Denken, Glauben und Meinen, Arbeiten und Feiern, Ästhetik und Repräsentationsbedürfnis sozialer Gruppen (vgl. Spamers Arbeiten über die Hessen, die Sachsen und die Hamburger Seeleute). Damit rückte **der Mensch in den Mittelpunkt der Forschung**, und die Volkskunde öffnete sich für die Möglichkeiten einer sozio-psychologischen Wissenschaft auf historischer Grundlage.

## Literatur:

Deißner, Vera: Die Volkskunde und ihre Methoden. Perspektiven auf die Geschichte einer »tastend-schreitenden Wissenschaft« bis 1945. Mainz 1997.

Fraenger, Wilhelm: Deutsche Vorlagen zu russischen Volksbilderbogen des 18. Jahrhunderts. In: Jahrbuch für historische Volkskunde 1926, S. 126-173; wiederabdruck in: ders.: Von Bosch bis Beckmann. Ausgewählte Schriften. Köln 1985, S. 193-256.

Hoffmann-Krayer, Eduard: Individuelle Triebkräfte im Volksleben. In: Schweizerisches Archiv für Volkskunde 30 (1930), S. 169-182; wiederabgedruckt in: Kleine Schriften zur Volkskunde. Hg. von Paul Geiger. Basel 1946, S. 223-236.

Koch, Georg: Die bäuerliche Seele. Berlin 1935.

Ders.: Volkskunde, Romantik und l'Houet's Bauernpsychologie. In: Hessische Blätter für Volkskunde 20 (1921), S. 22-50. – Zum Gesamtwerk vgl.: Hessische Blätter für Volkskunde 51/52 (1961), Teil 2, S. 160-173.

Naumann, Hans: Primitive Gemeinschaftskultur. Jena 1921.

Ders.: Grundzüge der deutschen Volkskunde. Leipzig 1922, $^2$1929.

Ders.: Über das sprachliche Verhältnis von Ober- zu Unterschicht. In: Jahrbuch für Philologie 1 (1925), S. 55-69.
Ders.: Versuch einer Geschichte der deutschen Sprache als Geschichte des deutschen Geistes. In: Deutsche Vierteljahresschrift 1 (1923), S. 139-160. – Zu Naumannv vgl. Ranke, Kurt: Nachruf auf Hans Naumann, In: Hessische Blätter für Volkskunde 46 (1955), S. 1-7; Zeitschrift für Volkskunde 54 (1958), S. 140. – Schmook, Reinhard: »Gesunkenes Kulturgut – primitive Gemeinschaft«. Der Germanist Hans Naumann (1886-1951) in seiner Bedeutung für die Volkskunde. Wien 1993 (Beiträge zur Volkskunde und Kulturanalyse 7).
Spamer, Adolf: Um die Prinzipien der Volkskunde. Anmerkungen zu Hans Naumanns Grundzügen der deutschen Volkskunde. In: Hessische Blätter für Volkskunde 23 (1924), S. 67-108.
Ders.: Hessische Volkskunst. Jena 1939.
Ders.: Deutsche Volkskunst: Sachsen. Weimar (1943), 1954.
Ders.: Die Tätowierung in den deutschen Hafenstädten. In: Niederdeutsche Zeitschrift für Volkskunde 11 (1933/34), S. 1-55 und S. 129-183. – Weber-Kellermann, Ingeborg: Zum Gedenken an Adolf Spamer zu seinem 100. Geburtstag am 10. April 1983. In: Hessische Blätter für Volks- und Kulturforschung 16 (1984), S. 197-206.
Steinitz, Wolfgang: Die volkskundliche Arbeit in der DDR. Berlin 1955, S. 15.
Treiber, Angela: »Volkstümlich ist in der Wurzel das Gegenteil von populär«. Kulturelle Deutungsmuster im deutschen Protestantismus des frühen 20. Jahrhunderts. In: Zeitschrift für Volkskunde 97 (2001), S. 49-67.

## 4.2 Sozio-psychologische Betrachtungsweise und Kulturraumforschung

Aber auch von anderer Seite her wurde die **Einbeziehung soziologischer Gesichtspunkte** in die wissenschaftliche Volkskunde gefordert. Der Germanist Julius Schwietering (1884-1962), angeregt von der Entfaltung der Soziologie durch Gelehrte wie Ferdinand Tönnies (1855-1936), Werner Sombart (1863-1941), vor allem aber Max Weber (1864-1920), erklärte in einem später gedruckten Vortrag die Volkskunde zu einer »geschichtlich-soziologisch orientierten Disziplin«. Er bemängelte die fehlende Arbeitsmethodik der Volkskunde, die sich im allgemeinen mit einer losen Aufsammlung der Phänomene begnüge und bestenfalls dem Laien gewisse Informationen vermittle. Wenn man jedoch – und darauf ziele alles hin – den Bauern in den Mittelpunkt der Untersuchung stelle und das heutige Bauerntum »in seinem einheitlich gegenwärtigen Querschnitt« erfassen wolle, so müsse man eine **soziologisch-historische Betrachtungsweise** anwenden.

Hier aber ließe sich bei den bisherigen volkskundlichen Untersuchungen meist ein »zwiespältiger Aspekt« beobachten, »der einmal den

Bauern und daneben irgendwie ein anderes im Auge hat«. Werde man in den Realienkapiteln noch einigermaßen sachlich über die materielle Kultur des Bauerntums informiert, so sähe man in den Abschnitten über die geistigen Lebensäußerungen den deutschen Bauern plötzlich mit der Mentalität der Südseeinsulaner in Beziehung gesetzt. Dabei sei doch aber »bäuerlicher Gemeinschaftsgeist, der in der Arbeit wurzelt, [...] wesensverschieden vom Geist primitiver Gemeinschaft, die je und je religiös fundiert ist«. Hier nun liege jene »verhängnisvolle Identifikation von Primitivität und Bauerntum« vor, die der Volkskunde von eh und je so viel Schaden zugefügt habe. Entzündet an den Schäfermaskeraden des 18. Jahrhunderts, sei der Volkskunde von daher die Vorstellung vom tanzenden, singenden, trachtengeschmückten »primitiven« Bauern bis auf den heutigen Tag erhalten geblieben.

Diese unglückliche Verstärkung der völkerkundlichen Komponente wurzele in der Vermengung der völkerkundlichen Folklore mit der geschichtlich und soziologisch eingestellten Wissenschaft vom deutschen Bauerntum. Um aber ihre Eigenberechtigung gegenüber der Völkerkunde und Völkerpsychologie zu behaupten, – so Schwietering –, müsse sich die Volkskunde auf die Erforschung des national begrenzten, landschaftlich differenzierten Bauerntums beschränken; als »Kunde vom Volke« laufe sie Gefahr, ins Uferlose zu zerrinnen. Und als Ergebnis höchst anregender kulturgeschichtlicher Exkurse über Bauernhaus, Bauerngarten und Bauerntracht gelangte er zu dem Schluß, wie Albrecht Dieterich vor einer eigenen Disziplin ›Volkskunde‹ warnen zu sollen. Es empfehle sich vielmehr, die Kapitel über Volkssprache, Volksglauben und Volksdichtung zu philologischen Teildisziplinen zu erklären; die Fragen des volkstümlichen Hausbaus, der Realien- und Volkskunstforschung wären am besten an eine neu zu begründende deutsche Archäologie zu übergeben, während die eigentliche Aufgabe der deutschen Volkskunde, nämlich die Erforschung des deutschen Bauerntums, tunlichst in die Hand des Soziologen und Historikers zurückzulegen sei, aus der sie der Philologe einst bekommen habe.

Das nun schien dazu angetan, der Volkskunde als einer eigenständigen Wissenschaft den Todesstoß zu versetzen, und rief die Vertreter des Universitätsfaches auf den Plan. Der Grazer Gelehrte Viktor von Geramb (1884-1958) wandte sich ausführlich gegen den Schwieteringschen Vorwurf der methodischen Mängel, obgleich gerade hier Schwieterings Kritik weitgehend zu Recht bestand. Die sozial-anthropologische Wendung, die er für die Volkskunde einleitete, hat dem Fach in mancher Hinsicht genützt, und in seinen literarhistorischen Studien zeigte er immer wieder die Bedeutung der Volkskultur als Unterstrom der Kulturentwicklung. Die Rolle der Gemeinschaft für den Kulturmechanismus wurde von ihm in aller Deutlichkeit gesehen, und die »Schwieteringschule«, aus der in seiner Leipziger, Berliner und Frankfurter Lehrtätigkeit namhafte Schüler wie Martha Bringemeier (1900-1991), Mathilde Hain (1901-1983), Otto Brinkmann, der Schwede Robert Wikman, der Rumäne Gheorghe Vrabie hervorgingen, hat internationalen Ruf. Hier wurde die Kontextforschung in die Volkskunde eingeführt.

Schwietering war Schüler des Göttinger Germanisten Edward Schröder (1851-1920) und des Hamburger Altertumsforschers Otto Lauffer (1874-1949), seinerseits ein skeptischer Beurteiler psychologischer Zielsetzungen zugunsten eines unspekulativen geschichtlichen Tatsachensinnes, womit er an die Traditionen des 19. Jahrhunderts anknüpfte (s. Kap. 1.4). Aber bei aller Anerkennung dieser auf Solidität dringenden Richtung enthält doch gerade die Schwieteringsche Grundsatzäußerung erstaunliche Widersprüchlichkeiten. Seine Forderung nach soziologischer Methodik ließ sich kaum vereinen mit der gleichzeitig von ihm vorgeschlagenen Spaltung des Faches in einzelne Stoffgebiete, die dann ihrerseits verschiedenen anderen Disziplinen zugeordnet werden sollten. Eine soziologische Wissenschaftseinstellung hätte im Gegenteil nach einem komplexen soziokulturellen Bezugsfeld verlangt, in dem die einzelnen Objektivationen ein Lebensbild der zu untersuchenden Gruppen bezeichnen.

Hier schienen Mißverständnisse darüber vorzuliegen, was denn eigentlich eine »soziologische Durchdringung der Materie« bedeute. Schwietering verwandte weitgehend den Gemeinschaftsbegriff aus Ferdinand Tönnies' berühmtem Werk *Gemeinschaft und Gesellschaft*, in dem dieser zwei Formen der menschlichen Gruppenbildung nach dem Modell des lebendigen Organismus und nach dem der Maschine unterscheidet, wobei die zweite aufgrund eines unvermeidlichen Prozesses aus der ersten hervorgehe. Die organische Gemeinschaft nun glaubte Schwietering im Bauerntum repräsentiert, ohne dessen Vielschichtigkeit klar zu erkennen. Aber selbst bei so einem eingeengten Blick ging es kaum an, die verschiedenen kulturellen Ausdrucksformen dieser bäuerlichen Gemeinschaften zur Untersuchung an andere Wissenschaftsdisziplinen weiterzugeben. Das bedeutete wiederum ein Zurücktreten von jener mühsam erreichten Stufe anthropologischer Betrachtung, die doch Schwietering gerade zu erstreben meinte.

Aber im übrigen wurde die **Nachbarschaft zur Soziologie** enger. Max Rumpf (1878-1953) hatte in seiner *Deutschen Volkssoziologie* versucht, die Volkskunde in eine »Vergangenheits- und eine Gegenwartsvolkskunde« aufzuteilen, wobei die erstere die Menschen der versinkenden bäuerlichen Gemeinschaften zu schildern habe und die letztere den modernen städtischen Menschentyp der Gegenwart. Diese merkwürdige Vorstellung, bar jeden historischen Verständnisses, wiederholt sich in seinem umfangreichen Band *Deutsches Bauernleben*, wo er mitten im 19. Jahrhundert mit seiner Darstellung abbricht, weil er die sich liberalisierende, rationell wirtschaftende ländliche Welt nicht mehr untersuchenswert fand, – bis das 20. Jahrhundert seinen Vorstellungen vom ›echten Bauerntum‹ wieder neuen Auftrieb gab. Die intensiven soziologischen Studien eines Max Weber zur Landarbeiterfrage nahm Rumpf nicht zur Kenntnis. – Aber auch von anderer Seite fand eine Annäherung der Fächer statt, wie z.B. durch Hans Freyer (1887-1969), der solche Begriffe wie »Objektivationsformen des Geistes« für die »gegenständlichen Sinngehalte« einbrachte.

Leidenschaftlich hatte Schwietering den **Psychologismus** völkerkundlicher Prägung in der Volkskunde bekämpft, – ja er ging so weit, jegliche psychologische Fragestellung nach den »Volksgeistigkeiten« aus der Volkskunde verbannen zu wollen, und schoß auch hier über das Ziel hinaus. Der Hauptverfechter einer psychologischen ›Tiefenschau‹ war der Sohn eines Darmstädter Psychiaters Adolf Spamer (1883-1953), eine außerordentliche Forscher- und Lehrerpersönlichkeit, deren Bedeutung für die Wissenschaftsgeschichte der Volkskunde kaum überschätzt werden kann. Spamer ging von der Germanistik aus und promovierte in Gießen bei Behaghel mit einer Arbeit über die Mystikertexte, – hatte aber als Nebenfächer Kunstgeschichte und Nationalökonomie gewählt und bereitete eine Studie über die Lage der Haararbeiterinnen im Kreis Wetzlar vor. Damit kündigte sich das breite Spektrum seines Interessen- und Bildungsbereiches an, das auch seinen Grundsatzerörterungen zur Volkskunde zugute kam.

Als Untersuchungsgegenstand der Volkskunde nannte er die Lebensäußerungen, die den Menschen als »Volksmenschen, also nicht als Individuum, sondern in seinen allgemeinen oder gruppenhaft gegliederten Bindungen zeigen. Daraus ergibt sich sogleich die phänomenologische Einstellung der Volkskunde, der zunächst jede Wertauswahl bei der Abgrenzung der von ihr zu erfassenden Erscheinungswelt fremd ist« (*Volkskunde als Wissenschaft*, S. 8). Auf diese Weise hatte er eine **psychologische Zielsetzung** in den Vordergrund gerückt, die mit dem (nicht glücklichen) Begriff »Volksmensch« einen psychischen gruppengebundenen Zustand und nicht etwa einen sozialen Stand kennzeichnen wollte, – einen Zustand, in dem sich zeitweilig alle Mitglieder des Volkes befinden könnten ohne Rücksicht auf ihre Zugehörigkeit zu bestimmten sozialen Schichten. Im Mittelpunkt volkskundlichen Erkenntnisstrebens steht nach Spamer die Frage nach der Beziehung des Einzelnen zu Gemeinschaften und

Gruppenbildungen von Volk und Staat, nach seiner Stellung zu Leben, Tod und übersinnlichen Mächten, zu Heimat und Fremde, zu Arbeit, Haus und Familie, zu Natur, Tier und Pflanze, zu rechtlichen und sittlichen Lebensnormen. Alle Stoffgebiete der Volkskunde, alle Zeugnisse der sogenannten geistigen und materiellen Kultur seien lediglich zu beurteilen als »faßbarer Ausdruck dessen, der als geistiger Träger hinter (ihnen) steht«. Grenz- und Zielsetzung der Volkskunde gehe also über die empirische Kenntnisnahme komplexer Sachverhalte hinaus und bedeute ein Vorschieben der Problematik »bis zu jenen Wurzeln, aus denen alle kulturellen Gebilde erwachsen« (ebd., S. 20).

Immer wieder hat Spamer, wie schon 1924, der Volkskunde die »soziologisch-psychologische Einstellung« fachspezifisch zugeordnet, ihr die Typik sozialer Gruppen als wissenschaftliches Ziel gesetzt, ein Ziel, das mit den Hilfsmitteln historischer und philologischer Methodik zu erreichen sei. In aller Deutlichkeit zeigte er die untrennbare Einheit sozialer und gruppenpsychischer Tatbestände auf dem Hintergrund politisch-ökonomischen geschichtlichen Werdeganges. Als 1934 seine *Deutsche Volkskunde* erschien, präsentierte er damit ein eindrucksvolles Dokument der inneren geistigen Einheit verschiedenster Stoffgebiete. Die Resonanz des Werkes war groß, und wenn auch im ersten Textband mancher Beitrag von der Zeit überholt worden ist, so dürfte der allein von Spamer hergestellte Bildteil des zweiten Bandes unübertroffen geblieben sein. Er behandelt nicht nur eine Vielfalt von Stoffgebieten in ikonographisch entferntesten bis zeitlich modernsten Bildbelegen und komprimierten Begleittexten, sondern umfaßt auch das gesamte Spektrum sozialer Schichtung in ihren altersmäßigen, geschlechtsspezifischen, organisatorischen, regionalen, städtischen und ländlichen Gruppierungen ohne Reduzierung auf das Bauerntum. Das war damals eine für einen Volkskundler ungewöhnliche Betrachtungsbreite.

Als Dozent an der Dresdener Pädagogischen Hochschule hatte Spamer bereits im sächsischen Bereich mit der von ihm ausgebildeten Lehrerschaft den Wert wissenschaftlicher Organisation für Enqueten und weiträumige Befragungen erprobt. Die Bestrebungen des von John Meier geleiteten ›Verbandes deutscher Vereine für Volkskunde‹, auf breitester Basis die Materialien der Volksüberlieferung aufzusammeln und für die wissenschaftliche Bearbeitung aufzubereiten, fanden in ihm einen aktiven Mit-Initiator.

Das galt besonders für den *Atlas der deutschen Volkskunde*, ein Unternehmen, das in wechselvoller Geschichte seit 1927 die Prinzipien der Kulturraumforschung für eine volkskundliche Kartographie nutzbar zu machen suchte. In Deutschland hatte als erster Wilhelm Pessler (1880-1962) bereits 1907 den Plan zu einer »großen deutschen Ethno-

Geographie« gefaßt und später vom Standpunkt des hannoverschen Museumsleiters aus die »**geographische Methode**« immer wieder als entscheidend für die Volkskunde gefordert.

Der Begriff hätte besser »kartographische Methode« geheißen, aber trotz seiner Mißverständlichkeit fand er in der volkskundlichen Fachliteratur vielfach Anwendung (z.b. bei Mathilde Hain). Als Vorbild diente die Dialektgeographie, also die Darstellung von Dialektbereichen auf Karten. Johann A. Schmeller (1785-1852) hatte für Bayern 1821 einen derartigen Versuch unternommen. Methodisch stand der in Frankreich um 1900 erschienene *Atlas linguistique de la France* Modell, dessen Theorien in Deutschland durch Theodor Frings (1886-1968), Hermann Aubin (1885-1969) und Josef Müller (1875-1945) zum Durchbruch gelangten. Von daher entwickelte sich die Kulturraumforschung, die im Zusammenspiel von geographischen, territorialgeschichtlichen und volkskundlichen Fakten »Kulturströmungen und Kulturprovinzen« aufzuzeigen vermochte. Als erstes wissenschaftliches Unternehmen vermittelte der *Deutsche Sprachatlas*, den Georg Wenker (1852-1911) seit 1876 vorbereitet hatte, das durch Fragebogen gewonnene Mundartenmaterial als synchrones Kartenbild der Verbreitung von lautlichen und syntaktischen Erscheinungen. Von den französischen Erfahrungen her hatten seit 1919 die Schweizer auch die volkstümliche Sachkultur in die Sprachaufnahme miteinbezogen. In Deutschland setzten die volkskundlichen Arbeiten Ende der zwanziger Jahre systematisch ein und wurden von einer Berliner Zentralstelle mit großem Elan vorangetrieben, vor allem dank der Organisationsgabe John Meiers, unter der geistigen Führung Herbert Schlengers (1904-1968), Arthur Hübners (1885-1937), Adolf Spamers u.v.a.; freilich war Spamers Rolle in diesem Kreis und für dieses Thema weder führend noch entscheidend. Über ein dichtes Netz von Landesstellen konnten bis 23000 Schulorte des damaligen deutschen Reiches zur Beantwortung der insgesamt fünf Fragebogen mit 243 Fragenkomplexen herangezogen werden. Die einlaufenden Materialmengen wurden in schneller Folge gesichtet und zwischen 1937 und 1940 in 120 Verbreitungskarten veröffentlicht. Die über den Krieg geretteten Antwortenkonvolute erfuhren im Bonner Forschungsinstitut durch Matthias Zender (Bonn) und seine Mitarbeiter erneute Kommentierung und zu Beginn der sechziger Jahre auch Erweiterung durch neue Fragebogen um diejenigen Stoffgebiete, die seinerzeit vernachlässigt worden sind; an ihrer Entwicklung und Auswertung hatte besonders Günter Wiegelmann (Münster) maßgeblichen Anteil, an der Kommentierung schließlich auch Heinrich L. Cox und Gerda Grober-Glück.

Dabei handelt es sich vor allem um die Sachforschung. Die stark psychologisch eingestellte Blickrichtung besonders Adolf Spamers hatte bei der Auswahl der Fragenkomplexe eine Überlastigkeit von Brauch, Glauben und psychischen Verhaltensweisen herbeigeführt, die dem Gesamtunternehmen nicht dienlich sein konnte. Die großen Bereiche des Siedelns und Wohnens, der ländlichen und handwerklichen Arbeit mit ihren Geräten und Techniken fanden sich unziemlich zurückgedrängt, sehr zum Schaden der Sachforschung, die mit einem Synchronschnitt zwischen den beiden Weltkriegen höchst zweckdienliche Aufschlüsse gerade über Arbeit und Gerät hätte gewinnen können. Hier lagen gewisse Grenzen Spamerscher Stoffeinschätzung und hier lag ein tiefes **Mißtrauen gegen die Realien** und ihre Erforschung, die er auch vom Forschungsgegenstand der Volkskunst streng getrennt sehen wollte. Andere Probleme waren es, die den Gelehrten faszinierten, und seine kritische Überprüfung der Atlasmethode, seine Forderung nach einer Verdeutlichung der Intensitätsfaktoren innerhalb des Antwortenmaterials (d.h. ob z.B. eine Gruppe Jugendlicher oder zwei alte Mütterchen die Träger des befragten Kulturphänomens sind) gehören nach wie vor zu den wichtigen Hinweisen für eine fruchtbare Weiterentwicklung der kartographisch-funktionalen Methode.

Was John Meier, Spamer und den Berliner Kreis der Atlas-Zentralstelle mit schönsten Hoffnungen erfüllte, war vor allem die Tatsache, daß sich durch die damalige ›Notgemeinschaft der deutschen Wissenschaften‹ (später: ›Deutsche Forschungsgemeinschaft‹ der alte, schon von Riehl gehegte Wunschtraum eines umfassenden zentralen Volkskunde-Institutes mit allen finanziellen, organisatorischen und technischen Voraussetzungen zu verwirklichen schien.

Der *Atlas* bildete das größte Gemeinschaftsunternehmen auf geisteswissenschaftlichem Gebiet, das jemals im Rahmen deutscher Forschung finanziert worden war. Was Jacob Grimm ersehnt, was Wilhelm Mannhardt versucht hatte, – hier sollte endlich eine **zentrale Forschungsstelle** all jene Arbeiten leisten, die die Kräfte des Einzelforschers übersteigen; hier sollten die zerstreuten Bemühungen der landschaftlichen Volkskundevereine eine sinnvolle Konzentration erfahren. Der Atlas als Instrument der Problemaufweisung konnte die Statistik der Sitten und Verhaltensnormen liefern und in periodisch wiederholten Neuerhebungen den Strukturwandel der Kulturgüter und ihrer Träger zu erkennen geben. Das Zusammenspiel der Phänomene aber machte die kartographische Darstellung von Kulturräumen und Kulturgrenzen sichtbar, die ihrerseits den Hintergrund für die Lösung sozial-psychologischer Probleme abgaben. In das Programm gehörten Projekte wie das Corpus deutscher Hausinschriften, ein Handwörterbuch der deutschen Sachkunde, eine historische Bildersammlung, eine volkskundliche Bestandsaufnahme der deutschen Archive, ein Filmarchiv, – Vorhaben, die nur teilweise realisiert worden sind.

Für den *Atlas* war nach gutem Anlauf des nationalen Programms an eine fruchtbare Kooperation mit ähnlichen Unternehmungen in anderen europäischen Ländern gedacht mit dem Ziel eines europäischen ethnographischen Atlasunternehmens, das vor allem der Schwede Sigurd Erixon (1888-1968) lebhaft unterstützte. Doch die politische Entwicklung lenkte die deutsche Volkskunde in andere Bahnen.

Nach dem Zweiten Weltkrieg nahm ab 1953 die Ständige Internationale Atlaskommission die Arbeit wieder auf mit dem Ziel, einen Ethnologischen Atlas Europas und seiner Nachbarländen zu erstellen. Matthias Zender konnte 1980 den ersten Band mit Erläuterungen zur Verbreitungskarte der »Termine der Jahresfeuer in Europa« vorlegen.

## Literatur:

Aubin, Hermann, Theodor Frings, Josef Müller: Kulturströmungen und Kulturprovinzen in den Rheinlanden. Bonn 1926, Nachdruck Darmstadt 1966.
Boehm, Fritz: Volkskunde. Dem ADV zum Geleit. Berlin 1931.
Bringemeier, Martha: Gemeinschaft und Volkslied. Münster 1931.
Brinkmann, Otto: Das Erzählen in einer Dorfgemeinschaft. Münster 1932.
Freyer, Hans: Soziologie als Wirklichkeitswissenschaft. Logische Grundlegung des Systems der Soziologie. Leipzig u.a. 1930, Stuttgart 1964.
Frings, Theodor: Volkskunde und Sprachgeographie. In: Deutsche Forschung 6 (1928), S. 86-105.
Gansohr-Meinel, Heidi: »Fragen an das Volk«. Der Atlas der deutschen Volkskunde 1928-1945. Ein Beitrag zur Geschichte einer Institution. Würzburg 1993 (Quellen und Forschungen zur Europäischen Ethnologie 13).
Geramb, Viktor von: Zur Frage nach den Grenzen, Aufgaben und Methoden der deutschen Volkskunde. In: Zeitschrift des Vereins für Volkskunde 37/38 (1927/28), S. 163-181. – Zu Geramb vgl. Eberhart, Helmut: Zwischen Realität und Romantik. Die Viktor-Geramb-Fotosammlung am Institut für Volkskunde in Graz. In: Zeitschrift für Volkskunde 81 (1985), S. 1-21. – Ders.: Nationalgedanke und Heimatpflege: Viktor Geramb und die Institutionalisierung der Volkskunde in Graz. In: Jacobeit, Wolfgang/Hannjost Lixfeld/Olaf Bockhorn: Völkische Wissenschaft. Wien/Köln/Weimar 1994, S. 427-439.
Hain, Mathilde: Das Lebensbild eines oberhessischen Trachtendorfes. Von bäuerlicher Tracht und Gemeinschaft. Jena 1936.
Dies.: Die Volkskunde und ihre Methoden. In: Deutsche Philologie im Aufriß, Bd. III. 1967, Sp. 2547, Kap. II: Die geographische Methode.
Ipsen, Günther: Programm einer Soziologie des deutschen Volkstums (Das politische Volk 1). Berlin 1933.
Ders.: Das Landvolk. Ein soziologischer Versuch. Hamburg 1933.

Lauffer, Otto: Der Begriff der Volkskunde. In: Volkstum und Bildung 1925, S. 55-65.

Ders.: Deutsche Altertums- u. Volkskunde in ihren Beziehungen zur Anthropologie und Urgeschichte. In: Tagungsberichte der Deutschen Anthropologischen Gesellschaft. Augsburg 1928, S. 14-20.

Ders.: Volkswerk. In: Volkskunde. Quellen und Forschungen seit 1930. Bern 1951, S. 260-337. – In Fortführung der Laufferschen Schule gab sein Nachfolger Walter Hävernick in Hamburg seit 1956 die ›Beiträge zur deutschen Volks- u. Altertumskunde‹ heraus.

Mitzka, Walter: Die Methodik des deutschen Sprachatlas und des deutschen Volkskundeatlas. In: Hessische Blätter für Volkskunde 41 (1950), S. 134-149.

Pessler, Wilhelm: Volkstumsgeographie als Allgemeingut. Hannover 1938.

Rumpf, Max: Volkssoziologie im Rahmen einer sozialen Lebenslehre. Nürnberg 1931.

Ders.: Deutsches Bauernleben. München 1936.

Schmeller, Johann Andreas: Die Mundarten Bayerns. 1821, Nachdruck München 1929/30, 1959.

Schwietering, Julius: Wesen und Aufgaben der deutschen Volkskunde. In: Deutsche Vierteljahrsschrift 5 (1927), S. 748-765.

Ders.: Die deutsche Dichtung des Mittelalters. Potsdam 1932, reprograf. Neudruck 1967. – Zu Schwietering vgl. Assion, Peter: Julius Schwietering. In: Jacobeit, Wolfgang/Hannjost Lixfeld/Olaf Bockhorn: Völkische Wissenschaft. Wien/Köln/Weimar 1994, S. 50ff.

Spamer, Adolf: Wesen, Wege und Ziele der Volkskunde. Leipzig 1928.

Ders.: Die Volkskunde. In: Grundzüge der Deutschkunde. Hg. von W. Hofstaetter u. Fr. Schnabel, Bd. 2. Leipzig 1929, S. 250-304.

Ders.: Volkskunde als Wissenschaft. Stuttgart 1933.

Ders.: Volkskunde. In: Germanische Philologie. Festschrift für Otto Behaghel. Heidelberg 1934, S. 435-481.

Ders.: Volkskunde als Gegenwartswissenschaft (Zwei Vorträge von W.H. Riehl und A. Spamer). 1935, S. 77-85.

Ders.: Die deutsche Volkskunde. Hg. von Adolf Spamer, Bd. 1. Leipzig 1934.

Ders.: Vorschläge zu 150 Fragen zum Abschluß des Frageplans des Atlas der deutschen Volkskunde. In: Deutsche Forschung 19 (1933). – Zu Spamer vgl. Spamer-Bibliographie. In: Beiträge zur sprachlichen Volksüberlieferung, Adolf Spamer zum 70. Geburtstag. Hg. von Ingeborg Weber-Kellermann und Wolfgang Steinitz. Berlin 1953, S. 292-296; – s. auch die Themen der von Spamer in Dresden an die sächsischen Lehrerstudenten vergebenen Staatsarbeiten. In: Deutsches Jahrbuch für Volkskunde 2 (1956), S. 245-251. – Assion, Peter: Adolf Spamer. In: Jacobeit, Wolfgang/Hannjost Lixfeld/Olaf Bockhorn: Völkische Wissenschaft. Wien/Köln/Weimar 1994, S. 61ff.

Tönnies, Ferdinand: Gemeinschaft und Gesellschaft. Grundbegriffe der reinen Soziologie. Leipzig 1887, Nachdruck nach der letzten Ausg., Darmstadt [8]1963.

Weber, Max: Die Verhältnisse der Landarbeiter im ostelbischen Deutschland. Berlin 1892.

Ders.: Die ländl. Arbeitsverfassung. Gesammelte Aufsätze. Tübingen 1924.

Wiegelmann, Günter: Erste Ergebnisse der ADV-Umfrage zur alten bäuerlichen Arbeit. In: Rheinische Vierteljahresblätter 33 (1969), S. 208-262.
Wikman, Robert: Einleitung der Ehe. Abo 1937.
Zender, Matthias: Einführung in: Atlas der deutschen Volkskunde. Neue Folge. Erläuterungen, Bd. 1. Marburg 1959-1964, und die dort angegebene Literatur; Quellenwerke zur volkskundlichen Kulturraumforschung. In: Zeitschrift für Volkskunde 55 (1959), S. 104-114.

## 4.3 Die Wiener Schule – die schwedische Schule: Gleichzeitig – Ungleichzeitiges

Neben den rationalen Methoden der Kulturgeographie, neben den fruchtbaren Auseinandersetzungen zwischen Kulturgeschichte, Soziologie und Psychologie, neben den Diskussionen um die Rolle des Individuums in der Gemeinschaft war auch der alte **Mythologismus des 19. Jahrhunderts** nicht gänzlich untergegangen und mischte sich mit ethnologischen Erkenntnissen zu neuen gefährlichen Theorien. Es ist hier von der Wiener Schule die Rede, wo es vor allem um Bräuche und Sagen zum Thema der Jungmannschaften ging, um eine von männlichen kriegerischen Geheimbünden bestimmte ›Urgesellschaft‹, deren Reste angeblich bis in die Gegenwart in einer Art von Kontinuität bestimmend hineinragen.

Der Ethnologe Heinrich Schurtz (1863-1903) hatte um die Jahrhundertwende die Bedeutung der geheimen Knaben- und Männerbünde für die primitiven Gesellschaften entdeckt und deren militärisch-aristokratischen Charakter hervorgehoben. Er wandte sich vor allem gegen die Lehre des Schweizers Johann Jacob Bachofen (1815-1887), daß das Mutterrecht dem Vaterrecht vorausgegangen sei, und postulierte aufgrund eines reichen empirischen ethnographischen Materials die These von der gesellschaftsbildenden Kraft des »Männerhauses«, das die Jungmannschaften zusammenführt. Während die Frauen dem Familiengefüge verhaftet seien, werde das Leben der Männer durch den Geselligkeitstrieb bestimmt, der gesellige Zusammenschluß also stelle die Wurzel aller höheren sozialen Verbände dar. Die männliche Kampflust bilde die notwendige Ergänzung dieses Geselligkeitstriebes, »indem der Kampf regelmäßig das Vorspiel dauernder, auf gegenseitiger Erkenntnis des Wertes und der Tüchtigkeit beruhender Vereinigung ist«. Mit den primitiven Männerverbänden aber hingen alle weiteren sozialen Gruppierungen zusammen wie die Altersklassen mit ihren Initiationsweihen und die Geheimbünde.

Diese Lehren trafen sich mit der Forschungsrichtung des Wiener Germanisten Rudolf Much (1882-1936), der durch Beziehungen zur ›Wiener Anthropologischen Gesellschaft‹ seinen Interessen- und Wissensbereich erweitert hatte. Für sein Hauptarbeitsgebiet, die germanische Stammes- und Altertumskunde, suchte er unter Heranziehung von Sagenmaterial neue Interpretationen in einer national gefärbten Ideenrichtung. Die Anziehungskraft seiner Hochschullehrerpersönlichkeit führte ihm eine Reihe bedeutender Schüler zu, so daß man durchaus von einer Much-Schule sprechen kann. Lily Weiser (1898-1987) ist in ihrer Habilitationsschrift von 1926 über die altgermanischen Jünglingsweihen und Männerbünde als erste der Muchschen Theorie gefolgt, daß Brauchtumszüge älter sein müßten als Erzählmotive, und deutete vor allem die Sagen vom Wilden Heer als Spiegelungen mittwinterlicher Burschenbräuche.

Es wäre freilich zu einfach (und ungerecht), Person und Werk von Lily Weiser-Aall (wie sie sich nach ihrer Heirat mit dem norwegischen Philosophen Anathon Aall und ihrer Übersiedlung nach Oslo nannte) allein nach dieser frühen Schrift zu beurteilen. Eingehende und differenzierte biobibliographische Beiträge wurden inzwischen von Niem (1998) und Moestue/Kvideland (1998) vorgelegt, auf die hier verwiesen sei.

Zu den »Ritualisten« der Wiener Schule gehören ferner Richard Wolfram (1901-1995), der aus dem großen Bereich der männerbündischen Erscheinungen den Schwerttanz herausgriff (1936/37), und Robert Stumpfl (1904-1937) mit seinen Studien zur Dramengeschichte.

Der bedeutendste und wirkungsreichste Vertreter dieser Richtung ist der Germanist Otto Höfler (1901-1987, 1938 bis 1945 Ordinarius für Volkskunde in München, später für Germanistik in Wien), der mit seinen »kultischen Geheimbünden« und seinem »Kontinuitätsproblem« der Volkskunde der frühen dreißiger Jahre einen neuen gefährlichen Akzent verlieh. Höfler bemühte sich um den Nachweis, daß Sagen Umzugsbräuche spiegeln, die sich seit der Zeit der Germanen bis in die Gegenwart erhalten hätten. Als Mittelpunkt germanischen Lebens und als Quelle religiöser, ethischer und historisch-politischer Kräfte von ungeheurer Macht sah er den **heroisch-dämonischen Kult der Mannschaftsverbände**, ihre ekstatische Identifikation mit den Toten-Ahnen. In dieser kultischen Daseinssteigerung aber sei nicht Chaos, sondern Ordnung beschlossen; es handele sich um »soziale Kulte«, die den tragenden Verbänden durch den Aufbau einer bindenden Gemeinschaft mit den Vorfahren erst Bestand verleihen.

Mit einer Fülle vor allem skandinavischen Belegmaterials erstellte er eine »Typologie der kultischen Gemeinschaftsformen« mit dem

Ziel, eine ungebrochene »Kontinuität dieser Kulte« und damit die »Einheit unserer Geschichte« zu beweisen. Die deutsche Geschichtsbetrachtung sei durch den Bruch zwischen germanischem Altertum und christlichem Mittelalter beherrscht und müsse sich erst an den Gedanken der »übergreifenden Einheit der Kulturtradition« gewöhnen. »Kontinuität« nun sei das Wesen des Lebens selbst, einmal im Sinne eines eigenständigen Fortlebens von Kulturformen (er wählte hier als Beispiel Odins Speer) und zum anderen im »organischen Sinne« als Fortleben der »völkischen Substanz« und ihrer Schöpfungen.

Der von dem Wiener Historiker Alfons Dopsch (1868-1953) formulierte Kontinuitätsbegriff als **Nachleben antiker Kulturelemente** in germanischer Frühzeit und deutschem Mittelalter erfuhr hier eine ideologische Pervertierung. Es waren die kulturellen Phänomene des germanischen Altertums, die bis in die Gegenwart überdauern sollten – und zwar bei konstanten Bedeutungsinhalten. Die germanische Kontinuitätsthese vom »Fortbestehen kultureller Schöpfungen« bei durchaus möglichem »Wechsel der Träger«, die als »Material« diesen Kulturformen immer neu zuströmten, offenbarte eine Vorstellungswelt, die nur durch eine voll ideologisierte Wissenschaftsauffassung verständlich wird (s. Kap. 5). Durch ein Kreisschlußverfahren wurde aus den rezenten Überlieferungsformen wie Sagen, Mythen und einzelnen Archivbelegen das Vorhandensein sehr früher Altformen bewiesen und daraus wieder deren Kontinuität abgeleitet. Bei solchen akrobatischen Denkprozessen schienen alle bisherigen Bemühungen um eine tatsachenbezogene wissenschaftliche Volkskunde vergessen.

In der benachbarten Schweiz hatten bedeutende Historiker und Volkskundler die Zusammenhänge zwischen Burschenbünden, Totenehrung und Maskierungen deutlich herausgearbeitet, ohne in germanische Kontinuitätshypothesen zu verfallen. So brachte der Historiker Hans-Georg Wackernagel nachdrücklich das **Maskenwesen** der Schweizer Jungmännerbünde mit den immer wieder örtlich aufflammenden Kämpfen zwischen Hirten und dörflichen Bauernburschen in einen logischen, wirtschaftshistorischen Zusammenhang. Der bedeutende Humanist und Volkskundler Karl Meuli (1891-1968) sah die Ursprünge der Maskenbräuche als sorgsam gehütetes Geheimnis von Knabenschaften, die sich zu gegebenen Zeiten in die Rolle der toten Ahnengeister versetzen – ohne jedoch dabei das Bewußtsein zu verlieren, sich in einem Maskenspiel zu bewegen.

Daß die Kulturerscheinungen kein Eigenleben führen können, sondern als dynamische Prozesse in ihrer Bedeutsamkeit für die jeweils ausübenden Gruppen erkannt werden müssen, diese mühsam errungene Erkenntnis verlor sich in der Lehre vom statischen Überdauern altgermanisch-heroischer Kultformen und Lebensnormen. Ihre Reste, einst von den Mythologen des 19. Jahrhunderts mühsam aus den historischen Zeitschichten herauspräpariert, dienten den Kontinuitätsforschern der dreißiger Jahre weniger zur Errichtung eines heilen Sehnsuchtsbildes vom germanischen Altertum als vielmehr der Beantwortung der Frage nach der Gültigkeit germanischer Anschauungen bis in die Gegenwart. Ihr volles Ja zu dieser Frage beweist, wie sehr sie vorgefaßten Schlüssen folgten. Einzelelemente und -motive aus Volkskunst, Brauch und Sage erklärte man zur Sache selbst und erhärtete dann aus ihnen wiederum die Lehre von der »übergreifenden Lebenseinheit« und »ungebrochenen Kontinuität«.

Der andere Strang der Wiener Schule führte in eine mythologische Richtung, die vor allem durch Karl von Spieß (1880-1957) und seinen Kreis repräsentiert wurde. Sie erwuchs aus Religionswissenschaft und Wagnerstudium des Deutschbalten und Wiener Indologen Leopold von Schröder (1851-1920) und entnahm manche Anregung den Sonnen- und Mond-Mythologismen des Iranisten Georg Hüsing (1869-1930). Spieß konzentrierte sich mehr auf die österreichische Volksüberlieferung, die er versuchte, in »urindogermanische« Zusammenhänge zu stellen. Schon 1911 war er mit einer Studie über den *Mythos als Grundlage der Bauernkunst* hervorgetreten. In seinen folgenden Büchern widmete er sich eingehend dem Ziel, die »Bedeutung« der Werke überlieferungsgebundener Kunst im Zusammenspiel mit den Zeugnissen vorgeschichtlicher, frühchristlicher und indogermanischer Kunstübung klarzulegen. Im Mittelpunkt seiner Überlegungen stand das Leitbild des »Lebensbaumes«, gesehen als Monatsbaum, Jahresbaum, Weltenbaum im Verband einer »alten Heilsordnung, die zu ergründen ist«, — standen die »Leitgestalten« der drei Frauen als »Darstellung einer dreigeteilten Zeiteinheit« u.a.m.

Auf gleicher Ebene lag die Veröffentlichung zum Erzählstoff *Deutsche Märchen – Deutsche Welt*, die er mit seinem Freund Edmund Mudrak (1894-1965) zusammen herausgab. Hier handelte es sich um Interpretationen und Bearbeitungen in Richtung auf die vorgebliche **indogermanische ›Urform‹ der Märchen**. Wieder einmal war man wie in Zeiten der romantischen Wissenschaftsschau bei der Suche nach den vermeintlich »richtigen Urformen« angelangt und hatte alle soziologischen Bezugssysteme vergessen.

Das Wirkungsfeld dieser eindrucksvoll vorgetragenen Interpretationsweisen und Deutungen war leider groß und ergriff mit seinem »poetischen Tiefgang« weite Laienkreise. Aber auch die Anregungen, die der Wiener Mythologismus auf verschiedenste Wissenschaftszweige ausübte, blieb beachtlich, wenn auch Rudolf Much und sein Kreis ihr Eindringen in die Hochschule trotz aller ideologischen Nähe zu verhindern wußten. Die Verbindung mit der Kunstwissenschaft stellte der Wiener Kunsthistoriker Josef Strzygowski (1862-1938) her, der die Volkskunst in seine indogermanische Zusammenschau miteinbezog. Als guter Kenner der Wiener Museumsbestände benutzte er deren reiches Anschauungsmaterial und wirkte seinerseits anregend auf die damaligen Leiter des Museums Michael Haberlandt (1860-1940) und seinen Sohn Arthur Haberlandt (1889-1964), wobei gerade ersterer in bewußtem Gegensatz zu Hans Naumann die Volkskunst durch ihr Spannungsverhältnis zwischen epochaler Stilkunst und primärer Gemeinschaftskultur definiert sehen wollte.

Ihr Nachfolger in der Museumsleitung Leopold Schmidt (1912-1982), dessen reich entfaltete Forscherpersönlichkeit allerdings nicht etwa durch die Zuordnung zur Wiener Mythologenschule abgestempelt werden soll (s. Kap. 6), steht zumindest mit einem seiner Werke ebenfalls in deren Bereich: gemeint ist die *Gestaltheiligkeit*, die er Karl Spieß gewidmet hat. Durch das Medium von Volksglauben und -brauch möchte Schmidt die Gebiete der sogenannten geistigen und der sogenannten materiellen Volkskultur im Sinne eines »bäuerlichen Arbeitsmythos« vereinen, den er als den geistigen Raum der Sachkultur umschreibt. »Erst nach einer möglichst vollkommenen Durchdringung der Erscheinung«, betont er einleitend, »gewinnen wir aus tausendfältiger Konkretisierung die gestaltliche Abstraktion in dem Maße, wie sie sich in Jahrtausenden für den arbeitenden Menschen als Sinnbild verselbständigt hat. Das bäuerliche Arbeitsgerät zeigt sich dann als geistig-seelische Wesenheit.«

Das waren bei Erscheinen dieses Buches 1952 überlebte Formulierungen und überholte Inhalte. Schmidt ordnete die ländlichen Arbeitsgeräte, vor allem Sichel und Sense, in das **traditionsgebundene Verhältnis des Menschen zur Heiligkeit der Dinge**. Im »mythischen Dynamismus«, im Spiel der Überlieferung jenseits von Rezeption und Reliktbewahrung sah Schmidt die Grundbezogenheit zwischen Volkskultur und Kosmos. Soziologische Fragestellungen wurden von ihm vermieden, und seine ›mythische Dynamik‹ bewegte sich fast unabhängig von den Trägerschichten. Bedeutet aber ›Dynamik‹ nicht im Gegenteil die Anerkennung der Tatsache dauernder Wandlungsprozesse, die sich notwendig im sozialen Bereich vollziehen? So sind Veränderungen im mythologischen Feld nicht denkbar ohne Veränderungen der sozialen Ordnungsgefüge, innerhalb derer sie Geltung besitzen. Hier hat Lenz Kriss-Rettenbeck (1956) eine wohlfundierte Gegenposition bezogen.

Aber solche Schlußfolgerungen, die von der Realität der Erscheinungen im synchronen und diachronen Bezugssystem ausgehen, lagen auch den Mythologen des 20. Jahrhunderts ebenso fern wie ihren Vorgängern. Es ist erstaunlich zu sehen, wie leichtherzig sie den mühsam erarbeiteten sozial-psychologischen Standpunkt der wissenschaftlichen Volkskunde beiseite schoben.

Zu gleicher Zeit, aber in entgegengesetzter wissenschaftlicher Richtung, entfaltete sich in Skandinavien eine **ethnologische Schule**, die später für die gesamte europäische Forschung richtungweisend werden sollte. Zunächst blieb sie von den deutschen Volkskundlern weitgehend unbemerkt, und erst Will-Erich Peuckert (1895-1969) hat in seiner 1951 erschienenen Bibliographie darauf aufmerksam gemacht.

Es ging anfänglich in Schweden – noch in Auseinandersetzung mit James Frazer (s. Kap.1.4) – um die alten Mannhardtschen Thesen. Von den Wanderungs- und Ursprungstheorien her nahm Waldemar Liungman entschieden Anstoß an Mannhardts ›Vegetationsdämonen‹, die er lieber durch eine in der Vegetation »spezialisierte heilige Kraft« ersetzt gesehen hätte. Die Regeneration dieser Kraft erfolge durch die Opferung der Korndämonen, Glaubensvorstellungen, die keineswegs an den europäischen Norden gebunden seien, sondern vielmehr im Orient, besonders in Ägypten ihren Ursprung hätten. Doch erst die neuere schwedische volkskundliche Schule, begründet durch Carl Wilhelm von Sydow (1878-1952) und Sigurd Erixon (1888-1968), belebte **soziale und ökonomische Ausrichtungen** der »Folklivsforskning«, die sich folgerichtig und ergebnisreich mit der alten Brauch- und Mythenkunde auseinandersetzte. Åke Campbell (1891-1957), von Sydow und Sigfrid Svensson (1901-1984) bezogen neue Positionen, indem sie die von Mannhardt als Opferbräuche und fruchtbarkeitskultische Handlungen gedeuteten Vorgänge beispielsweise um die letzte Garbe als bloße Scherzsitten, oft erotischen Charakters, der jugendlichen Schnitter ansahen oder als primitive zauberische, auf gute Vorzeichen zielende Manipulationen.

Der alten, ausschließlich religionshistorischen Forschungstendenz, der man einen gänzlichen Mangel an realistischer Situationskenntnis vorwarf, wird hier eine quasi-psychologische Anschauungsweise gegenübergestellt, der Erixon eine soziologische Komponente hinzufügte. Die von ihm eingeführten drei großen Kulturdimensionen: Raum, Zeit und soziale Gruppen, in die jede Erscheinung einordnen möchte, wurden zum theoretischen Ausgangspunkt für die beachtenswerte Untersuchung seines Schülers Albert Eskeröd: *Årets äring* (1947). Im Hinblick auf die Dimension ›Raum‹, weist Eskeröd auf die Einheit des Kulturumkreises hin, in dem eine bestimmte Sitte vorkommt, die nur aus dem diesem Kulturkreis eigenen morphologischen und funktionellen Charakter heraus verstanden werden kann. Während die Survival-Forscher die fehlenden Glieder ihrer Beweiskette je nach Bedarf aus beliebigen Räumen herbeiholten, aber auch die Kulturkreislehre sich mit der Frage nach Herkunft und Verbreitung einzelner Kulturelemente begnügt, gilt es vielmehr, jeweils die Frage nach der ganz bestimmten Funktion der untersuchten Erscheinung innerhalb ihrer ganz bestimmten Umwelt zu stellen.

Auch bei der Behandlung der Dimension »Zeit« setzte er sich kritisch mit den Survival-Theoretikern (Tylor) auseinander, die aus einigen, in der Volkstradition noch vorhandenen Überbleibseln einstige Kulturzusammenhänge rekonstruieren möchten. Demgegenüber forderte er, den Funktionalisten Bronislaw Malinowski (1884-1942) und Alfred Reginald Radcliffe-Brown (1881-1955) folgend, das Studium der Erscheinungen auf dem Hintergrund ihres Funktionsmilieus. Ethnologische Forschung kann nur sinnvoll sein, wenn man in sauber entwickelter Methode die Bedeutung von Bräuchen und Glaubensvorstellungen erkennt, die sie für die betreffende Trägergruppe besitzt. — Die dritte Dimension der ›sozialen Gruppeneinteilung‹ schließlich erfordert die genaue Kenntnis des gesellschaftlichen Milieus, aber auch der materiellen und arbeitstechnischen Voraussetzungen, die hinter einem Brauche stehen.

Die Einführung dieses Koordinatensystems war also bestimmt durch die **drei großen Kulturdeterminanten: Raum, Zeit und soziale Schicht.** Damit war der Begriff des sozialen Kontext verfestigt und die von solchen Bezugssystemen losgelöste Survivalforschung der Vergangenheit anheimgegeben. Im Deutschland der dreißiger Jahre jedoch erlebte gerade die Reliktsuche nach germanischen Überresten in Sinnbild, Kinderspiel und Brauch im Rahmen der nordisch-germanischen Kontinuitätserhellung eine extreme ideologische Kulmination.

## Literatur:

Bachofen, Johann Jacob: Das Mutterrecht [1861]. Wiederabdruck in: J.J. Bachofen: Gesammelte Werke. Hg. von Karl Meuli. Bd. 2/3, Basel 1948.
Bockhorn, Olaf: Von Ritualen, Mythen und Lebenskreisen: Volkskunde im Umfeld der Universität Wien. In: Jacobeit, Wolfgang/Hannjost Lixfeld/Olaf Bockhorn: Völkische Wissenschaft. Wien/Köln/Weimar 1994, S. 477-526.
Eskeröd, Albert: Årets äring. Stockholm 1947.
Gajek, Esther: Germanenkunde und Nationalsozialismus. Zur Verflechtung von Wissenschaft und Politik am Beispiel Otto Höflers. In: Faber, Richard (Hg.): Politische Religion – religiöse Politik. Würzburg 1997, S. 173-203.
Höfler, Otto: Kultische Geheimbünde der Germanen. Frankfurt a.M. 1934.
Ders.: Das germanische Kontinuitätsproblem. Hamburg 1937. – Vgl. Röhrich, Lutz: Sage (Sammlung Metzler, 55). Stuttgart ²1971, S. 24.

Kriss-Rettenbeck, Lenz: Lebensbaum und Ährenkleid. In: Bayerisches Jahrbuch für Volkskunde 1956, S. 42-56.

Ders.: Die Feige. Basel 1955.

Liungman, Waldemar: Traditionswanderungen Euphrat – Rhein (FFC 118/119). Helsinki 1937/38.

Ders.: Traditionswanderungen Rhein – Jenissei (FFC 129/131). Helsinki 1941, 1945.

Much, Rudolf: Die Germania des Tacitus. Heidelberg 1937, ³1967.

Peuckert, Will Erich und Otto Lauffer: Volkskunde. Quellen und Forschung seit 1930. Bern 1951, S. 81ff.

Schmidt, Leopold: Geschichte der österreichischen Volkskunde. Wien 1951, S. 133ff.

Ders.: Gestaltheiligkeit im bäuerlichen Arbeitsmythos. Studien zu den Ernteschnittgeräten und ihrer Stellung im europäischen Volksglauben und Volksbrauch. Wien 1952.

Schurtz, Heinrich: Altersklassen und Männerbünde. Eine Darstellung der Grundformen der Gesellschaft. Berlin 1902.

Spieß, Karl von: Das Werden eines Werkes. In: Forschungsfragen unserer Zeit. Lfg. 1/2 (1957), S. 1-10.

Ders.: Bauernkunst. Ihre Art und ihr Sinn. Berlin 1925, ²1935.

Ders.: Marksteine der Volkskunst. Bd. 1 (1937), Bd. 2 (1942).

Ders. gemeinsam mit Edmund Mudrak: Deutsche Märchen – Deutsche Welt. Zeugnisse nordischer Weltanschauung in volkstümlicher Überlieferung. Berlin 1939.

Strzygowski, Josef: Spuren indogermanischen Glaubens in der bildenden Kunst. Heidelberg 1936.

Stumpfl, Robert: Kultspiele der Germanen als Ursprung des mittelalterlichen Dramas. Berlin 1936.

Völger, Gisela, und Karin von Welck (Hg.): Männerbande – Männerbünde. Zur Rolle des Mannes im Kulturvergleich. 2 Bde. Köln 1990.

Wackernagel, Hans Georg: Altes Volkstum der Schweiz (1932-1951). Basel 1956.

Weiser, Lily: Altgermanische Jünglingsweihen und Männerbünde. Bühl 1927. – Vgl. Niem, Christina: Lily Weiser-Aall (1898-1987). Ein Beitrag zur Wissenschaftsgeschichte der Volkskunde. In: Zeitschrift für Volkskunde 94 (1998), S. 25-52 (mit Bibliographie). – Moestue, Anne, und Reimund Kvideland (Red.): »Verden var hennes tekst«. Forskeren Lily Weiser-Aall. En minnebok 1898-1998. Oslo 1998.

Wolfram, Richard: Schwerttanz und Männerbund. 2 Bde. 1936/37.

Zimmermann, Harm-Peer: Männerbund und Totenkult. Methodologische und ideologische Grundlinien der Volks- und Altertumskunde Otto Höflers 1933-1945. In: Kieler Blätter zur Volkskunde 26 (1994), S. 5-27.

## 5. Die Volkskunde in der Zeit des Nationalsozialismus

Otto Höfler beendete sein Buch über die »*Kultischen Geheimbünde der Germanen*« mit folgenden Sätzen: »Die eigenste Begabung der nordischen Rasse, ihre staatenbildende Kraft, fand in den Männerbünden ihre Stätte und hat sie zu reichster Entfaltung getrieben. Sie sind zu Mächten emporgewachsen, die Tragkraft und Stoßkraft besaßen und kämpfend, gestaltend und herrschend in die Weltgeschichte eingegangen sind.« In dieser Aussage, geschrieben 1933/34 im hohen Pathos dieser Zeit, ist eine ganze Fülle von Gedanken enthalten, die den **Charakter der nationalsozialistischen Volkskunde** bestimmten:

- die Lehre von der Überlegenheit der nordischen Rasse, vom elitären Wesen der Männerbünde,
- vom hohen Wert kriegerischer Aktion,
- von germanisch-deutscher-Herrscher-Sendung. Sie entsprachen weitgehend der dann von der SS entwickelten ideologischen Richtung, die sich im ›Deutschen Ahnenerbe‹ eine eigene Forschungsstätte gab.

1938 überließ die ›Notgemeinschaft der deutschen Wissenschaft‹ dieser Organisation die gesamten archivalischen und editorischen Unternehmungen auf volkskundlichem Gebiet einschließlich der Bibliotheken. Damit war der Plan einer zentralen Forschungsstätte als ›Reichsinstitut für Volkskunde‹ endgültig gefallen. Der *Atlas* und weitere begonnene Sammelunternehmen wanderten im Krieg nach Frankfurt a.M. und in andere Orte Westdeutschlands, wo sie bis zum Kriegsende stagnierten, bzw. ihre Materialien verlorengingen.

Neben dem ›Ahnenerbe‹ betrieb aber auch das Amt Rosenberg als parteiamtliche Wissenschaftsinstitution – allerdings zeitweilig in heftig konkurrierender personeller Fehde – unter den gleichen ideologischen Voraussetzungen Volkskunde. Das Startzeichen hatte bereits 1934 Matthes Ziegler (1911 – 1992) mit seinen parteiideologischen Direktiven in den *NS-Monatsheften* gegeben, die zu einem Vademecum nationalsozialistischer Volkskundeforschung wurden. Nur einer auf rassenbewußtem Denken basierenden Volkskunde sprach er Daseinsrecht zu. Im Gegensatz zur Naumannschen Kulturhorizontale zwischen Oberschicht und Unterschicht postulierte er eine Kulturvertikale, die »arteigene Wesenhaftigkeit« und »artfremde Einflußnahme« trenne, was gleichbedeutend sei mit einer Aufdeckung des geschichtlichen Widerstreits zwischen nordischer Kultur und deutschem Seelentum auf der einen Seite und den Überfremdungen durch andersrassische Gesittungen als weltanschaulichem Gegenpart.

Damit waren vor allem die »christlichen orientalischen Überlagerungen« gemeint und in fast buchhalterischer Denkart eine Teilung des unteilbaren, jahrhundertealten Kulturgeflechts auf europäischem Boden ins Ziel genommen. Von dieser unhistorisch-ideologisierten Ausgangsbasis aus definierte Ziegler die Volkskunde als die Kunde von der »Wirklichkeit, die in den wesensgemäßen Formen völkischen Gemeinschaftslebens in Erscheinung tritt«, und sogleich zur praktischen Anwendung übergehend, sah er den Volksforscher vor die Notwendigkeit gestellt, den Strom artfremder Mischformen abzuleiten und den ›Born arteigener Volksüberlieferung‹ frei zu legen und sein ungestörtes Fließen zu sichern. Wenn die wesenhafte Welt des Bauern auch im Vordergrund stünde, so wäre doch die Welt des städtischen Arbeiters ebenfalls an solchen Entwicklungen zu beteiligen, was eine politische Aufgabe der Volkskunde sei. ›**Die Neubildung des Bauerntums aus Blut und Boden**‹ aber bedeute die Bürgschaft für eine bessere deutsche Zukunft, auch im Hinblick auf eine eigenständige Kultur.

Das führte zur Setzung von Polaritäten wie: freier Bauer gegen abhängigen Städter; Volk (=Bauerntum) gegen die Masse (=städtisches Proletariat). Solche Ressentiments gegenüber der Zivilisation verbanden sich mit der Einschätzung des deutschen Bauern als direktem Nachfolger der germanischen Vorfahren. Die Rassenlehre Hans F. K. Günthers (1891-1968) bot den Hintergrund für eine deutsche Volkskunde auf rassischer Grundlage, die mit dem frühesten Auftreten der nordischen Rasse als der führenden in Europa einsetze. Seit der Frühzeit habe das Bauerntum als Lebensquell der nordischen Rasse gegolten, und die germanische Odalsrecht, Vorbild für das Reichs-Erbhofgesetz über den unverkäuflichen und nur unteilbar vererblichen Bauernhof, hätte zum Erhalt der edlen Bauerngeschlechter gedient. Bauernbrauch und bäuerliche Trachten sollten ihrerseits die ›Lebensform‹ des deutschen Bauern kennzeichnen. Denn nach nationalsozialistischem Verständnis war Bauerntum keine Wirtschaftsform und Bauer kein Beruf, sondern eine Seinsform, der die Deutschen nur unfreiwillig durch die Übersiedlung in die Städte entsagt hätten. Das Ziel einer nationalsozialistischen Sozialisation aber sei ein »Neuadel aus Blut und Boden«. »Vergeßt nie, daß das heiligste Recht auf dieser Welt das Recht auf Erde ist, die man bebauen will, und das heiligste Opfer das Blut, das man für diese Erde vergießt!« (Adolf Hitler).

Mit diesem Zitat war das machtpolitische Ziel dieser neuen Bauernbewegung im Rahmen der Parole ›**Volk ohne Raum**‹ deutlich ausgesprochen. Die Blut-und-Boden-Ideologie mußte um so irrationaler erscheinen, als nach demographischen Daten im Deutschland der dreißiger Jahre nur noch eine in der Landwirtschaft arbeitende Bevölkerung von ca. 22 Prozent existierte. Der Gedanke an eine Reagrarisierung war also zu diesem Zeitpunkt für Deutschland als vollentwickeltem Industriestaat undenkbar. Aber – vielleicht noch als Folge der Weltwirtschaftskrise und in einer romantischen Zurück-zur-Natur-Psychose – mystische Vorstellungen von Großstadtfeindlichkeit und neuer Bauernutopie stießen auf fruchtbaren Boden, und auch die nationalsozialistischen Führer verinnerlichten, verbunden mit ihren östlichen Eroberungszielen, zum großen Teil diese Ideen. Die Glorifizierung des »germanisch-deutschen Bauerntums als Lebensgrundlage von Volk und Staat schlechthin« (Hans F.K. Günther) bedeutete also eine totale Entfernung von den sozialen und wirtschaftlichen Wirklichkeiten. Mit dem seit mehr als 100 Jahren ständig zunehmenden industriellen Charakter der deutschen Bevölkerung veränderte sich notwendig auch der Gehalt der kulturellen Objektivationen und gruppengebundenen Überlieferungen. Agrarische Kulturgedanken wurden allmählich durch diejenigen einer Industriegesellschaft ersetzt; sie nach ihrem Absterben konservieren und reaktivieren zu wollen, führte immer tiefer in die Ideologisierung als »Verteidigung vergänglicher, mit dem gegenwärtigen Stand der Produktivkräfte unvereinbarer gesellschaftlicher Formen« (Adorno 1967, S. 42).

Vielen Vertretern der wissenschaftlichen Volkskunde allerdings kam nun nicht nur die neuerwachende Bauernbegeisterung im Zusammenhang mit ihrem alten fachlichen Selbstverständnis als Bauernforschung gerade recht; sie konnten es zudem mit dem anderen, mehr als 100 Jahre alten Forschungsziel verbinden: der Suche nach den Wurzeln der Erscheinungen im germanischen Altertum. Der wissenschaftlich so unhaltbare wie fragwürdige Kontinuitätsgedanke beherrschte das Feld der Forschung (s. Kap. 1.4). Überall suchte und fand man Relikte der Vorzeit, vor allem in der wild wuchernden Sinnbildforschung, aber auch in den Bräuchen und Kinderspielen. So sah z.B. Eugen Fehrle (1880-1957) in den Hochzeitsbräuchen noch vieles erhalten, »was germanisch-deutsche Haltung und Art zeigt«. Äußerliche Formelemente der Volksüberlieferungen schienen den nationalsozialistischen Forschern sogleich ein unabgebrochenes und unwandelbares Vorhandensein ihrer Weltanschauung zu garantieren, die Hans Strobel (1911-1944), Mitstreiter des Chefideologen Matthes Ziegler, im bäuerlichen Brauchtum ausgedrückt sah, – so in seinem 1936 erschienenen *Bauernbrauch im*

*Jahreslauf*, einem vom ›Ahnenerbe‹ wohl ausgestatteten Leitfaden für eine vollideologisierte angewandte Volkskunde. Er kam zu dem Schluß: »Da jede Weltanschauung letzten Endes rassisch bedingt sein muß und durch das Erlebnis, die ›Welt-Anschauung‹ geformt wird, muß auch das Brauchtum zum Ausdruck der Rasse werden« (S. 10f.).

Abgesehen von der grundlegenden Fehleinschätzung, daß sich eine Rasse durch »ihre eignende Vereinigung leiblicher Merkmale und seelischer Eigenschaften von jeder anderen Menschengruppe unterscheidet und immer wieder nur ihresgleichen zeugt« (Günther 1925, S. 8), konnte nun gar von einer jahrtausendelangen Kontinuität der nordischen Rasse und ihrer germanischen Weltschau keine Rede sein. Hier fand ein Denken im Kreis statt – ohne Rücksicht auf historische Belegbarkeit.

So gut wie sämtliche Bereiche des volkskundlichen Kanons hatten die Ideologen im ›Ahnenerbe‹ und Amt Rosenberg gleichzuschalten gesucht: Brauch und mündliche Überlieferung in Lied, Sage und Märchen, Siedlung und Hausbau, Volkskunst und Tracht. Und stets wiederholten sich die gleichen Forderungen nach der Entdeckung einer arteigenen germanischen Kontinuität auf rassischer Grundlage.

Die **Parteivolkskunde** mit ihrem Hoheitsanspruch lieferte so das Rezept der ihr genehmen, vorgeblich wissenschaftlichen Methode, sie verschaffte dem Fach, wie sie es verstand, hohen politischen Wert und Modegeltung. Auf diese Weise diente die Volkskunde, bewußt und unbewußt, der parteilichen Autoritätsstruktur und deren machtpolitischen Interessen.

Hier nun ist eine Forschungsrichtung zu nennen, die in besonderem Maß geeignet schien, imperialistische Aggressionen und Expansionen zu unterstützen: die sogenannte **Sprachinselvolkskunde**. Unter diesem Titel erschien 1934 das richtungweisende Buch von Walter Kuhn (1903-1983), Professor für Volkskunde in Breslau. Es handelte sich dabei um die volkskundliche Erforschung deutscher Minderheitengruppen, insbesondere in Ost- und Südosteuropa, die als kulturelle Rückzugsgebiete zahlreiche Relikte alten Traditionsguts vor allem sprachlicher Natur bewahrt hatten, – ein dankbares Gebiet philologischer und folkloristischer Studien. Für die Ostpolitik des Hitlerreiches aber gewannen gerade diese Gruppen und ihre volkskundliche Erforschung ein erhöhtes Interesse, war doch von hier aus gewissermaßen ein Herrschaftsanspruch aufgrund kultureller Überlieferungen zu konstruieren. Max Hildebert Boehm (1891-1968) schrieb dazu 1935:

»Der Grundbefund, von dem aus allein ein Verständnis für die ostdeutsche Volkstumslage gewonnen werden kann, ist das instinktsichere Überlegenheitsbewußtsein, mit dem der Deutsche als Missionar, als Kolonisator, als

Gutsherr und Bauer, als Städtegründer, als Träger gewerblichen und geistigen Fortschritts den Osten seit mehr als einem Jahrtausend als zusätzlichen deutschen Lebensraum einem wachsenden Volke erschlossen hat. Am reinsten tritt dieses aristokratische Verhältnis des Ostdeutschen zu seiner Umwelt beim Balten und beim Siebenbürger Sachsen in Erscheinung. Aber neben Adel und bürgerlichem Patriziat ist auch der ostdeutsche Bauer sogar bei den Donauschwaben von einem eigentümlichen Herrenbewußtsein gegenüber seinen engeren Heimatgenossen durchdrungen [...] Das seelische Rückgrat bietet ein Sendungsbewußtsein, das allmählich aus dem Religiösen ins Kulturelle und Zivilisatorische abgewandelt erscheint, immer aber seine Kraft aus einem großartigen gesamtvölkischen Zielbild, dem Drang nach dem Osten schöpft« (S. 175).

Boehm vertrat das Fach »Volkstumskunde« an der Berliner Universität; seine Vorlesungen verstanden sich im Sinne einer nationalsozialistischen Politikwissenschaft. Sein zitierter Beitrag erschien in Pesslers *Handbuch der deutschen Volkskunde*, das zum Handwerkszeug jeden Volkskundlers gehören sollte. Schärfer konnte die Dienstleistungsfunktion der Volkskunde für die Machtpolitik des Regimes kaum artikuliert werden. Die deutschen Gruppen im Ausland haben bitter darunter leiden müssen (s. Kap. 6.6: Vertriebenenvolkskunde). An der Tragödie des Ost- und Südostdeutschtums nach dem Zweiten Weltkrieg hat auch die unselige »Sprachinselvolkskunde« mit ihrer Hybris des deutschen Kulturträgers und Herrenmenschen ihren Teil Schuld.

Nur ein Gebiet der traditionellen Volkskunde ließ sich kaum gleichschalten: Volksglaube und Volksreligiosität. Hier eine Aufteilung in arteigen und artfremd vorzunehmen, mußte schon rein quantitativ bei allem Bemühen um die Suche nach vorchristlichen Relikten ein hoffnungsloses Unterfangen bleiben. Das galt besonders für die katholische Glaubenswelt, und hier ist nun eine Forscherpersönlichkeit zu nennen: Rudolf Kriss (1903-1973), der – zuerst angeregt durch die Begegnung mit der Votivgaben-Sammlerin und -Erforscherin Marie Andree-Eysn (vgl. S. 72f.) — eine unübertroffene Sammlung von Zeugnissen des katholisch-religiösen Lebens anlegte. (Diese Sammlung hat er als Stiftung über seinen Sohn Lenz Kriss-Rettenbeck dem Bayrischen Nationalmuseum in München übereignet.) Der geborene Wiener, der dann von Berchtesgaden aus in unabhängiger wirtschaftlicher Lage seiner Sammelleidenschaft nachgehen konnte, habilitierte sich 1934 in Wien mit seiner großangelegten religionsgeschichtlich-geographischen Untersuchung über die altbayrischen Gnadenstätten. 1938 hatten ihm nazistische Kräfte an der Wiener Universität bereits die venia legendi entzogen, und auch in Deutschland wurde der kompromißlose Katholik verfolgt, verhaftet und 1944 zum Tode verurteilt, – dann unvermutet begnadigt und 1945 befreit.

Damit hat die Vorstellung der Volkskundler begonnen, die dem Naziregime offenen **Widerstand** leisteten. Adolf Reichwein (1898-1944) kam vom linken Flügel der Jugendbewegung. Er war Reformpädagoge und Volkskundler, zuletzt mit der Abteilung Museum und Schule am Berliner Museum für Volkskunde betraut, gehörte zum Kreisauer Kreis und wurde bereits am 4. Juli 1944 verhaftet und als Widerstandskämpfer am 20. Oktober 1944 in Berlin hingerichtet. Der bayrische Volkskundler Kurt Huber (1893-1943), der sich mit Volkslied und Volkstanz beschäftigt hatte, arbeitete im Widerstandskreis »Weiße Rose« der Geschwister Scholl in München und wurde im Juli 1943 hingerichtet. Ein Mann wie der Schlesier Will-Erich Peuckert (1895-1969), alter Sozialist und Verfasser einer *Volkskunde des Proletariats*, hat bis zum Kriegsende keinen ideologischen Kompromiß geschlossen. 1935 verlor er aus politischen Gründen sein Lehramt und mußte ständig mit seiner Verhaftung rechnen. Der Sagenforscher Friedrich Ranke (1882-1950), 1937 seiner Professur in Breslau enthoben, emigrierte in die Schweiz und erhielt 1938 einen Lehrstuhl in Basel. Nicht zuletzt ist die konfessionelle Volkskunde zu erwähnen, an ihrer Spitze der Münsteraner Prälat Georg Schreiber (1882-1963), der 1935 zwangsemeritiert und aus seinem Institut entfernt wurde.

### Zur Auseinandersetzung mit der NS-Volkskunde

Damit sind wir bereits bei einer personellen Auflistung und der unlösbaren Aufgabe einer Beurteilung des Verhaltens volkskundlicher Wissenschaftler in der Zeit des Nationalsozialismus. Hermann Bausinger (1965, S. 200ff.) und nach ihm besonders Wolfgang Emmerich haben gezeigt, daß die nationalsozialistische Ideologie den mehr als 100 Jahre gepflegten volkskundlichen Kontinuitätsmythos, die Deutungen in Richtung auf »deutsch-germanische Wesenhaftigkeit« nur allzugut für ihre Ziele benutzen konnte und die Vertreter des Faches im großen und ganzen, wenige Widerstandskämpfer ausgenommen, dieser Richtung folgten. Bausinger führt aus, wie die Grundgedanken der nationalsozialistischen Volkskunde auf alte Reizstellen des Faches trafen und eine Affinität berührten, die mit seiner geistesgeschichtlichen Entwicklung zusammenhängt. Dabei handelt es sich vor allem um den fatalen Forschungsgegenstand ›Volk‹. Bausinger bezeichnet ihn als von vornherein ideologieverdächtig. »Wenn überhaupt eine spezifische Wissenschaft vom Volk entstehen konnte, so ist zumindest die Frage zu stellen, ob dahinter nicht von Anfang an eine Auffassung stand, die an der gesellschaftlichen Realität vorbeizielte.« (ebd., S. 177).

Der Nationalsozialismus muß daher für die Volkskunde als eine Wendung betrachtet werden, die vorhandene zentrale Gedanken des Faches hochspielte. Als solche Elemente nennt Bausinger
- den nationalen Akzent,
- den Rassegedanken, verbunden mit germanischen Kontinuitätsvorstellungen,
- die Glorifizierung des deutschen Bauerntums als volkskulturellem Zentralbereich,
- die organologischen Vorstellungen von einer Art von Gemeinschafts- und Volkstumssoziologie,
- die hektische Suche nach Sinnbildern und die damit verbundene großangelegte Symbolforschung.

Ingeborg Weber-Kellermann, die während der dreißiger Jahre Volkskunde bei Adolf Spamer studierte und danach als sehr junge Wissenschaftlerin durch erste wissenschaftliche Berufserfahrungen mit einigen Vertretern der damaligen Volkskunde in Kontakt kam, urteilte aus ihrer Sicht hierzu wie folgt:
»Die Analysen Bausingers und Wolfgang Emmerichs gründliche Untersuchung sind wohl dazu geeignet, die Volkskunde jener Jahre fernab einer ›Zensurenverteilung‹ in ihre geistesgeschichtlichen Zusammenhänge einzuordnen. Dennoch macht es sich Emmerich aus der abweisenden Haltung der Nachkriegsgeneration heraus zu leicht, wenn er die Wissenschaftler jener Zeit undifferenziert in drei Fächer packen möchte: diejenigen, die in aktivem Widerstand ihren Kopf hinhielten, – diejenigen, die bedenkenlos oder überzeugt mitmachten, und schließlich diejenigen, die, im Glauben an eine im Stillen mögliche unpolitische Wissenschaft, ›so weitermachten, als ob nichts geschehen wäre‹ (Emmerich 1971, S. 120). Hier nennt er John Meier, Fritz Böhm (1880-1943), Otto Lauffer, Adolf Spamer, Adolf Bach (1890-1972) u.a.. Eine solche Einordnung zeugt nicht nur von naiver Ahnungslosigkeit; ihr ist auch von der menschlichen Seite her aufs schärfste zu widersprechen. Daß damals schon ›zaghafte Widerstandsleistungen‹ (ebd., S. 113) beträchtlichen Mut verlangten, ist für den Autor offenbar nicht nachvollziehbar.

John Meier, der Vorsitzende des ›Verbandes deutscher Vereine für Volkskunde‹, war während der ganzen zwölf Jahre bemüht, diese wissenschaftliche Organisation des Faches vor ideologischer ›Gleichschaltung‹ weitgehend zu bewahren. Die ersten Bände des von ihm herausgegebenen Balladenwerkes, die nach jahrelanger Vorbereitung in der Hitlerzeit erschienen sind, tragen in Vorwort, Dankesadressen usw. nicht an einer einzigen Stelle den Stempel des Regimes. Das erscheint heute als eine Lappalie, war aber damals viel. Allein die Tatsache, als höherer Staatsbeamter nicht der Partei beizutreten, erforderte beträchtlichen Mut. Ich möchte am Beispiel von Adolf Spamer, dessen Lehrtätigkeit an der Berliner Universität ich aus nächster Nähe beobachten konnte, die Verständnislosigkeit dieser Emmerichschen Thesen nachweisen.

Schon die Berufung Spamers 1935 auf den Berliner Lehrstuhl (das konnte Jacobeit bündig erhärten) war ein von dem Germanisten Artur Hübner (1885-1937) durchgesetzter Affront gegen das Regime, hätte man doch von Parteiseite lieber den Wiener Mythologen Karl von Spieß (vgl. S. 118) bevorzugt. Spamer, kein Parteigenosse und mit durchaus linksliberaler politischer Vergangenheit, war daher von Anfang an von Parteiseite nicht gern gesehen und stand unter politischer Beobachtung, die sich im Lauf der Jahre durch die Absichten des Hochschulreferenten im Reichserziehungsministerium Heinrich Harmjanz auf den Berliner Lehrstuhl wesentlich verschärften. Spamer bekam eine wissenschaftliche Hilfskraft zugeordnet, einen scharfen Parteigenossen, der in den beengten Räumen des Berliner Seminars jeden Besuch und jedes Telefongespräch zu kontrollieren imstande war und ›fragwürdige‹ Äußerungen in Vorlesungen und Seminaren protokollierte. Gleichzeitig wurde 1938 die Wahl und Aufnahme des Gelehrten in die Preußische Akademie der Wissenschaften vom Kultusministerium verhindert. Spamer war also fortwährenden Gefährdungen und politischen Konflikten ausgesetzt, die ihn krank machten und denen er durch einen erhofften Ruf nach Freiburg, wo der Freund John Meier eine neue Universitätsprofessur zu schaffen bemüht war, entrinnen wollte. Das war 1942. Aber dieser Ausweg konnte nicht mehr beschritten werden, da Spamer im gleichen Jahr einen totalen physischen und psychischen Zusammenbruch erlitt und bis Kriegsende seine Lehrtätigkeit kaum noch ausüben konnte. Seine Berliner Wohnung, ein Großteil seiner Bibliothek und seines wissenschaftlichen Materials gingen durch Bomben verloren. Es erscheint mir also fast zynisch, einem solchen Mann, der aus seinen oppositionellen wissenschaftlichen Positionen kein Hehl machte (daran ändern auch einzelne herausgerissene Zitate nichts), den angeblichen »hilflosen Rückzug in den Elfenbeinturm« anzulasten. Es ist sehr schwer – und eigentlich auch sinnlos –, von der sicheren Position des Bundesbürgers aus die damalige Situation jedes einzelnen gerecht beurteilen zu wollen. Eine individuelle Einschätzung jener zwölf Jahre bleibt auch deshalb oft so fragwürdig, weil sie auf jedem Gebiet einen außerordentlich komplizierten und zeitlich fluktuierenden Komplex zu erfassen hat, der in seiner ganzen Differenziertheit gesehen werden will. Wie sich die Dinge im einzelnen abgespielt haben, ist im Nachhinein schwer zu beurteilen. Wichtiger scheint es uns zu sehen, ob und wie nach dem Kriege die Volkskundler die belastete Vergangenheit ihres Faches bewältigt haben«(2. Aufl. dieses Bandes 1985, S. 109).

Soweit die Position der Zeitzeugin Weber-Kellermann, die sich auch später (1991) noch einmal – als eine der wenigen der volkskundlichen Zunft – biographisch zu ihren Erfahrungen in der NS-Volkskunde geäußert hat (in: Becker/Bimmer 1998, 15-32).

Daß die Ideologiehaftigkeit der Volkskunde durch die Rolle enthüllt wurde, die ihr der Nationalsozialismus zuwies, hat Heinz Maus (1911-1978) in seiner Situationsdarstellung von 1946 sinnfällig gemacht. War zu Ende der zwanziger Jahre die Nachbarschaft zu den mächtig aufsteigenden soziologischen Wissenschaften immer näher geworden (s. Kap. 4.2), so zerschnitt der Nationalsozialismus diese Fäden total. Die Soziologie alten Sinnes hörte praktisch auf zu existieren. Das lag nicht nur an dem hohen jüdischen Bestandteil der Fachvertreter (47 Prozent der deutschen Wirtschafts- und Sozialwissenschaftler wanderten nach 1933 aus), sondern an der kritischen Analyse der gesellschaftlichen Wirklichkeit als wissenschaftlichem Gegenstand der Soziologie. Auch die Volkskunde hatte in ihren besten Vertretern begonnen, die Typik sozialer Gruppen auf dem Hintergrund ihrer kulturellen Äußerungen in Geschichte und Gegenwart zu erkennen. Statt auf diesem Wege weiter zu schreiben, reduzierte sich die nationalsozialistische Volkskunde nun darauf, »das Märchen von der Schöpferkraft der Volksseele wieder aufzufrischen« (Emmerich 1971, S. 122), nur daß aus der Volksseele nun die ›in Blut und Boden gefestigte deutsche Volksgemeinschaft‹ geworden war.

Was aber bedeutet der oft gebrauchte **Begriff der Ideologisierung und Ideologiehaftigkeit** im Zusammenhang mit der Volkskunde? Der Widerspruch zwischen Idee und sozialer Wirklichkeit haftete, wie die vorangegangenen Kapitel aufzuzeigen suchten, seit der Romantik vielen Bemühungen volkskundlicher Forschung an. Nie aber hat sie sich so vollkommen in ein irrationales Weltbild eingepaßt, das ausschließlich von seiten des Staates her politisch im völkischen Sinne geprägt war; nie zuvor waren ihre Forschungsergebnisse von vornherein so ausdrücklich in vorgegebene Richtungen gedrängt, um in der Hand der Herrschenden zum volks- und kulturpädagogischen Zwangsmittel zu werden. Und wenn auch die Romantiker durch die Besinnung auf das Volkstum der Vergangenheit die eigene Gegenwart ›heilen und gesunden‹ wollten, so ist doch von dort her ein weiter Schritt zu den Massenveranstaltungen unter dem Maibaum am Lustgarten, zu den Sonnenwendfeiern und -feuern, dem Erntedankfest auf dem Bückeberg, wo sich mit den Mitteln der Volkstraditionen eine ganze ›Volksgemeinschaft‹ ihrer unüberwindlichen Kräfte bewußt werden sollte. Die Zahl schwärmerischer Dilettanten, die in der Freude über die Bewahrung schöner Überlieferungsgüter und ihre Konservierung für die Zukunft, in beglücktem Gefühlsüberschwang für die tief in die Vergangenheit führenden und breit die Gegenwart überflutenden nationalen Ströme ›Volkskunde‹ betreiben, wurde Legion und belastet das Fach bis heute. Ihre Rolle im gefährlichen Spiel einer imperialistisch aggressiven Staatsführung erkannten sie häufig nicht. Auch sie beteiligten sich an dem Programm einer ›Volkwerdung‹, die mit ›Volk‹ als sozialer Größe nichts mehr zu tun hatte, zerfiel doch die oft beschworene ›Volksgemeinschaft‹ bei näherem objektiven Zusehen in eine Fülle heterogenster Gruppierungen mit jeweils adäquatem Eigenbewußtsein.

Die Zeit des Nationalsozialismus zeigte in schneidender Schärfe, wie ideologieanfällig der Forschungsgegenstand »Volk« trotz aller Definitionsbemühungen werden konnte. Die Worte Bertolt Brechts scheinen der Volkskunde ins Stammbuch geschrieben: »Wer in unserer Zeit statt Volk Bevölkerung und statt Boden Landbesitz sagt, unterstützt schon viele Lügen nicht. Er nimmt den Wörtern ihre faule Mystik« (»Fünf Schwierigkeiten beim Schreiben der Wahrheit«).

Die **Aufarbeitung der Volkskunde in der NS-Zeit** hat – wie in vielen anderen wissenschaftlichen Disziplinen auch – in ganzer Breite und Intensität lange auf sich warten lassen. Den ersten eher vereinzelten Ansätzen (Bausinger 1965; Weber-Kellermann 1969; Emmerich 1971 u.a.m.) folgten erst wesentlich später, etwa Ende der siebziger bis in die Mitte der neunziger Jahre profunde Studien und Konferenzen, die die Rolle der Volkskunde als Fach und ihre Wissenschaftler als deren Personifizierungen ins Zentrum des Interesses rückten. Dieser erst spät einsetzende Ruck ist zum einen mit dem wissenschaftspolitischen Drängen und der Wißbegierde der jungen Studierenden zu erklären, die mit dem ab den siebziger Jahren enormen universitären Ausbau der Volkskunde immer zahlreicher wurden, aber zum anderen auch mit dem sich langsam vollziehenden Generationswechsel in der volkskundlichen Professorenschaft, der die Diskussionen freier und mit weniger persönlicher Rücksichtsnahme möglich machte. Dies wurde besonders auf der Münchener Tagung zur NS-Volkskunde im Jahre 1986 deutlich, der einzigen Veranstaltung, die die Deutsche Gesellschaft für Volkskunde zu dieser Thematik verantwortlich durchgeführt hat. Außerordentlich wenige Personen, die als Wissenschaftler, als Lehrende oder als damalige Studierende noch eigene Bezüge zur NS-Volkskunde hatten, nahmen an der Tagung teil. Die wenigen von ihnen, die anwesend waren, fühlten sich sogleich als Angegriffene oder betonten ihre damalige Gegnerschaft. Dennoch geriet die Tagung zu einem Lichtblick in der wissenschaftlichen Vergangenheitsbewältigung, nicht zuletzt, weil weitgehend vermieden werden konnte, persönliche Schuldzuweisungen in den Vordergrund zu stellen, sondern vielmehr nach möglichst vielen Aspekten zu suchen und die größeren Zusammenhänge herauszuarbeiten. Weiterführend erwies sich auch die Teilnahme von Vertretern der DDR-Volkskunde, besonders im Hinblick auf die Erhellung des Wirkens von John Meier und von Adolf Spamer in ihren jeweiligen Bezügen in den dreißiger Jahren.

Im Umfeld der Publikation der Ergebnisse der Münchener Tagung (Gerndt 1987) erschienen zahlreiche Studien, die sich mit einzelnen Problemen, Persönlichkeiten oder regionalen Darstellungen der NS-Volkskunde befaßten (Amlung 1991, Assion 1985, Brednich 1985, Harvolk 1990, Martin 1997, u.a.m.). Hier sind Hannjost Lixfeld, James R. Dow mit ihren in Amerika erschienenen Arbeiten (1994) zu nennen. Wolfgang Jacobeit konnte zahlreiche profilierte Fachvertreter gewinnen, um eine Wissenschaftsgeschichte der NS-Volkskunde zu erarbeiten. Unter dem Titel *Völkische Wissenschaft. Gestalten und Tendenzen der deutschen und österreichischen Volkskunde in der ersten Hälfte des 20. Jahrhunderts* (1994) wurde eine äußerst materialreiche wie pointiert formulierte, mehrere hundert Seiten starke Publikation vorgelegt. Sie stellt zwar die NS-Volkskunde ins Zentrum des Interesses, sie ist aber auch als eine zusammenhängende Geschichte der Volkskunde als Wissenschaft zu lesen, und zwar in der Weise zu verstehen, daß die Volkskunde aufgrund ihrer nationalen Prämissen konsequent zu den Entwicklungen einer nationalsozialistisch bestimmten Volkskunde führen mußte. Jedenfalls beginnen die Autoren mit ihrer wissenschaftshistorischen Herleitung bereits im 19. Jahrhundert und folgen streng chronologisch der weiteren Entwicklung und enden mit ausblickenden Exkursen in die DDR-Volkskunde oder in die ›Tübinger Schule‹. Ein besonders erfreulicher Nebenaspekt ergibt sich durch die Darstellung der Geschichte der österreichischen Volkskunde (ebd., S. 397-628), gibt es doch hierzu kaum zusammenhängende Darstellungen. Insgesamt ist die »Völkische Wissenschaft« eine eigenwillige, aber nicht zu übersehende Wissenschaftsgeschichte der NS-Volkskunde, die in ihrer Komplexität und erstaunlichen Materialfülle auch Vollständigkeit und Endgültigkeit suggeriert und so – ungewollt – weiteres Forschen und Arbeiten auf diesem Gebiet beschränken könnte.

Erstaunlich ist die relativ geringe Resonanz auf dieses Werk in der volkskundlichen Fachwelt. Auch 2003 – also fast neun Jahre nach dem ersten Erscheinen – gibt es kaum Rezeptionen, kaum Rezensionen in fachwissenschaftlichen Periodika. Kaum ein namhafter professoraler Fachvertreter hat bisher hörbar Stellung bezogen.

In der zweiten Auflage des vorliegenden Bandes kamen Weber-Kellermann/Bimmer zu der Vermutung einer »unlösbaren Aufgabe einer Beurteilung des Verhaltens volkskundlicher Wissenschaftler in der Zeit des Nationalsozialismus« (1985, S. 108), Helge Gerndt betont in seinen letzten Bemerkungen auf der o.a. Münchener Tagung, daß es zu diesem Thema kein Schlußwort geben könne (1987, S. 328). Vielleicht ist mit diesem Spannungsbogen auch die Reaktion auf die ›Völkische Wissenschaft‹ zu erklären.

## Quellen zur Volkskunde des Nationalsozialismus

Becker, Horst: Die Familie. Leipzig 1936.
Blachetta, Walter: Das Buch der deutschen Sinnzeichen. Berlin 1941.
Boehm, Max Hildebert: Das Volkstum des Grenz- und Auslanddeutschtums. In: Handbuch der dt. Volkskunde. Hg. von W. Peßler. Bd. 1. Potsdam 1935, S. 170-182.
Darré, R. Walther: Das Bauerntum als Lebensquell der nordischen Rasse. München 1933.
Deutsche Volkskunde im Schrifttum. Ein Leitfaden für die Schulungs- und Erziehungsarbeit der NSDAP. Hg. von der Arbeitsgemeinschaft für deutsche Volkskunde. Berlin 1938.
Fehrle, Eugen: Die Volkskunde im neuen Deutschland. In: Oberdeutsche Zeitschrift für Volkskunde 7 (1933), S. 1f.
Ders.: Deutsche Hochzeitsbräuche. 1937
Ders.: Das Hakenkreuz. In: Oberdeutsche Zeitschrift für Volkskunde 8 (1934), S. 5-38.
Freudenthal, Herbert: »Mein Kampf« als politische Volkskunde der dt. Gegenwart auf rassischer Grundlage. In: Zeitschrift für Volkskunde NF 6 (1936), S. 122-135.
Günther, Hans F.K.: Das Bauerntum als Lebens- und Gemeinschaftsform. Leipzig/Berlin ²1941.
Ders.: Rassenkunde des deutschen Volkes. München 1925ff.
Haiding, Karl: Kinderspiele und Volksüberlieferung. München o.J.
Hecker, Heinz: Trachten unserer Zeit. München 1939.
Helbok, Adolf: Haus und Siedlung im Wandel der Jahrtausende. Berlin 1937.
Himmler, Heinrich: Wesen und Aufgabe der SS und der Polizei [Rede 1937]. In: Sammelheft 19, S. 146ff.
Höfler, Otto: Kultische Geheimbünde der Germanen. 1934.
Ders.: Das germanische Kontinuitätsproblem. 1937.
Klapper, Joseph: Volkstum der Großstadt. In: Handbuch der dt. Volkskunde. Hg. W. Peßler. Bd. 1. Berlin 1935, S. 103-119.
Kuhn, Walter: Deutsche Sprachinselforschung. Plauen im Vogtland 1934.
Schultz, Wolfgang: Altgermanische Kultur in Wort und Bild. Drei Jahrtausende germanischen. Kulturgestaltens. München 1934.
Spieß, Karl von: Deutsche Volkskunde als Erschließerin dt. Kultur. Berlin 1943.

Steller, Walter: Volkskundliche Arbeit im Lichte des Nationalsozialismus. In: Volkskundliche Gaben. Berlin 1934, S. 244-252.
Strobel, Hans: Bauernbrauch im Jahreslauf. Leipzig 1936.
Zaborsky-Wahlstätten, Oskar von: Urvätererbe in dt. Volkskunst. Leipzig 1936.
Ziegler, Matthes: Volkskunde auf rassischer Grundlage. In: Nationalsozialistische Monatshefte 5 (1934), S. 711-717.

## Kritik und Analysen

Adorno, Theodor W.: Jargon der Eigentlichkeit. Zur dt. Ideologie. Frankfurt a.M. 1967.
Amlung, Ullrich: Adolf Reichwein 1898-1944. Ein Lebensbild des Reformpädagogen, Volkskundlers und Widerstandskämpfers. Frankfurt a.M. ²1999.
Assion, Peter: »Was Mythos unseres Volkes ist«. Zum Werden und Wirken des NS-Volkskundlers Eugen Fehrle. In: Zeitschrift für Volkskunde 81 (1985), S. 220–244.
Bausinger, Hermann: Volksideologie und Volksforschung. Zur nationalsozialistischen Volkskunde. In: Zeitschrift für Volkskunde 61 (1965), S. 177-204 (u. die dort angegebene Literatur).
Bollmus, Reinhard: Das Amt Rosenberg und seine Gegner. Zum Machtkampf im nationalsozialistischen Herrschaftssystem. Stuttgart ²1999.
Brednich, Rolf W.: Das Weigelsche Sinnbildarchiv in Göttingen. Ein Beitrag zur Geschichte und Ideologiekritik der nationalsozialistischen Volkskunde. In: Zeitschrift für Volkskunde 81 (1985), S. 22-39.
Bruckbauer, Maria: »... und sei es gegen eine Welt von Feinden!« Kurt Hubers Volksliedsammlung und -pflege in Bayern. München 1991.
Brückner Wolfgang: Hauptströmungen nationalsozialistischer Volkskunde-Arbeit. In: Lorenz, Sönke/Dieter Bauer/Wolfgang Behringer/Jürgen Michael Schmidt (Hg): Das Interesse des Nationalsozialismus an der Hexenverfolgung. Bielefeld 1999, S. 19-33.
Deißner, Vera: Die Volkskunde und ihr Methoden. Perspektiven auf die Geschichte einer »tastend-schreitenden Wissenschaft« bis 1945 (Studien zur Volkskultur in Rheinland-Pfalz, 21). Mainz 1997.
Emmerich, Wolfgang: Zur Kritik der Volkstumsideologie. Frankfurt a.M. 1971.
Freckmann, Klaus: Hausforschung im Dritten Reich. In: Zeitschrift für Volkskunde 78 (1982), S. 169-186.
Gajek, Esther: Volkskunde an den Hochschulen im Dritten Reich. Eine vorläufige Datensammlung. München 1986.
Gerndt, Helge (Hg): Volkskunde und Nationalsozialismus. Referate und Diskussionen einer Tagung der Deutschen Gesellschaft für Volkskunde München 23.-25. Oktober 1986. München 1987.
Harvolk, Edgar: Eichenzweig und Hakenkreuz. Die Deutsche Akademie in München (1924-1962) und ihre volkskundliche Sektion. München 1990.
Huber, Wilfried/Krebs, Albert (Hg.): Adolf Reichwein 1898-1944. Paderborn u.a. 1981.

Jeggle, Utz: Volkskunde im Zwanzigsten Jahrhundert. In: Brednich, Rolf W. (Hg): Grundriß der Volkskunde. Berlin 2001, S. 53-75; bes. S. 61-67.

Jacobeit, Wolfgang/Lixfeld, Hannjost/Bockhorn, Olaf (Hg) in Zusammenarbeit mit James R. Dow: Völkische Wissenschaft. Gestalten und Tendenzen der deutschen und österreichischen Volkskunde in der ersten Hälfte des 20. Jahrhunderts. Wien u.a. 1994.

Jacobeit, Wolfgang/Mohrmann, Ute: Zur Geschichte der volkskundlichen Lehre unter Adolf Spamer an der Berliner Universität (1933-1945). In: Ethnographisch-archäologische Zeitschrift 23 (1982), S. 283-298.

Kather, Michael H.: Das »Ahnenerbe« der SS 1935-1945. Ein Beitrag zur Kulturpolitik des Dritten Reiches. Stuttgart 1974.

Kriss, Rudolf: Im Zeichen des Ungeistes. Berchtesgaden 1948, ²1995

Ders.: Die Volkskunde der altbayerischen Gnadenstätten. Baden bei Wien 1930-1933.

Leyen, Friedrich von der: Rezension von Höflers »Kultische Geheimbünde der Germanen«. In: Anzeiger für deutsches Altertum 54 (1935), S. 153-165.

Lixfeld, Hannjost: Folklore and Facism. The Reich Institute for German Volkskunde. Hg. und übers. von James R. Dow. Bloomington 1994.

Ders./Dow, James (Hg): The Nazification of an academic discipline. Folklore in the Third Reich. Bloomington, Ind. 1994.

Lutz, Gerhard: Das Amt Rosenberg und die Volkskunde. In: Brückner, W./Beitl, K.: Volkskunde als akademische Disziplin. Wien 1983, S. 161-171.

Martin, Andreas: Aus dem Nachlaß Adolf Spamers. Dresden 1997.

Maus, Heinz: Zur Situation der deutschen Volkskunde. In: Die Umschau 1/2 (1946/47), S. 349-359.

Meier, John: Der Verband deutscher Vereine für Volkskunde, sein Werden und Wirken 1904-1944. In: 50 Jahre Verband der Vereine für Volkskunde 1904-1954. Stuttgart 1954.

Peuckert, Will-Erich: Volkskunde des Proletariats. 1930; Überlegungen und Betrachtungen. Zur Situation der Volkskunde. In: Die Nachbarn I (1948), S. 130-135.

Schauerte, Heinrich: Entwicklung und gegenwärtiger Stand der religiösen Volkskundeforschung. Zwischen Wissenschaft und Politik. In: Festschrift für Georg Schreiber. München/Freiburg 1953, S. 516-534.

Schreiber, Georg: Volkskunde einst und jetzt. Zur literarischen Widerstandsbewegung. In: Festgabe für Alois Fuchs zum 70. Geburtstag. Paderborn 1950, S. 275-317.

Weber-Kellermann, Ingeborg: Zur Interethnik. Donauschwaben, Siebenbürger Sachsen und ihre Nachbarn. Frankfurt a.M. 1978.

Dies.: Erinnern und Vergessen. Selbstbiographie und Zeitgeschichte. In: Becker, Siegfried/Bimmer Andreas C. (Hg): Ingeborg Weber-Kellermann. Erinnern und Vergessen. Autobiographisches und andere Materialien (Marburger Beiträge zur Kulturforschung, Archivschriften, 1). Marburg 1998, S. 15-32.

# 6. Von der Deutschen Volkskunde zur Europäischen Ethnologie

Nach dem Zweiten Weltkrieg waren die Gefahren der Deutungs- und Anwendungsmöglichkeiten des Wortes Volk in harter Evidenz deutlich geworden. In Begriffsverbindungen und -ableitungen konnte es stets in dem Sinne verwendet werden, in dem man den Angesprochenen brauchte: »Zum Krieg, zur Konkurrenz, zur Revolution, zum Klassenkampf, zur Massenbewegung, zur Verbandsgründung, zum Großeinsatz, zur Abstimmung oder auch nur zur Konsumbereitschaft« (Heilfurth 1961, S. 6). Der Mißbrauch dieses Wortes, die Ausnutzung volkskundlicher Bestrebungen für den Ideologieapparat des Nationalsozialismus hätten zu einer gründlichen Revision des gesamten Faches führen müssen. Statt dessen verharrte die Volkskunde unangepaßt in alten Denkkategorien (vgl. die Bilanz von Maus 1946).

Diese Kritik war berechtigt, und die Volkskundler in Deutschland wären gut beraten gewesen, hätten sie sich unmittelbar nach dem Krieg mit den Sprach- und Ethnosoziologen, mit den Wirtschafts- und Kulturhistorikern unter einem gemeinschaftlichen methodischen Dach zusammengefunden. Aber dafür war wohl die Zeit noch nicht reif und manche traditionelle Sperre im Wege. Die größte Schwierigkeit bereitete eine verbindliche internationale Namensfindung: Der seit 1846 bekannte Begriff ›Folklore‹, der besonders durch die Arbeiten der Finnen und die Veröffentlichungen der FFC (›Folklore Fellows‹ Communication) internationale Geltung erlangt und Eingang in den wissenschaftlichen Sprachgebrauch fast aller europäischen Länder gefunden hatte, wollte den deutschsprachigen Fachvertretern aus guten Gründen nicht behagen; sahen sie doch darin lediglich eine Zusammenfassung der oralen Volksüberlieferungen wie Sage, Märchen, Lied usw., während sie unter ›Volkskunde‹ ein weit komplexeres Forschungsgebiet verstanden.

Seit dem Arnheimer Kongreß 1955 wurde die Forderung nach einer neuen, international gültigen Fachbezeichnung immer nachdrücklicher gestellt. Es dauerte aber in Deutschland immerhin bis in die Anfänge der siebziger Jahre, bis sich eine ernsthafte Absicht zur Namensänderung durchzusetzen vermochte. Auf der von der Deutschen Gesellschaft für Volkskunde und ihrem Ständigen Ausschuß für Hochschul- und Studienfragen veranstalteten Arbeitstagung in Falkenstein (1970) stimmten die Teilnehmer in der sogenannten »Falkensteiner Resolution« einer Empfehlung zu, die sich klar für eine Namensänderung aussprach und hierbei den Bezeichnungen **Kulturanthropologie, Kulturologie oder Europäische Ethnologie** die größten Präferenzen einräumte. Es schloß sich im Rahmen der *dgv-mitteilungen* eine längere Diskussion mit Stellungnahmen der einzelnen Institute an; zu einer einheitlichen Umbenennung ist es aber nicht gekommen. Europäische Ethnologie, Kulturanthropologie, Empirische Kulturwissenschaft, aber auch weiterhin Volkskunde, Vergleichende Volkskunde u.a.m. lauteten die Bezeichnungen. Einen unterstützenden Einfluß erfuhr die Debatte durch die im benachbarten europäischen Ausland erfolgten Umbenennungen der Fachzeitschriften wie *Ethnologia Scandinavica, Ethnologie Française, Ethnologia Slavica, Ethnologia Polonia* etc., die alle im Sinne einer internationalen Verständlichkeit ihre bisherigen Namen änderten in Richtung auf Europäische Ethnologie.

Parallel zu diesen Bestrebungen fanden als Folge der sogenannten Studentenbewegung von 1968 und der sich anschließenden Universitätsreform an den jeweiligen Universitäten nachhaltige Umstrukturierungen statt, die auch die Volkskunde nach der Auflösung der alten Philosophischen Fakultäten in neue, universitäre Zusammenhänge setzte. Doch zunächst zurück zu den Unsicherheiten und gegensätzlichen Überlegungen der ersten Nachkriegszeit.

Es wirkte 1946 auf die deutsche Volkskunde wie eine Art befreiender Rechtfertigung, als der Schweizer Richard Weiss (1907-1962) seine *Volkskunde der Schweiz* veröffentlichte. Dieses umfassende Werk war weit mehr als eine landschaftliche Beschreibung im üblichen Sinne. Es bot eine neue **Standortbestimmung der Volkskunde** im Rahmen der Geisteswissenschaften. Weiss definiert sie als die Wissenschaft vom Volksleben und schreibt erläuternd: »Das Volksleben besteht aus den zwischen Volk und Volkskultur wirkenden Wechselbeziehungen, soweit sie durch Gemeinschaft und Tradition bestimmt sind« (S. 11). Durch diese Determinanten sah er die Forschungsgegenstände der Volkskunde gekennzeichnet und wollte hinter den Objektivationen der Volkskultur deren Träger in ihren volkstümlichen Verhaltensweisen erkennen. In dem graphischen Schema, mit dem er die psychischen Trennungslinien zwischen volkstümlicher und unvolkstümlich-individueller Verhaltensschicht im Einzelmenschen veranschaulicht (S. 8), berührt er sich mit Spamer, den er Anfang der dreißiger Jahre in Berlin während eines Studienaufenthaltes am »Atlas der Deutschen Volkskunde« kennengelernt hatte und dem er sich ein Leben lang verpflichtet fühlte. Er führte diese Gedanken weiter, betonte den funktionalen Charakter der Volkskultur und forderte eine wissenschaftliche Betrachtungsweise, die nicht Tracht oder Träger gesondert behandelt, sondern das Tragen, Singen, Erzählen, Sprechen, Essen, Glauben usw. als soziale Funktion.

Die Wandlungsprozesse im Volksleben würden dabei von Vermittlerpersönlichkeiten ausgelöst, bei denen sich individuelle Antriebe und Gemeinschaftsgebundenheit die Waage halten.

Weiss hat die Schweizer Volkskunde durch seine Arbeiten am Schweizer Atlas und die europäische Volkskulturforschung durch vielseitige Untersuchungen außerordentlich bereichert. Aber am nachdrücklichsten wirkte seine *Volkskunde der Schweiz* mit ihrer klaren unsentimentalen Diktion, ihrem einleuchtenden Gedankengang, ihrer aufgeschlossenen Einbeziehung von Gegenwartsbegriffen wie ›Mode‹ und ›Schlager‹ auf die deutschen Fachkollegen, die darin eine Art Rehabilitierung ihrer vielgeschmähten Disziplin erblickten. Daß es sich aber auch hier, wie Weiss wohl wußte, um eine Entwicklungsstufe des Faches und nicht um dessen ›Bibel‹ handeln konnte, wollte mancher nicht realisieren. Gerade der Leitbegriff ›Gemeinschaft‹ ist so kaum noch anwendbar und kann nur als eine Verhaltensqualität von ›Gruppen‹ verstanden werden. Im Einflußbereich dieser modernen Schweizer Richtung schrieb in Zürich Arnold Niederer (1904-1998) seine sozialwissenschaftlich orientierte Walliser Gemeindeuntersuchung.

Die für die lange isolierte deutsche Forschung so angenehmen Töne aus der Schweiz, die dem Volksleben seinen berechtigten Platz im Mittelpunkt volkskundlicher Forschung zuwiesen, gehörten in Skandinavien schon lange zum methodischen Instrumentarium des Faches. Die schwedische Volkskultur, die der völkischen ›Volkheitskunde‹ in Deutschland lange Zeit nur als Belegquelle auf der germanischen Kontinuitätsdurststrecke gedient hatte, zeigte sich bei näherer Betrachtung auf vorurteilsfreie Weise nach modernsten Gesichtspunkten mustergültig untersucht. Will-Erich Peuckert (1895-1969), der gleich nach 1945 auf einem Ordinariat in Göttingen zum Magneten für die junge volkskundliche Nachkriegsgeneration wurde, hat die deutsche Forschung nach dem Krieg ausführlich über die skandinavische wissenschaftliche Entwicklung informiert.

Die schwedische Schule entzündete sich vor allem an der Revision der alten mythologischen Richtung und des reinen Stoffvergleiches, wie sie nach James Frazer zu Beginn des Jahrhunderts in Anlehnung an religionshistorische und vergleichende Methodik in seinem zehnbändigen Mammutwerk vorgeführt hatte. Åke Campbell (1891-1957), Carl Wilhelm von Sydow (1878-1952), Sigfrid Svensson (1901-1984) und Sigurd Erixon (1888-1968) exemplifizierten eine neue Betrachtungsweise, in der sie vor allem die volkstümlichen Brauch- und Glaubenserscheinungen der jeweiligen wirtschaftlichen und sozialen Realsituation der Brauchträger konfrontierten (s. Kap. 4.3). Die von Erixon begründete »Folklivsforskning« (Volkslebensforschung) hat sich durch zahlreiche monographische Arbeiten als bedeutende Richtung moderner europäischer Volkskunde bewährt und den Mechanismus der Volksüberlieferung durch die Innovationsforschung weitgehend erklärt.

Gegen Ende der sechziger Jahre ist der große Umbruch der Volkskunde nach dem Zweiten Weltkrieg anzusetzen. Dies spiegelte sich auch in den Publikationen, wurden doch zunehmend grundlegende Arbeiten zum Fach und zur Fachgeschichte veröffentlicht, die sich mit den **Aufgaben der Volkskunde in der Gegenwart** beschäftigten. Den Startschuß für ein neues Verständnis gab gewissermaßen Hermann Bausinger mit seiner *Volkskultur in der technischen Welt* (1961), ein vielbeachtetes und richtungsweisendes Werk. Aber auch die Gründung des Institutes für mitteleuropäische Volksforschung an der Universität Marburg durch Gerhard Heilfurth und seine programmatische Antrittsvorlesung »Volkskunde jenseits der Ideologien« (1959) trugen bei zu einem sozialwissenschaftlich und interdisziplinär orientierten Fach. In den Jahren bis 1968 formierte sich das Fach zunächst noch in bescheidenem Maße vor allem in Tübingen und Marburg. Ende der sechziger Jahre fanden die ersten öffentlich zugänglichen Auseinandersetzungen mit der Rolle der Volkskunde im Nationalsozialismus statt (Emmerich 1968) – öffentlich, weil sie in einer breiteren Leserschichten zugänglichen Taschenbuchreihe erfolgten. Auch die zum sozialwissenschaftlichen Aufbruch rufende resümierende Fachgeschichte von Weber-Kellermann (1969) gehört an den Anfang eines neuen Fachverständnisses der Volkskunde im Nachkriegsdeutschland.

Zeitgleich entwickelte sich in der deutschen Innenpolitik das Problem der Bildung und der Bildungschancen immer stärker zu einem der wesentlichen Themen, die in der Öffentlichkeit vehement diskutiert wurden. Einerseits mit Bildungsprogrammen und Hochschulgesetzen und andererseits mit Aktivitäten der Studierenden selber (z.B. die Aktion »Student aufs Land«, um die Ausbildungsmotivation ländlicher Familien zu stärken) wurde eine breit angelegte und weitgehend akzeptierte Bildungsreform durchgeführt. Im Bereich der Universitäten führte dies zu einem enormen Anstieg der Studierendenzahlen und damit einhergehend zu einem verstärkten Ausbau der Hochschulen. Davon profitierten auch die sog. kleinen Fächer, zu denen auch die Volkskunde gehörte.

In der Folge gab es einen nachhaltigen Ausbau der bestehenden Institute für Volkskunde, z.B. durch zahlreiche zusätzliche Hochschullehrerstellen, aber auch durch Neugründungen, vor allem in Bayern und Baden-Württemberg, wo die Aufwertung der Pädagogischen Hochschulen zu Universitäten eine Integration der auf die Lehrerausbildung bezogenen Heimat- und Volkskunde zu akademischen Fächern nach sich zog. Am Ende dieser ›Aufbauphase‹ war die wissenschaftliche Volkskunde an über 20 deutschsprachigen Universitäten mit Hauptfachstudiengängen vertreten und die Zahl der Studierenden stieg stetig an. Deren Motivation war nur schwer eindeutig zu erfahren. Zum einen waren die Berufchancen in Museum, Medien und Kulturarbeit besonders durch eine Hinwendung zu gegenwartsorientierten Themen in der Ausbildung deutlich profilierter, zum anderen übte das Fach durch seine Öffnung zur Analyse alternativer Kultur- und Lebensweisen zusätzlichen Anreiz aus und konnte sich im Wettstreit mit anderen Geistes- und Sozialwissenschaften wohl behaupten.

Der Wandel im Selbstverständnis eines Faches drückt sich neben explizit theoretischen Positionierungen und disziplinhistorischen Herleitungen vor allem in seinen konkreten Forschungen aus. Es würde aber den Rahmen der vorliegenden Wissenschaftsgeschichte völlig sprengen, wollten wir den diversen Forschungsfeldern auch nur annähernd vollständig nachgehen. Keineswegs ist beabsichtigt, einen wie auch immer gearteten Kanon wiederzubeleben, noch den Eindruck einer ›kompletten‹ Fachbeschreibung zu erwecken oder gar eine Scheidung in wichtige und weniger wichtige Forschungsfelder vorzunehmen und zu erleichtern. Auch die jeweils angegebenen weiterführenden Literaturangaben erheben nicht den Anspruch der Vollständigkeit. Hierfür wäre auf den von Rolf Wilhelm Brednich herausgegebenen *Grundriß der Volkskunde* (2001) zu verweisen, der mit 28 thematischen Beiträgen in die gegenwärtigen Fragestellungen der Europäischen Ethnologie einführt und damit weit über den bisherigen volkskundlichen Kanon hinausgeht.

Im folgenden Kapitel sollen daher exemplarisch nur einige ausgewählte Forschungsfelder hervorgehoben werden, in denen sich auf besondere Weise die Entwicklung des Faches verdeutlichen läßt. Auch die Referenzen der dort angeführten Fachliteratur beschränken sich eher auf anregendes Weiterführen als auf bibliographisch Erschöpfendes.

Diese Epoche der Paradigmenwechsel in der Fachgeschichte wurde in den fünfziger Jahren zunächst eingeleitet durch eine Hinwendung zur Realienforschung, die als probater Weg einer Neuorientierung auf unbelastetem Terrain aus den Untiefen der ›Völkischen Wissenschaft‹ herausführen sollte.

## 6.1 Arbeitswelt und Dinggebrauch – Wege zu einer neuen ›Sachlichkeit‹

Von Schweden, wo eine sachbezogene, auf Entmythologisierung bedachte und systematische ergologische Forschung begründet worden war, ging eine Faszination der **Realienforschung** auch für die Volkskunde in Deutschland aus. Die Agonie des Faches sollte durch eine Hinwendung zur Sachkultur überwunden werden, die als erster Versuch einer Umorientierung und neuen theoretischen Begründung der Disziplin nach dem Zweiten Weltkrieg zu verstehen ist. Die neuen Wege, die man zu suchen begann, führten nicht mehr hin zu den hehren Konstruktionen kultureller Äußerungen der ›Volksseele‹, sondern wurden in den Niederungen des Alltags geebnet: Es ist vor allem das Arbeitsgerät gewesen, das zum vorrangigen Gegenstand der Forschung avancierte, eine Volkskunde der Sachen begann sich zu etablieren, die auch die Möglichkeit bot, ohne den Ruch der Spekulation an sehr konkreten Gegenständen, an Realien eben, zu arbeiten.

Diesem Thema wandten sich nun nicht nur intensiv die volkskundlichen Atlasunternehmen zu (s. Kap. 4.2), sondern auch die Museen aktivierten ihre wissenschaftlichen Intentionen. Anregend wirkte auf diesem Gebiet der Wiener Leopold Schmidt (1912-1981), der, ausgehend von den großen Beständen des österreichischen Volkskundemuseums, eine systematische Sammlung von Arbeitsgeräten vorschlug. Sein enzyklopädisches Wissen, seine weitgesteckte kulturhistorische Bildung bewahrten ihn dabei vor einer bloßen Morphologie der Geräte. Für das **methodische Vorgehen** beim Gerätesammeln forderte er: die Herkunftserhellung eines Gerätes sei vorzunehmen

1. durch die Befragung der Schriftquellen (Literatur und Archive);
2. durch die Befragung von Bildquellen (Ikonographie);
3. durch die relative Chronologie, wie sie sich durch Brauchbeschreibungen u.ä. ergibt. Hinzuzufügen wäre noch
4. die Gewährsleutebefragung im Terrain selbst.

Mit einem derartig erfaßten Kontext wäre nicht nur die Geschichte der Geräteform zuverlässig festzustellen, sondern auch der Wandel der Techniken und Funktionen. Damit aber rückte die Arbeit selbst als volkskundliche Kategorie in den Vordergrund der Forschung.

Von daher wird es verständlich, daß sich gerade die **Geräteforschung** zum bevorzugten Untersuchungsgegenstand der ostdeutschen Volkskunde entwickelte. Der Peuckertschüler Wolfgang Jacobeit und der Spamerschüler Reinhard Peesch (beide Berlin), Karl Baumgarten und Ulrich Bentzien (Rostock) entfalteten mit ihren Mitarbeitern eine reich gefächerte Aktivität für die sachkundliche Behandlung des Hirtenwesens, der Fischerei, der Holzbearbeitung, der Bespannungstechniken, der Pflugformen und ihrer Kulturen u.a.m., mit der sie bald eine führende Rolle im internationalen Rahmen dieser Forschungsgebiete einnehmen konnten. Die westdeutschen Kollegen zogen langsam nach, ohne über den gleichen zentralistischen Wissenschaftsapparat wie die Berliner Akademie zu verfügen. Nach dem Marburger Volkskundekongreß von 1965, von der neugegründeten ›Deutschen Gesellschaft für Volkskunde‹ und ihrem Leiter Gerhard Heilfurth veranstaltet und dem Thema der Arbeit gewidmet, konstituierte sich eine gesamtdeutsche Kommission für Geräteforschung für den agrarischen und handwerklichen Bereich. Ihr Leiter, der Detmolder Museumsdirektor und Spamerschüler Wilhelm Hansen (1911-1986), hat es dank seiner komplexen Gesichtspunkte vermocht, das Beziehungsfeld der Geräte weit über das Positivistisch-Museale hinaus auch vom Sprachlichen her (»Wörter und Sachen«, Bezeichnungen der Volkssprache für Geräteteile und Arbeitstechniken), von den historischen Bildquellen aus und von den sozialen und funktionalen Hintergründen her abzustecken. Auf diese Weise entstand in Verbindung mit den neuen Untersuchungen des *Atlas der deutschen Volkskunde* in Bonn auch in Westdeutschland eine ganz neue umfassende **Volkskunde der Arbeit**.

Nach 1969 wurde die Geräteforschung durch weitere Bestandsaufnahmen fortgesetzt (Gaál 1969), in denen die sozio-ökonomischen Bedingungen und historischen Entwicklungen einbezogen wurden. Hierzu zählen die Arbeiten von Ulrich Bentzien (Rostock), *Haken und Pflug* (1969) und *Bauernarbeit im Feudalismus* (1980). Ganz besondere Erwähnung verdient Edit Fél und Tamás Hofers *Geräte der Átányer Bauern* (1974) in seiner integrierten Einbettung in die Gesamtuntersuchung zu dem ungarischen Dorf Átány.

In den siebziger und achtziger Jahren wurde die **Sachkulturforschung** ganz besonders in Westfalen entwickelt, u.a. in den Museen (Detmold), in dem Volkskunde-Institut der Universität Münster wie in der Volkskundlichen Kommission für Westfalen (Münster). Dies zeigt sich an der stark angewachsenen Publikationsreihe »Beiträge zur Volkskultur in Nordwestdeutschland« und Arbeiten zum Handwerk wie zur Geräteforschung und Kleidung; an Hinrich Siuts' (Münster) Gesamtaufnahme *Bäuerliche und handwerkliche Arbeitsgeräte in Westfalen* (1982). Als überzeugendes Ergebnis moderner Geräteforschung gilt Wilhelm Hansens *Hauswesen und Tagewerk im Alten Lippe* (1982) und *Kalenderminiaturen* (1984). Die Keramikforscher der Volkskunde vereinigten sich alljährlich in dem von Paul Stieber (1915–1975) gegründeten »Hafner-Symposion« – unter großer internationaler (auch ost- und südosteuropäischer) Beteiligung. Zur Kleidungsforschung wurden in den achtziger Jahren mehrere Tagungen durchgeführt (u.a. Cloppenburg 1985) und Ausstellungen erarbeitet, darunter insbesondere die Cloppenburger Ausstellung 1986 mit explizit forschungsgeschichtlicher Themenstellung (Böth 1986). Nach einer Phase rein monographischer Regionaldarstellungen erschienen erste Arbeiten, die sich mit dem sozialen und historischen Umfeld von Tracht und ihrer Folklorisierung befaßten (Könenkamp 1978), empirisch den Prozeß des Ablegens der Tracht nachwiesen und analysierten (Böth 1980) oder ihre Sozialisationsfunktion untersuchten (Mentges 1989).

Solche Studien waren Ergebnis eines Paradigmenwechsels von der objekt- zur kontextorientierten Sachkulturforschung. Am Ende der sechziger Jahre war zunächst die Diskussion um die Aufhebung der Trennung von ›materieller‹ und ›geistiger‹ Volkskultur wieder aufgenommen und damit nicht nur die Perspektive auf den sozialen Kontext des Dinggebrauchs, sondern auch auf die indikatorische Funktion von Sachen in Kulturprozessen gelenkt worden (Gerndt 1974). Die Objekte konnten nun als Objektivationen verstanden und Innovationsphasen hinsichtlich des zugrundeliegenden sozialen und kulturellen Wandels interpretiert werden. Damit war die Einbeziehung von Arbeitsprozessen und die Reflexion industrieller und postindustrieller Alltagskultur ermöglicht, der Fokus auf die Industriegesellschaft gerichtet, die erst seit Beginn der sechziger Jahre ins Blickfeld des Faches gerückt worden war.

»Eine Volkskunde der bürgerlichen Welt und Zeit (müsse) nicht nur deswegen anders aussehen, [...] weil die bürgerliche sich von der bäuerlichen in sehr vielen Erscheinungen unterscheidet, [...] sondern deshalb, weil sie ganz andere ›Aussagen‹ beinhaltet. Weil der sie tragende Gedanke ein anderer als derjenige, der die bäuerliche Welt trägt, ist, und die von ihm verursachte oder getriebene Aussage drum auch eine andere ist. [...]« (Peuckert, Will-Erich: Die kleinbürgerliche Welt im Schundroman. In: Soziale Welt 9 [1958], S. 282).

Das waren neue Gedanken in der Nachkriegsvolkskunde. Auf gleichem Gebiet liegt eine Reihe von Bemühungen, die die volkskundliche Forschung deutlich kennzeichnet und die sich in der Erkenntnis traf, daß nur eine nüchtern realistische Einschätzung der Untersuchungsgegenstände wissenschaftlich brauchbare Ergebnisse bringen kann. Befreiend wirkte die **Entromantisierung der Volkskunde** durch die Habilitationsschrift von Hermann Bausinger (Tübingen) *Volkskultur in der technischen Welt*, in der er die ›Natürlichkeit‹ des Technischen und seine Rolle im Weltbild des einfachen Menschen zeichnet. Endlich war der Bann gebrochen, unter dem sich die volkskundlichen Interpretationen stets nur im

Umkreis agrarischer Kulturgedanken bewegt hatten, und neue große Untersuchungen ordneten die Erscheinungen des Volkslebens in jenes reale funktionale Bezugssystem, das ihnen zukommt. Karl-Sigismund Kramer (Kiel) konnte aufgrund reicher archivalischer Studien ganz neue Aufschlüsse für die Lebenswelt des Handwerks geben.

Mit den **Problemen der Industrialisierung**, ihrem Einfluß auf das Volksleben und den daraus folgenden Veränderungen der dörflichen Lebensformen hat sich in vielbeachteten Studien Rudolf Braun (Zürich) auseinandergesetzt. Bereits 1957 hat der Soziologe und Volkskundler Wilhelm Brepohl (1893-1975) seine Studien über die Industriebevölkerung im Ruhrgebiet vorgelegt und damit erste Impulse zu einer Beschäftigung mit industriellen Lebensbedingungen gegeben. Innerhalb der Volkskunde wurde Brepohl zwar immer wieder zitiert, aber in seiner Nachfolge sind keine wesentlichen Arbeiten entstanden. Inzwischen sind seine Untersuchungen im Rahmen industriesoziologischer Wissenschaftsgeschichte kritisch aufgearbeitet worden. Im Rahmen der Volkskunde des Bergbaus und des Montanwesens legte Gerhard Heilfurth als Synopse seiner bisherigen Einzelstudien die Kulturgeschichte des Bergbaus (1981) vor.

In den siebziger Jahren verengte sich die volkskundliche Betrachtung der Industriegesellschaft auf die Probleme der Arbeiterkultur. Während des Kieler Volkskundekongresses 1979 gründete sich im Rahmen der DGV die Kommission für Arbeiterkulturforschung, die mehrere große Tagungen veranstaltet hat (Wien 1981; Hamburg 1983; Marburg 1985). Von Anfang an – und das bleibt hervorzuheben – galt die interdisziplinäre Zusammenarbeit vornehmlich mit der Sozialgeschichte als selbstverständlich, und auch die musealen Projekte und Aktivitäten zur Arbeiterkultur wurden mit einbezogen (Rüsselsheim, Hamburger Museum der Arbeit u.a.m.), so daß eine hinderliche Trennung von Hochschulforschung und Museumspraxis, wie sie in anderen Bereichen der Volkskunde anzutreffen war, ausgeschlossen blieb.

Als Gerhard Heilfurth 1965 seine Thesen zur volkskundlich-kulturanthropologischen Relevanz der Arbeit formulierte, hatten jene postindustriellen Metamorphosen, die mit den Schlagworten der »Humanisierung der Arbeitswelt«, mit dem bewußtseinsmäßigen Umbruch normativer Wertungen von Arbeit und der »Befreiung von Arbeit« verbunden waren, gerade begonnen. 1959 war Christian Ferbers Buch über Wirklichkeit und Ideologie der Arbeitsfreude als Beitrag zur **Soziologie der Arbeit** in der industriellen Gesellschaft erschienen: Es markiert jene Auseinandersetzung um die Organisation der Arbeitswelt, die mit der Umsetzung tayloristischer Prinzipien nach dem Zweiten Weltkrieg begonnen hatte, das Wissen der Arbeiter über den

Produktionsprozeß in ein objektivierbares Wissen zu transformieren. Gleichzeitig vollzogen sich außerhalb der Arbeitswelt grundlegende Veränderungen im Umgang mit dem Körper, dem Bedeutungsverlust des Arbeitskörpers stand die Neudefinition und Neubewertung des Freizeitkörpers gegenüber.

Die **sozio-kulturelle Umdeutung des Körpers** wirkte auf die Einstellungen zur Körperlichkeit der Arbeit zurück, und die in den fünfziger Jahren einsetzende Aufwertung des Freizeitkörpers leitete den Prestigeverlust des Arbeitskörpers ein. Industriesoziologische Untersuchungen wiesen in den sechziger Jahren den Zerfall eines kollektiven Bewußtseins um die Körperlichkeit von Arbeit nach; körperliche Arbeit wurde nun als Makel begriffen, der synonym für hohe physische Belastung, Dreck und niedrigen sozialen Status stand. Die mit dem Marburger Kongreß 1965 gerade in den Kanon des Faches aufgenommene soziokulturelle Kategorie ›Arbeit‹ wurde also just in dem Augenblick reflektiert, da die schichtenübergreifende Segmentierung des Menschen in Natur und Geist, in den untergeordneten Körper und die übergeordnete Ratio exerziert wurde. Doch einer Verlusterfahrung stand sicherlich auch das konstruktive Bemühen um die sozialpolitische Wahrnehmung und Bewertung der Arbeit und ihrer sozio-kulturellen Bedeutung zur Seite; die Tragweite dieses Aufgabenfeldes läßt sich erst heute richtig erkennen und einschätzen.

Zunehmende Flexibilisierung der Arbeitszeit, Wiederaufnahme der Diskussion um Sonntagsarbeit und Ladenöffnungszeiten, Tendenzen des Outsorcings vor allem im Transport-, Gastronomie- und Baugewerbe, Mobilität und Arbeitsmigration und nicht zuletzt die Arbeitslosigkeit sind Begleiterscheinungen einer Krise der Arbeit in der Gegenwart, die auch in volkskundlich-kulturwissenschaftlichen Studien als Umbruch der gesellschaftlichen Arbeitsorganisation beschrieben werden. Körper und Sinne erfahren in Zeiten der Deindustrialisierung, mit der Telekommunikation und neuen symbolischen Ausdrucksformen eine grundlegende Neubewertung und Entwicklung – neue Herausforderungen an die Europäische Ethnologie (Merkel 2002).

## Ausgewählte Literatur:

Agrarethnographie. Vorträge der Berliner Tagung vom 29. September bis 1. Oktober 1955 (Deutsche Akademie der Wissenschaften zu Berlin, Veröffentlichungen des Instituts für deutsche Volkskunde, 13). Berlin 1957.
Arbeit und Volksleben. Deutscher Volkskundekongreß 1965 in Marburg. Hg. von Gerhard Heilfurth und Ingeborg Weber-Kellermann. Göttingen 1967.

Arbeitskulturen im Umbruch. Zur Ethnographie von Arbeit und Organisation. 9. Tagung der Kommission Arbeiterkulturen in der DGV. Hg. von Irene Götz und Andreas Wittel. Münster u.a. 2000.

Assion, Peter: Arbeiterforschung. In: Brednich, Rolf Wilhelm (Hg.): Grundriß der Volkskunde. Berlin 2001, S. 255-289.

Bausinger, Hermann: Volkskultur in der technischen Welt. Stuttgart 1961, Neuaufl. Frankfurt a.M. 1986.

Bentzien, Ulrich: Haken und Pflug. Eine volkskundliche Untersuchung zur Geschichte der Produktionsinstrumente im Gebiet zwischen Elbe und Oder (Deutsche Akademie der Wissenschaften zu Berlin, Veröffentlichungen des Instituts für Deutsche Volkskunde, 50). Berlin 1969.

Ders.: Bauernarbeit im Feudalismus. Landwirtschaftliche Arbeitsgeräte und -verfahren in Deutschland von der Mitte des ersten Jahrtausends u. Z. bis um 1800 (Akademie der Wissenschaften der DDR, Zentralinstitut für Geschichte, Veröffentlichungen zur Volkskunde und Kulturgeschichte, 67). Berlin 1980.

Bimmer, Andreas C.: Unerwartete Phasen im Lebenszyklus. Beispiel: Arbeitslosigkeit. In: Ethnographica et Folkloristica Carpathica 7/8 (1992), S. 673-681.

Böning, Jutta: Das Artländer Trachtenfest. Zur Trachtenbegeisterung auf dem Land vom ausgehenden 19. Jahrhundert bis zur Gegenwart. Münster u.a. 1999.

Böth, Gitta: Kleidungsverhalten in hessischen Trachtendörfern. Der Wechsel von der Frauentracht zur städtischen Kleidung 1969-1976 am Beispiel Mardorf. Zum Rückgang der Trachten in Hessen. Frankfurt a.M. u.a. 1980.

Dies.: »Selbst gesponnen, selbst gemacht...« Wer hat sich das nur ausgedacht? Trachtenforschung gestern, Kleidungsforschung heute. Cloppenburg 1986.

Dies.: Kleiderwechsel. Transsexuelle und ihre Kleidung. In: Männlich. Weiblich. Zur Bedeutung der Kategorie Geschlecht in der Kultur. 31. Kongreß der Deutschen Gesellschaft für Volkskunde Marburg 1997. Hg. von Christel Köhle-Hezinger, Martin Scharfe, Rolf Wilhelm Brednich. Münster u.a. 1999, S. 398-404.

Dies.: Kleidungsforschung. In: Brednich, Rolf Wilhelm (Hg.): Grundriß der Volkskunde. Berlin 2001, S. 221-238.

Böth, Gitta/Mentges, Gaby (Hg.): Sich kleiden (Hessische Blätter für Volks- und Kulturforschung NF 25). Marburg 1989.

Braun, Rudolf: Industrialisierung und Volksleben. Erlenbach/Zürich 1960.

Ders.: Sozialer und Kultureller Wandel in einem ländlichen Industriegebiet im 19. und 20. Jahrhundert. Erlenbach/Zürich 1965.

Brepohl, Wilhelm: Industrievolk im Wandel. Von der agraren zur industriellen Daseinsform, dargestellt am Ruhrgebiet. Tübingen 1957. – Vgl. dazu: Weyer, Johannes: Die Forschungsstelle für das Volkstum im Ruhrgebiet (1935-1941). Ein Beispiel für Soziologie im Faschismus. In: Soziale Welt 35 (1984), S. 124-145.

Bringemeier, Martha: Mode und Tracht. Beiträge zur geistesgeschichtlichen und volkskundlichen Trachtenforschung. Münster 1980, 2., erw. Aufl. 1985.

Dies.: Ein Modejournalist erlebt die Französische Revolution. Münster 1981.

Bringéus, Nils-Arvid: Perspektiven des Studiums materieller Kultur. In: Jahrbuch für Volkskunde und Kulturgeschichte 29 (1986), S. 159-174.

Ders: Das Studium von Innovationen. In: Zeitschrift für Volkskunde 64 (1968), S. 161-185.

Der industrialisierte Mensch. Vorträge des 28. Deutschen Volkskunde-Kongresses in Hagen (Forschungsbeiträge zu Handwerk und Technik, 5). Hagen 1993.

Die andere Kultur. Volkskunde, Sozialwissenschaften und Arbeiterkultur. Ein Tagungsbericht. Hg. von Helmut P. Fielhauer und Olaf Bockhorn. Wien u.a. 1982.

Erixon, Sigurd: Svenska årder (Liv och folkkultur, 1). Stockholm 1948.

Fél, Edit/Hofer, Tamás: Geräte der Átányer Bauern. Kopenhagen-Budapest 1974.

Ferber, Christian von: Arbeitsfreude. Wirklichkeit und Ideologie. Ein Beitrag zur Soziologie der Arbeit in der industriellen Gesellschaft. Stuttgart 1959.

Gaal, Karoly: Zum bäuerlichen Gerätebestand im 19. und 20. Jahrhundert. Wien 1969.

Gerndt, Helge: Kleidung als Indikator kultureller Prozesse. In: Schweizerisches Archiv für Volkskunde 70 (1974), S. 81-92.

Hansen, Wilhelm: Hauswesen und Tagewerk im alten Lippe. Münster 1982, ²1985.

Ders. (Hg.): Arbeit und Gerät in volkskundlicher Dokumentation. Münster 1969.

Ders.: Kalenderminiaturen der Stundenbücher. Mittelalterliches Leben im Jahreslauf. München 1984.

Heilfurth, Gerhard: Die Arbeit als kulturanthropologisch-volkskundliches Problem. In: Die Mitarbeit, Zeitschrift zur Gesellschafts- und Kulturpolitik 14 (1965), S. 19-32.

Ders.: Der Bergbau und seine Kultur. Zürich/Freiburg i.Br. 1981.

Ders.: Bergbaukultur in Südtirol. Bozen 1984.

Jacobeit, Wolfgang: Schafhaltung und Schäfer in Zentraleuropa bis zum Beginn des 20. Jahrhunderts. Berlin 1961, 2., bearb. Aufl. 1987.

Kleidung zwischen Tracht und Mode. Aus der Geschichte des Museums für Volkskunde 1889-1989. Hg. von den Staatlichen Museen zu Berlin, Museum für Volkskunde. Berlin 1989.

Könenkamp, Wolf Dieter: Wirtschaft und Gesellschaft und Kleidungsstil in den Vierlanden während des 18. und 19. Jahrhunderts. Zur Situation einer Tracht. Göttingen 1978.

Kramer, Karl-S.: »Materielle« und »geistige« Volkskultur. In: Bayerisches Jahrbuch für Volkskunde 1969, S. 80-84.

Lehmann, Albrecht (Hg.): Studien zur Arbeiterkultur. Münster 1984.

Löfgren, Orvar: Fangstman i industrisamhället. Lund 1977.

Ders./Jonas Frykman: Den kultiverade människan. Lund 1979.

Mentges, Gabriele: Erziehung, Dressur und Anstand in der Sprache der Kinderkleidung. Frankfurt a.M. u.a. 1989.

Merkel, Ina: Außerhalb von Mittendrin. Individuum und Kultur in der zweiten Moderne. In: Zeitschrift für Volkskunde 98 (2002), S. 229- 256.

Moser, Johannes: Jeder, der will, kann arbeiten. Die kulturelle Bedeutung von Arbeit und Arbeitslosigkeit. Wien/Zürich 1993.

Peesch, Reinhard: Die Fischerkommunen auf Rügen und Hiddensee. Berlin 1961.

Schmidt, Leopold: Bauernwerk der alten Welt. Betrachtungen über den Stand der Erforschung des bäuerlichen Arbeitsgerätes in Österreich. In: Arch. f. Vkde 10 (1955), S. 254-274.

Siuts, Hinrich: Bäuerliche und handwerkliche Arbeitsgeräte in Westfalen. Münster 1982, 2., erw. Aufl. 1988.

Sperber, Helmut: Geräteforschung in Süddeutschland. Ein Literaturbericht. In: Bayerische Blätter für Volkskunde 4 (1977), S. 226-236.
Ders.: Die Entwicklung der Pflugformen in Altbayern vom 16. Jahrhundert bis zur Mitte des 19. Jahrhunderts (Veröffentlichungen zur Volkskunde und Kulturgeschichte, 7). München 1982.
Stolle, Walter: Heuernte und Hausindustrie in Hessen von 1890-1970. Marburg 1973.
Storå, Nils: Trends in Nordic Ethnological Material Research. In: Honko, Lauri und Pekka Laaksonen (Hg.): Trends in Nordic Tradition Research (Studia Fennica, Review of Finnish Linguistics and Ethnology, 27; NF Publications, 13). Helsinki 1983, S. 23-45.
Transformationen der Arbeiterkultur. Beiträge der 3. Arbeitstagung der Kommission »Arbeiterkultur« in der DGV. Hg. von Peter Assion. Marburg 1986.
Umgang mit Sachen. Zur Kulturgeschichte des Dinggebrauchs. 23. Deutscher Volkskundekongreß in Regensburg 1981. Hg. von Konrad Köstlin und Hermann Bausinger (Regensburger Schriften zur Volkskunde, 1). Regensburg 1983.
Viires, Ants: On the Methods of Studying the Material Culture of European Peoples. In: Ethnologia Europaea 9 (1976), S. 35-42.
Weber-Kellermann, Ingeborg: Der Kinder neue Kleider. 200 Jahre deutsche Kindermoden. Frankfurt a.M. 1985.
Wiegelmann, Günter: »Materielle« und »geistige« Volkskultur. Zu den Gliederungsprinzipien der Volkskunde. In: Ethnologia Europaea 4 (1970), S. 187-193.
Ders.: Erste Ergebnisse der ADV-Umfrage zur alten bäuerlichen Arbeit. In: Rheinisches Jahrbuch für Volkskunde 33 (1969), S. 208-262.

*Zu dem in der DDR unternommenen Aufbau eines Dokumentationsarchivs zur Geräteforschung vgl.*

Jacobeit, Wolfgang: Das bäuerliche Arbeitsgerät in den Museen der DDR. In: Neue Museumskunde 6 (1963), S. 145ff.
Ders.: Bäuerliche Arbeit und Wirtschaft. Ein Beitrag zur Wissenschaftsgeschichte der deutschen Volkskunde (Deutsche Akademie der Wissenschaften zu Berlin, Veröffentlichungen des Instituts für Deutsche Volkskunde, 39). Berlin 1965.
Gerätehistorische Archive sind auch in zahlreichen anderen Ländern, zumeist in Verbindung mit Museen eingerichtet worden, so etwa im Ungarischen Landwirtschaftsmuseum in Budapest. – Vgl. dazu Balassa, Ivan: Quellen, Methoden und Ergebnisse der ungarischen Arbeitsgeräteforschung. In: Österreichische Zeitschrift für Volkskunde, Neue Serie 11 (1957), S. 312-321.

## 6.2 Brauch – Familie – Gender: Soziale Regularien der Alltagskultur

Entscheidend beeinflußte die neue soziologische Richtung das Kerngebiet im alten Volkskundekanon: **Sitte und Brauch**. Immer skeptischer stand die jüngere Forschergeneration nach dem Zweiten Weltkrieg dem Begriff »Sitte« als wissenschaftlicher Kategorie gegenüber. Bausinger (1979, S. 127ff.) bezweifelt nicht nur die Existenz einer hermetisch abgeschlossenen Dorfgemeinschaft mit organischer Prägung durch die Sitte, sondern er relativierte auch die Allgemeingültigkeit des statischen Begriffes durch das Aufzeigen eines Nebeneinander verschiedener, auch konkurrierender Normbegriffe in einer sozialen Gruppe. Es darf daher keine trennende Unterscheidung zwischen Sitte und Brauch geben, da »eine Verletzung der äußeren Vorschriften gleichzeitig auch die inneren Normen antastet und gefährdet«.

In konsequenter Weiterverfolgung solcher Gedanken forderte Martin Scharfe (1970), anstelle von ›Sitte‹ den Begriff der ›Norm‹ zu setzen, – Norm verstanden als »Verhaltensforderung für wiederkehrende Situationen«, Bräuche als »konkrete Handlungsmuster, die den Normen zugeordnet« und sanktioniert werden. Sie schaffen den Bezug zwischen dem Brauch und seinen Trägern, der sozialen Gruppe. Soziale Hierarchie innerhalb dieser Gruppen zeigt sich besonders deutlich an der Sanktionierung von Fehlverhalten, z.B. durch Rügebräuche.

Die historisch arbeitende Brauchforschung, die sich seit Adolf Spamers Münchner Jahren in München entwickelte und insbesondere durch die Forscherpersönlichkeiten von Hans Moser (1903-1990) und Karl-Sigismund Kramer (1916-1998) vertreten ist, wirkte entscheidend der Kontinuitätsideologie entgegen und mündete in die **historische Erforschung des Alltags**, die heute weithin die moderne Volkskunde/ Europäische Ethnologie beherrscht. K.-S. Kramers Arbeiten beruhen im wesentlichen auf der Auswertung und Analyse archivalischer Quellen, hierzu hat er grundsätzliche methodische Ansätze vorgelegt.

Eng verknüpft mit historisch-archivalisch orientierter Brauchforschung sind auch Probleme und Arbeitsweise der **Rechtsvolkskunde**, zu deren wesentlichem Vertreter ebenfalls K.-S. Kramer zu zählen ist. Davon zeugt nicht zuletzt seine Festschrift *Vom Recht der Kleinen Leute*. Brauch und Recht stehen in einem engen Zusammenhang: Brauch als Vor-Form kodifizierten Rechts, als ungeschriebenes, traditionell überliefertes, normatives Handlungsmuster. Hierbei lassen Archivalien – etwa als Vorschriften, Gerichtsurteile, Prozeßberichte u.v.a.m. – wichtige Rückschlüsse auf das reale Sozialgeschehen zu (vgl hierzu auch Schempf 2001).

Hans Moser hat, ausgehend von historischen Brauchbeschreibungen und daran anknüpfenden Forschungen bis zur Gegenwart, höchst aufschlußreiche Erkenntnisse gewonnen. Er überprüfte z.b. bei der Herleitung eines bis in die Gegenwart geübten Maskenbrauches die historischen Deutungen der Veranstalter und Chronisten und konnte nachweisen, daß es sich in Wirklichkeit um ein erst kurz zuvor wiederbelebtes, mit neuen Brauchelementen und vor allem -requisiten (Masken) versehenes Geschehen handelte, das aber nach Aussage der Organisatoren auf »uralter Tradition« basieren sollte. Moser nannte diese Erscheinung ›**Folklorismus**‹ und prägte damit einen Begriff, der die Brauchforschung innerhalb der deutschen, aber auch internationalen Diskussionen nachhaltig beeinflußte. Dies traf ganz besonders bei den in den siebziger Jahren sprunghaft angestiegenen Arbeiten zum öffentlichen Festwesen zu.

Sie gründeten sich auf eine ständig wachsende Zahl von Orts-, Heimat- und Volksfesten, für die jeweils eine möglichst lange Tradition reklamiert wurde, sowohl im Interesse von Tourismus und Kommerz, aber auch zur Steigerung lokaler Identifizierung der Bewohner selbst. Für die **Festforschung** erwies sich hierbei ›Folklorismus‹ als das Schlüsselkonzept zur Analyse der Feststrukturen und Festgeschichte, aber auch zur Erhellung der Anspruchs-Wirklichkeitsebene von Traditionsideologien. Zahlreiche Institute wie Frankfurt, München, Mainz, Münster und Marburg haben sich intensiv unter diesen Aspekten mit Festen befaßt. In Marburg wird seit 1972 mit dem alljährlichen Hessentag ein in dieser Dimension weithin einmalig gebliebenes landesweites Volksfest untersucht und dokumentiert, bei dem die Verquickung von (landes-)politischer Intention, volkstümlicher Fröhlichkeit und die Berufung auf die guten hessischen Traditionen in Vergangenheit und Zukunft handfeste politische Wirkung haben sollen. Anhand des Hessentages wurde der Begriff des ›**Politischen Folklorismus**‹ (Brückner 1965) geprägt.

Neben den Festen befaßte sich die Brauchforschung weiterhin mit der **Untersuchung einzelner Bräuche**, die aber nicht mehr isoliert gesehen wurden, sondern zunehmend im historischen und sozialen Zusammenhang, gelegentlich auch in ihren ökonomischen und politischen Bezügen:

- Hans Moser (1986) erhellte die stadtbürgerlichen Hintergründe der **Fastnachtsbräuche**, die man bisher nur zu gern mit dem Stempel vegetationskultischer Sommer-Winter-Kämpfe versehen hatte.
- Friedrich Sieber (1968) gab dem **Todaustragen** des Lätaresonntags, seit den Brüdern Grimm ein bevorzugter Gegenstand mythologischer Brauchdeutung, durch sorgfältige Quellenkritik seinen frühen

historischen Ort in der bildzauberischen Vernichtung einer Pestdämonin, der vielfältige Koppelungen vorstruktureller und epochaler Brauchelemente folgten.
– Ingeborg Weber-Kellermann (1965) interpretierte die **Erntebräuche** des 19. Jahrhunderts auf dem Hintergrund der sozialen und wirtschaftlichen Regionalsituation, indem sie das klassische Mannhardtmaterial der Arbeitswelt seiner Befragungszeit einpaßte.
– Reinhard Peesch (1957) (Berlin) zeichnete ein synchrones Bild **großstädtischen Kinderspiels** in der Intensität der einzelnen Stadtquartiere durch die Bezugssetzung zwischen Spielstoff und kindlicher Spielgruppierung.
– Dieter Dünninger (1967) erklärte den **Hochzeitsbrauch der Wegsperre** durch seine Einbettung in die Daten der Rechtsgeschichte und Gemeindeordnung.
– Günter Wiegelmann (1967) stellte das volkstümliche **Nahrungswesen** an seinen natürlichen Platz im Umkreis von Alltag und Fest.

**Fastnacht und Karneval** als traditionelle Bereiche der volkskundlichen Brauchforschung waren auch weiterhin Gegenstand vieler Studien. Besonders in den Hochburgen der Mainzer Fastnacht (Herbert Schwedt u.a.) und der schwäbisch-alemannischen Fastnacht (Tübinger Arbeitskreis zur Fasnachtsforschung) entstanden wichtige weiterführende Arbeiten. Richtungweisend für die moderne Erforschung der Fastnacht erwiesen sich die von Schwedt initiierten, komplex angelegten Mainzer Untersuchungen. Auf der Basis einer repräsentativen Befragung zur Sozialstatistik und zu Einstellungen der Aktiven sowie der Bevölkerung zur Fastnacht in ihrer Stadt hat Schwedt eine Fülle ergänzender Einzelstudien (meist als Dissertationen) angeregt, die Auskunft über die Fastnachtsvereine, über die Fernsehfastnacht, über die Nicht-Fastnächtler u.v.a.m. geben.

Auch in der Folgezeit blieben Studien zu Karneval und Fasching im Fokus des Fachinteresses, stellten sie doch durch ihre unübersehbare, alljährlich Wiederkehr eine stete wissenschaftliche Herausforderung an ethnographisches Beobachten und Analysieren.

Drei thematisch unterschiedliche Zugänge waren zu verzeichnen: zum einen stritten Hans Moser (1984) und Dietz Rüdiger Moser (1982) im Bereich der **Brauchgenese** über die Frage, ob Karneval ausschließlich christlich- religiösen Ursprungs sei und welche Folgen der Interpretation sich daraus ergäben. Zum weiteren ist eine Wiederaufnahme und Revision bisheriger Fastnachtsforschung zu konstatieren, etwa im schwäbisch-alemannischen Raum (Narrenfreiheit 1980, Matheus 1999, Mezger 1999). Und schließlich gerieten die modernen Massenveranstaltungen (z.B. Hessentag, Bimmer 2001) stärker in den volkskundlichen Blick. Hierzu zählen das traditionelle Karnevalstreiben, aber auch ›karnevaleske Ereignisse‹ (Braun 2002) wie Loveparade oder andere großstädtische Festivals (F. Becker 2002) der vielfältigsten Art; methodisch werden sie allerdings zunehmend in kulturwissenschaftlicher Perspektive analysiert und weniger ethnographisch-phänomenologisch.

Ein weiterer Bereich traditioneller Brauchforschung betrifft das **Wallfahrtswesen** und im engen Zusammenhang damit das große Feld der religiösen Volkskunde, die nach dem Zweiten Weltkrieg vor allem in Würzburg (Dünninger, Brückner) und München (Kretzenbacher) gepflegt wurde. Zu einer veränderten, sozialwissenschaftlich orientierten religiösen Volkskunde rief Peter Assion (1941-1994) auf, indem er den Themenkatalog z.B. um die Problematik der Jugendreligionen, -sekten erweitert wissen wollte und damit über eine konfessionell gebundene Forschung hinauswies.

Die Behandlung der Bräuche im Lebenslauf verlagerte sich immer stärker in die **Familien- und Kinderforschung**, dies trifft z.T. auch auf die Jahresfeste zu, wie Weihnachten/Ostern, die heute primär innerfamiliär bestimmt sind. Zum entscheidenden Kriterium der Forschung wurden Gruppenbezogenheit und sozialer Kontext der Bräuche.

In der gegenwärtigen Brauchforschung der Europäischen Ethnologie/ Volkskunde ist kaum noch ein größeres wissenschaftliches Interesse festzustellen, sich mit dem Brauchbegriff inhaltlich auseinanderzusetzen. Zuletzt wurde dies hinreichend bei Johler (2000) ausgeführt; auffällig ist dagegen die zunehmende **Verwendung des Begriffes** ›**Ritual**‹, nicht selten, um sich von dem als altmodisch empfundenen Begriff ›Brauch‹ zu distanzieren. Leider gerät ›Ritual‹ darüber hinaus durch eine fast beliebige Verwendung immer stärker zu einer ebenso unpräzisen wie wissenschaftlich fragwürdigen Kategorie.

Ein weiteres neues Forschungsgebiet, das sich erst im Zuge eines sozialwissenschaftlichen Fachverständnisses entwickeln konnte, war die **Familienforschung**. Daraus ging später die Befassung mit Kindern und den kulturellen Mustern der Sozialisation hervor, und wieder eine Entwicklungsstufe weiter entstanden die viel diskutierten Ansätze einer Frauenforschung innerhalb der Volkskunde.

Zwar hat schon W.H. Riehl 1854 mit seinem Buch *Die Familie* (s. Kap. 2) dieser Sozialgruppe zu wissenschaftlicher Relevanz verholfen, und später während der nationalsozialistischen Zeit knüpfte Horst Becker – allerdings in der Ideologie seiner Zeit – an diese Überlegungen an, aber zu einem anerkannten Gebiet der Volkskunde sollte die Familienforschung erst in den Jahren ab 1974 werden, denn Helmut Möllers Buch *Die kleinbürgerliche Familie im 18. Jahrhundert* (1969) hatte zunächst nur wenig weiterführende Wirkung. Erst mit Ingeborg Weber-Kellermanns Taschenbuch *Die deutsche Familie* (1974, Versuch einer Sozialgeschichte) wurde eine Folge zahlreicher Untersuchungen zur Familienforschung angeregt. Innerhalb des Faches konzentrierte sich vornehmlich im Marburger Institut ein Schwerpunkt zu diesen Forschungen mit einem Bild- und Textarchiv und Publikationen zur Familie (1976), zu Weihnachten (1978), zur Kindheit (1979), zur Kinderkleidung (1985), die den Rahmen eines volkskundlichen Familienverständnisses bildeten und den ganzen Bereich der kulturellen Äußerungen – normativ wie materiell – umfaßten und so deutlich machten, daß eine isolierte und begrenzte Betrachtung der Familie überhaupt nicht möglich sei. Mehrere Gebiete des alten Kanons wie Brauch, Spielzeug, Kleidung, Wohnen, Arbeit u.a.m. wurden als Zeichen entschlüsselt und so zur Erhellung der jeweiligen Familienstrukturen herangezogen.

Daraus ergab sich aber auch, daß Familienforschung nur als eine **interdisziplinäre Aufgabe** zu betreiben ist, wobei die Zusammenarbeit mit Sozialgeschichte, Erziehungswissenschaft und Soziologie im Vordergrund stand. Auch in diesen Disziplinen war weitgehend erkannt worden, daß nur über eine Kooperation mit mindestens der Sozialgeschichte und der Europäischen Ethnologie befriedigende Ergebnisse zu erreichen seien. Familienforschung gedieh so zu einer der wenigen Gemeinschaftsaufgaben der sozialwissenschaftlichen Disziplinen, eine Chance, die innerhalb der Europäischen Ethnologie allerdings weitgehend nur in Marburg genutzt wurde.

Von besonderem Interesse war ein wissenschaftlicher Disput um die Frage der **Entwicklung der Familienformen**, im speziellen der Großen Haushaltsfamilie/Großfamilie. Michael Mitterauer (1982) vertritt die Position der Sozial- und Wirtschaftsgeschichte, daß sich rein quantitativ nicht nachweisen lasse, daß eine mehrgenerative Familienform in Mitteleuropa vorherrschend gewesen sein könnte. Er stützt sich dabei u.a. auf die Methode der demographischen Familien-Rekonstruktion des britischen Sozialanthropologen Peter Laslett. Von seiten der Europäischen Ethnologie argumentieren Weber-Kellermann/Bimmer (1983) dagegen mit der Bedeutung des Normativen im Vorherrschen der mehrgenerativen Familie im deutschsprachigen Raum, das sich besonders durch die ethnologische Herangehensweise nachweisen lasse.

Aus der Befassung mit Fragen der **Familie als Sozialgruppe** entwickelte sich als Arbeitsgebiet sehr bald die **Kinderforschung**, zum Teil auch angeregt durch Vorarbeiten in Skandinavien, wo man seit langem für die Erforschung dieser Probleme sehr aufgeschlossen ist. Einzelfragen der Kinderkultur wie Spielzeug, Spielen (Peesch 1957), Lied u.ä. sind auch in der früheren kanonbestimmten Volkskunde erörtert worden.

Die systematische Erforschung der kindlichen Lebensbedingungen im Rahmen der Erwachsenenwelt mit ihren Zwängen, aber auch Möglichkeiten konnte jedoch erst durch eine sozialwissenschaftliche Orientierung verwirklicht werden. Den Einstieg gaben Versuche, Spielzeug komplex (Produktion, Verbreitung, Konsumtion) zu betrachten, zunächst in Ausstellungen (Marburg 1973/74, Göttingen 1978/79), wobei Fragen der Rollenfixierung, Kinderarbeit u.a.m. im Vordergrund standen. Ingeborg Weber-Kellermann legte mit ihrem Buch *Die Kindheit. Kleidung und Wohnen, Arbeit und Spiel* (1979) eine Kulturgeschichte dieser Sozialgruppe vor, die dann wieder Ausgangspunkt für weitere Studien wurde, z.B. zum Kindergeburtstag (Falkenberg 1982), zur Kinderkleidung und -mode, zum Wohnen sowie zu einem größeren Forschungsprojekt »Kulturelle Muster der Sozialisation« (Marburg). Kinderkultur als Forschungsgegenstand der Volkskunde war auch das Thema des Volkskundekongresses 1985 in Bremen und führte so auf breiter Ebene die Forscher/innen zusammen.

In der Folgezeit ging das Interesse an Familie und Kindheit in der Volkskunde, aber auch in den angrenzenden sozialwissenschaftlichen Disziplinen spürbar zurück. Es erschienen nur noch wenige Publikationen zur Familienstruktur, offensichtlich waren auf diesem Gebiet vorläufig keine neuen Erkenntnisse zu erwarten. Einige Studien, vor allem Examensarbeiten, befaßten sich mit speziellen Themen aus dem Bereich der Familie, z.B. mit Hochzeitsbräuchen (Remberg 1995) und – mit zunehmender Intensität – mit dem Tod, Begräbnissen und dem Friedhof. Die Präferenz für das **Thema Tod** korrespondiert gleichzeitig mit einem gestiegenen öffentlichen Interesse hierfür in den Medien, offenbar ein Zeichen für den engen Zusammenhang von Aktualität und volkskundlicher Orientierung.

Weniger aus der Familienforschung heraus, aber doch inhaltlich zusammenhängend, hat sich seit über zwanzig Jahren ein Interesse an der **Situation der Frauen** auch innerhalb der Volkskunde ergeben. Mit dem Buch *Frauenleben im 19. Jahrhundert* (1983) steckte Ingeborg Weber-Kellermann in Marburg den kulturgeschichtlichen Rahmen ab. Auf dem Berliner Volkskundekongreß 1983 konstituierte sich eine Kommission »Frauenforschung«, die sich dann auf einer ersten Tagung 1984 formiert hat. Hier ging es vor allem um Fragen der Rolle der Frau in der Wissenschaft, Selbstbild – Fremdbild, um die Herausarbeitung von Benachteiligungs- und Unterdrückungsstrategien der männlich dominierten Hochschul- und Berufswelt. Nicht zuletzt trug der hohe Anteil weiblicher Studierender im Fach Volkskunde zu einer schnellen organisatorischen wie inhaltlichen Ausweitung dieser Forschungsansätze bei.

In der Folgezeit entwickelte sich die **volkskundliche Frauenforschung** auf zahlreichen spezifischen Tagungen und in etlichen wichtigen Publikationen (vgl. Lipp 2001) zu einer so bedeutenden Fragestellung im Fach, daß sich der Kongreß der Deutschen Gesellschaft für Volkskunde 1997 in Marburg mit dieser Thematik befaßte (Köhle-Hezinger u.a. 1999). Allerdings hatte sich bereits ein Wandel in der Perspektive vollzogen: Aus der Frauenforschung entwickelte sich die Geschlechterforschung, die das Verhältnis der Geschlechter, also Mann und Frau, in das Zentrum des Interesses rückte. Damit konnte eine isolierte Betrachtung der Lebensbedingungen von Frauen ausschließlich aus weiblicher Sicht und Betroffenheit überwunden werden. Auch in den anderen sozial- und geisteswissenschaftlichen Disziplinen ist dieser Paradigmenwechsel zu beobachten. Ähnlich wie in der Familienforschung, die sich letztlich immer mehr interdisziplinär orientierte, ist auch gegenwärtig in der **volkskundlichen Genderforschung** eine Integrierung in mehrfachliche Zusammenhänge zu konstatieren.

## Auswahlliteratur:

Assion, Peter: Der soziale Gehalt aktueller Frömmigkeitsformen. Zur religiösen Volkskunde der Gegenwart. In: Hessische Blätter für Volks- und Kulturforschung 14/15 (1982/83), S. 5-17.

Bausinger, Hermann: Volkskunde. Von der Altertumsforschung zur Kulturanalyse. Tübingen 1979.

Ders.: Folklorismus in Europa. Eine Umfrage. In: Zeitschrift für Volkskunde 65 (1969), S. 1-55.

Becker, Franziska: Karneval in Berlin. Invention of tradition im städtischen Transformationsprozeß. In: Karnevalsierung (Berliner Blätter. Ethnographische und Ethnologische Beiträge, Heft 26). Berlin 2002, S. 61-80.

Bimmer, Andreas C. (Hg.): Hessentag: Ein Fest der Hessen? Marburg 1973.

Ders./Heidemarie Gruppe-Kelpanides (Hg.): Feste in Hessen (Hessische Blätter für Volks- und Kulturforschung 4). Gießen 1978.

Ders.: Brauchforschung. In: Brednich, Rolf Wilhelm (Hg.): Grundriß der Volkskunde. Berlin 2001, S. 445-468.

Ders.: Von Übergang zu Übergang. Ist Van Gennep noch zu retten? In: Österreichische Zeitschrift für Volkskunde 103 NF 54 (2000), S. 15-36.

Ders.: »Wir Hessen«. Der Festzug zum Hessentag. In: Kimpel, Harald/Johanna Werckmeister: Triumphzüge. Paraden durch Raum und Zeit. Marburg 2001, S. 28-37.

Ders.: Familienforschung. In: Brednich, Rolf Wilhelm (Hg.): Grundriß der Volkskunde. Berlin 2001, S. 311-328.

Ders./Ingeborg Weber-Kellermann (Hg.): Sozialkultur der Familie (Hessische Blätter für Volks- und Kulturforschung 13). 1982.

Ders. u.a.(Hg): Brauch – Familie – Arbeitsleben. Schriften von Ingeborg Weber-Kellermann. Marburg 1978.

Brauch und seine Rolle im Verhaltenscode sozialer Gruppen. Eine Bibliographie. Marburg 1973.

Böth, Gitta/Militzer-Schwenger, Lisgret: Umgang mit Spielzeug: Einübung ins Leben. Begleitbuch zur Ausstellung im Stadtmuseum Ratingen. Ratingen 1991.

Braun, Karl: Der Tod des Stiers. Fest und Ritual in Spanien. München 1997.

Ders.: Karneval? Karnevaleske! Zur volkskundlich-ethnologischen Erforschung karnevalesker Ereignisse. In: Zeitschrift für Volkskunde 98 (2002), S. 1-15.

Brückner, Wolfgang: Die Verehrung des Heiligen Blutes in Walldürn. Aschaffenburg 1958.

Ders.: Heimat und Demokratie. Gedanken zum politischen Folklorismus in Westdeutschland. In: Zeitschrift für Volkskunde 61 (1965), S. 205-213.

Ders.: Brauchforschung tut not. In: Jahrbuch für Volkskunde NF 21 (1998), S. 107-138.

Daun, Åke: Ethnological Research on Children. In: Ethnologia Scandinavica 1982, S. 42-52.

Dünninger, Dieter: Wegsperre und Lösung. Formen und Motive eines dörflichen Hochzeitsbrauches. Ein Beitrag zur rechtlich-volkskundlichen Brauchtumsforschung. Berlin 1967.

Falkenberg, Regine: Kindergeburtstag. Eine Brauchstudie über Kinder und ihr Fest. 1982; auch Katalog zu einer Sonderausstellung am Museum für Deutsche Volkskunde, Berlin 1984.

Fasnacht. Beiträge des Tübinger Arbeitskreises für Fastnachtsforschung (Volksleben 6). Tübingen 1964.

Frykman, Jonas/Löfgren, Orvar (Hg.): Force of Habit. Exploring Everyday Culture (Lund Studies in European Ethnology 1). Lund 1996.

Hartinger, Walter: Religion und Brauch. Darmstadt 1992.

Hävernick, Walter: Gebräuchliches und Brauch. Ursachen der Ritualisierung in volkskundlicher Sicht. In: Beiträge zur Deutschen Volks- u. Altertumskunde 13 (1969), S. 7-17.

Jeggle, Utz: Sitte und Brauch in der Schweiz. In: Hugger, Paul (Hg.): Handbuch der schweizerischen Volkskultur Bd. 2. Basel 1992, S. 603-628.

Johler, Reinhard: Die Formierung eines Brauches. Der Funken- und Holepfannsonntag. Studien aus Voralberg, Liechtenstein, Tirol, Südtirol und dem Trentino. Wien 2000.

Köhle-Hezinger, Christel: Willkommen und Abschied. Zur Kultur der Übergänge. In: Zeitschrift für Volkskunde 92 (1996), S. 1-19.

Dies./Martin Scharfe/Rolf-Wilhelm Brednich (Hg): Männlich – Weiblich: Zur Bedeutung der Kategorie Geschlecht in der Kultur. Münster u.a. 1999.

Köstlin, Konrad: Brauchtum als Erfindung der Gesellschaft. In: Historicum. Zeitschrift für Geschichte. Linz 1999, S. 9-14.

Ders./Kai-Detlev Sievers (Hg.): Das Recht der kleinen Leute. Festschrift für Karl-Sigismund Kramer. Berlin 1976.

Ders./Pohl-Weber, Rosemarie (Hg): Kinderkultur. 25. Deutscher Volkskundekongreß in Bremen 1985. Bremen 1987.

Korff, Gottfried: Kultur. In: Bausinger, Hermann u.a. (Hg): Grundzüge der Volkskunde. Darmstadt 1978, S. 17-80.

Kramer, Karl-Sigismund: Grundriß einer rechtlichen Volkskunde. 1974.

Ders.: Zur Erforschung der historischen Volkskultur. Prinzipielles und Methodisches. In: Rheinisches Jahrbuch für Volkskunde 19 (1968), S. 7-41.

Ders.: Archivalische Quellenforschung. In: Zeitschrift für Volkskunde 55 (1959), S. 91-98.

Lipp, Carola: Geschlechterforschung – Frauenforschung. In: Brednich, Rolf Wilhelm (Hg): Grundriß der Volkskunde. Berlin 2001, S. 329 – 361.

Matheus, Michael (Hg.): Fastnacht/Karneval im europäischen Vergleich. Stuttgart 1999.

Matter, Max (Hg): Rheinischer Karneval (Rheinisches Jahrbuch für Volkskunde, 23). Bonn 1978.

Mensch und Tier. Kulturwissenschaftliche Aspekte einer Sozialbeziehung (Hessische Blätter für Volks- und Kulturforschung 27). Marburg 1991.

Metz-Becker, Marita: Der verwaltete Körper: die Medikalisierung schwangerer Frauen in den Gebärhäusern des frühen 19. Jahrhunderts. Frankfurt a.M. u.a. 1997.

Mezger, Werner: »Rückwärts in die Zukunft«. Metamorphosen der schwäbisch-alemannischen Fastnacht. In: Matheus 1999, S. 121-173.

Mitterauer, Michael: Historische Familienforschung. Frankfurt a.M. 1982.

Möller, Helmut: Die kleinbürgerliche Familie im 18. Jahrhundert. Berlin 1969.

Mohrmann, Ute: Festhalten am Brauch. Jugendweihe vor und nach der »Wende«. In: Kaschuba, Wolfgang u.a. (Hg): Alltagskultur im Umbruch. Weimar u.a. 1996, S. 197-213.

Moser, Dietz-Rüdiger: Fastnacht – Fasching – Karneval. Das Fest der »Verkehrten Welt«. Graz/Wien/Köln 1986.

Ders.: Bräuche und Feste im christlichen Jahreslauf. Graz/Wien/Köln 1993.

Ders.: Nationalsozialistische Fastnachtsdeutung. Die Bestreitung der Christlichkeit des Fastnachtsfestes als zeitgeschichtliches Phänomen. In Zeitschrift für Volkskunde 78 (1982), S. 200-219.

Moser, Hans: Volksbräuche im geschichtlichen Wandel. Ergebnisse aus 50 Jahren volkskundlicher Quellenforschung. München 1985.

Ders.: Vom Folklorismus in unserer Zeit. In: Zeitschrift für Volkskunde 58 (1962), S. 177-209.

Ders.: Der Folklorismus als Forschungsproblem der Volkskunde. In: Hessische Blätter für Volkskunde 55 (1964), S. 9-58.

Ders.: Zu Problematik und Methodik neuester Fastnachtforschung. In: Zeitschrift für Volkskunde 80 (1984), S. 2-22.

Narrenfreiheit: Beiträge zur Fastnachtsforschung (Untersuchungen des Ludwig-Uhland-Instituts der Universität Tübingen 51). Tübingen 1980.

Peesch, Reinhard: Das Berliner Kinderspiel der Gegenwart. Berlin 1957.

Remberg, Annette: Der Wandel des Hochzeitsbrauchtums im 20. Jahrhundert – dargestellt am Beispiel einer Mittelstadt. Eine volkskundlich-soziologische Untersuchung. Münster 1995.

Rosenbaum, Heidi: Perspektiven einer volkskundlichen Familien- und Kinderforschung. In: Zeitschrift für Volkskunde 93 (1997), S. 42-56.

Scharfe, Martin: Zum Rügebrauch. In: Hessische Blätter für Volkskunde 61 (1970), S. 45-68.
Ders.: Brauchforschung. Darmstadt 1991.
Schempf, Herbert: Rechtliche Volkskunde. In: Brednich, Rolf Wilhelm (Hg): Grundriß der Volkskunde. Berlin 2001, S. 423-443.
Schürmann, Thomas: Tisch- und Grußsitten im Zivilisationsprozeß. Münster 1994.
Schwedt, Herbert (Hg): Analyse eines Stadtfestes: Die Mainzer Fastnacht. Wiesbaden 1977.
Ders./Schwedt, Elke: Schwäbische Bräuche. Stuttgart 1984.
Ders./Schwedt, Elke: Bräuche zwischen Saar und Sieg. Zum Wandel der Festkultur in Rheinland-Pfalz und im Saarland. Mainz 1989.
Sich benehmen (Hessische Blätter für Volks- und Kulturforschung 30). Marburg 1994.
Sieber, Friedrich: Aspekte der Brauchforschung. In: Wissenschaftliche Annalen 5 (1956), H. 6, S. 497-503.
Ders.: Deutsch-westslawische Beziehungen in Frühlingsbräuchen. Todaustragen und Umgang mit dem Sommer. Berlin 1968.
Trümpy, Hans: Sphären des Verhaltens. Beiträge zu einer Grammatik der Bräuche. In: Rheinisches Jahrbuch für Volkskunde 20 (1969), S. 226-232.
Weber-Kellermann, Ingeborg: Erntebrauch in der ländlichen Arbeitswelt des 19. Jahrhunderts. Marburg 1965.
Dies.: Die deutsche Familie. 1974, $^8$1984.
Dies.: Das Weihnachtsfest. Frankfurt a.M./Luzern 1978. München $^2$1987.
Dies.: Volksfeste in Deutschland. Hamburg 1981.
Dies.: Die Sprache der Bräuche. In: Zeitschrift für Volkskunde 80 (1984), S. 23-28.
Dies./Hofius, Annegret: Kodewandel. Eine vergleichende Analyse der Weihnachtsbräuche 1880-1980. In: Zeitschrift für Semiotik 5 (1983), S. 49-61.
Dies.: Saure Wochen – Frohe Feste. Fest und Alltag in der Sprache der Bräuche. Münhen/Luzern 1985.
Dies.: Die Familie. Geschichte, Geschichten und Bilder Frankfurt a.M. 1976, $^2$1984.
Dies.: Die Kindheit. 1979.
Dies.: Frauenleben im 19. Jahrhundert: Empire und Romantik, Biedermeier, Gründerzeit 1983. 2., durchges. Aufl. München 1988.
Dies.: Der Kinder neue Kleider. Frankfurt a.M.1985.
Dies: Die helle und die dunkle Schwelle: wie Kinder Geburt und Tod erleben. München 1994.
Dies./Bimmer, Andreas C.: Familienforschung aus der Sicht der Europäischen Ethnologie. In: Universitas 38 (1983), S. 975-984.
Wiegelmann, Günter: Alltags- und Festspeisen. Wandel und gegenwärtige Stellung. Marburg 1967.
Wolfram, Richard: Prinzipien der Brauchforschung. Wien 1972.

## 6.3 Empirische Methoden, Erzähl- und Kommunikationsforschung

Mit zunehmender Orientierung an den übrigen Sozialwissenschaften wurde auch für die Volkskunde das **Instrumentarium moderner empirischer Forschung** verpflichtender. Lange Zeit war sie durch das Verdikt vornehmlich der empirischen Soziologie verunsichert worden, ihr Gewährsleuteverfahren sei unpräzise und damit eine untaugliche Erhebungsmethode – von daher wurden auch Rückschlüsse auf das Fach im ganzen gezogen. Dieser Vorwurf traf um so sicherer, da es sich zum Zeitpunkt der Kritik um die Aufwärtsphase der ausschließlich quantifizierenden Sozialforschung handelte und andererseits gerade die von der Volkskunde untersuchten Gruppen häufig mit Vernunft einfach nicht zu quantifizieren waren. Es wurde nun deutlich, daß das vielfach geübte Gewährsleuteverfahren als ausschließliche Quelle in der **Feldforschung** überholt und unpräzise war.

Recht bald setzten sich daher neben den quantifizierenden Methoden auch **qualitative Verfahren** durch, die sich für die Untersuchungsgegenstände der Volkskunde besser eignen, nicht zuletzt, weil sie den bisherigen Vorbehalt gegenüber der Quantifizierung, durch standardisierte Fragebögen entstünde ein zu großer Informationsverlust, entkräfteten. Zu diesen neuen Verfahren zählten neben der in ethnologischer Feldforschung seit langem geübten teilnehmenden Beobachtung vor allem biographische/autobiographische Zeugnisse, die ›oral history‹ (selbsterlebte, erzählte Geschichte, im Sinne von Alltagsgeschichte), sowie zahlreiche variierte Interviewformen, z.B. das sogenannte narrative Interview, die alle von den Selbstzeugnissen Betroffener ausgingen. Erstaunlich ist, daß die Volkskunde/Ethnologie bei diesen Verfahren, die zunächst auf subjektivem Erzählen beruhen, nicht anders als weitgehend reaktiv mitgewirkt hat, obwohl doch Erzählforschung eines ihrer zentralen Gebiete ist. Es war hauptsächlich der englischen Sozialgeschichtsforschung zu verdanken, daß qualitative Erhebungsverfahren anerkannte Quellen wurden. Dazu kam die Tatsache, daß auch die Soziologie mit ausschließlicher Quantifizierung nicht mehr hinreichend forschen konnte.

Immerhin war im Fach genügend Einsicht vorhanden, nicht den alten Fehler des Entweder-Oder zu wiederholen. Eine Kombination quantitativer und qualitativer Methoden schien am aussichtsreichsten zu sein: quantitativ, wenn es galt, abgesicherte sozial-statistische Daten über das Umfeld zu erhalten, in dem untersucht werden sollte. So basierte Herbert Schwedts (1977) Fastnachtsstudie zunächst auf einer repräsentativen Befragung der Mainzer Bevölkerung, um danach weitere Detailuntersuchungen anzustellen; oder Ernst Klusen (1974) nahm für seine Untersuchungen über *Das Singen der Deutschen* sogar ein bundesweites Sample als Ausgangspunkt. **Qualitative Verfahren** boten sich an, wenn es um die vertiefenden Untersuchungen ging. Methodenbewußt den qualitativen Verfahren folgende Studien wurden in den frühen achtziger Jahren vorgelegt, nicht zufällig gerade aus der Erzählforschung hervorgehend wie Albrecht Lehmanns Habilitationsschrift: *Erzählstruktur und Lebenslauf* (1983). Die in Freiburg veranstaltete Tagung »Lebenslauf und Lebenszusammenhang« (1981) beschäftigte sich intensiv mit autobiographischen Materialien in der Volkskunde. Utz Jeggle legte mit seinem Buch *Feldforschung. Qualitative Methoden in der Kulturanalyse* (1984) eine erste methodenkritische Auseinandersetzung vor – auch unter wissenschaftsgeschichtlichem Standpunkt. Der Einsatz von Computern, der die methodischen Verfahren ja nachhaltig beeinflussen kann (z.B. bei der Verarbeitung, Archivierung u.a.), wurde von Klaus Roth (1980) vorgestellt und diskutiert.

Erstaunlicherweise hat die von der Sprachwissenschaft her entwickelte Methode der **Strukturalistischen Anthropologie** (Levi-Strauss; Bogatyrew, Pop) nur geringen Einfluß auf die bundesdeutsche Volkskunde/Ethnologie genommen, obgleich das strukturalistische Interpretationsverfahren für die Ordnung und Deutung volkskundlicher Stoffmengen sehr nützlich und systembildend ist. Die strukturale Methode beginnt mit der Segmentierung des Untersuchungsstoffes in seine einzelnen Elemente und erforscht dann das System ihrer Verknüpfungen und Beziehungen sowie deren Stellenwert innerhalb des strukturalen Systems. Dazu dient die Feststellung von Oppositionen, die jeder Brauch- oder Erzählphase gegenüberstehen (Gallas 1972). Die konsequente Anwendung dieser Methode, die mit den sozialen Kommunikationsprozessen zusammenhängt, führt zu tiefgreifenden Deutungsmöglichkeiten und läßt den Code-Charakter der Einzelphänomene besonders deutlich erkennen. Der vor allem in Frankreich angewandten strukturalen Anthropologie ist allerdings eine sozialwissenschaftliche Komponente für den jeweiligen Kontext der Elemente hinzuzufügen. Für die Erzählforschung ist die Untersuchung von Vladimir Propp (1969/72) von Bedeutung.

Die **Erzählforschung** (in der internationalen Terminologie: Folkloristik), die klassische Teildisziplin des Faches, ging freilich andere Wege (vgl. Röhrich 2001b): hier überwiegen seit 1960 historische und vergleichende Forschungsansätze, wie auch das derzeit größte internationale und interdisziplinäre Gemeinschaftsprojekt unter Federführung des Faches, die *Enzyklopädie des Märchens. Handwörterbuch zur historischen und vergleichenden Erzählforschung* (EM), im Untertitel verdeutlicht. Mit einer *Kritik der oralen Tradition* (Moser 1976) wurde nicht nur erkennbar, wie nachhaltig die Topoi mündlicher Überlieferung über Sammler- und Forschergenerationen hinweg das Verständnis von ›Volksüberlieferung‹ geprägt haben, auch die **Wechselwirkungen von Mündlichkeit und Schriftlichkeit** rückten vermehrt ins Erkenntnisinteresse des Faches – die Re-Oralisierung von Literatur und der Literarisierung von Folklore (Röhrich/Lindig 1989). Damit wurde auch das Lesen als Kulturtechnik zu einem wichtigen Forschungsfeld (Schenda ²1977, 2001). Gerade die Erzählforschung ist heute mit der Ausrichtung großer internationaler Kongresse durch die International Society for Folk Narrative Research (ISFNR) und eine eigene wissenschaftliche Zeitschrift (*Fabula*) europa-, ja weltweit vernetzt.

Im Zuge der Entwicklung und des Ausbaus der modernen **Massenkommunikationsmittel** wie Presse, Illustrierte, Rundfunk, Fernsehen und Film sah sich die Volkskunde zunehmend vor die Aufgabe gestellt, hierzu Stellung zu nehmen und deren kulturelle Auswirkungen zu untersuchen. Zunächst wurden Kino, Rundfunk und später das Fernsehen, aber auch Groschenhefte und die Massenpresse als Bedrohung des traditionellen Volkslebens angesehen. Die gemeinsamen feierabendlichen Vergnügungen wie Singen, Erzählen oder die Ausübung örtlicher Bräuche würden dadurch zum Aussterben verurteilt.

Daneben war aber auch die kulturelle Bedeutung der Massenkommunikation sehr umstritten, da der Kulturbegriff der Volkskunde Traditionsgebundenheit ihrer Gegenstände voraussetzte, und somit ›kurzlebige‹ Erscheinungen, die nicht in der Gemeinschaft ›gewachsen‹ waren, nicht als untersuchenswert ansah. Erst ein veränderter, weil **erweiterter Kulturbegriff**, der alle gruppengebundene Aktivität einschließt, ermöglichte die Ausdehnung des volkskundlichen Aufgabenbereichs auf die Massenmedien und ihre Wirkungen. Auch hierbei waren wieder die Einflüsse der Sozialwissenschaften, die sich unbefangener mit dem Kommunikationsbegriff interdisziplinär auseinandersetzten, Motor für die interne Fachdiskussion. Für die Volkskunde bot sich eine Differenzierung des Kommunikationsmodells an, die eine Übernahme auch auf andere Bereiche wie die Brauchforschung ermöglichte. Hierbei wurden direkte Kommunikation und Massenkommunikation unterschieden, eine Thematik, unter der der 20. Volkskundekongreß 1975 in Weingarten stand.

Aber auch von anderen Fachtraditionen kamen Impulse zur **Auseinandersetzung mit den Medien**. In der Folge der philologischen, der Germanistik verbundenen Forschung stand man angesichts des vermeintlichen Zurückweichens oraler Überlieferungen sowie des Vordringens der Massenlesestoffe, die aufgrund vereinfachter und vor allem verbilligter Druckverfahren immer mehr an Bedeutung gewannen, ebenfalls vor der Aufgabe einer Auseinandersetzung. Die Funktion dieser Produkte, den Transfer von Wert- und Normsystemen zu übernehmen, verlagerte sich zunehmend in das Zentrum des volkskundlichen Interesses. Hier sind besonders die Schulen von Freiburg und Tübingen zu nennen, die als erste über die Interpretation mit traditionellen philologischen Methoden hinaus diese Prozesse analysierten. Dazu zählen z.B. Lutz Röhrich: *Der Witz* (1977); aus der Tübinger Institutsreihe ›Volksleben‹ die Bände mit Titeln wie *Volkslied – Schlager – Evergreen* (Hermann Fischer), *Das Wildwest-Romanheft* (J.U. Davids), oder die *Kriegsromanhefte in der BRD* (K.F. Geiger).

In der Folgezeit gewann die Auseinandersetzung mit dem **Fernsehen** in der Forschung immer größere Bedeutung, etwa in einem Tübinger Projekt zum Kinderfernsehen oder in der Studie von Hans-Friedrich Foltin und Gerd Würzberg zur *Arbeitswelt im Fernsehen* (1975). Neuere Zugänge zur Medien- und insbesondere Fernsehforschung werden in einem Themenheft des Schweizerischen Archivs für Volkskunde diskutiert (*Medien im Alltag* 1999).

Eine besondere Entwicklung nahm der **wissenschaftliche Film** in der Volkskunde. Im wesentlichen wurden am Institut für den wissenschaftlichen Film in Göttingen, im Amt für rheinische Landeskunde Bonn sowie am Institut für Europäische Ethnologie der Universität Marburg – hier in enger Kooperation mit dem Hessischen Rundfunk – ethnologische Filme produziert. Im Rahmen der Göttinger Filmarbeit haben zahlreiche Volkskundler/innen – als wissenschaftliche Berater – an Filmen mitgewirkt. Das Konzept des Göttinger Instituts zielte auf pure positivistische Dokumentation ab (mit der Original-Tonkulisse, etwa dem Stimmengewirr und der Musik bei Brauchaufführungen). Erläuterungen werden mit einem Beiheft vermittelt. Auf diese Weise entstand eine lange Reihe volkskundlicher Bestandsaufnahmen mit dem Charakter einer Filmkartei. Anders hat sich das Marburger Konzept mit der Prämisse entwickelt, über die eigentliche Dokumentation, also das filmische Sammeln von Fakten, hinaus zu einer eigenen Interpretation des dargebotenen Materials zu gelangen und damit zur Einordnung in die jeweiligen funktionalen Zusammenhänge zu kommen. In Zusammenarbeit mit dem Hessischen Rundfunk und vorwiegend mit dem Regisseur Harald Schäfer, einem Marburger Promoventen, konnte Ingeborg Weber-Kellermann 42 ethnologische Fernsehfilme erarbeiten.

Mit der Gründung einer Kommission für den wissenschaftlichen Film in der Deutschen Gesellschaft für Volkskunde, aber auch mit zahlreichen Aufsätzen und Monographien sowie Filmbeiträgen, u.a. von Edmund Ballhaus (Göttingen), Olaf Bockhorn (Wien), Alois

Döring (Bonn) und Walter Dehnert (Marburg/Mainz), ist der Film inzwischen ein gut etabliertes Dokumentationsmedium des Faches. So besteht z.B. in Göttingen auch die Möglichkeit, Examensarbeiten mit Film zu erstellen.

## Ausgewählte Literatur:

Aarne, Anti/Thompson, Stith: The Types of the Folktale. A Classification and Bibliography. Second Revision (FFC 184). Helsinki 1961 (AaTh).

Baumann, Richard u.a.: Current Trends in Folk Narrative-Theory. A Report. In: Tidskrift for Nordisk Folkminneforskning. Scandinavian Yearbook of Folklore 36 (1980), S. 25-55.

Bausinger, Hermann: Formen der »Volkspoesie« (Grundlagen der Germanistik 6). Berlin ²1980.

Ders./Moser-Rath, Elfriede (Hg.): Direkte Kommunikation und Massenkommunikation. Verhandlungen des Volkskundekongresses in Weingarten. Tübingen 1976.

Ben-Amos, Dan (Hg.): Folklore Genres. Austin/Texas 1981.

Bogatyrew, Petr: The function of folkcostume in Moravian Slovakia [1937]. Paris 1971.

Brednich, Rolf Wilhelm u.a. (Hg.): Lebenslauf und Lebenszusammenhang. Autobiographische Materialien in der volkskundlichen Forschung. Freiburg 1982.

Brückner, Wolfgang (Hg.): Volkserzählung und Reformation. Ein Handbuch zur Tradierung und Funktion von Erzählstoffen und Erzählliteratur im Protestantismus. Berlin 1974.

Brunold-Bigler, Ursula/Bausinger, Hermann (Hg.): Hören, Sagen, Lesen, Lernen. Bausteine zu einer Geschichte der kommunikativen Kultur. Festschrift für Rudolf Schenda. Bern u.a. 1995.

Burckhardt-Seebass, Christine u.a.: »... im Kreise der Lieben«. Eine volkskundliche Untersuchung zur populären Liedkultur in der Schweiz. Basel/Frankfurt a.M. 1993.

Dehnert, Walter: Fest und Brauch im Film. Der volkskundliche Film als wissenschaftliches Dokumentationsmittel. Marburg 1992.

Enzyklopädie des Märchens. Handwörterbuch zur historischen und vergleichenden Erzählforschung. Begründet von Kurt Ranke. Hg. von Rolf Wilhelm Brednich u.a., Berlin/New York 1977ff. (EM).

Finnegan, Ruth: Oral Poetry. Its Nature, Significance and Social Context. Cambridge 1977.

Foley, John Miles: The Theory of Oral Composition. History and Methodology. Bloomington, Ind. 1988.

Foltin, Hans-Friedrich/Würzberg Gerd: Arbeitswelt im Fernsehen. Versuch einer Programmanalyse. Köln 1975.

Gallas, Helga: Strukturalismus als interpretatives Verfahren. Darmstadt 1972.

Gerndt, Helge: Gedanken zur heutigen Sagenforschung. In: Bayerisches Jahrbuch für Volkskunde 1991, S. 137-155.

Grunsky-Peper, Konrad: Deutsche Volkskunde im Film. Gesellschaftliche Leitbilder im Unterrichtsfilm des Dritten Reichs. München 1978.
Holbek, Bengt: Interpretation of Fairy Tales. Danish Folklore in a European Perspective (FFC 239). Helsinki 1987.
Honko, Lauri: Zielsetzungen und Methoden der finnischen Erzählforschung. In: Fabula 26 (1985), S. 318-335.
Jeggle, Utz: Feldforschung. Qualitative Methoden in der Kulturanalyse. Tübingen 1984.
Karlinger, Felix (Hg.): Wege der Märchenforschung (Wege der Forschung CCLV). Darmstadt 1973.
Klusen, Ernst: Zur Situation des Singens in der Bundesrepublik Deutschland. 2 Bde. Köln 1974.
Krohn, Kaarle: Die folkloristische Arbeitsmethode. Oslo 1926.
Kvideland, Reimund (Hg.): Folklore processed. In Honour of Lauri Honko (Studia Fennica Folkloristica). Helsinki 1992.
Lehmann, Albrecht: Erzählstruktur und Lebenslauf. Frankfurt a.M. 1983.
Levi-Strauss, Claude: Strukturale Anthropologie. Frankfurt a.M. 1967.
Medien im Alltag (Schweizerisches Archiv für Volkskunde, 95). Basel 1999.
Mieder, Wolfgang: Tradition and Innovation in Folk Literature. Hannover/New York 1987.
Moser, Dietz-Rüdiger: Kritik der oralen Tradition. Bemerkungen zum Problem der Lied- und Erzählungspopularisierung. In: Folk Narrative Research. Some Papers presented at the VI. Congress of the ISFNR (Studia Fennica 20). Helsinki 1976, S. 209-221.
Moser-Rath, Elfriede: Predigtmärlein der Barockzeit. Exempel, Sage, Schwank und Fabel in geistlichen Quellen des oberdeutschen Raumes. Berlin 1964.
Oberfeld, Charlotte/Lingelbach, Karl Christoph (Hg.): Das Jugendbuch als Medium literarischer Kommunikation. Marburg 1974.
Pop, Mihai: Der formelhafte Charakter der Volksdichtung. In: Deutsches Jahrbuch für Volkskunde 14 (1968), S. 1-15 (und die dort angegebene Literatur zum Strukturalismus).
Ders.: Neue Aufgaben der Brauchforschung. In: Zeitschrift für Volkskunde 80 (1984), S. 30-39.
Propp, Vladimir: Morphologie des Märchens. München 1972.
Röhrich, Lutz: Märchen und Wirklichkeit. Eine volkskundliche Untersuchung. Wiesbaden 1951, Baltmannsweiler $^5$2001.
Ders., gemeinsam mit Rolf Brednich: Deutsche Volkslieder. Texte und Melodien. Bd. l: Erzählende Lieder, Bd. 2: Lieder aus dem Volksleben. 1965/67.
Ders.: Sage und Märchen. Erzählforschung heute. Freiburg/Basel/Wien 1976.
Ders.: Der Witz. Figuren – Formen – Funktionen. Stuttgart 1977.
Ders./Lindig, Erika (Hg.): Volksdichtung zwischen Mündlichkeit und Schriftlichkeit ( ScriptOralia 9). Tübingen 1989.
Ders.: Erzählforschung. In: Brednich, Rolf Wilhelm (Hg.): Grundriß der Volkskunde. Berlin 2001. S. 515-542.
Ders.: »und weil sie nicht gestorben sind ...« Anthropologie, Kulturgeschichte und Deutung von Märchen. Köln/Weimar/Wien 2002.

Ders.: Gesammelte Schriften zur Volkslied- und Volksballadenforschung (Volksliedstudien, 2). Münster/New York 2002.

Roth, Klaus: Historische Volkskunde und Quantifizierung. In: Zeitschrift für Volkskunde 76 (1980), S. 37-57.

Schäfer, Harald: Dokumentation und Interpretation. In: Brauch-Familie -Arbeitsleben. Marburg 1978, S. 210-221.

Schenda, Rudolf: Volk ohne Buch. Studien zur Sozialgeschichte der populären Lesestoffe 1770-1910. München ²1977, Frankfurt a.M. ³1988.

Ders.: Folklore e letteratura popolare. Germania – Francia – Italia. Roma 1986.

Ders.: Tendenzen der aktuellen volkskundliche Erzählforschung im deutschsprachigen Raum. In: Chiva, Isa Jeggle, Utz (Hg.): Deutsche Volkskunde – Französische Ethnologie. Zwei Standortbestimmungen. Frankfurt a.M./New York/Paris 1987, S. 271-291.

Ders.: Folklore und Massenkultur. In: Schweizerisches Archiv für Volkskunde 87 (1991), S. 15-27.

Ders.: Leser- und Lesestoff-Forschung. In: Brednich, Rolf Wilhelm (Hg.): Grundriß der Volkskunde. Berlin 2001, S. 543-561.

Schmitt, Christoph: Adaption »klassischer« Märchen im Kinder- und Familienprogramm westdeutscher Fernsehanstalten. Frankfurt a.M. 1992.

Schneider, Ingo (Hg.): Europäische Ethnologie und Folklore im internationalen Kontext. Festschrift für Leander Petzoldt. Frankfurt a.M./New York 1999.

Schwedt, Herbert: Analyse eines Stadtfestes: Die Mainzer Fastnacht. Wiesbaden 1977.

Spamer, Adolf (aus dem Nachlaß hg. von Johanna Nickel): Romanusbüchlein. Historisch-philologischer Kommentar zu einem dt. Zauberbuch. 1958.

Steinitz, Wolfgang: Deutsche Volkslieder demokratischen Charakters aus 6 Jahrhunderten. 2 Bde. Berlin 1954/62.

Sydow, Carl Wilhelm von: Selected Papers on Folklore. Copenhagen 1948.

Tolksdorf, Ulrich: Grill und Grillen oder: die Kochkunst der mittleren Distanz. In: Kieler Blätter zur Volkskunde 5 (1973), S. 113-133.

Uther, Hans-Jörg (Bearb.): Katalog zur Volkserzählung. Spezialbestände des Seminars für Volkskunde und der Enzyklopädie des Märchens, Göttingen, des Instituts für Europäische Ethnologie, Marburg, und des Instituts für Volkskunde, Freiburg. Bd. 1/2, München u.a. 1987.

Ders. (Hg.): Märchen in unserer Zeit. Zu Erscheinungsformen eines populären Erzählgenres. München 1990.

Voigt, Vilmos: Suggestions. Towards a Theory of Folklore. Budapest 1999.

Weber-Kellermann, Ingeborg: Der Geist des Flachses. Versuch einer strukturalistischen Analyse aus dem Mannhardtmaterial von 1865. In: Brauch – Familie-Arbeitsleben. Marburg 1978, S. 77-92.

Wossidlo, Richard/Schneidewind, Gisela: Herr und Knecht. Antifeudale Sagen aus Mecklenburg. Berlin 1960.

Zur Volksüberlieferung vgl. auch die folgenden Bände der *Sammlung Metzler*:

Hain, Mathilde: Rätsel (Sammlung Metzler 53). Stuttgart 1966.

Leibfried, Erwin: Die Fabel (Sammlung Metzler 66) Stuttgart ³1982.

Lüthi, Max, Märchen (Sammlung Metzler 16). Stuttgart ⁷1979.
Petzoldt, Leander: Bänkelsang (Sammlung Metzler 130). Stuttgart 1974.
Röhrich, Lutz: Sage (Sammlung Metzler 55). Stuttgart ²1971.
Röhrich, Lutz/Mieder, Wolfgang: Sprichwort (Sammlung Metzler 154). Stuttgart 1977.
Rosenfeld, Helmut: Legende (Sammlung Metzler 9). Stuttgart 1982.
Straßner, Erich: Schwank (Sammlung Metzler 77). Stuttgart ²1978.
Suppan, Wolfgang: Volkslied. Seine Sammlung und Erforschung. Stuttgart 1978.
Grothe, Heinz: Anekdote (Sammlung Metzler 101). Stuttgart 1971.

## 6.4 Zur Diskussion um die ›Volkskunst‹ in der musealen Ausstellungspraxis

Die volkskundlich-kulturgeschichtliche Museumslandschaft fand nach dem Zweiten Weltkrieg eine immense Ausweitung. In den wirtschaftlich prosperierenden sechziger und frühen siebziger Jahren wurden zahlreiche neue Museen (orts- oder regionalbezogen) gegründet, oder in bereits bestehenden wurden die bisherigen – oft von interessierten Heimatforschern – ehrenamtlich geleiteten Museen mit hauptamtlichen Leitern besetzt. Im Zuge eines sich aufbauenden museumswissenschaftlichen Bewußtseins – das sich aus der allgemeinen sozio-pädagogischen Aufbruchstimmung im Bildungswesen herleitete – hatten Bewerber mit volkskundlich-kulturgeschichtlicher Ausbildung (wie sie durch die aktive Mitarbeit an verschiedenen speziellen Ausstellungsprojekten angeboten wurde) in diesen neuen Museen gute Berufschancen, die sogar die Absolventen und Absolventinnen der traditionellen Museumsdisziplin Kunstgeschichte teilweise überrundeten. Wesentliches Moment dieser Ausbildung war die sozialwissenschaftlich-kulturgeschichtliche Herangehensweise: Nicht die Gegenstände an sich und isoliert betrachtet standen im Zentrum des Interesses, sondern die Gegenstände in ihrem **sozioökonomischen Kontext** und im Bezug zu den Funktionen in dem sie umgebenden Normsystem.

Der Einzug der Kontextbetrachtung in die Museen, wie sie auch von anderen musealen Disziplinen verfolgt wurde, – etwa im viel diskutierten Historischen Museum in Frankfurt a.M. – führte zeitweise zu sehr scharfen Diskussionen aus zwei Lagern. Hierbei ging es um das Verhältnis von sozioökonomischem Kontext, erklärendem Text und illustrierenden Bildern. Die Zeugnisse dieser Debatten sind in den Tagungsprotokollen der Arbeitsgemeinschaft Kulturgeschichtliche Museen der DGV Frankfurt 1973 und München 1975 nachzulesen.

Nach einigen Jahren, vor allem nachdem die ersten Absolventen und Absolventinnen einer neuen musealen Ausbildung in die Museen eintraten und ihre Ideen mehr und mehr umsetzen konnten, ebbte die Vehemenz, aber auch die feindselige Konfrontation ab, und die Praxis entschärfte manch theoretische Forderung, z.B. zu einem vertretbaren Bezug von Exponat, Bild und Text. In der zweiten Auflage des Berufsleitfadens Volkskunde (1984) konnte A. Lühning schon feststellen, daß an den meisten Universitätsinstituten die (mehr oder minder intensive) Ausbildung und Vorbereitung für die spätere Arbeit im Museum zum festen Lehrplan gehört, – ebenso während der Semesterferien die Ableistung eines **Praktikums im Museum**.

Auch inhaltlich wurde dieser Diskurs an den Sammlungs- und Präsentationskonzepten kulturgeschichtlicher Museen vollzogen, am intensivsten wohl an Begriff und Gegenstand der ›Volkskunst‹. Seit Robert Wildhaber 1968 in der Ranke-Festschrift eine **neue Begriffsbestimmung der Volkskunst** angeboten hatte, begann um diesen fragwürdigen Begriff eine lebhafte Diskussion, die die siebziger Jahre erfüllte. In den Kriegsjahren hatte bereits Wolfgang Schuchhardt, der sich damals der theoretischen Volkskunstforschung am Berliner Museum widmete, in seiner (unveröffentlichten) Habilitationsschrift die Frage »Volksrealien oder Volkskunst?« gestellt, um damit von der Museumsseite her die Nähe von Sachforschung und Volkskunstforschung hervorzuheben.

Ein anderer bedeutender Museumsmann, Lenz Kriss-Rettenbeck, eröffnete 1972 die wissenschaftliche Diskussion mit der »dreisinnigen Frage«: **Was ist Volkskunst?** und zwar ihrem Wesen nach, dem Ausschnitt in den Museen entsprechend und von der Bewußtmachung des Gegenstandes her. Er stellte fest, daß es bis heute für die Volkskunst, die die Kunsthistoriker nur am Rande zur Kenntnis nehmen, keine verbindlichen Kategorien gebe und es vielleicht tatsächlich kein Definitionssystem für diesen Bereich geben könne, der sich weniger durch Wissen als durch ästhetische Bildung erkennbar mache. Er sprach also dem Volkskunstbegriff die wissenschaftliche Verwendbarkeit ab und meinte, er umfasse lediglich die ästhetischen Energien, Gebilde und Äußerungen einer regionalen ›Umgebung‹.

1974 antwortete Martin Scharfe mit einer präzisen Bilanz auf Kriss-Rettenbecks Ausführungen, in denen er trotz funktionalistischer Versuche eine ahistorische Grundhaltung feststellte. Er griff auf Adolf Spamers vorausblickenden Aufsatz von 1928 (Oberdeutsche Zeitschrift für Volkskunde 2, 1928, S. 1ff.) zurück, der bereits damals vom ›Kunstgut des Volkes‹ sprach, das man vom ›Verbraucherstandpunkt‹ aus betrachten müsse. Auf dieser Basis hatten Friedrich Sieber, Bernward Deneke und auch Elke und Herbert Schwedt aufgebaut, wobei Elke Schwedt dem Thema die Kommunikations-, Konsumtions- und Kreativitätsforschung zugesellte. Scharfe schlug im Anschluß an Spamer vor, den Volkskunstbegriff gänzlich aufzugeben, denn »da, wo es kein Volk wie ehedem mehr gibt, kann auch keine Volkskunst mehr sein« (S. 220). Dazu genüge jedoch nicht Kriss-Rettenbecks Abgrenzung gegenüber der Stilkunst, sondern es müsse eine neue Ästhetik gefunden werden, die das andere, aber in sich logische Denksystem der ›Volkskunst‹-produzenten und -konsumenten erfasse. Er legte damit den Akzent auf das **gesellschaftliche Vermitteltsein der Gegenstände** und eröffnete so auch für die Museen neue Ausstellungsperspektiven. Die Gegenstände der sogenannten Volkskunst sind also in den Augen der modernen Wissenschaft Zeichen, verschlüsselte Aussagen, die der Dekodierung bedürfen.

Zunächst nur langsam wurde dieses Verständnis der Sachkultur, der Dinge und ihrer Bedeutungen in der **Ausstellungspraxis** umgesetzt, doch konnten die ersten Konzeptionen von Dauer- und Sonderausstellungen überzeugen: Rüsselsheim mit seiner Arbeitergeschichte, Detmold mit seiner Darstellung bäuerlicher und handwerklicher Arbeit, Berlin mit Ausstellungen wie »Dienstbare Geister« und »Kindergeburtstag«, Kiel mit seiner Ausstellung über »Weihnachten in Kiel« u.a.m.

Wichtig auf dem Wege der gesellschaftlichen Vermittlung war eine – wenn auch sehr zögernde – Entwicklung der **Museumspädagogik** (vgl. Kramer 1973, Kuntz 1996, Sievers 1980). Dem zunehmenden Interesse der Studierenden entsprachen spezielle Ausbildungsgänge wie in Tübingen und in Marburg, wo Martin Scharfe und Ingeborg Weber-Kellermann in den siebziger und achtziger Jahren regelmäßig mit den Studierenden Lernausstellungen vorbereiteten und veranstalteten. Aber all diese Aktivitäten bewegten sich bereits auf dem Gebiet funktionaler Vermittlung gesellschaftlicher Sachverhalte. ›Volkskunst‹ als Aufreihung ›schöner‹ Gegenstände spielte dabei keine Rolle mehr. Die Namensfrage hat Nils-Arvid Bringéus (Lund) mit seinem Buch über *Bildlore* (1981) höchst elegant gelöst (vom deutschen Verlag 1982 etwas unglücklich als »volkstümliche Bilderkunde« übersetzt, besser wäre **Bildbotschaften** gewesen). Ohne langatmige theoretische Auseinandersetzungen, aber mit der Interpretation eines reichen Bildmaterials, deutete er die Stoffe als Bildbotschaften auf sozialem Hintergrund. Nach diesem Buch brauchen wir über ›Volkskunst‹ nicht mehr zu diskutieren.

Konsequenterweise etablierte sich recht bald auf internationaler Ebene unter dem Dach der Société Internationale d'Ethnologie et de Folklore (SIEF) eine Kommission für **volkskundliche Bildforschung**, die auf Kommissions- und auch nationalen Verbandstagungen die Diskussion weiterführte, die Fotografie einbezog und sich der Bedeutung von Graffiti, Symbolen, Signets, Piktogrammen in der Moderne öffnete, so 1987 in Miskolc/Ungarn (Kunt 1988) und 1995 in Wien; auch der Kongreß der DGV in Karlsruhe 1995 war dieser Bedeutung der Zeichen in der Kultur gewidmet.

Eine besonders herausragende Stellung unter den volkskundlich orientierten Museen begannen seit den siebziger Jahren die **Freilichtmuseen** einzunehmen. Zum einen lagen sie in der Gunst des Publikums weit vorn, zum anderen entwickelten sie sich mehr und mehr zu volkskundlichen Landesmuseen, die neben den wieder errichteten Häusern und ihrem Inventar auch die übrigen Bereiche der Volkskunde sammeln und ausstellen. Die große Popularität der Freilichtmuseen birgt aber auch deutliche Gefahren der Vereinnahmung durch Brauchtümelei und Folklorisierung, gepaart mit Kommerz und Landvolkideologie. Das Konzept des ›lebenden Museums‹ etwa mit Volkstanz, Brotbacken und anderen ›volkstümlichen‹ Aktivitäten sei hier stellvertretend genannt.

### Ausgewählte Literatur:

Abel, Susanne (Hg.): Rekonstruktion von Wirklichkeit im Museum. Hildesheim 1992.

Bauer, Ingolf/Gockerell, Nina (Hg.): Museumsdidaktik und Dokumentationspraxis. München 1976.

Bimmer, Andreas C./Burmeister, Helmut/Kramer, Dieter (Hg.): Museumsarbeit (Hessische Blätter für Volks- und Kulturforschung 10). Gießen 1980.

Brednich, Rolf Wilhelm: Bildforschung. In: ders. (Hg.): Grundriß der Volkskunde. Berlin 2001, S. 201-220.

Bringéus, Nils-Arvid: Volkstümliche Bilderkunde. München 1982.

Brückner, Wolfgang: Expression und Formel in der Massenkunst. Zum Problem des Umformens in der Volkskunsttheorie. In: Anzeiger des Germanischen Nationalmuseums 1968, S. 122-139.

Ders.: Populäre Druckgraphik Europas: Deutschland vom 15. bis zum 20. Jahrhundert. München 1975.

Ders.: Elfenreigen, Hochzeitstraum. Die Öldruckfabrikation 1880-1940. Köln 1974.

Brückner, Wolfgang/Deneke, Bernward (Hg.): Volkskunde im Museum. Würzburg 1976.

Deneke, Bernward: Die Entdeckung der Volkskunst für das Kunstgewerbe. In: Zeitschrift für Volkskunde 60 (1964), S. 168-201.

Glagla-Dietz, Stephanie/Jacoby, Marianne/Matter, Max (Hg.): Museum im Dialog (Hessische Blätter für Volks- und Kulturforschung 33). Marburg 1999.

Heidrich, Hermann (Hg.): Sachkulturforschung. Gesammelte Beiträge der Tagung der

Arbeitsgruppe Sachkulturforschung und Museum in der DGV. Bad Windsheim 2000.

Knoche, Andrea/Moritz, Marina (Hg.): Mensch und Museum. Möglichkeiten und Grenzen gegenwärtiger Museumsarbeit. Erfurt 1997.

Korff, Gottfried/Roth, Martin (Hg.): Das historische Museum. Labor, Schaubühne, Identitätsfabrik. Frankfurt a.M./New York/Paris 1990.

Kramer, Dieter: Volksbildung in der Industriegemeinde. Marburg 1973.

Kriss-Rettenbeck, Lenz: Was ist Volkskunst? In: Zeitschrift für Volkskunde 68 (1972), S. 1-19.

Kunt, Ernö (Hg.): Bild-Kunde – Volks-Kunde. 3. Internationale Tagung des volkskundlichen Bildforschungs-Komitees der SIEF. Miskolc 1988.

Kuntz, Andreas: Das Museum als Volksbildungsstätte. Marburg 1976; Münster u.a. 1996.

Mohrmann, Ute: Engagierte Freizeitkunst. Berlin 1983.

Peesch, Reinhard: Volkskunst. Berlin 1978.

Ders.: Ornamentik der Volkskunst. Leipzig 1981.

Pieske, Christa: Bilder für jedermann. Wandbilddrucke 1840-1940. Berlin 1988.

Scharfe, Martin: Die Volkskunst und ihre Metamorphose. In: Zeitschrift für Volkskunde 70 (1974), S. 215-245.

Ders.: Evangelische Andachtsbilder. Studien zur Intention und Funktion des Bildes in der Frömmigkeitsgeschichte vorwiegend des schwäbischen Raumes. Stuttgart 1968.

Ders. (Hg.): Museen in der Provinz. Strukturen – Probleme – Tendenzen – Chancen. Tübingen 1982.

Schilling, Heinz: Wandschmuck unterer Sozialschichten. Bern 1971.

Schwedt, Elke: Volkskunst und Kunstgewerbe. 1970.

Schwedt, Herbert: Zur Geschichte des Problems »Volkskunst«. In: Zeitschrift für Volkskunde 65 (1969), S. 169-182.

Sieber, Friedrich: Begriff und Wesen der Volkskunst in der Volkskunstforschung. In: Wissenschaftliche Annalen 4 (1953), H. l, S. 22-33.

Sievers, Gudrun: Bauernstuben im Museum und historische Wirklichkeit. München 1980.

Wildhaber, Robert: Zur Begriffsbestimung der Volkskunst. In: Volksüberlieferung. Festschrift für Kurt Ranke. Göttingen 1968, S. 473-478.

Zippelius, Adelhart: Handbuch der europäischen Freilichtmuseen. Köln 1974.

## 6.5 Von der Dorfforschung zur Gemeinde- und Stadtforschung

Besonderen Aufschwung hat die volkskundliche Gemeindeforschung in den siebziger Jahren genommen. Die früheren Dorfmonographien, deren Zielrichtung und Untersuchungsgegenstand vornehmlich die ›bäuerliche Lebensgemeinschaft‹ und deren traditionelle Lebensform im Sinne des Kanons waren, wurden zwar schon ab 1955 z.B. mit Bausingers *Neuen Siedlungen* oder Brepohls Ruhrgebiets-Untersuchungen (1957) konfrontiert, in denen eine naturgegebene Harmonie ländlichen Zusammenlebens angesichts der nach dem Zweiten Weltkrieg entstandenen **Bevölkerungsmobilität** keinen Raum mehr hatte. Dennoch waren Arbeiten in alter monographischer Ausrichtung weiterhin vorherrschend, bestärkt auch durch eine enge Anlehnung an die traditionelle Agrarsoziologie, die ihrerseits durch die Adaption der Methoden der rein quantitativen empirischen Sozialforschung statistische und nicht problembezogene Beweisführungen als maßgebendes Kriterium übernahm. Dies führte zu einer Schwerpunktverlagerung innerhalb der volkskundlichen Gemeindeforschung, zu standardisierten Fragebögen mit massivem Verlust an qualitativen Informationen.

Für historische Lokal- und Regionalstudien hatte schon in den fünfziger Jahren die sog. ›Münchner Schule‹ von Hans Moser und Karl-Sigismund Kramer mit ihrer (in Abgrenzung von der NS-Volkskunde) explizit auf streng historische Argumentation bedachten Programmatik richtungsweisende Beispiele geliefert: Moser legte 1959 seine *Chronik von Kiefersfelden* vor, und Kramer konnte in großen Regionalmonographien (1957, 1961) aufgrund archivalischer Quellenstudien Aussagen zu ›Volksleben‹ und ›Lebensstil‹ lokaler und regionaler Gesellschaften in der frühen Neuzeit treffen – heute würden wir von ›Mentalität‹ sprechen oder den historischen Terminus des ›Eigensinns‹ verwenden. Darin wird, wenn auch wohl keine unmittelbare Rezeption vorlag, so aber doch eine Nähe zur Schule der Annales um Marc Bloch und Lucien Febvre in Frankreich gesehen werden dürfen, wurde doch die Berufung auf ›Gewohnheit‹ in den Unterschichten nicht als Ausdruck von Traditionsbewußtsein (oder Kontinuität) gesehen (vgl. Bausinger/Brückner 1963), sondern im Kontext eines Kraftpotentials interpretiert: als eine **widerspenstige Kultur** also, wie sie neuerdings in den Ansätzen der Cultural Studies wieder ins Blickfeld rückt (Hörning/Winter 1999).

Walter Hartinger (1996) hat es definiert als Widerstandskraft gegen die scheinbar übermächtigen Instanzen der geistlichen und weltlichen Eliten, in der eine Wirklichkeit erzeugt wurde, die erheblich von der administrativ intendierten abwich: Diese Wirklichkeit aber dürfen wir vielleicht tatsächlich als ›Volkskultur‹ mit einem offenen und keineswegs geschlossenen Horizont bezeichnen. In der Schweiz legte Arnold Niederer eine subtile Studie über die genossenschaftliche Organisation der Arbeit in der agrarischen Gesellschaft des Wallis vor (1956). Quellenkritische Studien, die auf diesen Ansätzen aufbauen und die administrative archivalische Überlieferung der frühen Neuzeit für mentalitäts- und sozialhistorische volkskundliche Interpretation ›gegen den Strich‹ lesen, sind auch in jüngster Zeit wieder mehrfach vorgelegt worden, vor allem in Kiel, wo Silke Göttsch die Widerständigkeit von Leibeigenen untersucht (Göttsch 1991) und Kai Detlev Sievers mit Harm Peer Zimmermann die Geschichte der Armut und der sozialen Fürsorge aufgearbeitet hat (Sievers 1991; Sievers/Zimmermann 1994).

In den siebziger Jahren wurden dann gleich zwei Volkskundekongresse der Gemeindeforschung, bzw. dem damit eng zusammenhängenden Problem der **Stadt-Land-Beziehungen** gewidmet (Hamburg 1973 und Braunschweig 1977). Hierbei gewannen die richtungweisenden Studien der ungarischen Forscher Edith Fél und Tamás Hofer über das Dorf Átány (1969, 1972) besonderen Einfluß auf die neueren Diskussionen. Fél und vor allem Hofer, der bei mehreren Amerika-Aufenthalten intensiven Kontakt zu amerikanischen Kulturanthropologen suchte, verstanden es in vorbildlicher Weise, deren Ansätze mit denen der ungarischen Forschungen zu verbinden, so daß geradezu eine Modell-Untersuchung entstanden ist, die nachhaltigen Einfluß auf alle weiteren Gemeindestudien hatte.

In der Folge wurden zahlreiche Untersuchungen im ländlichen Raum durchgeführt, die meist durch einen besonderen Forschungsschwerpunkt bestimmt waren, seltener in der Absicht einer Gesamtmonographie; hierzu zählen etwa die Arbeit von Herbert Schwedt (*Kulturstile kleiner Gemeinden* 1968), Albrecht Lehmann (*Leben in einem Arbeiterdorf* 1976), Max Matter (*Wertsystem und Innovationsverhalten* 1975), Konrad Vanja (mit seiner Studie über Halsdorf 1978) sowie die interethnischen Untersuchungen in Siebenbürgen und im rumänischen Banat von Ingeborg Weber-Kellermann und Annemie Schenk.

Eine wesentliche Neuorientierung im Sinne einer sehr komplex angelegten, mehrjährigen Untersuchung erfuhr die **volkskundliche Gemeindeforschung** mit den Arbeiten von Utz Jeggle und seinen Tübinger Kollegen in der sogenannten Kiebingen-Studie (1977). Zweierlei ist als neuer Zugang zu betrachten: Zum einen lebten Jeggle und seine Mitarbeiter für längere Zeit in diesem Ort, übernahmen auch Funktionen wie die des Lehrers, der Kindergärtnerin oder Mitgliedschaften in Vereinen, waren also als Forscher und Forscherinnen auch Teil der Forschung selbst, da sie über die traditionelle Beobachtung hinaus selbst in das Geschehen eingriffen. Besonders dieser Aspekt wurde in der Fachwelt sehr kontrovers diskutiert. Zum anderen hat Jeggle seine Arbeit sehr intensiv sozialhistorisch durchgeführt und damit den sozio-ökonomischen Zusammenhang entsprechend vertieft. Methodisch fanden hier die damals gerade erst reflektierten qualitativen Verfahren ersten Eingang.

Während die Konjunktur volkskundlicher Gemeindestudien in den achtziger Jahren nachließ, rückte nun das lange vernachlässigte

**Forschungsfeld Stadt** in den Blick. Der Volkskundekongreß in Berlin 1983 war Auftakt nicht nur für eine Reihe von empirischen Stadt- und Stadtteil-Untersuchungen, sondern auch für eine Auseinandersetzung mit Ansätzen und Ertrag volkskundlicher Stadtforschung in der Geschichte des Faches, zu der vor allem Thomas Scholze (1990) und Thomas Hengartner (1999) prononcierte Beiträge vorlegten.

## Ausgewählte Literatur:

Bausinger, Hermann/Braun, Markus/Schwedt, Herbert: Neue Siedlungen. Stuttgart 1959, ²1963. – Vgl. dazu auch Köhle-Hezinger, Christel (Hg.): Neue Siedlungen – Neue Fragen. Eine Folgestudie über Heimatvertriebene in Baden-Württemberg – 40 Jahre danach. Tübingen 1995.

Bausinger, Hermann/Brückner, Wolfgang (Hg.): Kontinuität? Geschichtlichkeit und Dauer als volkskundliches Problem. Berlin 1963.

Bockhorn, Olaf u.a. (Hg.): Urbane Welten. Referate der Österreichischen Volkskunde-Tagung 1998 in Linz. Wien 1999.

Brepohl, Wilhelm: Industrievolk im Wandel von der agraren zur industriellen Daseinsform, dargestellt am Ruhrgebiet. Tübingen 1957.

Fél, Edit/Hofer, Tamás: Proper Peasants. Chicago 1969.

Dies.: Bäuerliche Denkweise in Wirtschaft und Haushalt. Göttingen 1972.

Göttsch, Silke: »Alle für einen Mann ...« Leibeigene und Widerständigkeit in Schleswig-Holstein im 18. Jahrhundert. Neumünster 1991.

Hartinger, Walter: Volksleben zwischen Zentraldirigierung und Widerstand. In: Bayerisches Jahrbuch für Volkskunde 1996, S. 51-66.

Hengartner, Thomas: Forschungsfeld Stadt. Zur Geschichte der volkskundlichen Erforschung städtischer Lebensformen. Berlin 1999.

Hörning, Karl H./Winter, Rainer (Hg.): Widerspenstige Kulturen. Cultural Studies als Herausforderung. Frankfurt a.M. 1999.

Hugger, Paul: Volkskundliche Gemeinde- und Stadtforschung. In: Brednich, Rolf Wilhelm (Hg.): Grundriß der Volkskunde. Berlin 2000, S. 291-309.

Jeggle, Utz: Kiebingen. Eine Heimatgeschichte. Tübingen 1977.

Kaschuba, Wolfgang/Lipp, Carola: Dörfliches Überleben. Tübingen 1982.

Kaufmann, Gerhard (Hg.): Stadt-Land-Beziehungen. Verhandlungen des 19. Deutschen Volkskundekongresses in Hamburg. 1975.

Kohlmann, Theodor/Bausinger, Hermann (Hg.): Großstadt. Aspekte empirischer Kulturforschung. 24. Deutscher Volkskunde-Kongreß in Berlin 1983. Berlin 1985.

Kramer, Karl-S.: Bauern und Bürger im nachmittelalterlichen Unterfranken. Eine Volkskunde aufgrund archivalischer Quellen. Würzburg 1957.

Ders.: Volksleben im Fürstentum Ansbach und seinen Nachbargebieten (1500-1800). Würzburg 1961.

Lehmann, Albrecht: Leben in einem Arbeiterdorf. Eine empirische Untersuchung über die Lebensverhältnisse von Arbeitern. Stuttgart 1976.

Matter, Max: Wertsystem und Innovationsverhalten. Hohenschäftlarn bei München 1975.

Moser, Hans: Chronik von Kiefersfelden. Kiefersfelden 1959.

Niederer, Arnold: Gemeinwerk im Wallis. Bäuerliche Gemeinschaftsarbeit in Vergangenheit und Gegenwart. Basel 1956.

Ders.: Materialistische Theorien der Kulturentwicklung. In: Karl Marx im Kreuzverhör der Wissenschaften. Zürich/München 1974, S. 181-206.

Ders.: Vergleichende Bemerkungen zur ethnologischen und zur volkskundlichen Arbeitsweise. In: Beiträge zur Ethnologie der Schweiz. Bern 1980, S. 1-33.

Scharfe, Martin (Hg.): Das andere Tübingen. Kultur und Lebensweise der Unteren Stadt im 19. Jahrhundert. Tübingen 1978.

Scholze, Thomas: Im Lichte der Großstadt. Volkskundliche Erforschung metropolitaner Lebensformen. Wien 1990.

Schwedt, Herbert: Kulturstile kleiner Gemeinden. Tübingen 1968.

Sievers, Kai Detlev: Leben in Armut. Zeugnisse der Armutskultur aus Lübeck und Schleswig-Holstein vom Mittelalter bis ins 20. Jahrhundert. Heide 1991.

Sievers, Kai Detlev/Zimmermann, Harm Peer: Das disziplinierte Elend. Zur Geschichte der sozialen Fürsorge in schleswig-holsteinischen Städten 1542-1914. Neumünster 1994.

Vanja, Konrad: Dörflicher Strukturwandel zwischen Übervölkerung und Auswanderung. Marburg 1978.

Wiegelmann, Günter (Hg.): Gemeinde im Wandel. Volkskundliche Gemeindestudien in Europa. Beiträge des 21. Deutschen Volkskundekongresses in Braunschweig. Münster 1979.

## 6.6 Von der ›Sprachinselforschung‹ zur Interethnik

Die Rückführung auf die Realitäten des Volkslebens tat einem für politischen Mißbrauch anfälligen Forschungsbereich in besonderem Maße not: der sogenannten ›Sprachinselvolkskunde‹, die sich nach dem Krieg in eine Volkskunde der Heimatvertriebenen verwandelte. Die große Zahl von Flüchtlingen, Vertriebenen und Umsiedlern bot ein reiches Untersuchungsfeld; ihre oft tragischen Schicksale und das Unrecht der Vertreibung schienen aber die Sicht auf das vorangegangene Unrecht während der Hitlerzeit zu verstellen, an dem auch die Volkskunde beteiligt gewesen war (vgl. Kap. 5). Diese Situation barg die Gefahr einer neuen Ideologisierung für das Fach in sich, die sich nicht zuletzt mit dem Begriff ›**Heimat**‹ verband, einem immer wieder politisierten und affektanfälligen Begriff, der wissenschaftlicher Klärung bedarf. Entschließt man sich, ›Heimat‹ nicht von der subjektiven Wunschwelt des romantischen Sammlers aus, sondern von der Bewußtseinsebene der untersuchten Gruppe her zu definieren, so zeigt sich ihr dynamischer Charakter als der einer Lebenssituation, in der sich der Mensch in weitgehend harmonisch angepaßter Übereinstimmung mit seiner Umwelt befindet.

Ausgehend vom Begriff des Heimwehs und der Nostalgie hat am nachdrücklichsten Ina-Maria Greverus (1972) das Heimatphänomen theoretisch untersucht. Bei ihrem Versuch, die Korrelation zwischen der Umwelt und dem auf sie bezogenen menschlichen Verhalten darzulegen, bediente sie sich für den Humanbereich auch ethologisch-naturwissenschaftlicher Methoden. – Das Thema ›Heimat‹ wurde seitdem vielfach neu durchleuchtet – so auch in einer Untersuchung von Wilfried von Bredow und Hans-Friedrich Foltin (Marburg) über die *Renaissance des Heimatgefühls* (1981). Mit den Migrationsbewegungen im Europa der Moderne entstehen **neue Heimaten und neue Fremden**. Sie erfordern heute eine erneute Auseinandersetzung mit dem Heimatbegriff, die auch zu einem neuen Verständnis führt, sich der Flucht aus dem Gefühl der Ungeborgenheit zu nähern sucht und eine ›Anthropologie der Unbehaustheit‹ entwirft.

In ihrem **Konzept der Interethnik** versuchte Ingeborg Weber-Kellermann (1978) Heimat als selbstempfundenen Lebensraum einer Gruppe zu definieren; dieser aber könne nur beschrieben werden, wenn man sich zu einer komplexen Untersuchung mehrsprachiger Kulturräume in ihrem gegenseitigen Geben und Nehmen verstehe. Bahnbrechend auf diesem Gebiet wirkte die Arbeit von Leopold Kretzenbacher (1959) über die Luzienverehrung in Südosteuropa. Die **Akkulturation und Verheimatung** am neuen Wohnort wurde unter Bausingers Leitung von Tübingen aus untersucht; um eine Volkskunde der Donauschwaben aus interethnischer Sicht bemühte sich das Marburger Institut mit einer Studiengruppe, wobei sich auch ›Ethnos‹ als dynamischer und dialektischer Prozeß versteht, erkennbar an der Diffusionsbereitschaft kultureller Elemente. Einer noch weithin traditionellen Aufsammlung der Volksüberlieferungen bei den Umgesiedelten widmeten sich dagegen Johannes Künzig und Alfred Karasek-Langer; in dem von Künzig aufgebauten und von Waltraud Werner-Künzig geleiteten ›Institut für ostdeutsche Volkskunde‹ in Freiburg wurde außerordentlich reichhaltiges, übersichtlich geordnetes Material zusammengetragen. Heute zu einem modernen Forschungsinstitut mit Schwerpunkten in der **Migrations- und Akkulturationsforschung** entwickelt (Retterath 1998; Drobek 1999), ist es eine der zentralen Einrichtungen des Faches (s. Kap. 6.8).

In wissenschaftlicher Konsequenz des Interethnik-Konzepts führte die Marburger Studiengruppe in den sechziger und siebziger Jahren mehrere **Feldforschungsprojekte in Südosteuropa** durch. Unterstützt von der Deutschen Forschungsgemeinschaft entstand als Ergebnis längerer Studienaufenthalte, zuerst im rumänischen Banat, eine Studie über Interethnik und sozialen Wandel in einem mehrsprachigen Dorf (Schenk/Weber-Kellermann 1973). Weit systematischer verlief eine repräsentative, interethnisch vergleichende Untersuchung über Familie und Wohnen in einem gemischten siebenbürgischen Dorf (Schenk 1984). Die vorausgegangene repräsentative Befragung im Untersuchungsdorf war ein Beispiel sachbezogener wissenschaftlicher Kooperation und vergleichender Forschung. Eine wissenschaftsgeschichtliche und ideologiekritische Zusammenfassung der Problematik mit reicher Literaturerfassung liegt in dem Band *Zur Interethnik* (Weber-Kellermann 1978) vor.

Der in den Arbeiten von Ingeborg Weber-Kellermann und Annemie Schenk vertretene Ansatz ist in den letzten Jahren wiederholt kritisch betrachtet, ja als harmonistische Sicht diskreditiert worden. Solche Revision aber argumentiert unhistorisch, denn sie würdigt zu wenig die Notwendigkeit des Perspektivenwechsels von einer auf Abgrenzung, auf den Kulturkonflikt ausgerichteten Sprachinselforschung zu dem auf Kulturkontakte und kulturellen Austausch fokussierten **Ansatz der Interethnik**. So ist schon auf dem Kongreß in Passau 1993 die Frage eingebracht worden, warum dieses Konzept nur die halbe Wirklichkeit berücksichtigt oder besser: warum die Perspektive auf die Toleranz und nicht auch auf die interethnischen Konflikte gerichtet war, auf die Ambivalenzen der Faszination und der Feindseligkeit, der Anziehung und Ablehnung, der Kenntnis und Unkenntnis – warum also wurden interethnische Perspektiven nicht als eine Auseinandersetzung mit Machtverhältnissen begriffen und Stereotypen, Vorurteile und Konfliktlinien in den Konstruktionen der Wahrnehmungsformen aufgezeigt (Becker 1994)? Das fachgeschichtliche Verdienst dieses Ansatzes liegt ja gerade darin, das Erkenntnisinteresse auf die kulturellen Ausdrucksformen und Mechanismen der Interaktion gelenkt zu haben, auf das Funktionieren des Zusammenlebens, auf die Dynamik mithin, die Kultur als die Veränderung des Eigenen durch die Aufnahme des Fremden auszeichnet. Dieser Zugang hat früh bereits das Verständnis von Ethnizität als Beziehungskonzept ermöglicht und begriffen, als **Austausch- und Beziehungssystem aufeinanderbezogenen Handelns**. Das Modell der Interethnik war somit als methodisches Konzept gedacht, um die Möglichkeit und die tatsächlich gelebte Chance des Zusammen- und Miteinanderlebens ethnischer und kultureller Gruppen in Südosteuropa deutlich werden zu lassen, ein Ansatz, der mit den Konstruktionen von Ethnizität in den Konflikten Südosteuropas auch heute wieder an Relevanz gewinnt.

Methodisch stringente Feldforschungsprojekte zur Interethnik wurden in den achtziger Jahren von Mainzer Forschungsgruppen unter Leitung von Herbert und Elke Schwedt in Ungarn durchgeführt (Schwedt 1990), aus denen eine ganze Reihe von Forschungsberichten, Sammelbänden und Monographien hervorging. Im gleichen Zeitraum zeigt auch der Frankfurter Kongreß ›Kulturkontakt – Kulturkonflikt‹ 1987 die im Fach nun rasch zunehmende Auseinandersetzung mit den Ursachen und Mechanismen von Konflikt und Gewalt in der Kultur, die dann auch in den Focus des Passauer Kongresses 1993 gerückt wurden. **Migration und Ethnisierung von Kulturen** in der Moderne werden zu einem der wichtigsten Forschungsfelder. Bedeutung erlangt seit einigen Jahren auch die Interkulturelle Kommunikation, die in München zu einem eigenen interdisziplinären und anwendungsorientierten Studiengang ausgebaut wird (Roth 1992; Moosmüller 2000), der amerikanische Ansätze rezipiert und hochgradig komplexen Industriegesellschaften mit ihrer Differenzierung kultureller Normen Rechnung trägt.

### Ausgewählte Literatur:

Bausinger, Hermann/Köstlin, Konrad (Hg.): Heimat und Identität. Verhandlungen des Volkskundekongresses in Kiel. Neumünster 1981.

Becker, Siegfried: Gewalt, Kultur und Ethnos. Anmerkungen zu einer Ethnographie der Aggression. In: Rolf Wilhelm Brednich und Walter Hartinger (Hg.): Gewalt in der Kultur. Vorträge des 29. Deutschen Volkskundekongresses Passau 1993 (Passauer Studien zur Volkskunde, 8/9), Bd. 1. Passau 1994, S. 179 – 201.

Beer, Bettina: Deutsch-philippinische Ehen. Interethnische Heiraten und Migration von Frauen. Berlin 1996.

Dittmar, Jürgen/Kaltwasser, Stephan/Schriewer, Klaus (Hg.): Betrachtungen an der Grenze. Gedenkband für Peter Assion. Marburg 1997.

Drobek, Felicitas (Hg.): Polen in Deutschland – Deutsche in Polen. Referate der Tagung des Johannes-Künzig-Institutes für ostdeutsche Volkskunde. Freiburg i.Br. 1999.

Dröge, Kurt (Hg.): Alltagskulturen zwischen Erinnerung und Geschichte. Beiträge zur Volkskunde der Deutschen in und aus dem östlichen Europa. München 1995.

Ders. (Hg.): Alltagskulturen in Grenzräumen (Mitteleuropa – Osteuropa. Oldenburger Beiträge zur Kultur und Geschichte Ostmitteleuropas 4). Frankfurt a.M. u.a. 2002.

Eisch, Katharina: Grenze. Eine Ethnographie des bayerisch-böhmischen Grenzraums. München 1996.

Fendl, Elisabeth (Hg.): Zur Ikonographie des Heimwehs. Erinnerungskultur von Heimatvertriebenen (Schriftenreihe des Johannes-Künzig-Instituts 6). Freiburg 2002.

Foltin, Hans-Friedrich/Bredow, Wilfried von: Zwiespältige Zufluchten. Zur Renaissance des Heimatgefühls. Berlin u.a. 1981.

Greverus, Ina-Maria: Der territoriale Mensch. Frankfurt a.M. 1972.

Dies.: Auf der Suche nach Heimat. München 1979.

Hesse-Lehmann, Karin: Iraner in Hamburg. Verhaltensmuster im Kulturkontakt. Hamburg 1993.

Jacobi, Theresia: Wir gehören jetzt schon hierher. Flüchtlinge aus Perbál/Ungarn in hessischen Gemeinden 1946-1956 (Schriftenreihe der Kommission für deutsche und osteuropäische Volkskunde 72). Marburg 1996.

Kalinke, Heinke M.: »Teamwork« – Zur volkskundlichen Feldforschung in Ost- und Südosteuropa in den 1920er und 1930er Jahren: Alfred Karasek und der Bielitzer Kreis. In: Jahrbuch für deutsche und osteuropäische Volkskunde 42 (1999), S. 20-43.

Köstlin, Konrad: »Heimat« als Identitätsfabrik. In: Österreichische Zeitschrift für Volkskunde L/99 (1996), S. 321-338

Kretzenbacher, Leopold: Santa Lucia und die Luzelfrau. Volksglaube und Hochreligion im Spannungsfeld Mittel- und Südosteuropas. München 1959.

Kulturkontakt – Kulturkonflikt. Zur Erfahrung des Fremden. 26. Deutscher Volkskundekongreß in Frankfurt a.M. 1987. Hg. von Ina-Maria Greverus, Konrad Köstlin und Heinz Schilling. Frankfurt a.M. 1988.

Lehmann, Albrecht: Im Fremden ungewollt zuhaus. Flüchtlinge und Vertriebene in Westdeutschland 1945-1990. München 1991.

Lindner, Rolf (Hg.): Die Wiederkehr des Regionalen. Über neue Formen kultureller Identität. Frankfurt a.M. 1994

Matter, Max (Hg.): Fremde Nachbarn. Aspekte türkischer Kultur in der Türkei und in der BRD (Hessische Blätter für Volks- und Kulturforschung, 29). Marburg 1992.

Moosmüller, Alois: Perspektiven des Fachs Interkulturelle Kommunikation aus kulturwissenschaftlicher Sicht. In: Zeitschrift für Volkskunde 96 (2000), S. 169-185.

Müller-Funk, Wolfgang (Hg.): Neue Heimaten – neue Fremden. Beiträge zur kontinentalen Spannungslage. Wien 1992.

Retterath, Hans-Werner (Hg.): Wanderer und Wanderinnen zwischen zwei Welten? Zur kulturellen Integration rußlanddeutscher Aussiedlerinnen und Aussiedler in der Bundesrepublik Deutschland. Freiburg 1998.

Röder, Annemarie: Deutsche, Schwaben, Donauschwaben. Ethnisierungsprozesse einer deutschen Minderheit in Südosteuropa (Schriftenreihe der Kommission für deutsche und osteuropäische Volkskunde, 78). Marburg 1998.

Dies. (Hg.): Vom deutschen Südwesten in das Banat und nach Siebenbürgen. Stuttgart 2002.

Roth, Klaus (Hg.): Die Volkskultur Südosteuropas in der Moderne. München 1992.

Ders. (Hg.): Mit der Differenz leben. Europäische Ethnologie und Interkulturelle Kommunikation. Münster/New York 1996.

Ders.: Interkulturelle Kommunikation. In: Brednich, Rolf Wilhelm (Hg.): Grundriß der Volkskunde. Berlin 2001, S. 391-422.

Schenk, Annemie/Weber-Kellermann, Ingeborg: Interethnik und sozialer Wandel in einem mehrsprachigen Dorf des rumänischen Banats. Marburg 1973.

Dies.: Familie und Wohnen in Stolzenburg. Eine Untersuchung bei Sachsen und Rumänien in einem siebenbürgischen Dorf. Köln u.a. 1984.

Dies.: Deutsche in Siebenbürgen. Ihre Geschichte und Kultur. München 1992.
Dies.: Volkskundliche Gemeindeforschung unter Berücksichtigung von Untersuchungen in ethnischen Konträumen. In: Weber, Georg/Weber, Renate (Hg.): Zugänge zur Gemeinde. Soziologische, historische und sprachwissenschaftliche Beiträge. Köln u.a. 2000, S. 125-149.
Schilling, Heinz (Hg.): Region. Heimaten der individualisierten Gesellschaft (Kulturanthropologie-Notizen, 50). Frankfurt a.M. 1995
Schmidbauer, Wolfgang: Das Leiden an der Ungeborgenheit und das Bedürfnis nach Illusionen. Psychoanalytische Überlegungen zum Heimatbegriff. In: Österreichische Zeitschrift für Volkskunde L/99 (1996), S. 305-320.
Schwedt, Herbert (Hg.): Nemesnádudvar – Nadwar. Leben und Zusammenleben in einer ungarndeutschen Gemeinde. Marburg 1990.
Weber-Kellermann, Ingeborg: Zur Interethnik. Donauschwaben, Siebenbürger Sachsen und ihre Nachbarn. Frankfurt a.M. 1978.
Dies.: Der Volksliedbestand in einem deutsch-ungarischen Dorf. In: Jahrbuch des österreichischen Volksliedwerkes 13 (1964), S. 98-130.
Dies.: Probleme interethnischer Forschungen in Südosteuropa. Eine methodische Betrachtung. In: Ethnologia Europaea I (1967), S. 218-231.
Weigand, Katharina (Hg.): Heimat. Konstanten und Wandel im 19./20. Jahrhundert. Vorstellungen und Wirklichkeiten. 1. Kolloquium des Alpinen Museums (Alpines Museum des Deutschen Alpenvereins, Schriftenreihe, 2). München 1997.

## 6.7 Volkskunde in der DDR

Vorbemerkung: Die Vereinigung der beiden deutschen Staaten in den Jahren 1989/1990 bedeutete auch für die nach dem Zweiten Weltkrieg als eigenständig konzipierten und organisierten zwei Volkskunden in der Bundesrepublik Deutschland und der DDR eine unerwartete Zusammenführung. Die Neuorganisation des Wissenschaftssystems in den neuen Bundesländern führte zur Abschaffung des Akademiesystems und des dort angesiedelten Instituts für Volkskunde – wie auch zur Einstellung des *Jahrbuchs für Volkskunde und Kulturgeschichte*; sie brachte das Ende des Fernstudiengangs Ethnographie und die Schließung des Bereichs Ethnographie der Sektion Geschichte an der Humboldt-Universität. Insofern ist die DDR-Volkskunde wissenschaftsgeschichtlich als eine abgeschlossene Periode zu betrachten, die aber längst noch nicht hinreichend in ihrer Bedeutung, Geschichte und theoretischen Position erforscht worden ist. Dies kann auch im knappen Rahmen eines Überblicks nur in großen Zügen angedeutet werden. Im folgenden wird daher versucht, den Faktoren der Entstehung, der Institutionalisierung und den wichtigsten Impulsen der DDR-Volkskunde nachzugehen.

Adolf Spamers 1938 durch die Nationalsozialisten verhinderte Aufnahme in die ›Preußische Akademie der Wissenschaften zu Berlin‹ (s. Kap.5) wurde 1946 nachgeholt. Ihm wurde die Leitung der neugegründeten ›Akademie-Kommission für Volkskunde‹ übertragen. Noch einmal ging er daran, den alten Traum von einem großen zentralen Volkskunde-Institut zu verwirklichen und stellte ihm »die Beobachtung des Volkslebens aufgrund einer permanenten Statistik« als Aufgabe. Unerläßliche Grundlage sollte die volkskundliche Exzerpierung der archivalischen Bestände sein (was systematisch nur in Bayern durch Hans Moser und Karl-S. Kramer bewältigt worden ist; s. Kap. 6.5).

Zu einem großangelegten organisatorischen Ausbau des Institutes aber reichten Spamers Kräfte nicht mehr aus, und so übergab er die Leitung 1951 an **Wolfgang Steinitz** (1905-1967), der von der Philologie und vergleichenden Sprachwissenschaft herkam und das Institut zu einer bedeutenden Arbeitsstätte im gesamtdeutschen Rahmen emporführte. Die mehr als 50 Bände umfassende Veröffentlichungsreihe des Instituts enthält namhafte Untersuchungen zu vielen Gebieten der Volkskultur und zeugt von der reichen wissenschaftlichen Förderung, die das Fach durch Steinitz erfuhr. 1953 gewann er Wilhelm Fraenger (1890-1964) als anregenden und produktiven Mitarbeiter.

Steinitz war überzeugter und geschulter Marxist, und die ›Steinitzschule‹ bestand in der **Koordinierung der Volkskultur mit ihrem sozialökonomischen Hintergrund** und brachte in dieser Richtung gute Ergebnisse, die aufmerken ließen. Steinitz selbst veröffentlichte in zwei Bänden seine *Volkslieder demokratischen Charakters* (1955/62), mit denen er in philologischer Akribie jene Saiten der Volksliedüberlieferung zum Klingen bringen wollte, die von der bürgerlichen Wissenschaft vernachlässigt und unterdrückt worden waren. Die Berechtigung solchen Anliegens und der wissenschaftliche Wert des Werkes fanden Anerkennung.

Problematischer ist die Beurteilung der Grundsatzerörterungen, die von Steinitz und seinem Kreis um die Frage nach dem **wissenschaftlichen Gegenstand der Volkskunde** geführt wurden. In kritischer Auseinandersetzung mit dem ›Psychologismus‹ eines Spamer und Weiss forderte Steinitz eine gesellschaftliche Definition des volkskundlichen Forschungsgegenstandes und führte aus:

»Nach marxistischer Auffassung beschäftigt sich also die deutsche Volkskunde mit der Erforschung des werktätigen deutschen Volkes in seiner materiellen und geistigen Kultur, wobei die sehr verschiedenartigen Erscheinungsformen dieser Kultur im allseitigen Zusammenhang, in ihrer geistigen Bedingtheit und in ihrer historischen Entwicklung betrachtet werden müssen und insbesondere der Beitrag der Werktätigen zur deutschen Nationalkultur zu erforschen ist« (Steinitz 1955, S. 42/43).

Der gesellschaftliche Auftrag der Volkskunde ging dahin, den Werktätigen das »Wiedererkennen ihrer eigenen, unter dem Kapitalismus verschütteten Traditionen« zu vermitteln (ebd., S. 47). Und folgerichtig standen die Arbeiterkultur in Lied und Sage und die **oppositionellen Zeugnisse der unterdrückten leibeigenen Bauern** in der vordersten Linie des Forschungsprogramms.

Eines ist vorab zu betonen: Es gelang Steinitz, der Volkskunde in der DDR ihren komplexen Charakter im Hinblick auf die Gesamtheit der Volkstraditionen zu bewahren und ihr eine Aufteilung in Folkloristik einerseits (d.h. mündliche Volksüberlieferungen) und Ethnographie andererseits (d.h. sogenannte materielle Kulturerzeugnisse), wie sie in den Ländern Osteuropas ganz allgemein üblich ist, zu ersparen. Mit seiner Teilung der ›Nationalkulturen‹ in eine werktätige, d.h. demokratisch-sozialistische, und eine bürgerlich-kapitalistische, folgte er weitgehend Lenin und den sowjetischen Fachkollegen (Lenin 1967, S. 209, und Tokarew 1960, S. 15). Doch begab er sich mit einer solchen scharfen Trennlinie mindestens mißverständlich in die Nähe einer nunmehr ideologisch verbrämten Zweischichtentheorie, die eine differenzierende Forschung wenig fördern konnte. Denn die Teilung der Gesellschaft in ›Herr und Knecht‹ erweckt in dieser Form den Anschein eines statischen Antagonismus zwischen zwei Schichten. Tatsächlich aber beinhaltet sie eine dialektische Auseinandersetzung mit Herrschafts- und Überlegenheitssituationen, die den verschiedensten sozialkulturellen Ausdruck finden kann, angefangen vom kritischen Kindervers über den Rügecharakter von Fastnachts- und Erntebräuchen als Ventilsitten in Konfliktlagen bis hin zum oppositionellen Soldatenlied.

Das Kriterium der Werktätigkeit reicht jedenfalls zur Definition einer volkskundlich zu untersuchenden gesellschaftlichen Gruppe kaum aus. Die Determinanten für die **Kulturdimensionen Raum, Zeit und soziale Gruppierung** müssen jeweils bedeutend hinzutreten und innerhalb dieser die Interessendominanten für die zu untersuchende Gesellung.

Ende der sechziger Jahre stand auch die DDR-Volkskunde vor der Frage, ob sie sich in den Bereich der Geschichts- oder der Gesellschaftswissenschaften einordnen sollte. Eine Namensdebatte im Zusammenhang mit dem Volksbegriff hat es in der DDR allerdings nicht gegeben. Anders als in der Bundesrepublik, wo dieses Problem von Hochschule zu Hochschule unterschiedlich gelöst wurde, entschieden sich nach Steinitz' Tod die Fachvertreter für die **Zuordnung zu den**

Geschichtswissenschaften und wählten die Fachbezeichnung Volkskunde/ Kulturgeschichte. Entsprechend wurde auch das ›Jahrbuch‹ in seiner Neuen Folge ab 1973 umbenannt. Die erweiterte Fachbezeichnung galt für das Akademie-Institut ebenso wie für die einzige universitäre Vertretung an der Humboldt-Universität in Berlin. Dort hatte bereits 1966 der sorbische Ethnologe Paul Nedo (1908-1983) gemeinsam mit Wolfgang Jacobeit und Ute Mohrmann einen Diplom-Fernstudiengang Ethnographie eingerichtet, der insgesamt fünf Matrikel umfaßte und im Endergebnis über 100 ausgebildete Diplomethnographen aus allen Regionen der DDR zählte, denen das Konzept ›Kultur und Lebensweise des Proletariats‹ vermittelte wurde, wobei auch die Gegenwart in der DDR seit den fünfziger Jahren eingeschlossen wurde.

Die Arbeit am Akademie-Institut war zunächst entscheidend durch das große, interdisziplinär angelegte **Magdeburger-Börde-Projekt** geprägt, das von Mitte der sechziger Jahre bis 1983 lief und u.a. die Dissertationen von Hans Jürgen Rach: *Bauernhaus, Landarbeiterkaten und Schnitterkaserne* (1974), sowie von Hainer Plaul: *Landarbeiterleben im 19. Jahrhundert* (1979) erbrachte (am letzteren wurden allerdings auch die Mängel zu geringer Rezeption westlicher Fachliteratur deutlich). Ziel des Börde-Projektes war es, die »Veränderung der Lebensweise der einheimischen Landarbeiter in den Dörfern der Magdeburger Börde« in der kapitalistischen Zeit herauszuarbeiten.

Das Berliner Akademieinstitut wurde von Hermann Strobach geleitet, der neben Grundsätzlichem zur Stellung der DDR-Volkskunde hauptsächlich in der Lied- und Erzählforschung arbeitete. Ute Mohrmann und Wolfgang Jacobeit, der auch länger dem Museum für Volkskunde in Berlin vorstand, haben von der Humboldt-Universität aus Arbeiten zu Gegenwartsproblemen der Lebensweise in der DDR angeregt. Themen wie Hochzeitsbrauchtum, Familie, Wohnen u.a.m., häufig in leider nicht zugänglichen Diplomarbeiten, zum Teil in Ausstellungsprojekten (Mohrmann: Hochzeiten in Berlin) sowie in der inzwischen eingestellten Zeitschrift ›*Kultur und Lebensweise*‹ (1978ff.) wurden dort behandelt. Im Zusammenhang mit dem umfangreichen Werk des Wirtschaftshistorikers **Jürgen Kuczynski** erhielt das Thema **Alltagskultur** auch in der DDR-Volkskunde zunehmende Bedeutung. Auf der Grundlage dieser Werke legten Wolfgang und Sigrid Jacobeit eine auf drei Bände konzipierte *Illustrierte Alltagsgeschichte des deutschen Volkes* vor (1985, 1987) vor, deren letzter Teil 1995 in Münster erschien.

Das Institut für **sorbische Volksforschung**, durch Paul Nowotny und Paul Nedo 1951 gegründet, war der Erforschung der Lebensweise der sorbischen Minderheit in der DDR gewidmet. Ergebnisse wurden in der volkskundlichen Reihe der Zeitschrift *Lětopis. Zeitschrift für* *sorbische Sprache und Literatur* (1960ff.) und in der *Schriftenreihe des Instituts für sorbische Volksforschung* publiziert.

Zu erwähnen bleiben noch die damaligen Außenstellen des Akademie-Institutes in Rostock (Wossidlo-Archiv: Karl Baumgarten, Ulrich Bentzien (1934 – 1987), Siegfried Neumann u.a.) und in Dresden (Friedrich Sieber (1893-1973) und Rudolf Weinhold) und die Arbeit an der von Fraenger gegründeten, von Rudolf Weinhold und später Brigitte Emmerich weitergeführten Bibliographie *Demos. Internationale ethnographische und folkloristische Informationen*, die das volkskundliche Schrifttum der sozialistischen Länder in der Form von abstracts dokumentiert.

In der zweiten Auflage des vorliegenden Bandes (1985) wurde ausgeführt, daß es »sicher an der Zeit (ist), daß die DDR-Volkskunde die Entwicklung seit 1945 institutionell wie inhaltlich, einschließlich der unterschiedlichen Positionen, aus eigener Sicht aufarbeitet und auch bewertet. Von außen kann dies nur bruchstückhaft und in großen Zügen erfolgen.«

Inzwischen liegen mehrere diesbezügliche Arbeiten vor, so von Ute Mohrmann (1994), Scholze/Scholze-Irrlitz (2001), u.a., ebenso einzelne Aufsätze zu speziellen Themen. Für Außenstehende ist eine detaillierte Aufarbeitung der DDR-Volkskunde aber weiterhin mit erheblichen Zugangsproblemen behaftet, und das, obwohl sich die bis in die siebziger Jahre gängige hermetische institutionelle wie personelle Verschlossenheit gegenüber der westdeutschen Volkskunde bereits in den achtziger Jahren zunehmend lockerte.

Die vorsichtige Öffnung erfolgte zwar immer noch sehr einseitig in Richtung Westen, verlief aber doch stetig. Sie realisierte sich durch Gastprofessuren von DDR-Wissenschaftlern und –Wissenschaftlerinnen im westlichen Ausland, durch Vortragsreisen und Teilnahmen an Tagungen, z.B. an DGV- Kongressen oder der Münchener Tagung zur NS-Volkskunde von 1986. Als ›Westler‹ mußte man nicht mehr nur deswegen auf Kongresse im ›sozialistischen Ausland‹ fahren, um DDR-Kollegen zu treffen.

Dennoch blieb es bei den für die DDR-Einreise üblichen Einschränkungen für westdeutsche Volkskundler auch weiterhin schwierig, sich selbst vor Ort ein Urteil zu bilden. Erst 1989 – mit dem Fall der Mauer – änderte sich die Situation in jeder Hinsicht schlagartig, für die DDR-Volkskunde bedeutete sie vor allem ihr institutionelles Ende.

Im November 1989 feierte das Ostberliner Museum für Volkskunde sein 100jähriges Bestehen mit einem wissenschaftlichen Kolloquium zum Thema »Alltagsgeschichte in ethnographischen Museen.« Die Teilnehmer und Teilnehmerinnen kamen aus vielen europäischen Ländern, auch recht zahlreich aus beiden deutschen Staaten. Die Tagung geriet mitten hinein in die Ereignisse um das Ende der deutschen Teilung und den Fall der Mauer. So gesehen, vollzog sich hier das Ende der institutionellen DDR-Volkskunde wie auch der Übergang in die neue Zeit.

Die Angleichung an das Bildungs- und Universitätssystem der Bundesrepublik erfolgte über ein vielfach umstrittenes Evaluierungsprogramm, an dessen Ende an der Humboldt-Universität Berlin ein neues Institut für Europäische Ethnologie gegründet, in Jena ein Lehrstuhl für Volkskunde/Empirische Kulturwissenschaft eingerichtet und die Rostocker Außenstelle des ehemaligen Akademie-Institutes als Institut für Volkskunde in Mecklenburg-Vorpommern (Wossidlo-Archiv) 1999 der neuen Universität angegliedert wurde. Die Dresdner Außenstelle formierte sich 1997 zum Institut für sächsische Geschichte und Volkskunde unter Beibehaltung der Demos-Redaktion. Das Institut für sorbische Volkskunde (Bautzen) wurde 1992 in neuer Organisationsform in den gemeinnützig – staatlich finanzierter Verein Sorbisches Institut e.V. überführt.

Im Jahre 1990 gründeten Wissenschaftler/innen der ehemaligen DDR-Volkskunde wie Ethnologie zusammen mit anderen Interessierten die ›Gesellschaft für Ethnographie‹, die es sich zum Ziel gesetzt hat, die Aufgaben der Volks- und Völkerkunde angesichts der erheblichen Veränderungen nach 1989 neu zu definieren.

Für die künftige Arbeit dürfte von wachsendem Interesse sein, was inhaltlich von der DDR-Volkskunde Bestand haben kann, was also übrig geblieben ist.

## Ausgewählte Literatur:

Arbeitsgruppe Volkskunde (Hg): Aus dem Nachlaß Adolf Spamers (Volkskunde in Sachsen 3). Dresden 1997 (darin: Martin, Andreas: Adolf Spamers Wirken in Sachsen (1945-1953). Neue Erkenntnisse aus den Materialien des Nachlasses. S. 9-86.

Bentzien, Ulrich/Neumann, Siegfried (Hg): Mecklenburgische Volkskunde. Rostock 1988.

Geschichte der Völkerkunde und Volkskunde an der Berliner Universität. Zur Aufarbeitung des Wissenschaftserbes (Beiträge zur Geschichte der Humboldt-Universität zu Berlin, 28). Berlin 1991.

Jacobeit, Wolfgang: Die Volkskunde – eine eigenständige Disziplin. In: Zeitschrift für Geschichtswissenschaft XVII (1974), S. 443-447.

Ders.: Wege und Ziele der Volkskunde in der DDR. In: Blätter für Heimatgeschichte. 1985.

Ders./Nedo, Paul (Hg).: Probleme und Methoden volkskundlicher Gegenwartsforschung. Berlin 1969.

Ders.: Von West nach Ost. Autobiographisches eines Grenzgängers zwischen Tradition und Novation. Münster 2000.

Kaschuba, Wolfgang/Scholze, Thomas/Scholze-Irrlitz, Leornore (Hg): Allltagskultur im Umbruch. Weimar/Köln/Wien 1996.

Köstlin, Konrad: DDR-Volkskunde: die Entdeckung einer fernen Welt? In: Zeitschrift für Volkskunde 87 (1991), S. 225-243.

Kuczynski, Jürgen: Geschichte des Alltags des Deutschen Volkes. 5 Bde. Köln 1980ff.

Lenin, Wladimir Iljitsch: Kritische Bemerkungen zur nationalen Frage. In: Lenin: Über Kultur und Kunst. Berlin 1960, S. 209ff.

Martischnig, Michael: Volkskundler in der Deutschen Demokratischen Republik heute. Nach den Unterlagen des bio-bibliographischen Lexikons der Volkskundler im deutschsprachigen Raum des Instituts für Gegenwartsvolkskunde der Österreichischen Akademie der Wissenschaften. Wien 1990.

Mohrmann, Ute: Volkskunde in der DDR während der Fünfziger und Sechziger Jahre. In: Jacobeit, Wolfgang u.a. (Hg): Völkische Wissenschaft. Wien/Köln/Weimar 1994, S. 375-394.

Moritz, Marina: Objekt und Subjekt. Frauen in der Wissenschaft der DDR. In: Heinrich, Bettina/ Köhle-Hezinger, Christel u.a. (Hg): Gestaltungsspielräume. Frauen in Museum und Kulturforschung. 4. Tagung der Kommission Frauenforschung in der DGV. Tübingen 1992, S. 39-54.

Nötzoldt, Peter: Wolfgang Steinitz und die Deutsche Akademie der Wissenschaften zu Berlin. Zur politischen Geschichte der Institution (1945-1968). Diss. Berlin 1998.

Plaul, Hainer: Landarbeiterleben im 19. Jahrhundert. Berlin 1979.

Rach, Hans Jürgen: Bauernhaus, Landarbeiterkaten und Schnitterkaserne. Berlin 1974.

Schlimmermann, Gabriele: Ingeborg Weber-Kellermann mit Adolf Spamer und Wolfgang Steinitz zwischen 1946 und 1960 in Berlin (Ost). In: Eichner, Andrea/Hofmann, Gabriele u.a. (Hg.): Fachfrauen – Frauen im Fach. Beiträge zur 6. Arbeitstagung der Kommission Frauenforschung in der DGV (Notizen 52). Frankfurt a.M. 1995, S.45-59.

Scholze, Thomas/ Scholze-Irrlitz, Leonore (Hg.): Zehn Jahre Gesellschaft für Ethnographie – Europäische Ethnologie in Berlin. Wolfgang Jacobeit zum 80. Geburtstag (Berliner Blätter. Ethnographische und ethnologische Beiträge 23). Berlin 2001 (mit wichtigen Beiträgen zur Wissenschaftsgeschichte der DDR-Volkskunde).

Staatliche Museen zu Berlin. Museum für Volkskunde (Hg.): Wissenschaftliches Kolloquium. Alltagsgeschichte in ethnographischen Museen. Möglichkeiten der Sammlung und Darstellung im internationalen Vergleich. Berlin 1989.

Steinitz, Wolfgang: Die volkskundliche Arbeit in der DDR. Leipzig 1955.

Ders.: Deutsche Volkslieder demokratischen Charakters aus sechs Jahrhunderten. 2 Bde. Berlin 1955/1962.

Strobach, Hermann: Volkskundliche Forschung an der ehemaligen Akademie der Wissenschaften zu Berlin. In: Zeitschrift für Volkskunde 87 (1991), 207-224.

Tokarew, S.A.: Die nationale Politik der Sowjetunion und die Aufgaben und Erfolge der sowjetischen Ethnographie. In: Völkerforschung 1954, S. 7-22.

Ders.: Die Grenzen der ethnologischen Erforschung der Völker industrieller Länder. In: Ethnologia Europaea I (1967), S. 30-37.
Weckel, Petra: Wilhelm Fraenger (1890 – 1964). Ein subversiver Kulturwissenschaftler zwischen den Systemen. Potsdam 2001.
Weißel, Bernhard/Strobach, Hermann/Jacobeit, Wolfgang u.a. (Hg.): Zur Geschichte der Kultur und Lebensweise der werktätigen Klassen und Schichten des deutschen Volkes vom 11. Jahrhundert bis 1945. Ein Abriß. Berlin 1972.

## 6.8 Zentrale Einrichtungen der Sammlung und Forschung

Volkskunde/Europäische Ethnologie ist ein Fach, das nicht nur empirische Erhebungsverfahren zu seinen wesentlichen methodischen Forschungsinstrumentarien zählt und damit die Dokumentation der erhobenen Daten als Aufgabe versteht. Mit seinen auf die **populare Kultur** gerichteten historischen Forschungsfeldern ergibt sich darüber hinaus das Problem, daß das in staatlichen und kommunalen Archiven verwahrte administrative Schriftgut zunächst die Perspektive der obrigkeitlichen Wahrnehmung und Interessen spiegelt, Volkskultur mithin als verwaltete Kultur erscheinen läßt. Daraus ergibt sich für das Fach die Notwendigkeit des Aufbaus eigener Sammlungen, der Dokumentation seiner Quellen, was neben den Universitätsinstituten zur Einrichtung zahlreicher Großprojekte, Forschungs- und Dokumentationsstellen geführt hat, die in einer kurzen Übersicht angeführt werden sollen.

In Rostock, wo mit dem **Archiv Richard Wossidlos** ein außerordentlich umfangreicher und gehaltvoller Sammlungsbestand aus der Gründungszeit des Faches (vgl. Kap. 3.2) zu einem modernen Dokumentationszentrum für die regionale Kultur Mecklenburg-Vorpommerns mit überregionaler Bedeutung entwickelt wurde, richtete Christoph Schmitt 2002 eine Tagung über Geschichte und Zukunft volkskundlicher Großprojekte aus, deren publizierte Beiträge ausführliche Informationen über die meisten Forschungs- und Dokumentationsstellen des Faches enthalten (Schmitt 2003).

Die **Internationale Volkskundliche Bibliographie (IVB)** ist das zentrale und bedeutendste bibliographische Organ des Faches; es weist derzeit mit etwa 11.000 Titeln pro Jahresband die enorme Literaturfülle der internationalen ethnographischen und folkloristischen Forschung nach; mit Klassifikation und Registern erleichtert es nicht nur die Literaturrecherche erheblich, sondern trägt auch zur Fachidentität bei. 1902 wurde in der Absicht einer Vernetzung der volkskundlich-ethnographischen Forschung in Europa eine *Volkskundliche Zeitschriftenschau* als Supplementreihe der Hessischen Blätter für Volkskunde in Gießen gegründet, aus der schließlich, zunächst unter der Schriftleitung von Adam Abt in Offenbach, die IVB hervorgehen sollte, deren erster Band, herausgegeben von Eduard Hoffmann-Krayer, 1919 in Straßburg erschien. Die Redaktion übernahmen später Robert Wildhaber (Basel), Rolf Wilhelm Brednich (Göttingen), James R. Dow (Iowa/USA) und Rainer Alsheimer (Bremen); seit 2002 wird die IVB in Tartu/Estland redigiert. Die IVB ist ehrenamtlich und dezentral organisiert mit einer großen Zahl an Mitarbeitern und Mitarbeiterinnen in Europa und anderen Kontinenten (zur IVB und zu den nationalen volkskundlichen Bibliographien in Europa vgl. Beitl/Kausel 1991).

In Freiburg i.Br. wurde seit 1914 von John Meier das **Deutsche Volksliedarchiv (DVA)** aufgebaut (vgl. Kap. 3.2), heute mit seinen immensen Sammlungsbeständen von mehr als 300000 Liedern, mit regen Forschungs- und Editionsprojekten, u.a. der Herausgabe des *Jahrbuchs für Volksliedforschung* und des großen Balladenwerks Zentrum der Liedforschung im Fach. In Bonn werden die Erhebungsdaten des **Atlas der deutschen Volkskunde (ADV)** betreut (vgl. Kap. 4.2), in Marburg die Bestände des **Zentralarchivs der deutschen Volkserzählung (ZA)**. Seit Gründung des Folkloristischen Forscherbunds (Folklore Fellows) 1907 war in der Erzählforschung die geographisch-historische Methode mit Erarbeitung von internationalen Typen- und Motivregistern durch die Finnische Schule etabliert worden, wozu auf nationaler Ebene zentrale Volkserzählungsarchive begründet wurden. Auf dem ersten Kongreß der Märchenforscher in Lund 1935 regten Walter Andersen und Oskar Loorits zur Erfassung der gesamten Aufzeichnungen mündlicher Überlieferungen in zentralen folkloristischen Archiven an, die u.a. in Helsinki, Uppsala, Stockholm, Lund, Göteborg, Oslo und Kopenhagen, Dublin, Paris, Athen, Vilnius, Riga, Tartu, Moskau und St. Petersburg gegründet wurden. 1936 wurde das ZA in Berlin eingerichtet, aber schon 1938 als Abteilung dem »SS-Ahnenerbe« Himmlers als semioffizieller Wissenschaftsinstitution der Nationalsozialisten angegliedert. Nach dem Zweiten Weltkrieg wurde die Sammlung nach Marburg überführt und 1960 in das volkskundliche Forschungsinstitut an der Universität integriert. Neben Transkriptionen aus den handschriftlichen Sammlungen des 19. und frühen 20. Jahrhunderts enthält es einen bedeutenden historischen Buchbestand zur Erzählforschung, der zum Teil auf die Bibliothek des Berliner Gelehrten Johannes Bolte zurückgeht (Becker 1990). In Freiburg i.Br. wird das **Johannes-Künzig-Institut für ostdeutsche Volkskunde (JKI)** zu einer Forschungseinrichtung entwickelt, in der Migrations- und Akkulturationsforschung einen Schwerpunkt bilden (vgl. Kap. 6.6).

Als größtes Projekt der Erzählforschung wurde 1955 zunächst in Kiel, ab 1960 in Göttingen die **Enzyklopädie des Märchens (EM)** von Kurt Ranke (1908-1985) gegründet und aufgebaut. Es basierte zunächst auf der klassischen Grundlagenliteratur der Märchenforschung – den Anmerkungen zu den KHM von Johannes Bolte und Georg Polivka (erschienen 1913 – 1932), dem Klassifikationssystem von Antti Aarne und Stith Thompson (2. Aufl. 1961) und dem ebenfalls von Thompson erarbeiteten, 1953 in 2. Auflage erschienenen Motif-Index of Folk-Literature; daraus wurden Stichwörter für Artikel zur angewandten Erzählforschung (als Kurzmonographien über Typen und Motive) erarbeitet, die einen der beiden Schwerpunkte der Enzyklopädie repräsentieren. Schon hier zielte das Vorhaben – in Absetzung vom Fragment des *Handwörterbuchs des deutschen Märchens* Lutz Mackensens – auf Berücksichtigung des internationalen Forschungsstandes und Rezeptionsbedarfs; darüber hinaus aber wurde mit der zweiten Kategorie vorgesehener Artikel zur Wissenschaftstheorie und -geschichte auch ein Schwerpunkt in der Vermittlung methodischer Probleme und historischer Arbeitsweise in der Erzählforschung gesetzt. Seit 1975 erscheint die EM in Lieferungen; gegenwärtig wirken 400 Wissenschaftler und Wissenschaftlerinnen aus über 40 Ländern durch Erarbeitung von Artikeln daran mit. Die Arbeitsstelle der Enzyklopädie in Göttingen, seit 1980 Teil der niedersächsischen Akademie der Wissenschaften, betreut die Koordination und Redaktion der Beiträge (Köhler-Zülch/Uther 1991).

In Wien und Mattersburg wurde vom Institut für Gegenwartsvolkskunde an der Österreichischen Akademie der Wissenschaften in den achtziger Jahren das große Projekt eines **Bio-bibliographischen Lexikons (BBL)** zur Institutionen- und Personengeschichte der Volkskunde in den deutschsprachigen Ländern initiiert, in dem Datenmaterial über Fragebögen erhoben und in Mattersburg archiviert wurde. Aus diesem Arbeitsvorhaben sind inzwischen bereits zahlreiche regionale Beiträge veröffentlicht worden (Alzheimer 1991; Alzheimer-Haller 1994; Beitl 1992; Heller 1985; Kausel 1987; Mannheims 1995; Paulsen/Sievers 1992; Schwedt 1995).

Durchaus als Widerspiegelung föderaler Strukturen in Wissenschaft und Kultur können die **regionalen Forschungseinrichtungen des Faches** angesehen werden, die sogenannten »Landesstellen«. In vielen alten Bundesländern bestehen noch die zur Datenerhebung des ADV Mitte der zwanziger Jahre gegründeten Landesstellen, und auch in den neuen Bundesländern wurden nach 1989 die Außenstellen des Akademie-Instituts (Dresden, Rostock; s. Kap. 6.7) als Forschungs- und Dokumentationsstellen wiedereingerichtet, aber auch neue

Landesstellen gegründet (etwa für Berlin-Brandenburg). Einen guten Überblick vermittelt die Zusammenstellung von Arbeitsberichten der 23 Landesstellen, Forschungsinstitute und (außer-)universitären Einrichtungen im deutschsprachigen Raum, in denen volkskundliche Regionalforschung betrieben wird (Simon 1999).

### Ausgewählte Literatur:

Alsheimer, Rainer: Die Internationale Volkskundliche Bibliographie (IVB). In: Zeitschrift für Volkskunde 86 (1990), S. 244-250.

Ders. (Hg.): Systematisieren und Thesauri. Sacherschließung für das Fach Volkskunde/ Europäische Ethnologie. Papiere der 3. Tagung der SIEF-Kommission für die Internationale Volkskundliche Bibliographie (IVB). Bremen 1993.

Alzheimer, Heidrun: Volkskunde in Bayern. Ein biobibliographisches Lexikon der Vorläufer, Förderer und einstigen Fachvertreter (Veröffentlichungen zur Volkskunde und Kulturgeschichte, 50). Würzburg 1991.

Alzheimer-Haller, Heidrun: Frauen in der Volkskunde, in der Empirischen Kulturwissenschaft, der Europäischen Ethnologie/Ethnographie und Kulturanthropologie in Deutschland (Veröffentlichungen zur Volkskunde und Kulturgeschichte, 55). Würzburg 1994.

Becker, Siegfried: Zur Geschichte und Perspektive der Erzählforschung. Ein Bericht über Bestand und Aufgaben des Zentralarchivs der Deutschen Volkserzählung. In: Zeitschrift für Volkskunde 86 (1990), S. 203-215.

Beitl, Klaus/Kausel, Eva (Hg.): Internationale und nationale volkskundliche Bibliographien. Spiegel der Wissenschaft Volkskunde/Europäische Ethnologie (Buchreihe der Österreichischen Zeitschrift für Volkskunde, Neue Serie, 9). Wien 1991.

Beitl, Klaus (Hg.): Volkskunde. Institutionen in Österreich (Bio-bibliographisches Lexikon der Volkskunde, Vorarbeiten, 5). Wien 1992.

Ders. (Hg.): Atlas der deutschen Volkskunde. Kleine Geschichten eines großen Forschungsunternehmens. Aus den »Erinnerungen eines Westpreußen« (1968) von Reinhold Knopf und aus dem Nachlaßarchiv von Richard Beitl (Veröffentlichungen zur Volkskunde und Kulturgeschichte, 41). Würzburg 1990.

Beitl, Klaus/Hummer, Hermann (Hg.): Internationale Volkskundliche Bibliographie. Systematik und Datenbanken (Buchreihe der Österreichischen Zeitschrift für Volkskunde, Neue Serie, 13). Wien 1996.

Heller, Eva: Volkskundler in und aus Bayern heute (Ethnologia Bavarica, 14). Würzburg/München/Wien 1985.

Holzapfel, Otto: Das Deutsche Volksliedarchiv Freiburg i.Br. (Studien zur Volksliedforschung, 3). Bern u.a. 1989.

Kausel, Eva: Volkskundler in und aus Österreich heute (unter Berücksichtigung von Südtirol). Nach den Unterlagen des bio-bibliographischen Lexikons der Volkskundler im deutschsprachigen Raum des Instituts für Gegenwartsvolkskunde der Österreichischen Akademie der Wissenschaften (Mitteilungen des Instituts für Gegenwartsvolkskunde Sonderband, 2). Wien 1987.

Köhler-Zülch, Ines/Uther, Hans-Jörg: Halbzeit bei der Enzyklopädie des Märchens. In: Bönisch-Brednich, Brigitte/Brednich, Rolf W./Gerndt, Helge (Hg.): Erinnern und Vergessen. Vorträge des 27. Deutschen Volkskundekongresses Göttingen 1989. Göttingen 1991, S. 514-523.

Mannheims, Hildegard: Volkskundlerinnen und Volkskundler im Rheinland heute (Rheinisches Jahrbuch für Volkskunde, Beiheft 2). Bonn 1995.

Paulsen, Astrid/Sievers, Kai Detlev: Volkskundler und Volkskundlerinnen in Schleswig-Holstein und Hamburg heute. Kiel 1992.

Schmitt, Christoph (Hg.): Volkskundliche Großprojekte. Ihre Geschichte und Zukunft. Hochschultagung der Deutschen Gesellschaft für Volkskunde 2002 in Rostock (Rostocker Beiträge zur Volkskunde und Kulturgeschichte, 2). Münster u.a. 2003.

Schwedt, Elke: Volkskundlerinnen und Volkskundler in und aus Rheinland-Pfalz. Bio-bibliographisches Verzeichnis (Mainzer kleine Schriften zur Volkskunde 10). Mainz 1995.

Simon, Michael/Schürmann, Thomas: Ein Kapitel für sich – der Atlas der deutschen Volkskunde. In: Zeitschrift für Volkskunde 90 (1994), S. 230-237.

Simon, Michael: »Volksmedizin« im frühen 20. Jahrhundert. Zum Quellenwert des Atlas der deutschen Volkskunde (Studien zur Volkskultur, 28). Mainz 2003.

Simon, Michael (Hg.): Volkskundliche Arbeit in der Region. Ein Wegweiser zu den »Landesstellen« im deutschsprachigen Raum (Volkskunde in Sachsen 5/6). Dresden 1999.

*Literatur zur Regionalforschung – wissenschaftsgeschichtlich*

Bimmer, Andreas C./Becker, Siegfried (Hg): Hessische Volkskunde – Regionale Ethnologie. Geschichte – Standorte – Profile – Perspektiven. Marburg 2003.

Bönisch-Brednich, Brigitte: Volkskundliche Forschung in Schlesien. Eine Wissenschaftsgeschichte. Marburg 1994.

Emmrich, Brigitte: Heimatforschung, Spinnstubenperformance und Hochschulseminar. Beiträge zur Wissenschaftsgeschichte in Sachsen (Volkskunde in Sachsen, 12). Dresden 2002.

Harvolk, Edgar (Hg): Volkskunde in Bayern. Ein Handbuch. München/Würzburg 1987.

Hugger, Paul (Hg.): Handbuch der Schweizerischen Volkskultur. 3 Bde. Basel/Zürich/Lausanne/Bellinzona 1992.

Lipp, Carola/Meiners, Uwe/Röhrbein, Waldemar/Spieker, Ira (Hg): Volkskunde in Niedersachsen. Regionale Forschungen aus kulturhistorischer Perspektive. Cloppenburg 2002.

Moritz, Marina (Hg): Volkskunde in Thüringen. Eine Zustandsbeschreibung. Erfurt 1992.

Sauermann, Dietmar: Volkskundliche Forschung in Westfalen 1770-1970. 2 Bde. Münster 1986.

Simon, Michael/Kania-Schütz, Monika/Löden, Sönke (Hg): Zur Geschichte der Volkskunde. Personen – Programme – Positionen (Volkskunde in Sachsen 13/14). Dresden 2002.

Weber-Kellermann, Ingeborg/Stolle, Walter: Volksleben in Hessen 1970. Göttingen 1971.

## 7. Europäische Ethnologie zwischen Sozial- und Kulturwissenschaft. Ein Ausblick.

In einer wissenschaftsgeschichtlichen Analyse ist es immer besonders schwierig, in einem Ausblick die Entwicklungen bis an die unmittelbare Gegenwart heranzuführen, zu sehr beeinflußt eine Vielzahl noch aktueller unterschiedlicher Strömungen und erschwert eine kaum noch zu übersehende Vielzahl von volkskundlichen Publikationen die Übersicht. Daher kann in den folgenden abschließenden Ausführungen auch nur noch auf einige besonders deutliche Beispiele eingegangen werden.

Der **organisatorische Ausbau des Faches** dürfte in den letzten zehn Jahren seinen Höhepunkt erreicht und überschritten haben, neue Hochschulinstitute werden tendenziell eher zurück- als ausgebaut werden. Auch die Zahl der wissenschaftlich Tätigen in unserem Fach wird sich nach dem energischen Ausbau in den siebziger und achtziger Jahren, schon angesichts zunehmender Arbeitslosigkeit in allen Bereichen, signifikant rückläufig entwickeln – die Zahl der Studierenden hingegen wird ihren Höchststand derzeit noch nicht erreicht haben.

Als ein wesentliches Charakteristikum der Volkskunde in den neunziger Jahren ist der **Paradigmenwechsel** hin zu dem methodologischen Selbstverständnis einer Kulturwissenschaft anzusehen. Dies war kein isoliertes ›Begehren‹, sondern erfolgte in nahezu allen Disziplinen der Geistes- und Sozialwissenschaften. Eine neue Welle von Umbenennungen war eine der Folgen, ansatzweise auch in der Volkskunde, hier blieb es allerdings meist bei Zusätzen zur bestehenden Fachbezeichnung. Im wesentlichen hat sich – ganz entgegen vieler profilierter Prognosen – der Namenszusatz Europäische Ethnologie nahezu flächendeckend im deutschsprachigen Bereich durchgesetzt (vgl. Korff 1986).

Zu konstatieren ist allerdings, daß es anders als in der Ethnologie-Namensdebatte nun nicht um zwei recht verwandte Fächer ging, die um einen Namen stritten (Volkskunde – Völkerkunde). Bei der **Debatte um Kulturwissenschaft** bemühten sich zahlreiche andere, ganz und gar nicht ›nah-verwandte‹ Fächer um dieselbe Benennung, auch ganze Fachbereiche strebten zu Namenskombinationen mit Kulturwissenschaft, kulturwissenschaftlich oder ähnlichen Umschreibungen. Die Gründe hierfür sind außerordentlich schwer zu definieren, zu viele unterschiedliche Motive überlagern sich. Vor allem bleibt die fragende Sorge, ob manche nicht allzu schnell auf den schicken Zug Kulturwissenschaft aufgesprungen sind, wo doch dessen Stationen vor allem in den Konsequenzen für das Fach noch gar nicht abzusehen sind.

Kulturwissenschaft ist derweil ein überstrapazierter, fast inflationär verwendeter (Mode-)Begriff geworden, mit dem sich in der kultur- wie wissenschaftspolitischen Öffentlichkeit trefflich argumentieren läßt. Wie alle wissenschaftlichen Zuschreibungen, die in die Alltagssprache übernommen worden sind, verliert auch der Begriff Kulturwissenschaft zunehmend an Schärfe, Prägnanz und Eindeutigkeit. Andererseits verfügt er derzeit unbestreitbar derzeit über erhebliche positive Konnotationen, so daß vor allem in Zeiten ‚knappen Geldes‹ manch utilitaristische Verwendung zu beobachten ist.

In der Fachentwicklung der Europäischen Ethnologie mögen inhaltlich-methodisch mehrere Faktoren für diesen Prozeß eine wichtige Rolle gespielt haben, auch die äußeren Rahmenbedingungen, wie die politische Entwicklungen, sind hierbei zu beachten.

1. Die erste Phase der Hinwendung zu den Sozialwissenschaften war in den sechziger Jahren eng verbunden mit der Übernahme der (vor allem quantitativen) **Methoden** der empirischen Sozialforschung. Bereits Mitte der achtziger Jahre deutete sich eine Ablösung zugunsten sogenannter ›weicher‹ Methoden an, wie qualitative Interviews, narrative Erhebungsverfahren, dichte Beschreibung, Cultural Studies und so weiter. Damit wurde der Weg zu kulturwissenschaftlichen Herangehensweisen geebnet, die methodisch durch eher hermeneutische Verfahren gekennzeichnet sind.

**2. Theoretisch** ist verstärkt ein Rekurs auf alte Kulturklassiker wie Nietzsche, Kant, Schiller und andere, auch Freud zu verzeichnen. Die Adaption zu facheigenen Vorläufern ist zwar nicht beabsichtigt und wenn, dann höchst selten gelungen. Die Anwendung auf die theoretischen Diskussionen im Fach selber als Motor der fachspezifischen Theorie bleibt weitgehend ungenutzt. Die Rezeption der theoretischen Konzepte moderner Kulturphilosophen und Kultursoziologen (z.B. Laqueur oder Bourdieu) erfolgt meist werkimmanent. Statt Weiterentwicklung und Anwendung zu einem eigenen theoretischen Fundament im Fach erweist sich die Europäische Ethnologie/Volkskunde deutlicher als eine theorienutzende denn als eine theorieschöpfende Disziplin.

3. Reaktionen auf die veränderte Welt: die großen **politischen, sozialen und ethnischen Veränderungen** der neunziger Jahre in Europa und in der Welt, der Zusammenbruch des osteuropäischen Staatensystems, die großen Migrationsströme in und nach Europa aufgrund von Krieg und Verfolgung, sowie der unaufhaltsame Prozeß

der Globalisierung sind die bestimmenden Faktoren dieses Jahrzehnts gewesen, die in der einen oder anderen Weise auch die Europäische Ethnologie/Volkskunde nachhaltig beeinflußt haben.

Hierzu zählt zunächst die sogenannte »Wende« in Deutschland, das heißt für unsere Disziplin die Übernahme und Neuorganisation der DDR-Volkskunde in das bisherige bundesrepublikanische Wissenschaftssystem, und letztlich darüber hinaus die Neuformierung der übrigen ehemaligen Volkskunden in den osteuropäischen Staaten (zur DDR-Volkskunde s. Kap. 6.7).

Im Rahmen der Wiedervereinigung erfolgte eine Bewertung der bisherigen Wissenschaftseinrichtungen der DDR. Diese wurde bei der als Evaluierung bezeichneten Aktion unternommen; zum einen ging es um die Abschaffung des östlichen teilenden Wissenschaftsprinzips: Universität als Ort der Lehre, Akademie der Wissenschaften als Ort der Forschung; zum anderen ging es um die ›Abwicklung‹ von Institutionen, die mit dem ehemaligen Politik- und Parteiwesen verbunden waren. Auch die wissenschaftliche Volkskunde der DDR mußte sich diesem Prozeß unterziehen lassen. Im Rückblick steht die entscheidende Frage: Ist die DDR-Volkskunde als reine Adaption nahtlos in das Wissenschaftssystem der (alten) Bundesrepublik aufgegangen, oder gab es wenigstens eine Integration einzelner Elemente der DDR-Volkskunde in die neuen Zusammenhänge? (vgl. hierzu Köstlin 1991; Bimmer 1995).

Auch in den anderen osteuropäischen ›Volkskunden‹ vollzogen sich vergleichbare systemwechselbedingte Veränderungen, Umwälzungen und Neuformierungen. Im Unterschied zur deutschen politischen Situation handelte es sich dort aber nicht um vormals getrennte Teilstaaten (vgl. Köstlin/Niedermüller/Nikitsch 2002; Emmerich/Moser 2002).

4. Hervorgerufen durch ›**neue**‹ **Themen** wie Migration, ethnische Gruppen und Prozesse der Ethnisierung, Integration von Minderheiten, Europäisierung des Alltagslebens usw., aber auch durch die verstärkte Einbeziehung kultur- und sozialanthropologischer Forschungsmethoden und Theorien anglo-amerikanischer Provenienz sind die disziplinären **Beziehungen zur außereuropäischen Ethnologie/Völkerkunde** wieder aufgenommen und intensiviert worden. Eine Öffnung zu anderen kulturwissenschaftlichen Disziplinen, z.B. Medienwissenschaft, zeichnet sich deutlich ab.

Insgesamt ist eine stärkere **europäisch-internationale, ja interkontinentale Orientierung** von Forschung und Lehre festzustellen, was seinen Hauptgrund sicherlich in der zunehmenden politischen europäischen Einigung hat, deren Entsprechung sich auf dem Bildungs- und Kultursektor in viel und gern genutzten EU-Förderprogrammen findet. Auch die entsprechenden Organisationen der Ethnologie, wie z.B. SIEF, gewinnen an Bedeutung und Beachtung. Die Möglichkeiten des Internet werden von der institutionellen Europäischen Ethnologie und ihren Mitgliedern intensiv genutzt und tragen so zu einem bisher nicht gekannten umfänglichen wie aktuellen internationalen Informationsaustausch bei.

Ein wenig problematischer sieht es bei den bisherigen internationalen Dokumentationsmedien des Faches aus. Das Referateorgan DEMOS mußte sein Erscheinen endgültig einstellen (Emmrich/Moser 2002), die Internationale Volkskundliche Bibliographie (IVB) hat nach einer längeren Phase der Unsicherheit seit 2002 einen neuen Sitz in Tartu/Estland gefunden. Daneben installieren sich im Internet konkurrierende volkskundlich-bibliographische Rezensions- und Informationsdienste. Die neuen technischen Möglichkeiten der digitalen Datenverarbeitung werden auf allen Gebieten bisheriger volkskundlicher Dokumentation zunehmend erprobt und angewendet, die traditionellen Archive des Faches (Volksliedarchiv, Enzyklopädie des Märchens, Atlas der deutschen Volkskunde und das Zentralarchiv der deutschen Volkserzählung) stehen damit u.U. vor existentiellen Problemen der Weiterführung.

Im letzten Jahrzehnt wurden zahlreiche **Grundlagenwerke und Facheinführungen** aktualisiert oder neu vorgelegt (vgl. Wiegelmann 1991; Jacobeit et al. 1994; Bausinger et al.: Grundzüge $^3$1993, $^4$1999; Brednich: Grundriß $^2$1994/$^3$2001; Kaschuba 1999; Gerndt 2002). Das sind Zeichen für eine aktive und offenbar auch nachgefragte Darstellung des Faches in seinen verschiedenen Ausprägungen. Der erhebliche Zuwachs an Studierenden mag als ein wichtiger Grund angeführt werden, ebenso kann aber auch das Interesse an der Kenntnis unterschiedlicher volkskundlicher ›Schulen‹ genannt werden.

Zur epochalen Charakterisierung der **Volkskunde der letzten Jahrzehnte** sei eine Position Martin Scharfes herangezogen, der sich immer wieder zu allgemeinen und grundsätzlichen Fragen des Faches geäußert hat und der von daher als ein profunder und kompetenter Kenner des Faches betrachtet werden muß.»Meine simple These ist, daß die Volkskunde seit den siebziger Jahren erblaßt ist, ganz einfach blaß geworden, bleich, abstrakt, saftlos, austauschbar, fad.« (Scharfe 1996, S. 15f.).

Scharfe hat diese Formulierung im Zusammenhang mit der Bilanz der sozialwissenschaftlichen Orientierung des Faches und einem postulierten Paradigmenwechsel zu einer kulturwissenschaftlichen Orientierung gebraucht, dennoch ist sie darüber hinaus auf das ganze Fach gemünzt zu verstehen.

Was geschah aber in diesen vergangenen dreißig Jahren in unserem Fach? Von wo aus gingen die richtunggebenden Impulse aus? Wer vertrat das Fach in seinen Organisationen wie der Deutschen Gesellschaft für Volkskunde und darüber hinaus, wer redigierte in diesem Zeitraum das zentrale Wissenschaftsorgan *Zeitschrift für Volkskunde?* Wer gestaltete die wissenschaftlichen Kongresse und Tagungen des Faches?

Wohl kaum eine andere volkskundliche Schule hat seit 1968 die wissenschaftliche wie die öffentliche Volkskunde in Deutschland und europäisch-international weit darüber hinaus so nachhaltig beeinflußt und dominiert wie die von Hermann Bausinger initiierte **Tübinger Empirische Kulturwissenschaft**, wohl kaum eine hat mehr Professoren und Professorinnen hervorgebracht.

Neben der Tatsache, daß seit den siebziger Jahren und der Hochschulreform in Deutschland zahlreiche, wenn nicht der überwiegende Teil der neu einzurichtenden wie der zur Besetzung anstehenden Professuren für Volkskunde mit Wissenschaftlern und Wissenschaftlerinnen Tübinger Provenienz besetzt wurden, sollte nicht außer acht gelassen werden, daß von ganz wesentlicher Bedeutung vor allem die normative Dominanz der Tübinger Schule, quasi als eine ›Leitdisziplin‹ innerhalb der Volkskunde, großen, vor allem auch internationalen Widerhall gefunden hat. Diese fachliche Orientierung läßt sich in zahlreichen grundsätzlichen Fachpublikationen im In- und Ausland ebenso textexegetisch wie formal-organisatorisch nachweisen.

Wenn es daher immer wieder heißt, *die* Volkskunde mache oder machte dies und mache das immer noch nicht oder sei hierfür verantwortlich usw., dann müßte diese verallgemeinernde Formulierung zu einem guten Teil vor allem auf die Tübinger Schule zu beziehen sein. Es sei denn, daß *die* Volkskunde grundsätzlich immer die anderen neben einem wären, eine wahrlich unzulässige Verengung.

Wie aber hat sich nun der Paradigmenwechsel hin zur Kulturwissenschaft in den neunziger Jahren vollzogen, zu welchen neuen Perspektiven auf Alltagskultur, zu welchen intensivierten und neu erschlossenen **Forschungsfeldern** hat er geführt? Angedeutet werden können freilich nur einige wenige Ansätze; sie gelten insbesondere den kulturellen und gesellschaftlichen Transformationsprozessen, ihren Bildern und Deutungen.

Ganz wesentliche Vermittlungsinstanz dafür sind am Ende des 20. Jahrhunderts die **audiovisuellen Medien**, die nicht nur progressive Inszenierung des raschen Wandels sind, sondern entscheidend auch zur Konstruktion von Tradition in ›post-traditionalen‹ Gesellschaften, zur Vermittlung eines regionalen Bewußtseins beitragen (vgl. Kerkhoff-Hader 1997). Am Beispiel der Millenniumsfeiern hat Daniel Drascek (2001) die komplexen Wechselbeziehungen und Wechselwirkungen zwischen kulturellen Wertigkeiten und Sinnstiftungen aufgezeigt und die Dekonstruktion medialer Konstrukte und Zerrbilder eingefordert. Dazu ist freilich eine hohe Selbstreflexivität notwendig. Sie ist im Fach vor allem durch die **Auseinandersetzung mit seiner Wissenschaftsgeschichte** im Verlauf der letzten vier Jahrzehnte methodisch verankert worden. Die Aufarbeitung der Personen- und Institutionengeschichte der Disziplin in Nationalsozialismus und Nachkriegszeit wird daher auch nach Vorlage des großen Grundlagenwerkes von 1994 weitergeführt (Besenfelder 2002; Brückner 2003; Nikitsch 2003; Becker 2003).

Aus dem Wissen um die Instrumentalisierbarkeit des ethnographischen Paradigmas läßt sich das **Wissen um das Eigene und das Fremde**, aber auch um die Einflüsse dieses Wissens auf die Alltagspraxis in einem weiteren wissenschaftlichen und kulturpolitischen Kontext verorten (Köstlin 1994; Köstlin/Nikitsch 1999): Volkskundliche Forschung, die in der Geschichte des Faches meist »Remedium der Moderne« war mit der Tendenz, in immer komplexeren gesellschaftlichen Situationen Deutungs- und Erklärungsmuster des Eigenen wie des Fremden anzubieten, setzt sich daher immer wieder auch wissenschaftsgeschichtlich mit den idealisierenden Bildern von einer scheinbar intakten Kulturwelt, mit der kollektiv wie individuell handhabbaren Kulturtechnik der Sinnstiftung auseinander. Daraus aber gewinnt das Fach auch eine Sensibilität zur Erforschung von Symbolsystemen und alltäglichen (ästhetischen) Praxen (vgl. Johler/Nikitsch/Tschofen 1999; Eggmann/Tobler 2002).

Moderne Europäische Ethnologie vermag also im Bewußtsein um den eigenen Anteil an vergangenen und gegenwärtigen Sinnkonstruktionen die **Herausbildung von Symbolsystemen** aufmerksam wahrzunehmen und ihre Bedeutungsinhalte zu dekonstruieren. Ausdruck fand diese Wahrnehmung einer Bedeutung des Symbolischen in der Kultur vor allem in der Themenwahl des Karlsruher DGV-Kongresses 1997. Solche Akzentuierung des Zeichenhaften läßt sich in die kulturwissenschaftliche Analyse von Urbanisierungsprozessen und der Auswirkungen transnationaler Migration einbringen. Kulturelle Vielfalt und Bereicherung durch Fremdes rücken ins Bild: Neben die Ursachenforschung zu Kulturkonflikten und Grenzziehung tritt die Beachtung einer Dynamik von Grenzüberschreitung als Erweiterung von Wahrnehmungs- und Erfahrungshorizonten (Eisch 2001); rezipiert und diskutiert werden die Thesen von »Hybridisierung« von Kulturen (Tschernokoshewa 2000). Stadtethnologische Forschungen gelten den Inszenierungen städtischer Lebenswelten, Wohn- und Lebensstile (Welz 1996; Katschnig-Fasch 1998), aber auch der »anderen Seite der Stadt«, eine gesellschaftliche Privilegien reflektierende und mithin genuin volkskundliche Sicht, die auf Armut und Ausgrenzung schauen läßt (Knecht 1999). Die Erschließung neuer ökonomischer Ressourcen und ihre kulturellen

Implikationen in urbanen Milieus, aber auch Prozesse der Veränderung von Wahrnehmungskultur und –management in städtischen Erlebnisräumen (Fendl/Löffler 1992) werden untersucht.

Aus dem in den sechziger Jahren entwickelten, auf Produktions- und Konsumtionsprozesse der Industriegesellschaft fokussierten Forschungsfeld zu Arbeit, Freizeit und Reisen wurde in den neunziger Jahren mit Gründung einer DGV-Kommission die kulturprägende Relevanz des Tourismus – Tourismus-Kultur, Kultur-Tourismus (Kramer/Lutz 1993; Cantauw 1995) – hinterfragt. Dort wird die Produktion von Bildern und Stereotypen reflektiert, die Bedürfnisse nach Exotik und Binnenexotik wie auch die **Auseinandersetzung mit und Aneignung von Umwelt**, die symbolische Aufladung von Landschaft (Doering-Manteuffel 1995; Becker/Dieterich 1999).

Den für die westliche Zivilisation über fast unbegrenzt verfügbare Verkehrsmittel erschließbaren Erlebnisräumen, den touristischen Möglichkeiten der Welterfahrung aber werden als Komplemente und Kompensate auch Bilder und Erfahrungen von Region und Regionalkultur zur Seite gestellt (Pöttler/Kammerhofer-Aggermann 1994), und auch hier fordert die Beteiligung von Kulturforschern an der Produktion der **Praxen und Muster regionaler Identifizierung** zum Überdenken wissenschaftlichen Handelns und wissenschaftlicher Verantwortung heraus. So hat denn auch Kaspar Maase die Relevanz des Faches als Deutungsmacht gerade im Regionalen festgemacht und zum verantwortlichen Umgang mit Verlust und Erlebnis aufgerufen, der auch die künftige Erfahrung von Region beeinflußt (Maase 1998).

Mit einer Wahrnehmung der Alltagskultur im Umbruch (Kaschuba/Scholze/Scholze-Irrlitz 1996) werden auch Veränderungen von Arbeitskulturen als Forschungsaufgabe begriffen (Götz/Wittel 1997) und mit der Diskussion um das *research up* (als Paradigmenwechsel zum fachgeschichtlich etablierten *research down*) methodisch reflektiert und in Studien zur Unternehmenskultur (Götz 1997) und zur Angestelltenkultur (Lauterbach 1995 und 1998) umgesetzt. Damit geraten Wissen und Wissensarbeit (Beck 2000) neuerlich ins Blickfeld und tragen bei zu ersten Ansätzen einer **Wahrnehmungsforschung**; auf das wissenschaftsgeschichtlich angelegte Potential des Faches hat Regina Bendix unter Hinweis auf die schon von Herder unternommenen Versuche zu einer Anthropologie der sinnlichen Wahrnehmung und der Emotionen aufmerksam gemacht und für eine Hinwendung zur Rolle der Sinne in der Lebensbewältigung plädiert (Bendix 2002).

Mit dem Zerfall des globalen Systemdualismus nach 1989 und der Auflösung des Machtblocks in Osteuropa ist auch in Europa Denkbarkeit (und Faktizität) der Kriege aktuell geworden. Mit Kriegen und aufkeimenden Nationalismen trat eine **Reaktivierung des Ethnos-Begriffes** ein – eine Aufgabe, der sich die ethnologischen Disziplinen, sowohl die Volkskunde als auch die Völkerkunde, stellen müssen. So sind Transformationsprozesse in den osteuropäischen Staaten zwischen Tradition und Moderne (Eberhart/Kaser 1995), die Reflexion von Fremdenfeindlichkeit (Eberhart/Verhovsek 1999) und Gewalt zwischen Ethnien (Brednich/Hartinger 1994) und in Jugendkulturen ins Zentrum des Faches gerückt. Ronald Lutz etwa hat sich mit den gesellschaftlichen Ursachen von Gewalt und Rassismus bei Jugendlichen (Hooligans, Skins) auseinandergesetzt und die Inszenierung der Gewalt als sich selbst spiegelnde Aktion in identitätstheoretischer Hinsicht, als Suchbewegungen nach Sinn und Bedeutung interpretiert, die zu kulturwissenschaftlicher wie kulturpolitischer Perzeption herausfordern (Lutz 1993).

Aus der in den achtziger Jahren in interdisziplinärer Vernetzung sich formierenden Frauenforschung, die auch zur Revision der Wissenschaftsgeschichte des Faches führte (Burckhardt-Seebass 1991; Alzheimer-Haller 1994), ist in den neunziger Jahren die **Geschlechterforschung** hervorgegangen. Ihre Themen konnten vor allem auf dem Marburger DGV-Kongreß 1997 »Männlich. Weiblich. Zur Kategorie Geschlecht in der Kultur« entfaltet werden. Leib und Körper rücken in den Blick (Löneke/Spieker 1996), Körperinszenierungen (Bonacker 2002) und die Medikalisierung von Geburt und Tod (Metz-Becker 1997) – ganz entscheidende Anstöße auch für neue Sichtweisen in der Medikalkulturforschung, die sich nun der Verarbeitung von Krankheitserfahrungen, dem Umgang mit Krankheit, der Wissensaneignung wie auch der Skepsis gegenüber Wissenschaft in Verhaltens- und Denkmustern zu widmen beginnt. **Körperlichkeit und Techniken der künstlichen Erhaltung und Veränderung des Körperlichen** fordern zu einer neuen Auseinandersetzung mit der Natur des Menschen heraus, die sich auf frappante Weise mit dem Diskurs über virtuelle Körperlichkeit im Cyberspace verflechten läßt.

Damit aber wird auch deutlich, daß in der Moderne eine Dialektik der kapitalistischen Gesellschaftssysteme stattfindet, auf die Helge Gerndt in seinem Entwurf einer **Kulturwissenschaft im Zeitalter der Globalisierung** aufmerksam gemacht hat: daß der Kulturprozeß »Industrialisierung« längst zu einer industrialisierten Kultur geführt hat, in der die Kulturwissenschaften weder zu Sinnstiftern des Fortschritts hochstilisiert noch auf Kompensationsaufgaben reduziert werden dürfen (Gerndt 2002, S. 249). Angesichts der empirisch kaum mehr zu bewältigenden Komplexität, in der Globalisierungsphänomene auf Sozialbeziehungen und Kulturprozesse einwirken, geraten der

Volkskunde/Europäischen Ethnologie ihre fachgeschichtlich fundierten methodischen Kompetenzen zum Vorteil: versteht sie sich doch auf exemplarisches Erfassen und Deuten, auf die Kontextualisierung von Alltagspraxen und Alltagsmythen.

Am Ende dieser kleinen und gewiß nicht vollständigen Wissenschaftsgeschichte von der deutschen Volkskunde zur Europäischen Ethnologie bleiben die Fragen, wohin sich dieses Fach in Zukunft entwickeln wird, welches die **künftigen Aufgaben** sein werden. Hierzu zählen vor allem die Einordnung in neue theoretische und methodologische Bezüge. Wissenschaft ist immer im Wandel. Die sozialwissenschaftliche Orientierung dauerte gut zwanzig Jahre, wie lange wird die kulturwissenschaftliche Prämisse dauern?

Für das Universitätsfach wird es wichtig sein, sich als gleichberechtigter Partner in die neuen europäischen Studiengänge einzufügen und sich dort als geachtete Disziplin zu behaupten. Für das ›Innenleben‹ der Europäischen Ethnologie/Volkskunde wird es notwendig sein, sich immer erneut und aktualisiert des Gegenstands des Faches zu versichern.

Diese Gedanken gehen einher mit einer aufkeimenden Neubesinnung (nicht Rückbesinnung!) auf zentrale Bereiche der Volkskunde, auf das Distinkte, das uns von anderen Fächern unterscheiden könnte. Dies scheint um so dringlicher, je übergreifend allgemeiner sich die gegenwärtige ›**Verkulturwissenschaftlichung**‹ **aller Geistes- und Sozialwissenschaften** bemächtigt, bis hin zur disziplinären Gesichtslosigkeit. In solchem Wirrwarr könnte eine Art dynamische »Ortsbestimmung« hilfreich sein, und wenn es nur der jeweils eigenen Versicherung des Fachspezifischen diente – damit auch weiterhin Ingeborg Weber-Kellermanns Ausspruch (1991) Gültigkeit behält:

*Wer Volkskunde studiert, hat mehr vom Leben!*

## Literatur:

Alzheimer-Haller, Heidrun: Frauen in der Volkskunde, der Empirischen Kulturwissenschaft, Europäischen Ethnologie und Kulturanthropologie (Veröffentlichungen zur Volkskunde und Kulturgeschichte, 55). Würzburg 1994.

Beck, Stefan: Rekombinante Praxen. Wissensarbeit als Gegenstand der Europäischen Ethnologie. In: Zeitschrift für Volkskunde 96 (2000), S. 218-246.

Becker, Siegfried/Claus-Marco Dieterich (Hg.): Berg – Bilder. Gebirge in Perspektiven – Symbolen – Projektionen (Hessische Blätter für Volks- und Kulturforschung, 35). Marburg 1999.

Becker, Siegfried: Bernhard Martin und die deutsche Volkskunde in Marburg 1934

– 1945. In: Burkhard Dedner (Hg.): Geschichte der Germanistik und Kunstwissenschaften an der Philipps-Universität Marburg im Nationalsozialismus. 2003 (im Druck).

Bendix, Regina: Wahrnehmungen jenseits des Nadelöhrs. In: Zeitschrift für Volkskunde 98 (2002), S. 205-227.

Besenfelder, Sabine: »Staatsnotwendige Wissenschaft«. Die Tübinger Volkskunde in den 1930er und 1940er Jahren (Untersuchungen des Ludwig-Uhland-Instituts der Universität Tübingen, 94). Tübingen 2002.

Bimmer, Andreas C.: La recherche et l'enseignement de l'ethnologie européenne (Volkskunde) en Allemagne après la réunification. In: Acta Ethnographica 40 (1995), no. 3-4 , S. 345-352.

Ders.: Marketing für die IVB. Ungewohnte Gedanken zu einer traditionsreichen Bibliographie. In: Alsheimer, Rainer/Eveline Doelmann, Roland Weibezahn (Hg): Wissenschaftlicher Diskurs und elektronische Datenverarbeitung. Bremen/Amsterdam 2000, S. 107-114.

Binder, Beate: Capital under Construction. History and the Production of Locality in Contemporary Berlin. In: Ethnologia Europaea 31 (2001), S. 19-40.

Bonacker, Katrin: Hyperkörper in der Anzeigenwerbung des 20. Jahrhunderts. Marburg 2002.

Bohnsack, Petra/Hans Friedrich Foltin (Hg.): Lesekultur. Populäre Lesestoffe von Gutenberg bis zum Internet. Marburg 1999.

Brednich, Rolf Wilhelm, und Walter Hartinger (Hg.): Gewalt in der Kultur. Vorträge des 29. Deutschen Volkskundekongresses Passau 1993 (Passauer Studien zur Volkskunde, 8/9). Bd. 1. Passau 1994.

Ders./Martin Scharfe (Hg): Das Studium der Volkskunde am Ende des Jahrhunderts. Hochschultagung der Deutschen Gesellschaft für Volkskunde 1994 in Marburg/Lahn. Göttingen 1996.

Brückner, Wolfgang: Leopold Schmidt und das deutschsprachige Mitteleuropa. In: Österreichische Zeitschrift für Volkskunde 106 (2003), S. 23-36.

Buchner, Jutta: Kultur mit Tieren. Zur Formierung des bürgerlichen Tierverständnisses im 19. Jahrhundert. Münster u.a. 1996.

Burckhardt-Seebass, Christine: Spuren weiblicher Volkskunde. Ein Beitrag zur schweizerischen Fachgeschichte des frühen 20. Jahrhunderts. In: Schweizerisches Archiv für Volkskunde 87 (1991), S. 209-224.

Dies. (Hg): Zwischen den Stühlen fest im Sattel? Eine Diskussion um Zentrum, Perspektiven und Verbindungen des Faches Volkskunde. Hochschultagung der Deutschen Gesellschaft für Volkskunde Basel, 31. Oktober – 2. November 1996. Göttingen 1997.

Cantauw, Christiane (Hg.): Arbeit, Freizeit, Reisen. Die feinen Unterschiede im Alltag (Beiträge zur Volkskultur in Nordwestdeutschland, 88). Münster/New York 1995.

Doering-Manteuffel, Sabine: Die Eifel. Geschichte einer Landschaft. Frankfurt a.M. 1995.

Drascek, Daniel: Millenniumsfeiern. Zu Wandel und Neuformierung von Tradition unter dem Einfluß moderner Medienberichterstattung. In: Zeitschrift für Volkskunde 97 (2001), S. 15-28.

Eberhart, Helmut, und Karl Kaser (Hg.): Albanien – Stammesleben zwischen Tradition und Moderne. Wien 1995.

Eberhart, Helmut/Johann Verhovsek (Hg.): Fremdenfeindlichkeit als gesellschaftliches Problem (Grazer Beiträge zur Europäischen Ethnologie 8). Frankfurt a.M. 1999.

Eggmann, Sabine: Velokuriere in der Schweiz. Kulturelle Aspekte eines wirtschaftlichen Phänomens. In: Schweizerisches Archiv für Volkskunde 94 (1998), S. 137-158.

Dies./Beatrice Tobler (Hg.): Festschrift für Christine Burckhardt-Seebass (Schweizerisches Archiv für Volkskunde, 98/1). Basel 2002.

Eisch, Katharina: Interethnik und interkulturelle Forschung. Methodische Zugangsweisen der Europäischen Ethnologie. In: Göttsch, Silke/Albrecht Lehmann (Hg.): Methoden der Volkskunde. Positionen, Quellen, Arbeitsweisen der Europäischen Ethnologie. Berlin 2001, S. 139-164.

Emmrich, Brigitte/Johannes Moser (Hg): Europäische Ethnologien im neuen Millennium. Osteuropäische Ethnologien auf neuen Wegen – Abschied vom Referatenorgan DEMOS. Dresden 2002.

Fendl, Elisabeth/Klara Löffler: Utopiazza. Städtische Erlebnisräume in Reiseführern. In: Zeitschrift für Volkskunde 88 (1992), S. 30-48.

Frykman, Jonas: Belonging in Europe. Modern Identities in Minds and Places. In: Ethnologia Europaea 29 (1999), S. 13-23.

Gerndt, Helge: Kulturwissenschaft im Zeitalter der Globalisierung. Volkskundliche Markierungen (Münchner Universitätsschriften, Münchner Beiträge zur Volkskunde, 31). Münster/New York 2002.

Götz, Irene: Unternehmenskultur (Münchner Beiträge zur Volkskunde, 19). Münster/New York 1997.

Dies./Andreas Wittel: Arbeitskulturen im Umbruch. Münster/New York 2000.

Gyr, Ueli: Tourismus und Tourismusforschung. In: Brednich, Rolf Wilhelm (Hg.): Grundriß der Volkskunde. Einführung in die Forschungsfelder der Europäischen Ethnologie. Berlin 2001, S. 469-489.

Hirschfelder, Gunther: Alkoholkonsum am Beginn des Industriezeitalters (1700-1850). Köln u.a. 2003.

Hofer, Tamás: National Schools of European Ethnology and the Question of ›Latent Ethnicity‹. In: Ethnologia Europaea 26 (1996), S. 89-96.

Johler, Reinhard, Herbert Nikitsch, Bernhard Tschofen (Hg.): Ethnische Symbole und ästhetische Praxis in Europa (Veröffentlichungen des Instituts für Volkskunde der Universität Wien, 17). Wien 1999.

Johler, Reinhard: Local Europe. The Production of Cultural Heritage and the Europeanisation of Places. In: Ethnologia Europaea 32 (2002), S. 7-18.

Katschnig-Fasch, Elisabeth: Möblierter Sinn. Städtische Wohn- und Lebensstile. Wien 1998.

Kaschuba, Wolfgang/Thomas Scholze/Leonore Scholze-Irrlitz (Hg.): Alltagskultur im Umbruch. Weimar u.a. 1996.

Kerkhoff-Hader, Bärbel: Werbewirksam. Medienvermittelte ›Volkskultur‹. In: Bayerisches Jahrbuch für Volkskunde 1997, S. 5776.

Knecht, Michi (Hg.): Die andere Seite der Stadt. Armut und Ausgrenzung in Berlin. Essays und Reportagen aus der Sicht der Betroffenen (Alltag und Kultur, 5). Köln u.a. 1999.

Ders./Peter Niedermüller: The Politics of Cultural Heritage. An Urban Approach. In: Ethnologia Europaea 32 (2002), S. 89-104.

Köstlin, Konrad: DDR-Volkskunde: die Entdeckung einer fernen Welt. In: Zeitschrift für Volkskunde 87 (1991), 225-243.

Ders./Herbert Nikitsch (Hg.): Ethnographisches Wissen. Zu einer Kulturtechnik der Moderne (Veröffentlichungen des Instituts für Volkskunde der Universität Wien, 18). Wien 1999.

Ders./Peter Niedermüller/Herbert Nikitsch (Hg): Die Wende als Wende? Orientierungen Europäischer Ethnologien nach 1989. Wien 2002.

Korff, Gottfried: Namenswechsel als Paradigmenwechsel? Die Umbenennung des Faches Volkskunde an deutschen Universitäten als Versuch einer »Entnationalisierung«. In: Weigel, Sigrid/Birgit Erdle (Hg.): Fünfzig Jahre danach. Zur Nachgeschichte des Nationalsozialismus. Zürich 1986, S. 403-434.

Kramer, Dieter/Ronald Lutz (Hg.): Tourismus-Kultur, Kultur-Tourismus (Kulturwissenschaftliche Horizonte, 2). Münster/Hamburg 1993.

Lauterbach, Burkhart (Hg.): Großstadtmenschen. Die Welt der Angestellten. Frankfurt a.M. 1995.

Ders.: Angestelltenkultur. »Beamten«-Vereine in deutschen Industrieunternehmen um die Jahrhundertwende. Münster u.a. 1998 (Münchner Beiträge zur Volkskunde, 23). Münster/New York 1998.

Löffler, Klara: Zurechtgerückt. Der Zweite Weltkrieg als biographischer Stoff. Berlin 1999.

Löneke, Regina/Ira Spieker (Hg.): Reinliche Leiber – Schmutzige Geschäfte. Körperhygiene und Reinlichkeitsvorstellungen in zwei Jahrhunderten. Göttingen 1996.

Lutz, Ronald: Punk, Randale, Prügelei. Zur Gewalt der Jugendlichen. In: Zeitschrift für Volkskunde 89 (1993), S. 34-48.

Maase, Kaspar: Nahwelten zwischen »Heimat« und »Kulisse«. Anmerkungen zur volkskundlich-kulturwissenschaftlichen Regionalitäts-forschung. In: Zeitschrift für Volkskunde 94 (1998), S. 53-70.

Mentges, Gabriele/Ruth-E. Mohrmann/Cornelia Foerster (Hg.): Geschlecht und materielle Kultur. Frauen-Sachen, Männer-Sachen, Sach-Kulturen (Münsteraner Schriften zur Volkskunde/Europäischen Ethnologie, 6). Münster/New York.

Metz-Becker, Marita: Der verwaltete Körper. Die Medikalisierung schwangerer Frauen in den Gebärhäusern des frühen 19. Jahrhunderts. Frankfurt a.M./New York 1997.

Naumann-Winter, Petra/Andreas Stein: Verwandlung durchs Gewand. Trachtenbegeisterung im Marburg der Jahrhundertwende. Ausstellungsbegleitheft. Marburg 1996.

Niedermüller, Peter: Politics, Culture and Social Symbolism. Some Remarks on the Anthropology of Eastern European Nationalism. In: Ethnologia Europaea 24 (1994), S. 21-33.

Ders.: History, Past, and the Post-Socialist Nation. In: Ethnologia Europaea 28 (1998), S. 169-182.

Nikitsch, Herbert: Leopold Schmidt und die Lösung des Gordischen Knotens. In: Österreichische Zeitschrift für Volkskunde 106 (2003), S. 1-21.

Pöttler, Burkhard, unter Mitarbeit von Ulrike Kammerhofer-Aggermann (Hg.): Tourismus und Regionalkultur (Buchreihe der Österreichischen Zeitschrift für Volkskunde, Neue Serie 12). Wien 1994.

Scharfe, Martin: Grundzüge der Kulturwissenschaft Volkskunde, Grundzüge ihres Studiums. In: Brednich/Scharfe 1996, 9-21.

Schippers, Thomas K.: ›Latent Ethnicity‹ or ›Patent Problematics‹ in National Schools of European Ethnology? In: Ethnologia Europaea 26 (1996), S. 107-110.

Tschernokoshewa, Elka: Das Reine und das Vermischte. Die deutschsprachige Presse über Andere und Anderssein am Beispiel der Sorben (Hybride Welten, 1). Münster/New York 2000.

Weber-Kellermann, Ingeborg: Wer Volkskunde studiert, hat mehr vom Leben! In: Kuckuck. Sonderheft 1, Graz 1991, S. 29-31.

Welz, Gisela: Inszenierungen kultureller Vielfalt (Zeithorizonte, 5). Frankfurt a.M./New York Berlin 1996.

# 8. Allgemeine Literatur zur Europäischen Ethnologie/Volkskunde

## 1. Neuere Einführungen ins Fach

Bausinger, Hermann: Volkskunde. Von der Altertumsforschung zur Kulturanalyse. Darmstadt 1971, Tübingen ²1999.
Ders./Utz Jeggle/Gottfried Korff/Martin Scharfe: Grundzüge der Volkskunde (Grundzüge, 34). Darmstadt 1978, ⁴1999.
Brednich, Rolf Wilhelm (Hg.): Grundriß der Volkskunde. Einführung in die Forschungsfelder der Europäischen Ethnologie (Ethnologische Handbücher). Berlin 1988, 3., erw. Aufl. 2001.
Bringéus, Nils-Arvid: Der Mensch als Kulturwesen. Eine Einführung in die europäische Ethnologie. Aus dem Schwedischen übers. von Pirkko Hösch (Veröffentlichungen zur Volkskunde und Kulturgeschichte, 44). Würzburg 1990.
Gerndt, Helge: Kulturwissenschaft im Zeitalter der im Globalisierung. Volkskundliche Markierungen (Münchner Beiträge zur Volkskunde 31). Münster/New York/München/Berlin 2002.
Ders.: Kultur als Forschungsfeld. Über volkskundliches Denken und Arbeiten. München 1981, 2. Aufl. 1986.
Ders.: Studienskript Volkskunde. Eine Handreichung für Studierende (Münchner Beiträge zur Volkskunde 12). München 1990, 3. Aufl. Münster u.a. 1997.
Greverus, Ina-Maria: Kultur und Alltagswelt. Eine Einführung in Fragen der Kulturanthropologie (Institut für Kulturanthropologie und Europäische Ethnologie, Notizen 26). München 1978, Frankfurt a.M. 1987.
Göttsch, Silke/Albrecht Lehmann (Hg.): Methoden der Volkskunde. Positionen, Quellen und Arbeitsweisen der Europäischen Ethnologie. Berlin 2001.
Harvolk, Edgar (Hg): Wege der Volkskunde in Bayern. Ein Handbuch. München.
Jacobeit, Wolfgang/Hannjost Lixfeld/Olaf Bockhorn/James R. Dow (Hg.): Völkische Wissenschaft. Gestalten und Tendenzen der deutschen und österreichischen Volkskunde in der ersten Hälfte des 20. Jahrhunderts. Wien u.a. 1994.
Kaschuba, Wolfgang: Einführung in die Europäische Ethnologie. München 1999.
Kramer, Dieter: Von der Notwendigkeit der Kulturwissenschaft. Aufsätze zu Volkskunde und Kulturtheorie. Marburg 1997.
Nixdorff, Heide/Thomas Hauschild (Hg.): Europäische Ethnologie. Theorie- und Methodendiskussion aus ethnologischer und volkskundlicher Sicht. Berlin 1983.
Wiegelmann, Günter: Theoretische Konzepte der Europäischen Ethnologie. Diskussion um Regeln und Modelle (Grundlagen der Europäischen Ethnologie, 1). 2. Aufl. Münster 1991.
Ders./Matthias Zender/Gerhard Heilfurth: Volkskunde. Eine Einführung (Grundlagen der Germanistik 12). Berlin 1977.

## 2. Methoden, Positionen und Profile des Faches – Studien, Tagungs- und Sammelbände

Abschied vom Volksleben. Tübingen 1970.

Bendix, Regina: Amerikanische Folkloristik. Eine Einführung (Ethnologische Paperbacks). Berlin 1995.

Brednich, Rolf Wilhelm (Hg): Berufsleitfaden Volkskunde. Neubearbeitung. Kiel 2001.

Brückner, Wolfgang (Hg): Falkensteiner Protokolle. Frankfurt a.M. 1971.

Burckhardt-Seebass, Christine (Hg): Zwischen den Stühlen fest im Sattel? Eine Diskussion um Zentrum, Perspektiven und Verbindungen des Faches Volkskunde. Göttingen 1997.

Chiva, Isac/Utz Jeggle (Hg.): Deutsche Volkskunde – französische Ethnologie. 2 Standortbestimmungen. Frankfurt a.M. 1987.

Deißner, Vera: Die Volkskunde und ihre Methoden. Perspektiven auf die Geschichte einer »tastend-schreitenden Wissenschaft« bis 1945 (Studien zur Volkskultur in Rheinland-Pfalz 21). Mainz 1997.

Giordano, Christian/Johanna Rolshoven (Hg): Europäische Ethnologie – Ethnologie Europas. Ethnologie européenne – Ethnologie de l'Europe (Studia ethnographica Friburgensia 22). Freiburg, Schweiz 1999.

Gorgus, Nina: Der Zauberer der Vitrinen. Zur Museologie Georges Henri Rivières (Internationale Hochschulschriften 297). Münster u.a. 1999.

Hoppe, Jens, u.a. (Hg.): Die Volkskunde auf dem Weg ins nächste Jahrtausend. Ergebnisse einer Bestandsaufnahme (Münsteraner Schriften zur Volkskunde, europäischen Ethnologie 1). Münster u.a. 1998..

Kaschuba, Wolfgang (Hg.): Kulturen, Identitäten, Diskurse. Perspektiven europäischer Ethnologie (Zeithorizonte 1). Berlin 1995.

Jeggle, Utz (Hg.): Feldforschung. Qualitative Methoden in der Kulturanalyse. Tübingen 1984.

König, Gudrun M./Gottfried Korff (Hg): Volkskunde '00. Hochschulreform und Fachidentität. Tübingen 2001.

Populus Revisus. Beiträge zur Erforschung der Gegenwart. Tübingen 1966.

Simon, Michael/Hildegard Friess-Reimann (Hg.): Volkskunde als Programm. Updates zur Jahrtausendwende. Münster u.a. 1996.

## 3. Literatur mit wissenschaftsgeschichtlichem Fokus aufs Fach und seine Forschungsfeldern – eine Auswahl

Bausinger, Hermann: Volkskultur in der technischen Welt. Stuttgart 1961 Frankfurt a.M. 1986.

Brückner, Wolfgang/Klaus Beitl (Hg.): Volkskunde als akademische Disziplin. Studien zur Institutionenausbildung. Wien 1983.

Brückner, Wolfgang: Volkskunde als historische Kulturwissenschaft. Gesammelte Schriften. 12 Bde. Würzburg 2000-02.

Gerndt, Helge (Hg.): Fach und Begriff «Volkskunde» in der Diskussion. Darmstadt 1988.

Hengartner, Thomas: Forschungsfeld Stadt. Zur Geschichte der volkskundlichen Erforschung städtischer Lebensformen. Berlin 1999.

Hugger, Paul (Hg.): Handbuch der schweizerischen Volkskultur. 3 Bde. Basel 1992.

Jacobeit, Sigrid und Wolfgang: Illustrierte Alltagsgeschichte des deutschen Volkes. 2 Bde. Köln 1986/87; 3. Bd. Unter dem Titel: Illustrierte Alltags- und Sozialgeschichte des deutschen Volkes. Münster 1995.

Jacobeit, Wolfgang: Von West nach Ost – und zurück. Autobiographisches eines Grenzgängers zwischen Tradition und Novation. Münster 2000.

Jeggle, Utz/Freddy Raphael (Hg.): D'une rive à l'autre / Kleiner Grenzverkehr. Deutsch-französische Kulturanalysen. Paris 1997.

Kaschuba, Wolfgang (Hg.): Kulturen – Identitäten – Diskurse. Perspektiven Europäischer Ethnologie. Berlin 1995.

Köstlin, Konrad/Herbert Nikitsch (Hg.): Ethnographisches Wissen. Zu einer Kulturtechnik der Moderne. Wien 1999.

Lehmann, Albrecht/Andreas Kuntz (Hg): Sichtweisen der Volkskunde. Zur Geschichte und Forschungspraxis einer Disziplin. Berlin/Hamburg 1988.

Roth, Klaus (Hg.): Mit der Differenz leben. Europäische Ethnologie und Interkulturelle Kommunikation. Münster u.a. 1996.

Scharfe, Martin: Menschenwerk. Erkundungen über Kultur. Wien 2002.

Ders. (Hg.): Brauchforschung (Wege der Forschung 627). Darmstadt 1991.

## 4. Ältere Grundlagenwerke zu Fach und Fachgeschichte

Bach, Adolf: Deutsche Volkskunde. Wege und Organisation, Probleme, System, Methoden, Ergebnisse u. Aufgaben, Schrifttum. 3. Aufl. Heidelberg 1960.

Beitl, Richard (Hg.): Wörterbuch der deutschen Volkskunde. 3., neubearb. Aufl. 1974 (unter Mitarbeit von Klaus Beitl).

Cocchiara, Guiseppe: Storia del folklore in Europa. Torino 1954.

Elias, Norbert: Über den Prozeß der Zivilisation. Soziogenetische und psychogenetische Untersuchungen. Bern 1969.

Erixon, Sigurd: European Ethnology as a social science. In: Actes du congrès international d'ethnologie régionale. Arnheim 1956, S. 56-61.

–: Technik und Gemeinschaftsbildung im schwedischen Traditionsmilieu. Stockholm 1957.

Francis, Emerich: Ethnos und Demos. Soziologische Beiträge zur Volkstheorie. Berlin 1965.

Frazer, James: The golden bough. 12 Bde. London 1911-1918.

Freudenthal, Herbert: Die Wissenschaftstheorie der deutschen Volkskunde. Hannover 1955.

Greverus, Ina-Maria: Der territoriale Mensch. Ein literaturanthropologischer Versuch zum Heimatphänomen. Frankfurt a.M. 1972.

Handwörterbuch des deutschen Aberglaubens. Hg. von Eduard Hoffmann-Krayer und Hans Bächtold Stäubli. 10 Bde. Berlin und Leipzig 1927-1942. Unveränderte Neuauflage Berlin/New York 1987 (mit einem Vorwort von Christoph Daxelmüller).

Heilfurth, Gerhard: Volkskunde jenseits der Ideologien. Marburg 1961.
Ders.: Volkskunde. In: Handbuch der empirischen Sozialforschung, Bd. 1. 2. Aufl. Stuttgart 1967, S. 776-788; Neuauflage Bd. 4.1974, S. 162-225.
Hultkrantz, Åke: General Ethnological Concepts. International Dictionary of Regional European Ethnology and Folklore. Kopenhagen 1960ff.
Jacobeit, Wolfgang: Bäuerliche Arbeit und Wirtschaft. Ein Beitrag zur Wissenschaftsgeschichte der deutschen Volkskunde. Berlin 1965.
Ders./Ute Mohrmann (Hg.): Kultur und Lebensweise des Proletariats. Berlin 1973.
Kramer, Karl-S.: Grundriß einer rechtlichen Volkskunde. Göttingen 1974.
Krohn, Kaarle: Die folkloristische Arbeitsmethode. Oslo 1926.
Kuczynski, Jürgen: Geschichte des Alltags des deutschen Volkes. Studien. 5 Bände. Berlin 1980ff.
Levi-Strauss, Claude: Strukturale Anthropologie. Frankfurt a.M. 1967.
Lutz, Gerhard (Hg.): Volkskunde. Ein Handbuch zur Geschichte ihrer Probleme. Berlin 1958.
Moser, Hans: Gedanken zur heutigen Volkskunde. Ihre Situation, ihre Problematik, ihre Aufgaben. In: Bayerisches Jahrbuch für Volkskunde 1954, S. 208-234.
Pessler, Wilhelm: Handbuch der deutschen Volkskunde. 3 Bde. Potsdam o.J. [1934–1938].
Peuckert, Will-Erich, gemeinsam mit Otto Lauffer: Volkskunde. Quellen und Forschungen seit 1930. Bern 1951.
Ders.: Volkskunde des Proletariats. Frankfurt a.M. 1931.
Schmidt, Leopold: Gegenwartsvolkskunde. Eine bibliographische Einführung. Wien 1976.
Ders.: Geschichte der österreichischen Volkskunde. Wien 1951.
Spamer, Adolf: Die deutsche Volkskunde. 2 Bde. Leipzig 1934.
Schulze, Fritz Willy: Folklore. Zur Ableitung der Vorgeschichte einer Wissenschaftsbezeichnung. Halle 1949.
Stammler, Wolfgang (Hg.): Deutsche Philologie im Aufriß. Bd. III. 2., überarb. Aufl. Berlin 1967. Sp. 2547-3050: V. Abt. Volkskunde.
Steinitz, Wolfgang: Deutsche Volkslieder demokratischen Charakters aus 6 Jahrhunderten. 2 Bde. Berlin 1954/62.
Stoklund, Bjarne: Europäische Ethnologie zwischen Scylla und Charibdis. In: Ethnologia Scandinavica 1972, S. 3-14.
Ders./Bengt Holbek: Europäische Ethnologie/Folkloristik (= Ethnologia Bavarica 9). München 1981.
Sydow, Carl Wilhelm von: Selected Papers on Folklore. Copenhagen 1948.
Svensson, Sigfrid: Einführung in die Europäische Ethnologie. Meisenheim a. Glan 1973.
Weber-Kellermann, Ingeborg: Erntebrauch in der ländlichen Arbeitswelt des 19. Jahrhunderts. Auf Grund der Mannhardtbefragung in Deutschland von 1865. Marburg 1965.
Dies.: Deutsche Volkskunde zwischen Germanistik und Sozialwissenschaften. Stuttgart 1969; 2. Aufl. zus. mit Andreas C. Bimmer 1985.
Weiss, Richard: Volkskunde der Schweiz. Erlenbach/Zürich 1946.

## 5. Kongreßbände der Deutschen Gesellschaft für Volkskunde

Heilfurth, Gerhard/Ingeborg Weber-Kellermann (Hg): Arbeit und Volksleben. Deutscher Volkskundekongreß in Marburg. Göttingen 1967.
Wiegelmann, Günter (Hg): Kultureller Wandel im 19. Jahrhundert. Göttingen 1973.
Kaufmann, Gerhard (Hg): Stadt-Land-Beziehungen. Göttingen 1975.
Bausinger, Hermann/Elfriede Moser-Rath (Hg): Direkte Kommunikation und Massenkommunikation. Tübingen 1976.
Wiegelmann, Günter (Hg.): Gemeinde im Wandel. Volkskundliche Gemeindestudien in Europa. Münster 1979.
Köstlin, Konrad/Hermann Bausinger (Hg.): Heimat und Identität. Probleme regionaler Kultur. Neumünster 1980.
Köstlin, Konrad/Hermann Bausinger (Hg): Umgang mit Sachen. Zur Kulturgeschichte des Dinggebrauchs. Regensburg 1983.
Kohlmann, Theodor/Hermann Bausinger (Hg.): Großstadt. Aspekte empirischer Kulturforschung. Berlin 1985.
Köstlin, Konrad/Rosemarie Pohl-Weber/Rainer Alsheimer (Hg.): Kinderkultur. Bremen 1987.
Greverus, Ina-Maria/Konrad Köstlin/Heinz Schilling (Hg.): Kulturkontakt – Kulturkonflikt. Zur Erfahrung des Fremden. 2 Teilbde. Frankfurt a.M. 1987.
Bönisch-Brednich, Brigitte/Rolf Wilhelm Brednich/Helge Gerndt (Hg.): Erinnern und Vergessen. Göttingen 1991.
Dauskardt, Michael/Helge Gerndt (Hg.): Der industrialisierte Mensch. Hagen 1993.
Brednich, Rolf W./Walter Hartinger (Hg.): Gewalt in der Kultur. 2 Teilbände. Passau 1994.
Brednich, Rolf W./Heinz Schmitt (Hg.): Symbole. Zur Bedeutung der Zeichen in der Kultur. Münster u.a. 1997.
Köhle-Hezinger, Christel/Martin Scharfe/Rolf Wilhelm Brednich (Hg.): Männlich – Weiblich. Zur Bedeutung der Kategorie Geschlecht in der Kultur. Münster u.a. 1999.
Brednich, Rolf W./Annette Schneider/Ute Werner (Hg.): Natur – Kultur. Volkskundliche Perspektiven auf Mensch und Umwelt. Münster u.a. 2001.

## 6. Fachzeitschriften

Augsburger Volkskundliche Nachrichten. 1995ff.
Bayerisches Jahrbuch für Volkskunde. 1950ff.
Bayerische Blätter für Volkskunde. 1974ff.
Berliner Blätter. Ethnographische und ethnologische Beiträge.
Beiträge zur deutschen Volks- und Altertumskunde. 1954-1994.
Demos. 1960-2002
Deutsches Jahrbuch für Volkskunde 1955ff.; als Jahrbuch für Volkskunde und Kulturgeschichte. NF 1973-1989

Ethnologia Europaea. 1967ff.
Fabula. Zeitschrift für Erzählforschung. 1957ff.
Hessische Blätter für Volkskunde. 1899ff.; Hessische Blätter für Volks- und Kulturforschung. NF 1975/76ff.
Jahrbuch für Volkskunde. Im Auftrag der Görres-Gesellschaft. NF 1978ff.
Jahrbuch für ostdeutsche Volkskunde. 1955ff.
Jahrbuch für Volksliedforschung. 1928ff.
Jahrbuch des österreichischen Volksliedwerkes. 1952ff.
Kieler Blätter zur Volkskunde. 1969ff.
Kuckuck. Notizen zur Alltagskultur. Graz.
KulTour. Mitteilungsblatt des volkskundlichen Seminars der Universität Bonn.
Österreichische Zeitschrift für Volkskunde. 1895ff.
Rheinisches Jahrbuch für Volkskunde. 1950ff.
Rheinisch-Westfälische Zeitschrift für Volkskunde. 1951ff.
Mitteilungen der Deutschen Gesellschaft für Volkskunde; dgv-Informationen. 1971ff.
Schweizerisches Archiv für Volkskunde 1897ff.
Schweizer Volkskunde.
Tübinger Korrespondenzblatt. 1970ff.
TVV-Mitteilungen. Thüringer volkskundliche Mitteilungen.
VOKUS – Volkskundlich-kulturwissenschaftliche Schriften. Hamburg.
Volkskunde in Niedersachsen. Berichte-Mitteilungen-Termine. 1984ff.
VRRM-Mitteilungen. Korrespondenzblatt des Volkskunderates Rhein-Maas. 1982ff. Volkskultur an Rhein und Maas.
Volkskunde in Rheinland-Pfalz.
Württembergisches Jahrbuch für Volkskunde. 1952ff.; ab 1970 unter dem Titel: Forschungen und Berichte zur Volkskunde in Baden-Württemberg; ab 1985 unter dem Titel: Beiträge zur Volkskunde in Baden-Württemberg.
Zeitschrift für Volkskunde. 1891ff.

# Personenregister

Aarne, Antii 78, 164, 189
Abel, Susanne 170
Abt, Adam 188
Adorno, Theodor W. 125, 135
Agricola, Rudolf 3
Alewyn, Richard 8
Alsheimer, Rainer 188f., 190 209
Alzheimer-Haller, Heidrun 189f., 199, 200
Amlung, Ullrich 135
Andersen, Walter 188
Andree, Richard 71, 76
Andree-Eysn, Marie 72, 127
Archenholz, Johann Wilhelm von 14, 17
Arndt, Ernst Moritz 28, 36
Arnim, Ludwig Achim von 25f., 30, 36
Assion, Peter 37, 114, 135, 147, 153, 156
Assmann, Aleida 93
Aubin, Hermann 111, 113
Aufsess, Hans von und zu 42

Bach, Adolf 129, 207
Bachofen, Johann Jacob 115, 121
Bachter, Stephan 17
Bächtold-Stäubli, Hanns 78, 207
Bagus, Anita 94
Balassa, Ivan 149
Balla, Balint 79
Ballhaus, Edmund 163
Barrès, Maurice 83
Bartok, Bela 91
Bartsch, Karl 43, 47
Basile, Giambattista 6, 7, 33
Bastian, Adolf 67, 69, 72, 77, 103
Bauer, Ingolf 170
Baumgarten, Karl 142, 184

Bausinger, Hermann 14f., 17f., 25, 36, 40, 44, 46, 57, 61, 94, 128f., 135, 140, 144, 147, 150, 156, 164, 172, 174, 178, 195f., 205f., 209
Bechstein, Ludwig 32, 37, 44, 46
Beck, Stefan 198, 200
Becker, Franziska 153, 156
Becker, Horst 134, 153
Becker, Rudolf Zacharias 10, 17
Becker, Siegfried 78, 94, 131, 177f., 190f., 197f., 200
Beer, Bettina 178
Behaghel, Otto 86, 88, 109
Beitl, Klaus 94, 96, 188f., 190, 206
Beitl, Richard 45, 47, 207
Ben-Amos, Dan 164
Bendix, Regina 198, 201, 206
Benfey, Theodor 65, 77
Bentzien, Ulrich 142f., 147, 184f.
Benz, Richard 37
Bergmann, Klaus 94
Besenfelder, Sabine 197, 201
Beyrer, Klaus 17
Bimmer, Andreas C. 39, 78, 94, 131, 174, 153f., 156, 170, 191, 194, 201
Binder, Beate 201
Biörnstad, Aarne 77
Birlinger, Anton 44, 47
Blachetta, Walter 134
Blickle, Peter 7
Bloch, Marc 172
Böckel, Otto 75f.
Bockhorn, Olaf 121, 136, 148, 163, 174, 205,
Böckler, Georg Andreas 11
Boehm, Johannes (Bohemus) 3, 7
Boette, Ludwig Friedrich Werner 92f.

Bogatyrew, Petr 161, 164
Boehm, Fritz 113, 129
Böhm, Max Hildebert 126f., 134
Böhme, Franz Magnus 85
Bohn, Robert 79
Bollmus, Reinhard 135
Bolte, Johannes 7, 37, 81, 188f
Bonacker, Kathrin 199, 201
Böning, Holger 18
Böning, Jutta 147
Bönisch-Brednich, Brigitte 191, 209
Bopp, Franz 64
Böth, Gitta 144, 147, 157
Bräker, Ulrich 12, 18
Brant, Sebastian 3, 7
Braun, Karl 153, 157
Braun, Markus 174
Braun, Rudolf 145, 147
Brecht, Bertolt 132
Brednich, Rolf W. 135, 141, 164f., 170, 188, 195, 199, 201, 205f., 209
Bredow, Wilfried von 176, 178
Brentano, Clemens 25, 27, 36
Brepohl, Wilhelm 145, 147, 172, 174
Breuer, Dieter 7
Breuer, Hans 91, 94
Bringemeier, Martha 108, 113, 147
Bringéus, Nils-Arvid 94, 169, 170, 205
Brinkmann, Otto 108, 113
Bruckbauer, Maria 135
Brückner, Wolfgang 7, 37, 94, 135, 151, 153, 157, 164, 170, 172, 174, 197, 201, 206
Brunner, Karl 72
Brunner, Otto 61
Brunold-Bigler, Ursula 164
Büchner, Georg 52
Buchner, Jutta 201
Bünker, R. 86
Burckhardt, Jacob 82
Burckhardt-Seebass, Christine 77, 164, 199, 201, 206
Bürger, Gottfried August 22, 37

Burke, Peter 8
Burmeister, Helmut 170
Büsching-von der Hagen 37
Buttmann, Günther 79

Campbell, Åke 120, 139
Cantauw, Christiane 201
Cassirer, Ernst 84, 94
Chiva, Isac 96, 166, 206
Cocchiara, Giuseppe 207
Comte, Auguste 64, 99
Cox, Heinrich L. 111
Crecelius, Wilhelm 75

Darré, R. Walther 134
Darwin, Charles 64
Daun, Åke 157
Dauskart, Michael 209
Davids, J.U. 163
Daxelmüller, Christoph 7, 75, 77, 78
Dehio, Ludwig 73
Dehnert, Walter 164
Deißner, Vera 61, 104f., 135, 206
Deneke, Bernward 47, 169f
Deneke, Ludwig 37
Dieterich, Albrecht 89, 90, 94
Dieterich, Claus-Marco 198, 200
Dilthey, Wilhelm 82
Dittmar, Jürgen 178
Dopsch, Alfons 117
Döring, Alois 163
Döring-Manteufel, Sabine 18, 198, 201
Dow, James R. 136, 188, 205
Drascek, Daniel 196, 201
Drobek, Felicitas 176, 178
Dröge, Kurt 178
Duller, Eduard 29, 37
Dünninger, Dieter 157
Dünninger, Josef 15, 18, 77, 153
Dyhrenfurth-Graebsch, Irene 37

Eberhart, Helmut 74, 77, 113, 199, 202
Eggmann, Sabine 197, 202

## Personenregister

Eichner, Andrea 186
Eisch, Katharina 178, 197, 202
Elias, Norbert 7, 207
Emmerich, Wolfgang 42, 128f., 131, 135
Emmrich, Brigitte 184, 191, 194f., 202
Engelbrecht, Michael 79
Engels, Friedrich 57, 61
Erixon, Sigurd 46, 113, 120, 139, 148, 207
Erk, Ludwig 38, 85, 94
Erlach, Friedrich Karl von 85, 94
Eskeröd, Albert 47, 120f

Falkenberg, Regine 157
Febvre, Lucien 172
Fehrle, Eugen 125, 134
Fél, Edit 143, 148, 173f
Fendl, Elisabeth 178, 198, 202
Ferber, Christian von 145, 148
Fichte, Johann Gottlieb 28
Fiedermutz-Laun, Annemarie 77
Fielhauer, Helmut P. 148
Fink, F.A.K. 13, 18
Finnegan, Ruth 164
Fischart, Johann 3, 4, 7
Fischer, Friedrich Christian Jonathan 17f.
Fischer, Hermann 163
Flügel, Otto 83, 94
Foerster, Cornelia 203
Foley, John Miles 164
Foltin, Hans Friedrich 163f., 176, 178
Fraenger, Wilhelm 105, 181, 184
Francis, Emerich 207
Franck, Sebastian 3
Franz, Günther 51, 61
Franzos, Karl Emil 74
Frazer, James George 46f., 120, 207
Freckmann, Klaus 135
Freud, Sigmund 83
Freudenthal, Herbert 134, 207
Freyer, Hans 109, 113
Frieß-Reimann, Hildegard 206

Frings, Theodor 111, 113
Frykman, Jonas 157, 202

Gaal, Karoly 143, 148
Gajek, Esther 121, 135
Gallas, Helga 161, 164
Gansohr-Meinel, Heidi 113
Garve, Christian 11f., 17f.
Gatterer, Johann Christian 10
Gay, Peter 83, 94
Gebauer, Hans Dieter 7
Geiger, Klaus F. 163
Geiler von Kaisersberg, Johannes 3
Geramb, Viktor von 18, 49, 55, 61, 107, 113
Gerndt, Helge 59, 61, 134f., 144, 148, 164, 195, 199, 202, 205f., 209
Ginschel, Gunhild 37
Giordano, Christian 206
Glagla-Dietz, Stephanie 170
Gockerell, Nina 170
Goethe, Johann Wolfgang von 13f., 18, 25f., 89
Gorgus, Nina 206
Görres, Joseph 27, 29, 37
Gothein, Eberhard 95, 82
Göttsch, Silke 173f., 205
Götz, Irene 198, 202
Gräter, Friedrich David 25
Greverus, Ina-Maria 176, 179, 205, 207, 209
Grimm, Jacob und Wilhelm 30, 33, 37, 39, 64, 81, 89
Grimm, Jacob 36, 44, 57, 88, 112
Grimm, Ludwig Emil 34
Grimm, Wilhelm 57
Grimmelshausen, Hans Jakob Christoffel von 5, 33
Grober-Glück, Gerda 111
Grothe, Heinz 167
Grunsky-Peper, Konrad 165
Günther, Hans F.K. 124, 126, 134
Günther, K.H. 51
Gyr, Ueli 202

Haberlandt, Arthur 119
Haberlandt, Michael 119
Haiding, Karl 134
Hain, Mathilde 108, 111, 113, 166
Hansen, Wilhelm 143, 148
Harmjanz, Heinrich 130
Hartinger, Walter 157, 172, 174, 199, 201, 209
Hartmann, Andreas 16, 18
Harvolk, Edgar 135, 191, 205
Hauffen, Adolf 81
Haupt, Moriz 41
Hauptmann, Gerhart 63
Hauschild, Thomas 19, 205
Hävernick, Walter 114, 157
Hazelius, Artur 72
Hecker, Heinz 134
Hegel, Georg Wilhelm Friedrich 21
Heidrich, Beate 15, 18
Heidrich, Hermann 170
Heilfurth, Gerhard 137, 140, 143, 145f., 148, 205, 208f
Heiske, Wilhelm 95
Helbock, Adolf 134
Heller, Eva 189f
Hellpach, Willy 71, 78
Hengartner, Thomas 174, 207
Hepding, Hugo 75, 76
Herbart, 84
Herder, Johann Gottfried 17, 20, 21, 22, 25, 37
Herodot 2
Hesse-Lehmann, Karin 179
Himmler, Heinrich 134
Hirschfelder, Günther 202
Höck, Alfred 47
Hofer, Tamás 143, 148, 173f., 202
Hoffmann von Fallersleben, August Heinrich 85, 95
Hoffmann, E.T.A. 33
Hoffmann, Julius 18
Hoffmann-Krayer, Eduard 78, 86ff., 95, 100ff., 188, 207
Höfler, Otto 116, 121, 123, 134
Hofmann, Gabriele 186
Hofmann, Werner 79

Holbek, Bengt 165, 208
Holzapfel, Otto 190
Homer 21f
Honko, Lauri 149, 165
Hoppe, Jens 206
Hörning, Karl H. 174
Hovorka, Oskar von 68, 78
Huber, Kurt 128
Huber, Wilfried 135
Hübner, Arthur 111, 130
Huckenbeck, Herbert 78
Hugger, Paul 174, 191, 207
Hultkrantz, Åke 26, 208
Hummer, Hermann 190
Hüsing, Georg 118

Immermann, Karl 40, 47
Ipsen, Gunther 113
Irmscher, Hans Dietrich 37

Jacobeit, Sigrid 207
Jacobeit, Wolfgang 42, 47, 58f., 136, 142, 148f., 183, 185, 187, 195, 205, 207, 208
Jacobi, Marianne 170
Jacobi, Theresia 179
Jaeschke, Walter 38
Jahn, Friedrich Ludwig 27, 38
Jahn, Ulrich 72
Janko 86
Jeggle, Utz 136, 157, 161, 165f., 173f., 205ff.
Johler, Reinhard 78, 153, 157, 197, 202
Jung, Carl Gustav 70, 77
Jung-Stilling, Johann Heinrich 16, 18

Kahsnitz, Rainer 47
Kaindl, Raimund Friedrich 74
Kalinke, Heinke M. 179
Kaltwasser, Stephan 178
Kammerhofer-Aggermann, Ulrike 198, 203
Kania-Schütz, Monika 191
Kant, Imanuel 30

## Personenregister

Kany, Roland 96
Karasek-Langer, Alfred 176
Karlinger, Felix 165
Kaschuba, Wolfgang 60, 174, 186, 195, 198, 202, 205ff
Kaser, Karl 199, 201
Kather, Michael H. 136
Katschnig-Fasch, Elisabeth 197, 202
Kaufmann, Gerhard 174, 209
Kausel, Eva 188ff
Kerenyi, Karl 77
Kerkhoff-Hader, Bärbel 196, 202
Killy, Walter 38
Kimpel, Harald 156
Kiss, Csaba 78
Kiss, Endre 78
Klages, Ludwig 83
Klapper, Joseph 134
Klenke, Dietmar 38
Klusen, Ernst 161, 165
Knecht, Michi 197, 202f.
Knoche, Andrea 171
Koch, Georg 103, 104, 105
Koch-Schwarzer, Leonie 16, 18, 62
Kodály, Zoltán 91
Köhle-Hezinger, Christel 77, 156, 157, 174, 209
Kohler, Erika 7
Köhler, Oswin 78
Köhler, Reinhold 81
Köhler-Zülch, Ines 189, 191
Kohlmann, Theodor 174, 209
Könenkamp, Wolf-Dieter 18, 95, 144, 148
König, Gudrun 206
Korff, Gottfried 17, 158, 171, 192, 203, 205f.
Köstlin, Konrad 59f., 62, 78, 157, 178f., 186, 194, 197, 203, 207, 209
Kramer, Dieter 169ff., 203, 205
Kramer, Karl Sigismund 145, 148, 158, 172, 174, 181, 208
Krebs, Albert 135
Kretzenbacher, Leopold 37, 153, 176, 179

Kriss, Rudolf 127, 136
Kriss-Rettenbeck, Lenz 119, 122, 127, 168, 169, 171
Krohn, Kaarle 78, 165, 208
Kronbiegel, Karl Friedrich 17, 18
Kronfeld, Adolf 78
Kronfeld, Ernst Moritz 68, 78
Kuczynski, Jürgen 183, 186, 208
Kuhn, Adalbert 44, 47
Kuhn, Walter 126, 134
Kunt, Ernö 170f
Kuntz, Andreas 169, 171, 207
Künzig, Johannes 176
Kutter, Uli 18
Kvideland, Reimund 116, 122, 165

Laaksonen, Pekka 149
Lamprecht, Karl 82
Landau, Georg 43, 47
Laslett, Peter 154
Lauer, Bernhard 39
Lauffer, Otto 72, 108, 114, 122, 129
Lauterbach, Burkhardt 198, 203
Lazarus, Moritz 65
Lehmann, Albrecht 148, 161, 165, 173, 174, 179, 205, 207
Leibfried, Erwin 166
Leip, Evelyn 62
Lenin, Wladimir Iljitsch 182, 186
Lenzin, Danièle 95
Lévi-Strauss, Claude 71, 78, 161, 165, 208
Lévy-Bruhl, Lucien 70f., 78, 100, 103
Leyen, Friedrich von der 136
Lichtenberg, Heinz Otto 18
Lindig, Erika 162, 165
Lindner, Rolf 179
Lingelbach, Karl Christoph 165
Lipp, Carola 156, 158, 174, 191
Lisch, Georg Christian Friedrich 43, 47
Liungman, Waldemar 122
Lixfeld, Hannjost 133, 136, 205
Löden, Sönke 191

Loesch, Freiherr von 38
Löffler, Klara 198, 202f
Löfgren, Orvar 148, 157
Löneke, Regina 199, 203
Loorits, Oskar 188
Lühning, Arnold 168
Lüthi, Max 38, 65, 78, 167
Lutz, Gerhard 18, 58, 208
Lutz, Ronald 203

Maase, Kaspar 198, 203
Mack, Rüdiger 77
Mackensen, Lutz 37, 189
Mader, Joseph 9, 19
Mägdefrau, Karl 78
Malinowski, Bronislaw 121
Man al, Josef 18
Mann, Golo 28
Mannhardt, Wilhelm 44, 47, 112
Mannheims, Hildegard 189, 191
Marilaun, Anton Kerner von 68
Martens, Wolfgang 25, 38
Martin, Andreas 136, 185
Martischnig, Michael 186
Marx, Karl 57, 95
Massing, Paul W. 77
Matheus, Michael 152, 158
Matter, Max 158, 170, 173, 175, 179
Maus, Heinz 131, 136f.
Meier, Ernst 85, 95
Meier, John 36, 85, 90f., 95, 100, 110ff., 129f., 133, 136, 188
Meinecke, Friedrich 38
Meiners, Uwe 191
Meitzen, August 82, 95
Mentges, Gabriele 144, 147f., 203
Meringer, Rudolf 86, 95
Merkel, Ina 146, 148
Metz-Becker, Marita 158, 199, 203
Meuli, Karl 117, 121
Meyer, Elard Hugo 92, 96
Mezger, Werner 152, 158
Mieder, Wolfgang 165
Mielke, Robert 81
Militzer-Schwenger, Lisgret 157

Mitterauer, Michael 154, 158
Mitzka, Walter 114
Moestue, Anne 116, 122
Mogk, Eugen 90, 96
Mohrmann, Ruth-E. 203
Mohrmann, Ute 136, 158, 171, 183f., 186, 208
Möller, Helmut 10, 19, 26, 28, 38, 153, 158
Montesquieu, Charles de 20, 24
Moosmüller, Alois 178f
Morgan, Lewis 57, 62
Moritz, Marina 18, 171, 186, 191
Moser, Dietz-Rüdiger 152, 158, 161, 165
Moser, Hans 19, 42, 47, 59, 62, 150, 151, 152, 158, 172, 175, 181, 208
Moser, Hugo 37
Moser, Johannes 148, 194f., 202
Möser, Justus 24f., 38f.
Moser-Rath, Elfriede 7, 164f., 209
Much, Rudolf 116, 118, 122
Mudrak, Edmund 118, 122
Müllenhoff, Karl 43
Müller, Adam Heinrich 30
Müller, Eberhard 17
Müller, Gerhard H. 78
Müller, Josef 111, 113
Müller-Funk, Wolfgang 179
Mundt, Theodor 29, 38
Murner, Thomas 3
Musäus, Johann Karl August 33

Narr, Dieter 15, 18, 19
Naumann, Hans 97ff., 103, 105, 119
Naumann-Winter, Petra 203
Nedo, Paul 183, 185
Neidhart von Reuenthal 2
Neumann, Siegfried 184f
Nickel, Johanna 166
Nicolai, Friedrich 13, 25
Niederer, Arnold 139, 172, 175
Niedermüller, Peter 194, 203
Niem, Christina 116, 122

## Personenregister

Niemann, Christian Heinrich 10, 19
Nikitsch, Herbert 194, 197, 203, 207
Nixdorff, Heide 19, 205
Nötzoldt, Peter 186
Novalis 33
Nowotny, Paul 183

Oberfeld, Charlotte 37, 39, 94, 165

Paetzold, Heinz 94
Parthey, Gustav 23, 38
Paul, Hermann 85
Paulsen, Astrid 189, 191
Peal, David 77
Peesch, Reinhard 142, 148, 152, 154, 158, 171
Percy, Thomas 20, 38
Perrault, Charles 6, 33
Pessler, Wilhelm 72, 78, 110, 114, 208
Petzoldt, Leander 167
Peuckert, Will-Erich 8, 78, 120, 122, 128, 136, 139, 144, 208
Pfeiffer, Franz 47
Pieske, Christa 171
Plaul, Hainer 183, 186
Pohl-Weber, Rosemarie 157, 209
Polívka, Georg 37, 189
Pop, Mihai 161, 165
Pötsch, Hansjörg 77
Pöttler, Burkhard 198, 203
Preuss, Konrad Theodor 70
Propp, Wladimir 161, 165
Puschner, Uwe 96

Raab, Heribert 37
Rabelais, François 3
Rach, Hans Jürgen 183, 186
Radcliff-Brown, Alfred Reginald 121
Ranke, Friedrich 128
Ranke, Kurt 106, 164, 189
Ranke, Leopold von 82
Raphael, Freddy 207
Rassem, Mohammed 18
Ratzel, Friedrich 68, 72, 78, 84

Reichel, Norbert 95
Reichwein, Adolf 128
Reinsberg-Dürringsfeld, Otto Freiherr v. 91, 96
Remberg, Annette 155, 158
Retterath, Hans-Werner 176, 179
Richter, Ernst 85, 95
Richter, Ludwig 55, 92
Riehl, Wilhelm Heinrich 2, 13, 17, 49 ff., 62f., 89, 92, 112, 153
Riesbeck, Johann Kaspar 14, 19
Röder, Annemarie 179
Röhrbein, Waldemar 191
Röhrich, Lutz 37, 39, 121, 161ff., 165, 167
Rolevinck, Werner 3, 8
Rölleke, Heinz 34, 37f
Rolshoven, Johanna 206
Rosenbaum, Heidi 158
Rosenfeld, Helmut 167
Roth, Klaus 161, 166, 178f., 207
Roth, Martin 171
Roudinesco, Elisabeth 83, 94
Rousseau, Jean Jacques 20, 39
Rumpf, Max 108f., 114
Rupp-Eisenreich, Britta 79

Sachs, Hans 4, 8, 33
Saint-Simon, Claude Henri de Rouvroy, Comte de 64
Sartori, Paul 81
Sauermann, Dietmar 191
Savigny, Carl Friedrich von 31, 34
Schade, Ernst 94
Schäfer, Dietrich 82
Schäfer, Harald 163, 166
Scharfe, Martin 83, 96, 150, 159, 168f., 171, 175, 195, 201, 204f., 207, 209
Schauerte, Heinrich 136
Schempf, Herbert 159
Schenda, Rudolf 42, 47, 162, 166
Schenk, Annemie 173, 177, 179
Schiller, Friedrich 15, 22, 30
Schilling, Heinz 171, 180, 209
Schilling, Kurt 79

Schippers, Thomas 204
Schlegel, August Wilhelm 30, 35, 89
Schlenger, Herbert 111
Schlimmermann, Gabriele 186
Schmeller, Johann Andreas 111, 114
Schmidbauer, Wolfgang 180
Schmidt, B.J.C. 62
Schmidt, Erich Ludwig 8
Schmidt, Johann Georg 16
Schmidt, Leopold 119, 122, 142, 148, 208
Schmidt-Wiegand, Ruth 86, 95
Schmitt, Christoph 166, 187, 191
Schmitt, Heinz 209
Schmitz, Heinz-Gerd 39
Schmook, Reinhard 106
Schneider, Annette 209
Schneider, Ingo 166
Schneidewind, Gisela 166
Scholze Thomas 174f., 184, 186, 198, 202
Scholze-Irrlitz, Isolde 184, 186, 198, 202
Schön, Eberhard 77
Schreiber, Georg 97, 128, 136
Schriewer, Klaus 178
Schröder, Edward 108
Schröder, Leopold von 118
Schubert, Christian Friedrich Daniel 15
Schuchhardt, Wolfgang 168
Schuler, Alfred 83
Schultz, Wolfgang 134
Schulze, Fritz Willy 208
Schürmann, Thomas 159, 191
Schurtz, Heinrich 115, 122
Schurz, Carl 52 ff
Schwartz, F. L. Wilhelm 44, 81
Schwedt, Elke 159, 171, 189, 191
Schwedt, Herbert 152, 159f., 166, 169, 171, 173, 174f., 178, 180
Schwietering, Julius 106ff., 114
Seeliger, Matthias 47
Seemann, Erich 95
Seidenspinner, Wolfgang 48
Seim, Andreas 203

Sieber, Friedrich 8, 151, 159, 168, 171, 184
Siegert, Reinhart 11, 17f., 19
Sievers, Eduard 85
Sievers, Gudrun 169, 171
Sievers, Kai-Detlev 19, 60, 62, 79, 95, 157, 173, 175, 189,
Silcher, Friedrich 38
Simon, Michael 190f., 206
Simrock, Karl 44, 48
Sintenis, Christian Friedrich 19
Siuts, Hinrich 143, 148
Skribeleit, Jörg 60
Smile, Samuel 84
Sombart, Werner 106
Spamer, Adolf 8, 38, 56, 62, 98, 103ff., 109ff., 114, 120, 130, 133, 138, 166, 168f., 181, 185, 208
Sperber, Helmut 149
Spieker, Ira 191, 199, 203
Spieß, Karl von 118f., 122, 130, 134
Stagl, Justin 18, 78f
Stammler, Wolfgang 208
Stanzel, Franz K. 19
Starobinski, Jean 83, 95
Steger, Friedrich 84
Steig, Reinhold 39
Steinitz, Wolfgang; 12, 63, 102, 106, 166, 181f., 186, 208
Steinthal, Heymann 65, 75
Steller, Walter 135
Sterbling, Anton 79
Stieber, Paul 143
Stillich, Oskar 96
Stocking, George W. Jr. 79
Stoklund, Bjarne 208
Stolberg, Friedrich Leopold von 13
Stolle, Walter 149, 191
Storå, Nils 149
Strack, Adolf 88ff., 96
Straparola, Giovan Francesco 5, 33
Straßner, Erich 167
Strobach, Hermann 183, 186f
Strobel, Hans 125, 135
Strzygowski, Josef 86, 119, 122
Stumpfl, Robert 116, 122

# Personenregister

Suphan, S. 22
Suppan, Wolfgang 96, 167
Svensson, Sigfrid 120, 139, 208
Sydow, Carl Wilhelm von 48, 120, 139, 166, 208

Tacitus 2
Thompson, Stith 78, 164, 189
Thurnwald, Richard 69, 71, 79
Tieck, Ludwig 33
Tismar, Jens 39
Tobler, Beatrice 197, 202
Tokarew, S.A. 182, 186
Tolksdorf, Ulrich 166
Tomkowiak, Ingrid 19
Tönnies, Ferdinand 106, 108, 114
Treiber, Angela 104, 106
Trüdinger, Karl 8
Trümpy, Hans 159
Tschernokoshewa, Elka 197, 204
Tschofen, Bernhard 78, 197, 202
Tylor, Edward B. 69

Ubbelohde, Otto 93
Uhland, Ludwig 39, 85, 96
Usener, Hermann 89, 96
Uther, Hans-Jörg 37, 166, 189, 191

Vanja, Konrad 173, 175
Verhovsek, Johann 199, 202
Vico, Giambattista 6, 8, 20f., 99
Viehmann, Catharina Dorothea 34
Vilmar, August F.C. 75
Viires, Ants 149
Virchow, Rudolf 72
Voigt, Frau von 24
Voigt, Günther 54, 62
Voigt, Vilmos 166
Völger, Gisela 122
Voss, Johann Heinrich 26
Vrabie, Gheorghe 108

Wackernagel, Hans-Georg 117, 122
Warneken, Bernd Jürgen 96
Weber, Karl Julius 13, 19
Weber, Max 92, 96, 106, 109, 114

Weber-Kellermann, Ingeborg 1, 8, 39, 44, 48, 58, 62, 106, 129, 131, 136, 140, 146, 149, 152, 154f., 159, 163, 166, 169, 173, 176f., 179, 180, 191, 200, 204, 208f.

Weckel, Petra 187
Weigand, Katharina 180
Weinhold, Karl 80, 81, 96
Weinhold, Rudolf 184
Weiser-Aall, Lily 116, 122
Weiss, Richard 138, 181, 208
Weißel, Berhard 187
Welck, Karin von 122
Welz, Gisela 197, 204
Wenker, Georg 111
Werckmeister, Johanna 156
Werner, Ute 209
Werner-Künzig, Waltraud 176
Westenrieder, Lorenz von 15, 19
Weyer, Johannes 147
Wiegelmann, Günter 19, 58, 59, 60, 62, 79, 111, 114, 149, 159, 175, 195, 205, 209
Wikmann, Robert 108, 114
Wildhaber, Robert 79, 87, 96, 168, 171, 188
Winter, Rainer 174
Wittel, Andreas 202
Wölfling, Chr. 14, 19
Wörner, Martin 79
Wolfram, Richard 116, 122, 159
Wossidlo, Richard 43, 81, 166, 187
Wundt, Wilhelm 68, 79, 84
Würzberg, Gerd 163f
Wüst, Wolfgang 18

Zaborsky-Wahlstätten, Oskar von 135
Zarncke, Eduard 7
Zender, Matthias 111, 114, 205
Ziegler, Matthes 123, 125, 135
Zimmermann, Harm-Peer 30, 32, 122, 173, 175
Zinnecker, Andrea 61f
Zippelius, Adelhart 77, 79, 171
Zaremba, Michael 37

# Sammlung Metzler

*Einführungen, Methodenlehre*
SM    1  Raabe: Einführung in die Bücherkunde zur dt. Literaturwissenschaft
SM   13  Bangen: Die schriftliche Form germanistischer Arbeiten
SM   59  Behrmann: Einführung in die Analyse von Prosatexten
SM   79  Weber-Kellermann/Bimmer/Becker: Einf. in die Volkskunde
         Europ. Ethnologie
SM  148  Grimm u.a.: Einf. in die französische Literaturwissenschaft
SM  188  Asmuth: Einführung in die Dramenanalyse
SM  206  Apel/Kopetzki: Literarische Übersetzung
SM  217  Schutte: Einführung in die Literaturinterpretation
SM  235  Paech: Literatur und Film
SM  246  Eagleton: Einführung in die Literaturtheorie
SM  259  Schönau/Pfeiffer: Einf. i. d. psychoanalytische Literaturwissenschaft
SM  263  Sowinski: Stilistik
SM  270  Heidtmann: Kindermedien
SM  277  Hickethier: Film- und Fernsehanalyse
SM  283  Ottmers: Rhetorik
SM  284  Burdorf: Einführung in die Gedichtanalyse
SM  285  Lindhoff: Feministische Literaturtheorie
SM  287  Eggert/Garbe: Literarische Sozialisation
SM  302  Korte/Müller/Schmid: Einführung in die Anglistik
SM  305  Bauer: Romantheorie
SM  317  Paefgen: Einführung in die Literaturdidaktik
SM  320  Gfrereis (Hrsg.): Grundbegriffe der Literaturwissenschaft
SM  324  Bossinade: Poststrukturalistische Literaturtheorie
SM  335  Stenzel: Einf. in die spanische Literaturwissenschaft
SM  337  Lorenz: Journalismus
SM  338  Albrecht: Literaturkritik

*Deutsche Literaturgeschichte*
SM   75  Hoefert: Das Drama des Naturalismus
SM  157  Aust: Literatur des Realismus
SM  170  Hoffmeister: Deutsche und europäische Romantik
SM  227  Meid: Barocklyrik
SM  250  Korte: Geschichte der deutschen Lyrik seit 1945
SM  290  Lorenz: Wiener Moderne
SM  298  Kremer: Prosa der Romantik
SM  329  Anz: Literatur des Expressionismus
SM  331  Schärf: Der Roman im 20. Jahrhundert

*Gattungen*
SM   16   Lüthi: Märchen
SM  116   Guthke: Das deutsche bürgerliche Trauerspiel
SM  155   Mayer/Tismar: Kunstmärchen
SM  191   Nusser: Der Kriminalroman
SM  192   Weißert: Ballade
SM  216   Marx: Die deutsche Kurzgeschichte
SM  232   Barton: Das Dokumentartheater
SM  256   Aust: Novelle
SM  260   Nikisch: Brief
SM  262   Nusser: Trivialliteratur
SM  278   Aust: Der historische Roman
SM  282   Bauer: Der Schelmenroman
SM  323   Wagner-Egelhaaf: Autobiographie

*Autorinnen und Autoren*
SM  114   Jolles: Theodor Fontane
SM  153   Schneider: Annette von Droste-Hülshoff
SM  159   Knapp: Georg Büchner
SM  173   Petersen: Max Frisch
SM  179   Neuhaus: Günter Grass
SM  185   Paulin: Ludwig Tieck
SM  196   Knapp: Friedrich Dürrenmatt
SM  197   Schulz: Heiner Müller
SM  211   Hansen: Thomas Mann
SM  215   Wackwitz: Friedrich Hölderlin
SM  233   Winter: Jakob Michael Reinhold Lenz
SM  239   Perlmann: Arthur Schnitzler
SM  242   Bartsch: Ingeborg Bachmann
SM  255   Bäumer/Schultz: Bettina von Arnim
SM  261   Sammons: Heinrich Heine
SM  273   Mayer: Hugo von Hofmannsthal
SM  286   Janz: Elfriede Jelinek
SM  288   Jeßing: Johann Wolfgang Goethe
SM  289   Luserke: Robert Musil
SM  291   Mittermayer: Thomas Bernhard
SM  295   Schaefer: Christoph Martin Wieland
SM  297   Albrecht: Gotthold Ephraim Lessing
SM  299   Fetz: Martin Walser
SM  304   Fasold: Theodor Storm
SM  310   Berg/Jeske: Bertolt Brecht
SM  312   Albrecht: Arno Schmidt
SM  318   Prill: Dante
SM  320   Darsow: Friedrich Schiller
SM  325   Kohl: Friedrich Gottlieb Klopstock
SM  326   Bartsch: Ödön von Horváth

SM 327 Strosetzki: Calderón
SM 328 Harzer: Ovid
SM 332 Brockmeier: Samuel Beckett
SM 333 Martus: Ernst Jünger
SM 336 Mahoney: Novalis
SM 340 Stein: Heinrich Mann

*Mediävistik*
SM   7 Hoffmann: Nibelungenlied
SM  15 Weber: Gottfried von Strasburg
SM  36 Bumke: Wolfram von Eschenbach
SM  72 Düwel: Einführung in die Runenkunde
SM 244 Schweikle: Minnesang
SM 249 Gottzmann: Artusdichtung
SM 253 Schweikle: Neidhart
SM 293 Tervooren: Sangspruchdichtung
SM 316 Scholz: Walther von der Vogelweide

*Sprachwissenschaft*
SM  72 Düwel: Einführung in die Runenkunde
SM 252 Glück/Sauer: Gegenwartsdeutsch
SM 280 Rösler: Deutsch als Fremdsprache
SM 307 Stein: Einf. in die französische Sprachwissenschaft
SM 313 Fritz: Historische Semantik
SM 321 Klann-Delius: Spracherwerb
SM 342 Dietrich: Psycholinguistik

*Philosophie*
SM 265 Pleger: Vorsokratiker
SM 266 Horster: Jürgen Habermas
SM 267 Buchheister/Steuer: Ludwig Wittgenstein
SM 268 Vattimo: Friedrich Nietzsche
SM 271 Scherer: Philosophie des Mittelalters
SM 276 Gil: Ethik
SM 303 Seibert: Existenzphilosophie
SM 308 Retlich: Bücher für das Philosophiestudium
SM 311 Sandkühler (Hrsg): F.W.J. Schelling
SM 314 Wiegerling: Medienethik
SM 322 Münker/Roesler: Poststrukturalismus
SM 334 Arlt: Philosophische Anthropologie
SM 341 Nitschke: Politische Philosophie

**MIX**
Papier aus verantwortungsvollen Quellen
Paper from responsible sources
**FSC® C105338**

If you have any concerns about our products,
you can contact us on
**ProductSafety@springernature.com**

In case Publisher is established outside the EU,
the EU authorized representative is:
**Springer Nature Customer Service Center GmbH
Europaplatz 3, 69115 Heidelberg, Germany**

Printed by Libri Plureos GmbH
in Hamburg, Germany